# Der wettbewerbsrechtliche Gleichbehandlungsanspruch

AF820581

# Europäische Hochschulschriften

Publications Universitaires Européennes
European University Studies

**Reihe II**
**Rechtswissenschaft**

Série II Series II
Droit
Law

**Bd./Vol. 3750**

PETER LANG
Frankfurt am Main · Berlin · Bern · Bruxelles · New York · Oxford · Wien

Lothar Mahlberg

# Der wettbewerbsrechtliche Gleichbehandlungsanspruch

*Vorsprung durch Verwaltungshandeln*:
Konkurrentenschutz zwischen § 1 UWG
und wirtschaftsverwaltungsrechtlicher
Konkurrentenklage

PETER LANG
Europäischer Verlag der Wissenschaften

**Bibliografische Information Der Deutschen Bibliothek**
Die Deutsche Bibliothek verzeichnet diese Publikation in der Deutschen Nationalbibliografie; detaillierte bibliografische Daten sind im Internet über <http://dnb.ddb.de> abrufbar.

Zugl.: Trier, Univ., Diss., 2002

D 385
ISSN 0531-7312
ISBN 3-631-50785-2

© Peter Lang GmbH
Europäischer Verlag der Wissenschaften
Frankfurt am Main 2003
Alle Rechte vorbehalten.

Das Werk einschließlich aller seiner Teile ist urheberrechtlich geschützt. Jede Verwertung außerhalb der engen Grenzen des Urheberrechtsgesetzes ist ohne Zustimmung des Verlages unzulässig und strafbar. Das gilt insbesondere für Vervielfältigungen, Übersetzungen, Mikroverfilmungen und die Einspeicherung und Verarbeitung in elektronischen Systemen.

www.peterlang.de

„Die Funktion der Grundrechte als objektiver Prinzipien besteht in der prinzipiellen Verstärkung ihrer Geltungskraft (BVerfGE 7, 198 [205] - Lüth), hat jedoch ihre Wurzel in dieser primären Bedeutung (vgl. etwa für das Eigentum BVerfGE 24, 367 [389] – Hamburgisches Deichordnungsgesetz). Sie läßt sich deshalb nicht von dem eigentlichen Kern lösen und zu einem Gefüge objektiver Normen verselbständigen, in dem der ursprüngliche und bleibende Sinn der Grundrechte zurücktritt."

*BVerfGE 50, 290 [337].*

# Vorwort

Die vorliegende Untersuchung entstand weitestgehend während meiner dreijährigen Tätigkeit als wissenschaftlicher Mitarbeiter am Lehrstuhl meines verehrten Doktorvaters, Herrn Prof. Dr. Walter F. Lindacher. Sie wurde im Wintersemester 2001/2002 vom Fachbereich Rechtswissenschaft der Universität Trier als Dissertation angenommen. Rechtsprechung und Literatur befinden sich in etwa auf dem Stand Mitte 2001.

Herrn Prof. Dr. Lindacher bin ich in vielerlei Hinsicht zu besonderem Dank verpflichtet, etwa für die Gestaltung der äußeren Arbeitsbedingungen und für die dergestalt gewiß nicht selbstverständliche Art und Weise der Betreuung. Herrn Prof. Dr. Ruffert danke ich für die überaus zügige Erstellung des Zweitgutachtens.

Bedanken möchte ich mich auch bei Herrn Privatdozent Dr. Wolfgang Hau für seine jederzeitige Bereitschaft, über die Fragen dieser Arbeit zu diskutieren. Nicht wenige seiner Anregungen haben ihren Niederschlag in dem nachfolgenden Text gefunden.

Dank für rein persönliche Unterstützung schulde ich schließlich meinen Trierer Freunden, meinem Onkel Peter Mahlberg, sowie vor allem meinen Eltern, Dorothea und Hans-Christian Mahlberg, und meiner Frau Andrea.

Mainz, April 2003 Lothar Mahlberg

# Inhaltsverzeichnis

## Der Gegenstand der Untersuchung

Gegenstand dieser Arbeit ist eine Unstimmigkeit zwischen lauterkeitsrechtlicher und öffentlich-rechtlicher Dogmatik. Die Verletzung eines verwaltungsrechtlichen Verbotes im geschäftlichen Verkehr zu Zwecken des Wettbewerbs kann aus zwei Gründen auch sittenwidrig im Sinne des § 1 UWG sein. Ist das verwaltungsrechtliche Verbot wertbezogen, so kann ohne weiteres Unterlassung der Übertretung verlangt werden. Der Zusammenhang zwischen verwaltungsrechtlicher Norm und wettbewerbsrechtlicher Sittenwidrigkeit beruht hier, in etwa wie bei § 823 Abs. 2 BGB, auf dem Schutzzweckgedanken. Diese Unterfallgruppe mag im Detail Fragen aufwerfen – grundsätzliche dogmatische Bedenken bestehen gegen die Herleitung wettbewerbsrechtlicher Unterlassungsansprüche durch einen solchen Gedankenschritt jedoch nicht.

Ganz andersartig stellt sich der Zusammenhang bei der Unterfallgruppe des „Vorsprung durch Rechtsbruch" dar. Hier führt der Vorsprunggedanke unabhängig von dem Schutzzweck der übertretenen Norm zu wettbewerbsrechtlichen Ansprüchen. Der Vorsprunggedanke besagt, daß es sittenwidrig sein soll, sich durch den Rechtsbruch einen Vorteil im Wettbewerb zu verschaffen. Denn es sei den Mitbewerbern unzumutbar, die daraus resultierenden Nachteile im Konkurrenzkampf hinzunehmen. Auf diesem Weg kann im Ergebnis ein recht weiter Kreis außerwettbewerbsrechtlicher Normen Gegenstand des Wettbewerbsrechts werden. Diese Konstruktion wirft indes einige Fragen zum Verhältnis von öffenlichem Recht und dieser Fallgruppe der wettbewerbsrechtlichen Sittenwidrigkeit auf: Beschränkt die verwaltungsrechtliche Schutznormlehre nicht zu Recht den Kreis der sanktionsbefugten Personen? Wenn es andererseits im Wettbewerbsrecht gar nicht um die Durchsetzung der Norm selbst geht (so der wettbewerbsrechtliche Einwand): Wirkt dann möglicherweise eine Genehmigung insofern gar nicht erlaubend – kann also möglicherweise der Wettbewerber aus § 1 UWG gegen genehmigtes Verhalten vorgehen? Verneint man dies, so schließt sich umgekehrt jedenfalls bei den sog. „unmittelbar verletzten" Mitbewerbern die Frage an, ob nicht die verwaltungsprozeßrechtliche Klagebefugnis über die Schutznormlehre hinaus mit § 1 UWG als verletztem Recht begründet werden kann? Heißt das also, daß Konkurrentenklagen hier doch zulässig sind? Ist das zu bejahen, so treten wiederum Folgefragen auf: Wie ist das Prüfprogramm für § 113 Abs. 1 S. 1 VwGO zu bestimmen, wenn gar kein Schutzzweckzusammenhang besteht?

Die wettbewerbsrechtliche Lehre gibt hierzu nur die Antwort, es handele sich beim „Vorsprung durch Rechtsbruch" um einen Gesamttatbestand: Gerade die

Verbindung von Vorsprung und Rechtsbruch begründe die Sittenwidrigkeit.[1] Diese Verbindung und ihr Verhältnis zur Schutznormlehre, die „Konstruktion“ des Vorsprung durch Rechtsbruch, ist Thema dieser Arbeit.

[1] *Baumbach/Hefermehl*, § 1 Rz. 608.

# I. Einführung: Die Ausgangspositionen im Wettbewerbs- und im Wirtschaftsverwaltungsrecht

Zu Einführungszwecken sollen in diesem Teil zunächst die Grundgedanken herausgearbeitet werden, die der wettbewerbs- (A.) und der wirtschaftsverwaltungsrechtsrechtlichen (B.) Praxis zugrundeliegen. C. faßt gegenüberstellend die Unterschiede zusammen.

## A. Die beiden Grundtatbestände der wettbewerbsrechtlichen Sittenwidrigkeit

Wie eingangs schon angesprochen, kann die Verletzung außerwettbewerbsrechtlicher Normen auf zwei dogmatischen Wegen zu lauterkeitsrechtlichen Unterlassungsansprüchen führen.

1. Zum führt die Gesetzesverletzung über den *Schutzzweckgedanken*, wie er aus § 823 Abs. 2 BGB bekannt ist, zur wettbewerbsrechtlichen Sittenwidrigkeit.[2] Damit wird insbesondere die Konkretisierungsfunktion, die die außerdeliktsrechtlichen Normen über § 823 Abs. 2 BGB im bürgerlichen Deliktsrecht erfüllen,[3] für das Wettbewerbsrecht übernommen: Da bereits der Gesetzgeber das Verhalten (auch) wegen übermäßiger Beeinträchtigung der wettbewerbsrechtlich geschützten Interessen ausdrücklich für rechtswidrig erklärt, bedarf es grundsätzlich keiner weitergehenden Abwägung mehr.

Wiewohl die herrschende Ansicht den Kreis der wettbewerbsrechtlich geschützten Rechtsgüter höchst weit definiert,[4] insbesondere auch die

---

[2] *Schricker*, Gesetzesverletzung, S. 250 ff; *Schnieders*, Allgemeininteressen, S. 31. § 823 Abs. 2 BGB ist allerdings eine Norm, die nach wie vor viele Ungereimtheiten aufweist (sogar für verfassungswidrig wird 823 Abs. 2 BGB daher gehalten von *Peters*, JZ 1983, 913).

[3] Dazu *Canaris*, in: 2. FS Larenz, 27, 48; *Spickhoff*, Gesetzesverstoß, S. 61 ff. Von geringerer Bedeutung als im Deliktsrecht ist die Öffnungsfunktion: § 823 Abs. 2 BGB ermöglicht die Einbeziehung weiterer Individualinteressen in den deliktischen Schutzkreis (*Canaris*, in: 2. FS Larenz, 27, 49; *Spickhoff*, Gesetzesverstoß, S. 60), wozu man im Rahmen einer großen Generalklausel wie § 1 UWG (allemal mit der Auslegung durch die h.M.) keiner besonderen Norm bedarf.

[4] S. unten S. 247 ff.

Allgemeinheit ganz generell als geschützt ansieht,[5] führt der Schutzzweckgedanke nicht dazu, daß jeder Normverstoß im Zusammenhang mit einer Wettbewerbshandlung wettbewerbsrechtlich sanktioniert werden kann.[6] Die h.M. unterscheidet die sogenannten *„wertbezogenen Normen“* von den *„Normen ordnender Zweckmäßigkeit“* und setzt nur im ersten Fall den Gesetzesverstoß immer mit der Sittenwidrigkeit i.S.v. § 1 UWG gleich.[7] Die Abgrenzung beider Normengruppen kann im Rahmen der vorliegenden Untersuchung, in der es um die Klärung dogmatischer Zusammenhänge und Strukturen geht, offen bleiben. Denn die Abgrenzung ist zwar streitig.[8] Rechtsprechung und sog. Normzwecktheorie streiten sich jedoch nicht um den dogmatischen Grund der wettbewerbsrechtlichen Durchsetzbarkeit solcher Normen,[9] sondern nur um die Frage, welche Objekte das Wettbewerbsrecht schützt und bei welchen Normen demzufolge ein solcher Schutzzweckzusammenhang besteht. Daß der Schutzzweckgedanke den Zusammenhang zwischen verletzter Norm und § 1 UWG herstellt, scheint dagegen unbestritten zu sein. Der vielfältigen Kritik an der Beliebigkeit, mit der die h.M. den Kreis wertbezogener Normen abgrenzt[10] und Unterkategorien bildet,[11] muß daher auch nicht weiter nachgegangen werden.

Zu bemerken ist indes bereits hier, daß die Konsequenzen, die sich aus der wettbewerbsrechtlichen Durchsetzung öffentlich-rechtlicher Normen auf Grundlage des Schutzzweckgedankens im Wettbewerbsrecht ergeben, sich bereits erheblich von denen des § 823 Abs. 2 BGB im Deliktsrecht unterscheiden. Der Normzweckgedanke führt stets zu einer Ausweitung des Kreises derjenigen, die zu rechtlichen Reaktionen auf eine Normverletzung befugt sind. Da die Schutzzwecke des Wettbewerbsrechts sich nicht in Individualschutz erschöpfen, mithin auch die sanktionierten Normen nicht unbedingt

---

[5] Das ist durchaus ein Widerspruch dazu, daß nicht alle Verbote so durchgesetzt werden können: *Schünemann*, in: GroßKommUWG, Einl. D Rz. 59 ff; *Möschel*, Pressekonzentation, S. 138 f.

[6] Ständige Rechtsprechung (z.B. BGH GRUR 1963, 578, 583 - Sammelbesteller; BGH GRUR 1996, 786, 788 - Blumenverkauf an Tankstellen); *Baumbach/Hefermehl*, § 1 Rz. 646; *Piper*, in: Köhler/Piper, § 1 Rz. 659; *Jacobs/Hasselblatt*, in: Gloy, HBWbR, § 47 Rz. 1.

[7] *Baumbach/Hefermehl*, § 1 Rz. 610; *Jacobs/Hasselblatt*, in: Gloy, HBWbR § 47 Rz. 4 u. 30; *Eichmann*, GRUR 1967, 564; *Mees*, WRP 1985, 373, 375; a.A. *Sack*, WRP 1985, 1: Ein Gesetzesverstoß sei immer sittenwidrig; noch a.A. - ganz gegen die Figur der wertbezogenen Norm - *Mees*, in: FS Vieregge, 617, 626.

[8] Vgl. *Teplitzky*, in: GroßKommUWG, § 1 Rz. G 261.

[9] A.A. *Ziegler*, Umweltschutzvorschriften, S. 228 ff; *Teplitzky*, in: GroßKommUWG § 1 Rz. G 260 ff.

[10] Vgl. nur *Mees*, in: FS Vieregge, 617, 626; *ders.*, GRUR 1996, 644, 644 f; *Beater*, JZ 1997, 916, 921; *Möschel*, Pressekonzentration, S. 139.

[11] Ausführlich *Teplitzky*, in: GroßKommUWG, § 1 Rz. G 30 ff.

individualschützend sein müssen, sind in § 1 UWG im Rechtsbruch anders als im deliktsrechtlichen § 823 Abs. 2 BGB nicht nur die Inhaber der rechtlich geschützten Interessen sanktionsbefugt. Wegen eines zweifelhaften wettbewerblichen Zusammenhangs ist aber an den Ergebnissen (nicht immer an der Begründung) allenfalls die Durchsetzung einiger der sogenannten sittlich-ethischen Normen über § 1 UWG problematisch.[12] Diese Fälle sind jedoch von geringer praktischer Bedeutung.[13]

2. Der anderen Unterfallgruppe des „Rechtsbruchs", der Sittenwidrigkeit wegen Vorsprung durch Rechtsbruch, kommt wegen der Beschränkung der Normzweckkonstruktion auf die wertbezogenen Normen praktisch eine große Bedeutung zu. Hier kommt es nicht auf den Schutzzweck an,[14] sondern auf die Behinderung, die die Norm den Wettbewerbern in ihrem Wettbewerbsstreben bereitet. Es ist der *Vorsprunggedanke*, der allen Wettbewerbern gebietet, einen Vorsprung im Wettbewerb nur mit den zulässigen Mitteln zu gewinnen. Ausschließlich diese wettbewerbsrechtliche Sittenwidrigkeit wegen Vorsprung durch Rechtsbruch, ihre Rechtfertigung vor den Hintergründen der regelmäßigen Beschränkung unseres Gerichtssystems auf subjektiv-rechtlich induzierten Rechtsschutz und die Einschränkung wettbewerbsrechtlicher Unterlassungsansprüche durch Verwaltungshandeln wird im folgenden Gegenstand der Betrachtung sein.[15] Dieser Grund der wettbewerbsrechtlichen Durchsetzung unterscheidet sich wesentlich von dem Schutzzweckgedanken.

a) Die wettbewerbsrechtlichen Rechtswidrigkeitsgründe lassen sich, wie schon von *Lobe*[16] erkannt, dogmatisch in zwei große Gruppen einteilen, zum einen die unmittelbare Verletzung eines wettbewerbsrechtlich geschützten Interesses (z.B. die Behinderung), zum anderen die Erzielung eines nicht gerechtfertigten

---

[12] Das Wortlautargument, daß die Sittenwidrigkeit einen ethisch-moralischen Bezug habe und deshalb die ethisch-moralische Verwerflichkeit in eindeutigen Fällen alleine genügen können müsse (z.B. BGHZ 130, 5, 7 - Busengrapscher; RGZ 48, 114, 124 f; OLG Hamburg, WRP 1987, 484; *Ulmer/Reimer*, UnlWb III Nrn. 81 u. 83; *Brandner/Michael*, NJW 1992, 278, 279; wohl auch *Baumbach/Hefermehl*, Einl UWG Rz. 66 f und § 1 Rz. 613; dagegen *Piper*, in: Köhler/Piper, Einf UWG Rz. 261; *Kraft*, Interessenabwägung, S. 119 ff, 128 ff; ausführlich, m.w.N. und im Ergebnis differenzierend *Schricker*, Gesetzesverletzung, S. 210 ff) kann hier ebensowenig überzeugen wie in der „Muttervorschrift" § 826 BGB, wo von der h.M. (Nachweise Fn. 371) heute richtigerweise ein Rechtswidrigkeitszusammenhang verlangt wird.

[13] *Teplitzky*, in: GroßKommUWG, § 1 Rz. G. 36.

[14] A.A. nur *Dieselhorst*, WRP 1995, 1, 6 f.

[15] Instruktiv zur Bedeutung des subjektiv-öffentlichen Rechts für die Fallgruppe „Verletzung *wertbezogener* Normen" ist die Diskussion um wettbewerbsrechtliche Sanktionen bei GWB-Verstößen, dazu *W.-H. Roth*, in: Frankfurter Kommentar, § 35 GWB a.F. Rz. 212 ff; *Wrage*, UWG-Sanktionen; *v. Gamm*, WRP 1987, 290, 291.

[16] *Lobe*, Unlauterer Wettbewerb, S. 3.

Vorsprungs im Wettbewerb mit anderen. Im Ruderwettbewerb widerspricht sowohl das Ansägen der Ruder des Gegners als auch der Einsatz eines geheimen Außenbordmotors dem Wesen des Wettbewerbs. Die im Wettkampf einzig entscheidende *relative Position* läßt sich dadurch verbessern, daß entweder die absolute Position des anderen verschlechtert oder die absolute eigene Position verbessert wird. Soweit es nur um die Verletzung von Mitbewerberinteressen geht, werden diese beiden Kategorien üblicherweise mit „unternehmensbezogene" vs. „marktbezogene" Verstöße bezeichnet.

b) Die *unternehmensbezogenen* Verstöße zeichnen sich dadurch aus, daß sie sich ihrem Inhalt oder ihrer Zielrichtung nach gegen bestimmte Unternehmen oder Branchen richten,[17] also die absolute Position eines Mitbewerbers beeinträchtigt wird. Die Erweiterungen der wettbewerbsrechtlichen Schutzzwecke über den ursprünglich ausschließlich bezweckten Schutz der Mitbewerber hinaus[18] haben nun den Kreis der zu dieser ersten Gruppe zählenden Tatbestände erweitert, indem es nicht mehr gerade die Rechtsgüter von Konkurrenten sein müssen, deren Beeinträchtigung zur wettbewerbsrechtlichen Sittenwidrigkeit führt. Hinzugekommen sind als Schutzsubjekte die Interessen der Verbraucherschaft, die Interessen der Wettbewerber als Gruppe sowie die Allgemeinheit in ihrem Interesse an der Institution Wettbewerb. So kann man heute etwa von „verbraucherbezogenen Wettbewerbsverstößen" oder - bei der Marktstörung - von einem „institutionsbezogenen Wettbewerbsverstoß" sprechen. Der ursprüngliche Bezug auf die relative Position ist insofern allerdings brüchig geworden.[19] Die Unterfallgruppe der Verletzung wertbezogener Normen gehört je nach Schutzzweck zu dieser Gruppe der unternehmens-, verbraucher- und institutionsbezogenen Wettbewerbsverstöße.

c) Keine Auswirkungen konnte die Erweiterung des Kreises der geschützten Rechtsgüter jedoch auf die Sittenwidrigkeit wegen Förderung des eigenen Wettbewerbs mit unerlaubten Mitteln haben. Solche *„marktbezogenen"* Wettbewerbsverstöße[20] sind nach wie vor *nur* deshalb wettbewerbsrechtsrelevant, weil die relative Marktposition verbessert wird. Die unmittelbar in der schrankensetzenden Norm geschützten Interessen profitieren hier stets nur reflexhaft. Inhaltlich geht es darum: Verschafft sich der eine Wettbewerber einen Vorsprung im Wettbewerb, verbessert er also seine eigene absolute Wettbewerbsposition mit unzulässigen Mitteln, so geht dies zu Lasten der Mitbewerber, deren Kundenkreise sich mit dem wettbewerbsrechtswidrig Handelnden wenigstens zum Teil überschneiden und deren Marktanteil sich

---

[17] *Köhler*, in: GroßKommUWG, vor § 13 B Rz. 228.
[18] S. noch S. 86 ff.
[19] Vgl. noch S. 88 ff zur Bedeutung des Wettbewerbsverhältnisses.
[20] Zum Begriff *Köhler*, in:GroßkommUWG, vor § 13 B Rz. 227

wegen des Vorteils verringert. Diese Wirkung per Marktgegenseite, wie beim Billard „über Bande", ist entscheidendes Merkmal der „marktbezogenen" Wettbewerbsverstöße. Sie unterschiedet den Grundsatz der par condicio concurrentium von den übrigen wettbewerbsrechtlichen Tatbeständen, die allenfalls zusätzlich „über Bande" Wettbewerberinteressen oder die Interessen anderer Schutzsubjekte beeinträchtigen. Diese Art von Interessenbeeinträchtigung setzt zwingend voraus, daß zu dem Geschädigten ein Wettbewerbsverhältnis besteht[21] - ohne Wettbewerb kein Vorsprung. Um die Interessen anderer Marktbeteiligter und der Allgemeinheit geht es allenfalls insofern, als dadurch noch mittelbarer die Funktion des Marktes an sich beeinträchtigt wird.[22] Dieser Gedanke der *par condicio concurrentium* schlägt für die h.M.[23] die Brücke dazu, durch die unlautere Vorsprungverschaffung *jeden* Wettbewerber, der im konkreten Wettbewerbsverhältnis zum wettbewerbswidrig Handelnden steht, als Verletzten anzusehen und allen konkreten Mitbewerbern dementsprechend Unterlassungsansprüche aus § 1 UWG zuzubilligen.

*Eugen Ulmer* hat den Gerechtigkeitsgehalt derartiger Unterlassungsansprüche eindringlich dargelegt: „Es ist die mit aller Energie betonte Forderung, daß die Schranken, an deren Einhaltung die Gesamtheit der Mitbewerber interessiert ist, für jeden einzelnen gleichgerichtet sein müssen; die primitive Forderung in jedem Wettbewerbsverhältnis: ‚Was ich nicht darf, das sollst auch du nicht dürfen, um dir nicht einen Vorsprung im Wettbewerb zu sichern.' Der Jurist sollte diese unmittelbarem Rechtsempfinden entspringende Forderung, die Forderung nach einer par condicio concurrentium, bei einer Deutung des Wettbewerbsrechts stärker beachten, als es üblicherweise geschieht."[24] Noch knapper hat *Sack*[25] den Gedankengang mit dem Begriff der *Dilemmasituation* der Mitbewerber zusammengefaßt, der sie infolge der Übertretung rechtlicher Schranken durch Konkurrenten ausgesetzt sind. Die Mitbewerber können entweder tatenlos zusehen, wie sie Marktanteile verlieren, oder aber sie werden ihrerseits rechtsbrüchig. Beides sei - so der Grundgedanke - den Mitbewerbern unzumutbar.

d) Wie sich Norm und Vorsprung zueinander verhalten, ist allerdings unklar. Nach verbreiteter Ansicht wird hier gar nicht die Norm selbst durchgesetzt; vorgegangen werde gegen die Möglichkeit, einen Vorsprung unter Einsatz

---

[21] S. 88 f.
[22] S. 253 f.
[23] Vgl. noch S. 55.
[24] *E. Ulmer*, Sinnzusammenhänge, S. 22.
[25] *Sack*, in: FS Wiese, 493, 494 f.; *ders.*, GRUR Int 1983, 565, 569.

verbotener Mittel zu erzielen.[26] Diese Aussage hat, wie später zu zeigen, einen zutreffenden Kern, und trifft die Sache dennoch nur halb. Letzteres zeigen zwei Überlegungen. Erstens kommt man ohne die Verletzung der außerwettbewerbsrechtlichen Norm als Wettbewerbsschranke und die schon dadurch begründete Rechtswidrigkeit nicht aus, um die wettbewerbsrechtliche Rechtswidrigkeit zu begründen. Zweitens ist der Umstand, der hier zur wettbewerbsrechtlichen Durchsetzbarkeit führt, beim genaueren Hinsehen eben kein „besonderer". Die Möglichkeit, sich durch die Handlung einen Vorteil im Wettbewerb zu verschaffen, die gerade das besondere rechtswidrigkeitsbegründende Element darstellen soll, geht nicht über das allgemeine Erfordernis des „Handelns zu Zwecken des Wettbewerbs" hinaus.[27] Bei manchen wirtschaftsverwaltungsrechtlichen Normen wie etwa denen des Ladenschlußrechts erscheint es sogar ausgeschlossen, gegen sie zu verstoßen zu können, ohne sich dadurch die Möglichkeit eines Vorsprungs im Wettbewerb zu verschaffen.

3. Die Unterfallgruppe des „Vorsprungs durch Rechtsbruch" hat mit der „Verletzung wertbezogener Normen" nur den äußerlichen Aspekt gemein, daß die Verletzung einer außerwettbewerbsrechtlichen Norm zum haftungsbegründenden Tatbestand gehört.[28] Inhaltlich hat der „Vorsprung durch Rechtsbruch" mit dem oben beschriebenen Schutzzweckgedanken nichts zu tun. Hier geht es nicht um den in der übertretenen Verbotsnorm selbst geregelten Interessenkonflikt, für den die Norm bereits die Interessenabwägung konkret durchgeführt hätte. Grund der wettbewerbsrechtlichen Sanktion sind vielmehr die faktischen Folgen der Normübertretung und des dadurch ermöglichten Vorteils. Die Unterfallgruppen des „Rechtsbruchs", Verletzung wertbezogener Normen und Vorsprung durch Rechtsbruch, entziehen sich mithin einer einheitlichen Erklärung und müssen dogmatisch zunächst streng getrennt werden.

Im weiteren Verlauf der Untersuchung wird sich zwar zeigen, daß der Normzweck doch eine Bedeutung auch für den Vorsprung durch Rechtsbruch hat. Insofern ist der noch darzustellenden neueren Rechtsprechung beizupflichten. Der Normzweck ist jedoch nicht der Grund der Sittenwidrigkeit wegen Vorsprung durch Rechtsbruch, sondern fungiert umgekehrt gerade als einschränkendes Korrektiv. Darüber hinausgehend mag eine weitere Einschränkung der strikten Trennung angebracht sein, weil in § 1 UWG eben immer eine

---

[26] *Schricker*, Gesetzesverletzung, S. 264 f; *Baumbach/Hefermehl*, § 1 Rz. 608; *A. Hueck*, JW 1927, 2366, 2367; *K. Schmidt*, KartellverfahrensR, S. 411 u. 414; *Wrage*, UWG-Sanktionen, S. 75.

[27] *v. Gamm*, WettbR, Kap.31 Rz. 4.

[28] Eine gewisse Rolle spielt die Wertbezogenheit der Norm aber mittelbar doch bei der Bewertung der Zumutbarkeit des „Auch-Verstoßes" bei behördlichem Nichteinschreiten, vgl. S. 215 ff.

ergänzende „Gesamtbetrachtung" geboten ist.[29] Das Gesamtbetrachtungsgebot darf jedoch schon angesichts des rechtsstaatlichen Gebotes, Entscheidungen rational nachvollziehbar zu begründen, nicht zur amöbenhaften Auflösung des rationalen Erkenntnisstandes über § 1 UWG führen. Nur im hier nicht weiter zu untersuchenden atypischen Ausnahmefall mag insofern auch ein „Mischtatbestand" in Betracht kommen.[30]

4. Betrachtet man nun ganz praktisch, welchen Vorsprung die Zivilgerichte für Unterlassungsansprüche ausreichen lassen,[31] so sind allerdings erhebliche Zweifel an dieser Lösung angebracht. Der hinreichende Vorteil kann darin liegen, daß eine billigere, bessere oder andere Ware angeboten werden kann,[32] daß eine günstigere Werbemethode oder Vertriebsart möglich ist,[33] bei Verstößen gegen die PreisangabenVO in der Möglichkeit der beweglichen Preisbildung beim Verkaufsgespräch,[34] bei Unterlassen von Rohstoffgehaltsangaben in der Erschwerung eines Preis- und Qualitätsvergleichs,[35] weiterhin schon in der Möglichkeit, das Interesse der Verbraucher auf sich ziehen zu können.[36] Trotz der bereits angesprochenen Einschränkungen in der neueren Rechtsprechung läßt sich nach wie vor die Aussage treffen, daß Rechtsverstöße im Wettbewerb regelmäßig zu wettbewerbsrechtlichen Ansprüchen führen. Und das Fehlen eines stringenten dogmatischen Konzepts läßt sich allemal trotz der neuen Zurückhaltung nach wie vor konstatieren.

## B. Die Klett-Passage-Entscheidung

1. Nur dadurch, daß das entsprechende Verhalten dem einen Wettbewerber von der Verwaltung genehmigt wird, ändert sich an der Dilemmasituation der anderen Wettbewerber nichts. Sie müssen ebenfalls entweder zuschauen, wie der Konkurrent „davonzieht", oder sich rechtswidrig verhalten, um mithalten zu können. Dennoch folgt den Verwaltungsgerichten zufolge aus dieser

---

[29] *Baumbach/Hefermehl*, Einl UWG Rz. 106; und zwar auch beim Rechtsbruch (BGH GUR 1999, 1028, 1029 - Giftnotrufbox; BGH WRP 2000, 1116, 1120 - Abgasemissionen).

[30] Anders dagegen die Herangehensweise von *Brandner/Michael*, NJW 1992, 278.

[31] S. hierüber hinaus *Teplitzky*, in: GroßKommUWG, § 1 Rz. G 193.

[32] BGH GRUR 1957, 558, 559 - Bayern-Express; BGH GRUR 1960, 193, 195 f - Frachtenrückvergütung; BGH GRUR 1973, 146, 147 - Flughafen-Zubringerdienst; OLG Stuttgart NJW-RR 1988, 103; OLG Frankfurt GRUR 1988, 844; *Baumbach/Hefermehl*, § 1 UWG Rz. 655.

[33] BGH GRUR 1963, 578, 583, 583 f. - Sammelbesteller; *Schricker*, Gesetzesverletzung, S. 53 ff; *ders.*, JurA 1970, 69, 78; *Baumbach/Hefermehl*, § 1 UWG Rz. 655.

[34] BGH GRUR 1973, 655, 657 - Möbelauszeichnung.

[35] BGH GRUR 1980, 302, 304 - Rohstoffgehaltsangaben in Versandhausanzeige.

[36] BGH GRUR 1973, 655, 657 - Möbelauszeichnung; *Mees*, FS Vieregge, 617, 622.

Interessenbeeinträchtigung keineswegs ohne weiteres, daß die Mitbewerber solche Genehmigungen durch eine *verwaltungsrechtliche*[37] *Konkurrentenklage* angreifen können. Aus der Vielzahl von beamten-, hochschul- und wirtschaftsverwaltungsrechtlichen Konstellation, die unter dem Stichwort „Konkurrentenklage" zusammengefaßt werden,[38] sticht die in dieser Arbeit besprochene Konstellation insofern hinaus, als es nicht um die Konkurrenz um eine begrenzte Anzahl staatlicher Erlaubnisse, Zulassungen oder sonstiger staatlicher Begünstigungen, den „Binnenwettbewerb", geht. Gegenstand ist lediglich und ausschließlich die Beeinflussung des „Außenwettbewerbs",[39] des wirtschaftlichen Wettbewerbs, der als solcher keine staatliche Veranstaltung ist, sondern lediglich in einem staatlichen Rahmen stattfindet.

2. Leading case der verwaltungsrechtlichen Behandlung der geschilderten Dilemmasituation ist die *„Klett-Passage"*-Entscheidung BVerwG, NJW 1982, 2512. Dieser Fall wird, aufbereitet als Grundfall mit Abwandlung, die gesamte Arbeit begleiten. Trotz der Prominenz des Ladenschlußgesetzes im Rahmen der hier behandelten Beispielsfälle sind von dem Probliem eine Vielzahl von Verbotsvorschriften betroffen.[40]

*Grundfall*: E ist ebenso wie sein örtlicher Konkurrent K Inhaber eines Geschäftes für Herrenbekleidung. E öffnet im Gegensatz zu K sein in der Klett-Passage liegendes Ladenlokal regelmäßig bis 22 Uhr.

Nach dem bisher Ausgeführten hat K (stellvertretend für alle direkten Konkurrenten) ohne weiteres Ansprüche auf Unterlassung aus § 1 UWG. K befindet sich in der beschriebenen Dilemmasituation: Entweder, er verstößt gegen das LadenSchlG, oder aber, er nimmt es hin, daß E ihm Marktanteile wegnimmt. *Beides* ist K - so die wettbewerbsrechtliche Lösung - unzumutbar.

---

[37] Zum Verhältnis des Vorsprungs durch Rechtsbruch zur steuerrechtlichen Konkurrentenklage *Terstegen*, Unlauterer Wettbewerb durch Steuer-Hinterziehung; *Merkel*, Vorsprunggedanke, S. 67.

[38] Hierzu gibt es verschiedene Systematisierungsversuche, z.B. von *Scherer*, JURA 1985, 11; dem weitgehend folgend *P.-M. Huber*, Konkurrenzschutz, S. 79 ff. In diesem System sind die hier behandelten Konstellationen „Begünstigungsabwehr-„ und „Konkurrentengleichstellungsklagen". Anders die wohl überwiegend vorgenommene Aufteilung in „positive" und „negative" Konkurrentenklage (*Brohm*, in: FS Menger, 235, 235 f; *Scholz*, WiR 1972, 35, 45 ff; *Schenke*, NVwZ 1993, 718, 719; *Würtenberger*, VerwPrR, Rz. 291; *Hösch*, DV 30 (1997), 211, 213 f), z.T. unklar vermengt mit einer weiteren Aufteilung in „offensive" und „defensive" Konkurrentenklage. Diese Unterteilungen sind für das Thema dieser Arbeit ganz unergiebig, da es sich gerade um eine Mischform handelt (dazu noch S. 134).

[39] Vgl. OVG Münster NJW 1980, 2323, 2323 f; *P.-M. Huber*, Konkurrenzschutz, S. 38 ff; *Rittner/Stephan*, GewArch 1985, 177, 184 f.

[40] Vgl. nur *Baumbach/Hefermehl*, § 1 UWG Rz. 631 ff.

Auf den Schutzzweck käme es nur für die Normzweckkonstruktion an. Diese benötigt man jedoch gar nicht, um den Unterlassungsanspruch zu begründen.

*Abwandlung*: E wird mit regelmäßiger Verlängerung von der zuständigen Behörde V die Ladenöffnung bis 22 Uhr genehmigt. V stützt sich dabei auf § 23 Abs. 1 LadenSchlG, der die Möglichkeit einer befristeten Ausnahmebewilligung nennt, wenn die Ausnahmen im öffentlichen Interesse dringend notwendig werden. Ein öffentliches Interesse wird von V bejaht. In der Passage, in der das Ladenlokal des E liegt, müsse abends zur Verbesserung der öffentlichen Sicherheit die Passantenfrequenz erhöht werden.

Anders als die Zivilgerichte hielt das BVerwG den Verlust der Marktanteile durchaus für zumutbar, obwohl die Genehmigung zweifellos nicht von § 23 Abs. 1 LadenSchlG gedeckt und daher objektiv rechtswidrig war. Angesichts der damals noch als offen betrachteten Rechtsfragen lehnte das BVerwG zwar noch nicht die Klagebefugnis, wohl aber im Rahmen der Begründetheit die Betroffenheit der Mitbewerber in eigenen Rechten (§ 113 Abs. 1 S. 1 VwGO) ab. Nachdem diese Rechtsfragen entschieden sind, wird in vergleichbaren Konstellationen nun sogar zumeist die Klagebefugnis verneint.[41]

§ 42 Abs. 2 VwGO (ebenso der im folgenden stets mitgedachte § 113 Abs. 1 VwGO) verlangt, daß der Kläger geltend macht, in eigenen Rechten verletzt zu sein. Eigenes, „subjektives“ Recht bedeutet nach der im öffentlichen Recht herrschenden Schutznormlehre: eine an die Verwaltung gerichtete Norm, die wenigstens auch den Schutz der Individualinteressen des Berechtigten bezweckt, weshalb sie dem Berechtigten eigene Rechtsmacht im materiell-rechtlichen Sinne zur Durchsetzung der Norm einräumt.[42] In der Klett-Passage-Entscheidung prüfte das BVerwG als mögliche Schutznormen § 3 LadenSchlG, § 23 Abs. 1 LadenSchlG und die Artt. 14, 12, 3 Abs. 1 und 2 Abs. 1 GG.

3. Der erste Teil der Argumentation betraf spezifisch ladenschlußrechtliche Fragestellungen, auf deren Beantwortung die vorliegende Arbeit nicht abzielt. § 23 Abs. 1 LadenSchlG, der die Verwaltung anweist, nur bei Vorliegen eines dringenden öffentlichen Interesses eine Ausnahmebewilligung zu erteilen, schütze nicht die Konkurrenten der Gewerbetreibenden. Gleiches gelte für § 3 LadenSchlG, der die Regelung der Ladenschlußzeiten selbst enthält: „Indem die Beklagte die Beigeladene durch die von ihr erteilten Ausnahmebewilligungen

---

[41] OVG Koblenz, NVwZ 1993, 699, 700; OVG Bautzen NJW 1999, 2538, 2540; bejaht wurde die Klagebefugnis in einem solchen Fall von VG Düsseldorf, GewArch 1988, 300. Milder auch NdsOVG GewArch 2001, 260, 261, freilich unter unzutreffender Berufung auf BVerwG NJW 1996, 3161. Dort ging es um finale Beeinträchtigungen.

[42] S. noch S. 27 ff, S. 34 ff.

von der Einhaltung dieser Regelung teilweise freigestellt hat, hat sie keine aus § 3 LSchlG folgende Rechtspflicht verletzt, die ihr gegenüber dem Kläger oblag." Die Sicherung der Wettbewerbsneutralität sei nur insofern durch § 3 LadenSchlG verfolgtes Ziel, als es darum gehe, Nachteile für beschäftigende Betriebe gegenüber Betrieben ohne Angestellte zu vermeiden. §§ 3, 23 Abs. 1 LadenSchlG kommen zu Begründung der Klagebefugnis daher nicht in Betracht.

4. Weiterhin prüfte das BVerwG, ob sich die Berechtigung aus der sogenannten normexternen Wirkung von Grundrechten der Konkurrenten ergeben könnten. Auch das sei nicht der Fall. Art. 14 GG schütze nicht bloße Wettbewerbschancen. Von Art. 12 GG würden nur berufs- und gewerbespezifische staatliche Eingriffe erfaßt. In Hinblick auf Art. 3 Abs. 1 GG ließ das BVerwG dahingestellt, „ob der Gleichheitssatz überhaupt ein Recht i.S. des § 113 I 1 VwGO vermittelt oder nur bei vorausgesetzter rechtlicher Betroffenheit die Rechtsgleichheit gewährleistet;" willkürlich sei die Genehmigung ohnehin nicht. Auch die in Art. 2 Abs. 1 GG zu verortende Wettbewerbsfreiheit des K sei nicht verletzt, da K weiterhin am Wettbewerb um den Kunden teilnehmen könne. „Lediglich die Bedingungen, unter denen dieser Wettbewerb stattfand, hatten sich möglicherweise durch die Ausnahmebewilligungen zum Nachteil der Kl. verändert. Die damit für die Kl. gegebenenfalls verbundene Beeinträchtigung würde indes erst dann einen Eingriff in die Wettbewerbsfreiheit darstellen, wenn durch die hoheitliche Maßnahme die Fähigkeit der Kl. zur Teilnahme am Wettbewerb so eingeschränkt worden wäre, daß ihre Möglichkeit, sich als verantwortliche Unternehmer wirtschaftlich zu betätigen, beeinträchtigt gewesen wäre (BVerfGE 27, 375 [384]; BVerwG, BayVBl 1978, 375 [376])."

Die Beeinträchtigung der Wettbewerbschancen wird damit zwar nicht von vornherein für unbeachtlich erklärt, die Anforderungen, die in dieser Entscheidung an die Intensität der Beeinträchtigung und den Nachweis der Kausalität gestellt werden, sind jedoch immens. Verlangt wird, wie sich mittelbar auch aus anderen Entscheidungen ergibt,[43] nicht weniger als der *konkrete Beweis*, daß ein *bislang vollkommen gesundes* Unternehmen *ausschließlich* durch die ungleiche Schrankenlage in den *Ruin* getrieben wird. Damit ist klar, daß der Fall einer „erfolgreichen Konkurrentenklage kaum praktisch vorstellbar"[44] ist.

---

[43] S. Fn. 40.

[44] *Brohm*, in: FS Menger, 235, 245; ähnlich *Jarass*, Wirtschaftsverwaltungsrecht, § 10 Rz. 72; *Badura*, in: FS Juristische Gesellschaft Berlin, 17 ff; mit gewissen Einschränkungen auch *Koch*, Grundrechtsschutz, S. 292 f.

## C. Gegenüberstellung

Schlagwortartig läßt sich feststellen, daß die Dilemmasituation im Wettbewerbsrecht immer, im Wirtschaftsverwaltungsrecht nie relevant ist. Schon *praktisch* hat es nur geringe Überzeugungskraft, zwei eng verwandte Problemfelder so stark abweichend zu behandeln.[45] Darüber hinaus ist es aber auch fraglich, ob diese Lösung als gesamte *dogmatisch* stehen bleiben kann. Setzt man die Bindungswirkung von Genehmigungen auf die eine oder andere Weise, die Relevanz privater subjektiver Rechte im öffentlichen Recht und schließlich die subjektiv-rechtliche Qualität der wettbewerbsrechtlichen Ansprüche voraus, so darf das Maß des öffentlich-rechtlich gewährten Konkurrentenschutzes in diesen Fällen das wettbewerbsrechtlich gewährte Maß über-, aber nicht unterschreiten.

In der Klett-Passage-Entscheidung wird § 1 UWG immerhin erwähnt, wenn auch nur im Zusammenhang mit der Begründung, warum § 3 LadenSchlG nicht vor Wettbewerbsverzerrungen schütze: „Dies erklärt auch, daß der BGH bislang die Frage offengelassen hat, ob § 3 LSchlG Schutzgesetz i.S. des § 823 II BGB ist, und in wettbewerbsrechtlicher Hinsicht in ständiger Rechtsprechung § 3 LSchlG nur als eine wertneutrale Ordnungsvorschrift einstuft, deren Verletzung nicht ohne weiteres als wettbewerbswidrig i.S. vom § 1 UWG beurteilt werden kann (BGH, GRUR 1966, 323; BGH GRUR 1973, 144; BGH, GRUR 1974, 31; BGH, GewArch 1981, 302)."

Diese Argumentation vermag nicht zu begründen, warum hier nicht § 1 UWG als Schutznorm in Betracht kommt. Es wäre zwar nicht ausgeschlossen, eine Norm, die als eigenständiges Ziel gerade die Wahrung gleicher Wettbewerbsbedingungen bezweckt, auch über die Normzweckkonstruktion als wertbezogene Norm wettbewerbsrechtlich durchzusetzen. Umgekehrt ist es zutreffend, daß § 3 LadenSchlG nicht *als wertbezogene* Norm durchgesetzt werden kann, wenn kein derartiger oder sonstiger hinreichender Schutzzweckzusammenhang vorhanden ist. Der Gedanke des „Vorsprungs durch Rechtsbruch" begründet aber *nicht* deshalb die Sittenwidrigkeit, weil die verwaltungsrechtliche Norm Schutznorm ist. Begründet wird die Sittenwidrigkeit mit der Verschaffung eines unlauteren Vorsprungs. *Schutznorm* ist gegebenenfalls der in § 1 UWG geregelte *Rechtssatz von der par condicio concurrentium,* und zwar auch in einem solchen Fall, wie er der Klett-Passage-Entscheidung zugrundelag.[46] Wenn § 1 UWG vor dieser Schrankenungleichheit selbständig schützt, wird damit also

[45] Kein Problem sieht hier *Lappe*, WRP 1995, 170, 177/179.

[46] BGH GRUR 1966, 323 - Ratio; BGH GRUR 1996, 601, 602 - Bahnhof-Verkaufsstellen; OLG Köln, NJW-RR 1995, 932; weitere Nachweise bei *Baumbach/Hefermehl*, § 1 UWG Rz. 635.

die verwaltungsprozeßrechtliche Lage ernsthaft in Frage gestellt,[47] wie bereits am Anfang dieser Arbeit angedeutet wurde.

Gegenstand der in der vorliegenden Arbeit geübten Kritik ist also zwar auch, jedoch nicht schwerpunktmäßig die Frage nach dem richtigen Maß an Konkurrentenschutz. Hier soll es in der Hauptsache um die Abweichung als solche gehen, die entweder nach einer Begründung oder aber nach einer Auflösung verlangt.

[47] So bisher anscheinend einzig *Preu*, Drittschutz, S. 186.

# II. Voraussetzungen gerichtlicher Sanktionsbefugnisse

## A. Der Grundsatz der begrenzten Sanktionsbefugnis

Bei unbefangener Betrachtung bietet es sich an, zunächst den Begründungsbedarf auf Seiten des Verwaltungsprozeßrechts zu sehen. Denn warum überhaupt sollten Sätze des objektiven Rechts nicht durchgesetzt werden können, wenn sich erst einmal eine Person gefunden hat, die sich zur Übernahme der Prozeßführungslasten bereit erklärt hat? Diese Frage führt unmittelbar zur Frage nach dem telos der Zulässigkeitsvoraussetzung „Rechtsverletzung", die mit „Vermeidung der Popularklage" nicht beantwortet, sondern lediglich ins Negativ umformuliert ist. Zusammengefaßt lautet die Begründung: Die Rechtsordnung regelt *auch* viele Bagatellen; daher es ist das kleinere Übel, wenn manche Rechtsverletzung ungeahndet bleibt; und die Abgrenzung, welches Übel konkret schlimmer ist, obliegt primär politisch legitimierten Instanzen, soweit keine Individualinteressen betroffen sind.

1. Grenzen setzt der rechtlichen Sanktionierung von Rechtsverstößen zum einen die *Gewaltenteilung als positive Ordnung*[48], die Raum für andere Wege zur Herstellung politischer Einheit als Aufgabe des Staates[49] belassen will. Zugespitzt formuliert, führt die Rechtsordnung nur deshalb nicht ins Chaos, weil ihre Verletzung gelegentlich ohne Folgen bleibt. Würde jede Verletzung vertraglicher Pflichten zur Kündigung führen, so stünden die Mietshäuser leer, jede Pauschalreise würde abgebrochen, kein Arbeitsverhältnis wäre von langer Dauer. Die wenigsten Amtsrichter betreiben einen Zivilprozeß streng nach der einschlägigen Prozeßordnung; wenige Bauwerke entsprechen allen Anforderungen des öffentlichen Baurechts; und welcher Autofahrer hat noch nie eine Straßenverkehrsregel übertreten? Zumeist bleiben kleinere Verstöße tatsächlich wie rechtlich folgenlos, und zumeist ist auch nichts dagegen einzuwenden, daß beliebige Dritte nicht berechtigt sind, hiergegen die Gerichte anzurufen. Nicht immer handelt es sich also um „Sanktionsdefizite". Die

[48] BVerfGE 68, 1, 86 f; *Hesse*, VerfassungsR, Rz. 482 f; *Schmidt-Aßmann*, in: HBStR I, § 24 Rz. 50; *Scholz*, VVDStRL 34 (1976), 145, 160; *Krebs*, Kontrolle in staatlichen Entscheidungsprozessen, S. 49; wohl auch *Stern*, StaatsR II, S. 530.

[49] Vgl. *Hesse*, VerfassungsR, Rz. 5 ff; besonders zur politischen Verwaltungsverantwortung *Scholz*, VVDStRL 34 (1976), 145, 151 ff

Rechtsordnung verbietet Verhalten nicht, nur um es zu verbieten. Sie verfolgt damit den Schutz bestimmter Personen oder bestimmter Interessen, gibt dementsprechend ausschließlich denjenigen, die ein rechtlich anerkannt eigenes Interesse daran haben, schlechthin die Berechtigung zur Durchsetzung der Verhaltensnorm. Im übrigen sind nur besondere Sachwalter – zumeist Verwaltungsbehörden - zur Durchsetzung eines jeweils begrenzten Kreises von Normen berechtigt. Indem die durchsetzungsbefugten Personen sich auch dafür entscheiden können, Verbote nicht durchzusetzen, erreicht die Rechtsordnung die für die Bewältigung der Realität notwendige Geschmeidigkeit. Weder die Berechtigung, die materielle Rechtslage zu gestalten, genügt zu sachgerechter Anpassung an den Einzelfall noch die Generalklauseln des materiellen Rechts. Eine einverständliche Einigung mit nur einem unter einer unübersehbaren Zahl von Berechtigten ist wertlos; gerade auf diesem außerjuristischen Wege werden aber die allermeisten Konflikte beigelegt. Darüber hinaus wäre eine verbindliche Klärung der Rechtslage ohne eine Beschränkung des Kreises der Berechtigten (und damit auch des Bestands des Dürfens ebenso wie desjenigen, was der andere an Verhandlungsmasse anbieten kann) in einem Gerichts- oder Verwaltungsverfahren mit subjektiv beschränkter Rechts- bzw. Bestandskraftwirkung nicht möglich. Daher bedeutet alleine die Möglichkeit des Angriffs durch Dritte bereits faktische Minderung der Effektivität von Rechten.[50]

Eine Beschränkung des sanktionsbefugten Personenkreises kennt daher nicht nur das Zivilrecht zur flankierenden Sicherung von Privatautonomie und Parteiherrschaft. Möglichkeiten, die Sanktionsebene zum „Aushandeln" zu nutzen, bieten auch das Strafrecht und das Verwaltungsrecht. Strafprozeßrechtlich entscheidet gem. §§ 152 Abs. 1, 170 Abs. 1 StPO alleine die Staatsanwaltschaft über die Anklage. Verletzt die Staatsanwaltschaft ihre Verpflichtung zur Anklageerhebung, so können Dritte, von den §§ 172 ff, 374 ff StPO abgesehen, *rechtlich* wenig dagegen unternehmen; es obliegt dem Vorgesetzten, durch Weisungen und Disziplinarmaßnahmen tätig zu werden. Gleiches gilt für den Verstoß gegen Verwaltungsrecht. Selbst dort, wo kein Vollzugsermessen besteht oder dieses auf Null reduziert ist, ist es zunächst alleine Sache der Exekutive, über Vollzug oder Nichtvollzug von Gesetzen zu entscheiden, alleine Sache der Legislative, auf Gesetzesverletzungen durch die Exekutive zu reagieren. Der einzelne Bürger kann den Vollzug nur dann mit *rechtlichen* Mitteln erzwingen, wenn er subjektiv Berechtigter ist, wenn es sich um *seine* Angelegenheit handelt.

---

[50] *Preu*, Drittschutz, S. 23 ff.; *Weyreuther*, Verwaltungskontrolle, S. 47; *Finkelnburg*, in: FS 25 Jahre BVerwG, 169, 181; *Schenke*, in: BK, Art. 19 Abs. 4 Rz. 155; aus wettbewerbsrechtlicher Perspektive *Borck*, WRP 1982, 252, 254; *Marotzke*, ZZP 98 (1985), 160, 170 f.

Bei einem Perspektivwechsel läßt sich fortführen, daß das Grundgesetz ebenso verhindern möchte, daß Richter in dem Rechtsanwendungsvorgang ihre Ansicht gegenüber der Ansicht der anderen beiden Gewalten durchsetzen können. Das Recht ist nur die Grobmechanik der gesellschaftlichen Konfliktregulierung.[51] Man mag den Gebrauch der Möglichkeiten, die sich daraus zu Verhandlungen ergeben, im Einzelfall durchaus gerechtfertigt als „Handel mit Gerechtigkeit" brandmarken.[52] Diese Freiräume müssen von den mit der Anwendung öffentlich-rechtlicher Normen betrauten Gerichten dennoch ebenso respektiert werden wie die Privatautonomie und die Parteiherrschaft bei der Anwendung des Zivilrechts. Rechtsanwendungsspielräume und die Möglichkeit zu verläßlicher Auskunft über den Bestand der Verbotes sind aber nur möglich, wenn durch die Schaffung von Zuständigkeitszentren die Koordination staatlicher Entscheidungen gesichert ist.[53]

Diese so begründeten funktionellen Freiräume der Verwaltung sind nicht nur bei Ermessensnormen zu berücksichtigen. Auch das Verbot der „Popularklage" hat seinen Hintergrund in dem gleichen materiellen Grundgedanken. Anders als bei der sich auf die Kontrolldichte beziehenden Anerkennung von Ermessensräumen, mittels derer die bereits begründete gerichtliche Befugnis wieder eingeschränkt wird, geht es bei der Durchsetzungsbefugnis um die Kontrollbreite: Ohne Initiierung eines Verfahrens durch einen Sanktionsbefugten ist auch die eindeutigste objektive Rechtswidrigkeit nicht Angelegenheit der Gerichte, ist auch der Richter nur zu dem berechtigt, was jeder Bürger darf, nämlich bei Wahlen die Konsequenzen zu ziehen. Um dies klarzustellen: Die objektive Pflicht der Exekutive zur Einhaltung der Gesetze soll hierdurch nicht angezweifelt werden. Rechtsstaatlichkeit ist dennoch nur eines von mehreren, gelegentlich kollidierenden Verfassungsprinzipien, die alle dem Ziel der Herstellung des unter den nie idealen Bedingungen der Realität bestmöglich organisierten Gemeinwesens dienen.

2. Daß vieles Gegenstand der Rechtsordnung und dennoch nicht ohne weiteres Sache der Justiz ist, hat seinen Grund zweitens in der *Gewaltenteilung als negativer Ordnung*: Die Macht der einzelnen Gewalten soll begrenzt werden,

---

[51] *Kloepfer*, Umweltrecht, § 8 Rz. 31 a.E. *Niedobitek*, DÖV 2000, 76, 767 f unterscheidet zwischen formeller und materieller Rechtsbindung der Verwaltung, spricht sich aber dezidiert dafür aus, daß in der Regel eine *rechtliche* Sanktion bei Gesetzesverstößen (also eine formelle Rechtsbindung) angebracht sei.

[52] Zahlreiche Nachweise zur Kritik an der Absprachepraxis bei *Niedobitek*, DÖV 2000, 761, 762.

[53] Vgl. *Zippelius*, Allgemeine Staatslehre, § 11 III 3; *Wolff/Bachof*, VerwR II, § 72 IV a 1; *Seibert*, Bindungswirkung, S. 259 ff.

um die Freiheit vor dem Staat zu sichern.[54] Beschränkt werden soll - wie sofort zu erläutern ist: im Interesse der Fähigkeit zur Erledigung ihrer eigentlichen Aufgaben - auch die Macht der Justiz, die, wenn ihr die Befugnisse der Exekutive zufielen, „die Macht eines Unterdrückers“[55] hätte. Noch schärfer die Formulierung von *Sendler*:[56] „Auch der totale Rechtsstaat ist nicht besser als jeder andere totale Staat.“

Gerichtliche Kontrolle der Verwaltung, wie sie etwa in Art. 19 Abs. 4 GG verlangt wird, ist – zunächst ein banaler Satz - nur möglich, wenn die eine Institution Gericht, die andere Verwaltung ist. Maßgeblich ist nicht die bloße organisatorische Trennung. Da es um einen materiellen Hintergrund geht, müssen die jeweils tätigen Institutionen auch materiell unterschiedlich sein und bleiben. Die Rechtsschutzgarantie des Grundgesetzes verlangt daher, daß die zusätzliche Übertragung von Aufgaben auf die Gerichte deren Eigenschaft als Gerichte nicht ernsthaft und erheblich in Mitleidenschaft zieht, und zwar gerade in Hinblick auf die Funktion, um die es hier geht, namentlich unabhängige Kontrolle.

Kontrolle bedeutet Überprüfung und gegebenenfalls Justierung.[57] Je umfassender und intensiver eine Kontrolle sein soll, desto enger muß sie sachlich und zeitlich an den Kontrollgegenstand angebunden werden. Mit jeder Intensivierung der Kontrolle verliert die Kontrollinstanz zugleich an Distanz zu ihrem Kontrollgegenstand,[58] was nicht nur wegen der im Vergleich zu den Verwaltungsbeamten nicht selten geringeren Spezialisierung der Richter mißlich sein kann,[59] sondern auch und vor allem wegen der Beeinflussung des Rollenverständnisses. Wer umfassend kontrolliert, macht sich im allgemeinen den Kontrollmaßstab zu eigen, wird selbst zum Bestandteil des zu kontrollierenden Prozesses. Gerichte sollen aber außerhalb der Verwaltung stehen. Distanz und Selektivität sind damit unabdingbare Voraussetzungen von

---

[54] Für Gewaltenteilung als „negatives Prinzip“ BVerfGE 5, 85, 199; BVerfGE 9, 268, 279 f; BVerfGE 34, 52, 59; *Schnapp*, in: v. Münch/Kunig, Art. 20 Rz. 32; *Schultze/Fielitz*, in: Dreier, Art. 20 (Rechtsstat) Rz. 63; im Grundsatz auch *Hesse*, VerfassungsR Rz. 476 ff.

[55] *Montesquieu*, Vom Geist der Gesetze, Bd. 1, S. 214 f.

[56] In: FS Stern, 297, 303. Ähnlich z.B. *Bender*, DRiZ 1978, 33; Nachweise zur älteren Literatur bei *Scholz*, VVDStRL 34 (1976), 145, 147.

[57] *Krebs*, DV 21 (1988), 155, 156.

[58] Dazu *Krebs*, DV 21 (1988), 155 ff; *Schmidt-Aßmann*, in: Maunz/Dürig, Art. 19 Abs. 4 Rz. 9; *ders.*, VVDStRL 34 (1976), 221, 236; *Wahl*, Vorb. § 42 Abs. 2 Rz. 4 ff; *Brohm*, NJW 1984, 8, 8 f; *Schenke*, WiVerw 1988, 145.

[59] So speziell zum „Rechtsbruch“ im Wettbewerbsrecht *Quack*, in: FS Trinkner, 265, 273 ff; *Teplitzky*, in: GroßKommUWG, § 1 Rz. G 285; *Kroitzsch*, GRUR 1995, 322, 323; allgemein *Kopp*, BayVBl 1980, 263, 265 f; *Schenke*, WiVerw 1988, 145, 155.

Gerichtsbarkeit.[60] Beides wird durch Einschränkungen der beiden Kontrolldeterminanten Kontrollbreite und Kontrolldichte gesichert.[61]

3. Umgekehrt ist gerichtliche Tätigkeit nicht ohne die Folge einer Kontrolle möglich.

a) Die Verwaltung ist auch dann, wenn sie zur Unterlassung der rechtswidrigen Beeinträchtigung subjektiver Rechte verpflichtet wird, zur Einhaltung des objektiven Rechts gezwungen. Dieses gewisse Maß an objektiver Rechtskontrolle ist bereits Funktion des nach Art. 19 Abs. 4 GG vorgeschriebenen Individualrechtsschutzes. Es wird also vom Grundgesetz zumindest hingenommen, um den Schutz subjektiver Rechte vor der öffentlichen Gewalt zu gewährleisten.[62] Denn umgekehrt ist Individualrechtsschutz nicht möglich, ohne daß damit bereits teilweise eine objektive Rechtskontrolle stattfindet.

b) Ausgangspunkt gerichtlicher Tätigkeit im Zusammenhang mit öffentlichem Recht muß damit gem. Art. 19 Abs. 4 GG die Frage nach den *Rechten des einzelnen* gegenüber vielleicht im Grundsatz noch so berechtigter öffentlicher Interessen sein, nicht umgekehrt. Darüber hinaus schließt aus den gerade gemachten Ausführungen aber auch, daß das *zulässige Maß an objektiver Rechtskontrolle* grundsätzlich beschränkt ist. Denn nur dann kann der Abstand zur Verwaltung trotz der Kontrolle, die unabdingbare Funktion des subjektiven Rechtsschutzes ist, hinreichend groß bleiben. Das ist aber nur möglich, wenn die grundsätzliche Zuordnung „Schutz subjektiver Rechte: Gerichte – Wahrung öffentlicher Interessen: Verwaltung“ erhalten bleibt. Diese Unterteilung ist also nicht zufällig, sondern hat ihren Grund; und aus eben diesem Grund ist die Übertragung über den subjektiven Rechtsschutz hinausgehender Kontrollbefugnisse auf Gerichte, also objektiver Rechtsschutz als eine eigenständige Aufgabe der Justiz, nicht unbedenklich, denn sie führt tendenziell zu einer zu Annäherung der Justiz an die Exekutive. Ein allgemeiner Gesetzesvollzugsanspruch, der auf dem Rechtsweg durchzusetzen ist, wäre – soweit hoheitliches Handeln betroffen ist – ein großer Schritt in Richtung einer Befugnis der Gerichte zur umfassenden Kontrolle der Verwaltung: Eine Beschränkung der Kontrollbreite gäbe es nicht mehr.

---

60 *Schmidt-Aßmann*, in: FS Menger, 107, 118; *Krebs*, DV 21 (1988), 157, 171; *Lerche*, BayVBl 1980, 257, 261; *Hesse*, VerfassungsR Rz. 489 spricht allgemein davon, daß Funktion und Organstruktur sachlich aneinander gebunden seien, weshalb „ein prinzipielles *Verbot der Wahrnehmung oder Zuweisung von Funktionen, die der Struktur* des Organs und der von ihm wahrzunehmenden Grundfunktionen *nicht entsprechen*“, bestehe (Kursivdruck im Original).

61 *Weyreuther*, Verwaltungskontrolle, S. 73.

62 *Wahl*, in: Schoch/Schmidt-Aßmann/Pietzner, Vorb. § 42 Abs. 2 Rz. 3; *Herzog*, in: Maunz/Dürig, Art. 20 Teil V Rz. 59.

c) Indiz für einen Wandel des Selbstverständnisses ist die forcierte Anpassung der Kontrollmodalitäten an die Kontrollaufgaben durch die Gerichte.[63] Der Wandel des Rollenverständnisses entfaltet dann Eigendynamik. Soweit solche Prozesse sichtbar werden, ist Vorsicht angebracht. Da Rechtskontrolle nicht zugleich umfassend *und* justizförmig sein kann, muß die Verbreiterung der objektiven Rechtskontrollen (und damit auch die Ausweitung des Kreises der Klagebefugten über die subjektiv Berechtigten hinaus) tendenziell von einer Rücknahme des Bereiches subjektiven Rechtsschutzes (d.h. von Art. 19 Abs. 4 GG) begleitet werden.[64] Die andere Alternative lautet, die Judikative zur dann eben nicht kontrollierten und daher mit der „Macht eines Unterdrückers" ausgestatteten Exekutive zu machen.

d) Angesichts evidenter Bedürfnisse nach objektiver Rechtskontrolle[65] ist die Übertragung objektiver Überwachungs- und Ersatzvornahmebefugnisse auf die Rechtsprechung zwar nicht grundsätzlich unzulässig.[66] In Hinblick auf die Garantie subjektiven Rechtsschutzes läßt sich jedoch aus den hier aufgegriffenen Überlegungen ein Rechtfertigungsbedürfnis sehr wohl ableiten:[67] Einer Beschädigung der Gerichtsförmigkeit steht Art. 19 Abs. 4 GG ebenso entgegen wie einer Einschränkung des Individualschutzes.

---

[63] *Krebs*, DV 21 (1988), 157, 169 f.

[64] *Wahl*, Vorb. § 42 Abs. 2, Rz. 17 ff mit zahlreichen rechtsvergleichenden Hinweisen; *Happ*, in: Eyermann, § 42 Rz. 73. Die Frage, ob dem süddeutschen Modell des Individualschutzes oder dem preußischen Modell objektiver Rechtskontrolle zu folgen sei, war früher höchst umstritten; dazu *Wahl*, Vorb. § 42 Abs. 2 Rz. 13; *Krebs*, in: FS Menger, 191, 195; *Masing*, Mobilisierung des Bürgers, 77 ff. Ungeklärt ist, ob nun wegen europarechtlichen Einflüssen eine Umkehr eingeläutet ist (dazu *Classen*, VerwArch 88 (1997), 645; *Wahl*, Vorb. § 42 Abs. 2 Rz. 121 ff; *Masing*, Mobilisierung des Bürgers, S. 35 ff).

[65] Die Forderung z.B. nach einer naturschutzrechtlichen Verbandsklage wurde mit eben diesem Argument begründet, *Masing*, Mobilisierung des Bürgers, S. 122 f m. zahlreichen weiteren Nachweisen; *Bender*, DVBl 1977, 169, 171; *Borchmann*, NuR 1981, 121, 125; *Rehbinder/Burgbacher/Knieper*, Bürgerklage im Umweltrecht, 21 ff, 118 ff; *Rehbinder*, ZRP 1976, 157, 159 f; *Rupp*, JZ 1971, 401, 402 f; *Kopp*, NuR 1994, 76, 78. Auch die objektiven Elemente, die durch das Europarecht in das verwaltungsgerichtliche Verfahren hineingetragen werden, rechtfertigen sich in hohem Maße daraus, daß „es eine Behördenstruktur, die berufen und in der Lage wäre, das ausgreifende, differenzierte und oft hochtechnisierte Gemeinschaftsrecht durchzusetzen, auf europäischer Ebene nicht gibt und auch die zuständigen nationalen Behörden hierzu oft nicht willens oder in der Lage sind" (*Masing*, Mobilisierung des Bürgers, S. 177).

[66] BVerfGE 22, 106, 110 ff; *Krebs*, DV 21 (1988), 157, 173; *Schmidt-Aßmann*, in: Maunz/Dürig, Art. 19 Abs. 4 Rz. 9; *Schenke*, in: BK, Art. 19 Abs. 4 Rz. 154; *Wahl/Schütz*, in: Schoch/Schmidt-Aßmann/Pietzner, § 42 Abs. 2 Rz. 38. Generell ablehnend *Pause*, Berücksichtigung der Allgemeinheit, S. 297 ff und passim.

[67] Vgl. *Schmidt-Aßmann*, in: FS Menger, 107, 110 f; *Schenke*, in: BK, Art. 19 Abs. 4 Rz. 154 .

e) Diese Interessen können durch die Zivilgerichte ebenso beeinträchtigt werden wie durch Verwaltungsgerichte. Zivilgerichte übernehmen zwar selten die Überwachung hoheitlicher Tätigkeit als eine primäre Aufgabe. Eine Justierung und damit ebenso eine Kontrollfunktion nehmen sie dennoch immer dann vor, wenn sie öffentlich-rechtliche Normen durchsetzen, etwa über § 823 Abs. 2 BGB. Das dürfen Zivilgerichte zweifellos, wenn sie dadurch subjektive Rechte schützen. Für objektiven Interessenschutz muß man hier stärkere Zweifel haben.

Problematisch ist es daher, wenn ein Zivilgericht öffentlich-rechtliche Normen im öffentlichen Interesse, also quasi mit dem Ziel der „Ersatzvornahme" durchsetzt, ohne über entsprechendes Problembewußtsein zu verfügen. Eine allgemeine Befugnis dazu steht ihnen nicht zu, insbesondere auch nicht mit dem Argument, das liege im öffentlichen Interesse. Dagegen spricht ebenfalls die Gewaltenteilung als positives und als negatives Prinzip. Als positives Prinzip spricht die Gewaltenteilung dagegen, weil gerade die Nichtsanktionierung im - von Exekutive und Parlament, regelmäßig nicht aber von der Gerichtsbarkeit zu definierenden - öffentlichen Interesse liegen kann. Mit der Durchsetzung verhindern Zivilgerichte ebenso den „geschmeidigen" Vollzug, wie es ein Verwaltungsgericht durch Verurteilung einer Behörde tut. Und ganz genauso, wie ein Verwaltungsgericht durch übermäßige Kontrolle den Abstand zur Verwaltung zu verlieren droht, soll Gewaltenteilung als negatives Prinzip verhindern, daß ein Zivilgericht sein Rollenverständnis ändert, wenn es die „Ersatzvornahme" als eine seiner primären Aufgaben auffaßt. Wird Zivilgerichten die Kompetenz zu einer solchen objektiv-rechtlichen „Ersatzvornahme" eingeräumt, besteht daher ebenso ein Rechtfertigungsbedürfnis wie bei unmittelbaren objektiven Verwaltungskontrollen.

4. Damit ist eines der Leitmotive dieser Arbeit vorgestellt, das im folgenden immer wieder von Bedeutung sein wird; es soll das *Prinzip der begrenzten Sanktionsbefugnis* genannt werden. Rechtstechnisch läßt sich diese Beschränkung am besten mit der Unterscheidung von Verbots- und Sanktionsnorm erfassen. Die Verbotsnorm regelt, was getan oder unterlassen werden muß; die Sanktionsnorm regelt, wer im Falle der Zuwiderhandlung welche Sanktionen durchsetzen kann.[68] Folge der Anerkennung des Prinzips der begrenzten Sanktionsbefugnis ist nichts anderes, als daß Aussagen zu einer das konkrete Verfahren tragenden Sanktionsnorm jeweils genauso der Untersuchung

[68] *Thon*, Rechtsnorm und subjektives Recht, S. 3 ff; *Röhl*, Allg. Rechtslehre, § 26 I; *K. Schmidt*, KartellverfahrensR, S. 10. Den Wert solcher Rechtstechnik hat *Thon* durch die Gegenüberstellung seiner Imperativentheorie zum „Der Zweck im Recht" von *v. Ihering* eindringlich so beschrieben, daß die Normen „das feste Knochengerüste des Rechtes", die dahinterstehenden Interessen und Wertungen die „Muskeln und Nerven, der bewegende Apparat selbst" seien (Rechtsnorm und subjektives Recht, S. VIII).

und Begründung bedürfen wie die Feststellung der objektiven Rechtswidrigkeit. Als inhaltliches Ergebnis läßt sich darüber hinaus festhalten: Objektive Kontrollen unterliegen einem im Vergleich zum subjektiven Rechtsschutz höheren Rechtfertigungsbedarf.

## B. Exkurs: Rechtswidrigkeit, subjektives Recht, Institutionen

Der nächste Schritt besteht nun in der Untersuchung, welche rechtlichen Gesichtspunkte in der hier untersuchten Konstellation dafür sprechen, gerichtliche Kontrolle zuzulassen. In Betracht kommen subjektive Rechte sowie – nach dem vorstehenden: unter erhöhten Legitimationsanforderungen – objektive Kontrollaufträge. Diese Begriffe müssen jedoch zunächst überhaupt erst einmal definiert werden. Nur so kann gesichert werden, daß die Ergebnisse nicht durch abweichende Begrifflichkeiten im öffentlichen und im Privatrecht verfälscht werden. Das gilt insbesondere für den Begriff des subjektiven Rechts. Dabei soll diese Begriffsklärung aus Zweckmäßigkeitsgründen im Rahmen eines generellen Exkurses geschehen, der einige Grundlagenbegriffe bereits in Richtung alle vier eingangs der Arbeit gestellten Fragen zu erhellen sucht. Wie sich später zeigen wird, liegen eben auf dieser ins Grundsätzliche reichenden Ebene die Grundlagen für viele praktische Unklarheiten; insofern müssen diese scheinbaren Abschweifungen dem Leser zugemutet werden.

Im Anschluß an diesen Exkurs wird die Untersuchung mit der Gegenüberstellung zunächst grundrechtlicher Positionen der Wettbewerber mit dem Prinzip der begrenzten Sanktionsbefugnis fortfahren.

### 1. Einige deskriptive Begriffspaare

Auf sehr allgemeinem Niveau lassen sich zur Beschreibung der Rechtswidrigkeit die Begriffspaare autonom-heteronom,[69] originär-derivativ und handlungsbezogen-erfolgsbezogen verwenden, wobei das aus dem Schulstreit um Handlungs- und Erfolgsunrecht stammende dritte Begriffspaar

---

[69] Die Verwendung der Begriffe „autonom“ und „heteronom“ im folgenden hat nur formale Cemeinsamkeiten mit der philosophischen Unterscheidung zwischen der Moral als autonomem und dem Recht als heteronomem Normenkomplex (dazu *Kirchberger*, Unlauterer, sittenwidriger und unerlaubter Wettbewerb, S. 15 f).

handlungsbezogen-erfolgsbezogen[70] bis zur genaueren Erörterung subjektiver Rechte als bekannt vorausgesetzt werden darf.

a) *Autonom* ist Rechtswidrigkeit, wenn die Entscheidung über die Rechtswidrigkeit zunächst offen ist und die Festlegung der Grenzen dessen, was erlaubt ist und was nicht, dem Rechtsanwender obliegt. Bei *heteronomer* Rechtswidrigkeit hat das Gesetz die notwendige Interessenabwägung dagegen in ihren wesentlichen Zügen bereits durchgeführt.[71] Die Unterscheidung läßt sich ebenso auf Sanktionsnormen anwenden, denn auch die Konkretisierung des Kreises der Sanktionsbefugten kann dem Rechtsanwender aufgegeben sein.

b) Das zweite Begriffspaar - originär/derivativ - hat auf den ersten Blick eher ausschließlich rechtstechnischen Charakter. Es beschreibt das „örtliche" Verhältnis einer Verbotsnorm zu einer Sanktionsnorm. Man kann es insofern generell dazu verwenden, den Unterschied zwischen solchen Verboten zu beschreiben, bei denen die Rechtswidrigkeit im gleichen Regelungskomplex oder gar im gleichen Paragraphen wie die Sanktionsnorm bestimmt wird (originär) und solchen Normen, die für andernorts geregelte Rechtswidrigkeit Sanktionsnormen bereitstellen (derivativ). In dieser Arbeit soll sich diese Begrifflichkeit alleine auf die Unterscheidung zwischen teilrechtsordnunginterner (*originär*) und -externer (*derivativ*) Regelung von Rechtswidrigkeit und Sanktion beziehen.[72] Autonom-heteronom kennzeichnet also, wer - im Sinne von: rechtsetzende oder rechtsanwendende Gewalt - die Norm konkretisiert, originär-derivativ dagegen, wo ihre Teile niedergelegt sind.

c) Im zu Vergleichs- und Erläuterungszwecken am besten geeigneten bürgerlichen Deliktsrecht sind sowohl § 823 Abs. 1 BGB (im Bereich unmittelbarer Eingriffe) als auch § 823 Abs. 2 BGB[73] Beispiele heteronomer Rechtswidrigkeit. Mit § 826 BGB ist die gesetzlich geregelte autonome Rechtswidrigkeit im Deliktsrecht ein Ausnahmefall; hinzugekommen sind allerdings die Verkehrspflichtverletzungen, das allgemeine Persönlichkeitsrecht und das Recht am eingerichteten und ausgeübten Gewerbebetrieb.[74] Derivativ

[70] Dazu vorab statt vieler *Deutsch*, Allg. HaftungsR, Rz. 234 ff.

[71] Vgl. *Stoll* Richterliche Fortbildung, S. 26. Dort (ebenso von *Reichold*, AcP 193 (1993), 204, 217 f) wird diese Begrifflichkeit dann aber doch im Sinne von derivativ verwendet, d.h. zur Kennzeichnung des Standortes der maßgeblichen Rechtswidrigkeitsregelung.

[72] In diesem Sinne Verwendung bei *Ossenbühl*, DVBl 1990, 963, 968; *Breuer*, DVBl 1983, 431, 438; *J. Baur*, in: GS Martens, 546, 556; *Dolderer*, DVBl 1998, 19, 20; *Schmidt-Preuß*, Kollidierende Privatinteressen, S. 128.

[73] Wegen der Fälle derivativer Verweisung auf autonome Rechtswidrigkeit (z.B. § 823 Abs. 2 BGB i.V.m. § 240 StGB) allerdings nicht ausnahmslos.

[74] *Stoll*, Richterliche Fortbildung, S. 26; *Deutsch*, JZ 1963, 385, 388 f; *Reichold* AcP 193 (1993), 204, 217 ff m.w.N.

ist unmittelbar im Deliktsrecht dagegen nur die Rechtswidrigkeit des § 823 Abs. 2 BGB.[75]

d) Gewiß läßt sich die Rechtswidrigkeit in § 1 UWG nicht generell und allgemein charakterisieren. Hier hat der Gesetzgeber eine „große Generalkausel" gewählt, die die Funktionen aller drei „kleinen Generalklauseln" des bürgerlichen Deliktsrechts in sich vereint. Im Vergleich zum bürgerlichen Deliktsrecht ist im Wettbewerbsrecht die rechtsfortbildende autonome Konkretisierung der Generalklausel wesentlich weniger restriktiven Voraussetzungen unterworfen, ja geradezu Kernaufgabe der wettbewerbsrechtlichen Rechtsanwendung. Man darf gewiß sagen, daß die autonome Rechtswidrigkeit in § 1 UWG vorherrschend ist. Ein Fall heteronomer und derivativer Rechtswidrigkeit ist dagegen die Verletzung wertbezogener Normen.[76] Eine Antwort darauf, wie der Vorsprung durch Rechtsbruch zu charakterisieren ist, vermag die herrschende Auffassung, die behauptet, die übertretene Verbotsnorm selbst würde gar nicht durchgesetzt, indes nicht zu geben. Die Antwort auf diese Frage wird sich im Laufe der vorliegenden Arbeit einstellen.

## 2. Das subjektive Recht

Von den verschiedenen Arten subjektiver Rechte[77] sind im Rahmen dieser Arbeit zwei Begriffe relevant, die hier mit „absolutes Herrschaftsrecht" und „subjektive Berechtigung" bezeichnet werden sollen.

### a) Das absolute Herrschaftsrecht

Der erste dieser Begriffe ist das absolute Herrschaftsrecht, das ius, der status. Gemeint ist damit der Schutz eines Lebensbereiches, ein *Recht an einem* realen oder gedachten *Schutzobjekt.*

(1) Der Begriff wird geprägt durch die klassischen liberalen Schutzgüter Leben, Freiheit, Eigentum. Diese Figur des absoluten Herrschaftsrechts erfüllt eine ganze Reihe von Zwecken, deren wichtigste Zuordnungs- und Ausschlußzweck

---

[75] Bezieht man Verweisungen ein, die sich über mehrere Normen erstrecken, so ist z.B. auch die Rechtswidrigkeit in § 823 Abs. 1 BGB teilweise derivativ, etwa in Folge des § 906 Abs. 2 BGB.

[76] Zur Ausnahme Fn. 72.

[77] Zu weiteren Arten subjektiver Rechte *Larenz/Wolf*, AT, § 15; *Wüstenbecker*, JA 1984, 227; *Portmann*, Wesen und System der subjektiven Privatrechte, S. 6 ff.

sind.[78] Während der Zuordnungszweck primär im Bereicherungsrecht relevant wird, manifestiert sich der Ausschlußzweck darin, daß das absolute Herrschaftsrecht rechtswidrigkeitsbildend wirkt. Greift jemand in den Schutzbereich ein, ohne daß dieses Verhalten von einem Rechtfertigungsgrund gedeckt ist, so ist das Handeln *deshalb rechtswidrig*, weil es in das absolute Herrschaftsrecht eingreift (und dadurch wiederum die Zuordnung stört). Genau dieser Zweck der Figur, die rechtswidrigkeitsbildende Funktion, soll näher beleuchtet werden.

(2) Das absolute Herrschaftsrecht hängt unmittelbar mit dem Rechtswidrigkeitskonzept der Erfolgsunrechtslehre zusammen. Das absolute Herrschaftsrecht bedeutet insofern mehr als die bloße Technik des Eingriffsabwehrrechts, als den Dreischritt Schutzbereich - Eingriff - Rechtfertigung. Es ist auch begriffliche Verkörperung der maßgeblichen Werte des Liberalismus, der sittlichen Person im Zentrum der Rechtsordnung, deren Entfaltung die Unversehrtheit von - pars pro toto - eben Leben, Freiheit und Eigentum verlangt.[79] Daraus ergeben sich erhebliche Konsequenzen für das *Maß der das Rechtsgut schützenden Verbote*. Obwohl nach der heute herrschenden eingeschränkten Erfolgsunrechtslehre nie die Erfolgsverursachung selbst, sondern nur die gefährliche Annäherung an das Rechtsgut der Grund der Rechtswidrigkeit ist und diese Lehre streng genommen nach also durchaus auch eine Verhaltensunrechtslehre ist,[80] hält sie dennoch an der Vorstellung des Rechtsgutschutzes als eigentlichem *Grund* der Rechtswidrigkeit fest.[81] Im

---

[78] Zu weiteren Funktionen *Fezer*, Teilhabe und Verantwortung, S. 365 f und passim.

[79] *Coing*, in: FS Dölle, Bd I, 25, 26; zum ethischen Personalismus *Larenz/Wolf*, AT, § 2; das gilt mit sozialstaatlichen Ergänzungen auch für die Grundrechte des Grundgesetzes, *Böckenförde*, NJW 1974, 1529, 1538; *Schmidt-Aßmann*, in: Maunz/Dürig, Art. 19 Abs. 4 Rz. 8.

[80] *Rupp*, Grundfragen, S. 225 f weist zu Recht darauf hin, daß Verhaltensunrechtslehre und das aus der finalen Handlungslehre stammende Erfordernis personalen Unrechts unterschieden werden müssen (beide werden jedoch verbreitet als Einheit behandelt). Wenn man das beachtet, so wird man die heute herrschende „eingeschränkte Erfolgsunrechtslehre" ohne weiteres als eine Verhaltensunrechtslehre ansehen dürfen, die lediglich bei der Bestimmung der Verhaltenspflichten wertbezogen argumentiert.

[81] Im Zivilrecht: RGRK/*Steffen*, § 823 Rz. 114 ff; *Medicus*, SchuldR II, Rz. 748; *Staudinger/J. Hager*, § 823 Rz. H 16; *Soergel/Zeuner*, § 823 Rz. 7; *Deutsch*, Allg. HaftungsR, Rz. 237; *Stoll*, AcP 162 (1963), 203, 228 f; *Larenz/Canaris*, SchR II/2, S. 365 ff; *Larenz*, in: FS Dölle, Bd. I, 167; *Fezer*, Teilhabe und Verantwortung, S. 499. Für eine reine Verhaltensunrechtslehre im Zivilrecht *Esser/Weyers*, SchR II/2 S. 557 f; *Nipperdey*, NJW 1957, 1777; *Kötz*, DeliktsR, Rz. 93 ff. Im Verfassungsrecht ist es praktisch einhellige Ansicht, daß die staatliche Rechtfertigungslast durch den Eingriff indiziert wird (etwa *Jarass*, AöR 120 (1995), 345, 359 ff; *Stern*, StaatsR III/1, § 64 IV 2 b) (S. 562 ff); *Hesse*, VerfassungsR, Rz. 287). Im Verwaltungsrecht ist dies jedoch umstritten. Generell für eine Verhaltensunrechtslehre im öffentlichen Recht *Schad*, in: FS Pikalo, 247, 251 f; *Rupp*, Grundfragen, S 225 f.

Gegensatz zur reinen Verhaltensunrechtslehre mit ihren fundamentalistischen Übersteigerungen[82] sieht die herrschende Lehre das absolute Herrschaftsrecht daher nicht als Quelle einer Vielzahl von Ge- und Verbotsnormen *beliebigen* Inhalts, sondern spricht dem absoluten Herrschaftsrecht einen naturrechtlich vorgegebenen, heteronom bestimmten Kern zu, der im Verbot *unmittelbarer* Eingriffe zum Ausdruck kommt.[83] Konkretisiert wird der Bereich dieser unmittelbaren Eingriffe, die ohne weiteres rechtswidrig sind, vor allem durch die - auch zeitliche - Nähe des Kausalzusammenhangs und die Finalität.[84] Inhalt des naturrechtlichen Kerns ist, daß *jede* vorhersehbare Beeinträchtigung des geschützten Rechtsgutes, wenn sie nur *schwer genug* ist, verboten ist: Das absolute Herrschaftsrecht bildet einen geschlossenen Kreis von Abwehransprüchen um das geschützte Rechtsgut. Insofern ist die Figur des „unmittelbaren Eingriffs" untrennbar mit dem Ausschlußzweck des absoluten Herrschaftsrechts verbunden; Verbote unmittelbarer Eingriffe haben Erfolgsunrecht zum Gegenstand. Zwar kennen auch absolute Herrschaftsrechte Randbereiche autonomer Rechtswidrigkeit - insbesondere mit der Verkehrspflichtverletzung als Voraussetzung der Rechtswidrigkeit eines mittelbaren Eingriffs -, gibt es mit dem allgemeinen Persönlichkeitsrecht auch ein Recht ohne einen einheitlich abgegrenzten Kreis unmittelbarer Eingriffe; regelmäßig scheint aber wenigstens das Verbot jeder besonders gefährlichen Annäherung für die Einstufung einer Position als subjektives Recht in diesem Sinne unverzichtbar zu sein.

(3) Die einzige Ausnahme des BGB, der einzige Fall, in dem der Verbotsring um das Rechtsgut erhebliche Lücken aufweist, ist das *Recht am eingerichteten und ausgeübten Gewerbebetrieb*. Aus eben diesem Grunde ist seine Existenz seit jeher umstritten.[85] Diese Rechtsposition ist zwar nicht in gleichem Maße

---

[82] So die durchaus berechtigte Kennzeichnung durch *Deutsch*, Allg. HaftungsR, Rz. 234.

[83] *v. Caemmerer*, in: FS 100 Jahre DJT, 49, 77 u. 131 ff; *Stoll*, AcP 162 (1963), 203, 206 ff; RGRK/*Steffen*, § 823 Rz. 115; *Soergel/Zeuner*, § 823 Rz. 136; *Larenz*, in: FS Dölle, Bd. I, 169, 193; *Larenz/Canaris*, SchR II/2, S. 365 ff; *G. Hager*, in: FS Ernst Wolf, 133, 138 f; im Grundsatz auch *Fezer*, Teilhabe und Verantwortung, S. 503 ff. Andere Begriffsverwendung bei *M. Wolf*, NJW 1967, 709: Unmittelbar sei verletzt derjenige, zugunsten dessen die Tatbestandsvoraussetzungen der schadensersatzpflichtbegründenden Normen erfüllt sind; mittelbar verletzt sei, wer seinen Schaden nicht ersetzt verlangen kann. Anders zum Teil auch die Terminologie im Zusammenhang mit dem Recht am eingerichteten und ausgeübten Gewerbebetrieb, etwa *Schlechtriem*, SchuldR BT, Rz. 762; *Medicus*, SchuldR II, Rz. 826. Vgl. auch die Diskussion um den Begriff „unmittelbarer Eingriff" zwischen *Schwabe*, DVBl 1988, 1055, 1057 und *Bleckmann/Eckhoff*, DVBl 1988, 1057, 1058.

[84] *Larenz*, in: FS Dölle, Bd I, 169, 183; *G. Wagner*, Genehmigung u. Rechtswidrigkeit, S. 58; *Medicus*, SchR II, Rz. 748 f; *Stoll*, AcP 162 (1963), 203, 214 ff u. 227 f; *U. Huber*, in: FS E.R. Huber, 253, 276 f.

[85] Vgl. *Baumbach/Hefermehl*, Wettbewerbs- und Warenzeichenrecht, 6. Auflage, III 2) F u. G; *Larenz/Canaris*, SchR II/2, § 81 II 1 (S. 544 ff) m.w.N. Ob der Schritt vom allgemeinen

abgegrenzt und verkörpert auch nicht in demselben Maße eine klare Wertung. Die technischen Strukturprinzipien, die für das absolute Herrschaftsrecht gelten, kann man dennoch teilweise auf das Recht am eingerichteten und ausgeübten Gewerbebetrieb übertragen. Auch hier läßt sich ein Schutzbereich konstatieren, der, *wenn* er einschlägig ist, gegen Eingriffe dergestalt geschützt ist, daß diese rechtswidrig und demzufolge zu unterlassen sind. Direkt kann freilich aus dem Vorliegen eines Eingriffsabwehrrechts in diesem erweiterten Sinne nichts für die Rechtswidrigkeit gefolgert werden. Die Rechtswidrigkeit konstitutiert gerade den Schutzbereich, nicht umgekehrt führt der Schutzbereich zur Rechtswidrigkeit. In der Einbeziehung in den Kreis der Eingriffsabwehrrechte kommen jedoch gewisse Schutzwürdigkeitsvorstellungen plastisch zum Ausdruck.

### b) Die subjektive Berechtigung

(1) Der andere Begriff des subjektiven Rechts - häufig auch „sekundäres subjektives Recht“ im Gegensatz zum „primären subjektiven Recht“,[86] dem absoluten Herrschaftsrecht, genannt - ist die *Schutznorm*[87] bzw. im folgenden sogenannte subjektive Berechtigung. Dieser Begriff des subjektiven Rechts basiert auf dem Verhaltensunrechtskonzept. Ausgangspunkt ist nicht ein bestimmtes Schutzgut, sondern die *bereits feststehende* - im öffentlichen Recht: den Hoheitsträger verpflichtende - *Ver- oder Gebotsnorm*, die das Verhalten schon unabhängig von der Frage nach dem subjektiven Recht für objektiv rechtswidrig erklärt. Wenn die Frage nach der subjektiven Berechtigung auftritt, steht die Rechtswidrigkeit längst fest. Denn nicht eine Sache (oder ein Rechtsgut) ist Bezugspunkt des Können und Dürfen, sondern diese Verhaltenspflicht. Die Norm begründet eine subjektive Berechtigung, wenn sie zumindest auch ein Individualinteresse schützt und deshalb von der geschützten Person durchgesetzt werden kann.[88]

---

Persönlichkeitsrecht zum Recht am eingerichteten und ausgeübten Gewerbebetrieb so groß ist, daß hier einem „Münchhausen-Trick“ und einem „Verstoß gegen die Bindung der Gerichte an Gesetz und Recht gemäß Art. 20 III GG“ die Rede sein kann (so *Larenz/Canaris*, a.a.O., S. 545), sei hier aber dahingestellt; das besondere Regelungsbedürfnis mag den naturrechtlich vorgeprägten Kern ersetzen können.

[86] *L. Raiser*, JZ 1961, 465, 466; s. dazu *K. Schmidt*, KartellverfahrensR, S. 314 f; *Röhl*, Allg. Rechtslehre, § 42 I; *W. Roth*, Eingriffe, S. 71 ff; *Schenke*, in: BK, Art. 19 Abs. 4 Rz. 299; noch anders die Begriffe von *Henke*, in: FS Weber, 495, 498 f.

[87] S. schon S. 11.

[88] *Erichsen*, in: Erichsen, Allg. VerwR, § 11 Rz. 31; *Wallerath*, NJW 2001, 781, 785; *Wahl*, in: Schoch/Schmidt-Aßmann/Pietzner, Vorb. § 42 Abs. 2 Rz. 94 ff; *Happ*, in: Eyermann, § 42

(2) Wie sich bei der subjektiven Berechtigung die Voraussetzungen Rechtsmacht und Individualinteresse zueinander verhalten, ist nicht unstrittig. Das Rechtsmachtelement darf zunächst nicht mit der prozessualen Durchsetzungsbefugnis verwechselt werden.[89] Gemeint ist mit der Rechtsmacht, daß die Rechtsordnung die Befolgung der Verhaltensnorm als Angelegenheit des Berechtigten anerkennt, das „Zustehen", das „Verlangen-Können" als ein intentionales materiell-rechtliches Element.[90] Nach der zutreffenden „zweigliedrigen Formel" läßt sich dieses Rechtsmachtelement nicht von der dritten Voraussetzungen trennen, dem Individualinteresse. Da alle unter dem Grundgesetz anzuerkennenden Realinteressen letztlich Individualinteressen sind,[91] hat das Individualinteresse in einem vorrechtlichen Sinne keine Definitionsfunktion: Alle Rechtsnormen schützen letztlich Individualinteressen. Individualinteresse im normativen Sinne wird ein Interesse erst durch die Rechtsnorm, die dem Individuum die Befugnis zuweist, die Einhaltung der Verhaltensnorm gerade zur Befriedigung eigener Bedürfnisse verlangen zu können. Maßgeblich ist also das „personale Element", durch das der geschützte „Zurechnungsendsubjekt"[92] ist. Lediglich im Kernbereich absoluter Herrschaftsrechte steht auch diese „Verlangen-Können" für den Rechtsanwender schon vor

---

Rz. 83, jeweils m.w.N. Gelegentlich herrscht allerdings auch einfach ein ungeordnetes Durcheinander beider Begriffe.

[89] Der Unterschied zwischen materieller und prozessualer Berechtigung wird häufig verkannt (*Bachof*, in: GS Jellinek, 287, 300 f; *Stern*, StaatsR III 1, § 65 II 3 c (S. 535 ff)), z.B. von *Henke*, Das subjektive öffentliche Recht, S. 2 ff. Auch *Georg Jellinek* (System, S. 106: „Niemals kann ein durch Rechtsmittel zu verfolgender Anspruch bloß Reflexrecht sein. [...] das Dasein streng individualisierten, durch Gesetz gewährten Rechtsschutzes [beweist] das Dasein individualisierter rechtlicher Fähigkeit") hat das nicht klar geschieden. Dazu auch Fn. 189.

[90] *Stern*, StaatsR III/1, § 65 II 3 c); vgl. auch *Bachof*, in: GS Jellinek, 287, 301; *Larenz*, in: FS Engisch, 150 ff; *ders.*, in: FS Sontis, 129, 138 ff.

[91] *Erichsen*, in: Erichsen, Allg. VerwR, § 11 Rz. 39; *Bachof*, in: GS Jellinek, 287, 290; *König*, Drittschutz, S. 117 ff; *Bull*, Allg. VerwR, Rz. 235 f; *Wahl*, in: Schoch/Schmidt-Aßmann/Pietzner, Vorb. § 42 Abs. 2 Rz. 56; *Schnieders*, Allgemeininteressen, S. 88 ff; *Scherzberg*, JURA 1988, 455, 456 f; ausführlich und unter besonderer Berücksichtigung der den verschiedenen Begriffen des „öffentlichen Interesses" zugrundeliegenden staatsphilosophischen Strömungen *Bleckmann*, StaatsR I, § 7; allgemein zum Begriff des öffentlichen Interesses *Fach*, ARSP 60 (1974), 231; zum Interessenbegriff insbesondere mit Nachweisen aus der Zeit der Entstehung der Lehre vom subjektiven öffentlichen Recht *Bauer*, AöR 113 (1988), 582, 594 ff. - A.A. – Wesensverschiedenheit von öffentlichen und privaten Interessen - z.B. *Baumbach/Hefermehl*, Einl UWG Rz. 80.

[92] *Erichsen*, in: Erichsen, Allg. VerwR, § 11 Rz. 40. *Fezer*, Teilhabe und Verantwortung, S. 497, sieht dagegen (außerhalb der Lehre von *L. Raiser* unzutreffenderweise, dazu S. 30 ff) in der Figur des subjektiven Rechts i.S. eines individualschützenden Rechtssatzes „starke Anklänge an die objektivrechtliche Funktionsweise der *actio* im römischen Recht."

dem einfachen Recht fest. Dort ist die Rechtsmacht ebenso wie die Rechtswidrigkeit durch den naturrechtlichen Kern des Rechts vorgegeben.[93]

(3) Der Schutz eines öffentlichen Interesses (als Gegenbegriff) in einer Rechtsnorm bedeutet damit auch nicht, daß es sich um andere Realinteressen handelt. Es handelt sich auch nicht um irgendwie erhabenere Interessen; als öffentliche Interessen werden die Realinteressen meist einer größeren Anzahl von Bürgern lediglich in einem anderen Modus als als Individualinteresse im normativen Sinn geschützt,[94] so daß auch eine Unterscheidung von öffentlichen Interessen und Gruppeninteressen nicht sinnvoll erscheint. Man kann daher z.B. ebenso von der „öffentlichen Interessen der Verbraucher" wie von dem öffentlichen Interesse an Verbraucherschutz oder von dem „Gruppeninteresse der Verbraucher" sprechen, ohne daß das der Sache nach einen Unterschied machen würde.

### c) Der Eingriff in die subjektive Berechtigung

(1) Der Begriff der subjektiven Berechtigung dient vorrangig dazu, die Bereiche wenigstens auch eigener von denen ausschließlich öffentlicher Angelegenheiten zu trennen. Das schließt den Bereich der durch ein absolutes Recht abgedeckten Angelegenheiten ein, solche eigenen Angelegenheiten gibt es jedoch auch außerhalb absoluter Herrschaftsrechte (z.B. als Vertragserfüllungsinteressen). *Wie* die eigenen Angelegenheiten geschützt werden, beschreibt das absolute Herrschaftsrecht dort, wo es einschlägig ist, mit dem Ausschluß- und Zuordnungszweck allerdings wesentlich umfassender.

Die subjektive Berechtigung bringt zwar ebenfalls einen Zuordnungszweck zum Ausdruck, indem es den Schutz des geschützten Interesses zu einer eigenen Angelegenheit des Berechtigten erklärt. Der Schutz ist sachlich jedoch begrenzt auf das Verlangen-Können der Einhaltung der Verbotsnorm. Insbesondere ist die Vorstellung des Eingriffs in eine subjektive Berechtigung verquer. „Eingriff" ist der Komplementärbegriff zum geschützten Interessenbereich, zum absoluten Herrschaftsrecht. Einer subjektive Berechtigung kann demgegenüber nur entweder nicht entsprochen werden, d.h., die Ver- oder Gebotsnorm wird übertreten, oder aber sie wird aufgehoben. Aufhebungsverbote sind, wenn es sie gibt, Verhaltensnormen, die mit der aufgehobenen Verhaltensnorm nicht identisch sind.[95] Man kann also ebensowenig von einem Eingriff in die

---

[93] Scharfe Kritik an dieser Vorstellung bei *Rupp*, Grundfragen, S. 223 f.

[94] *v. Arnim*, Gemeinwohl und Gruppeninteressen, S. 81 f; *Wahl*, in: Schoch/Schmidt-Aßmann/Pietzner, Vorb. § 42 Abs. 2 Rz. 56.

[95] Zur Notwendigkeit der Unterscheidung beider Normen *König*, Drittschutz, S. 67 u. S. 177.

subjektive Berechtigung am Verbot sittenwidrigen Verhaltens sprechen wie etwa - wenn § 3 LadenSchlG Schutznorm wäre - von einem Eingriff in § 3 LadenSchlG: Der Wettbewerber hält sich entweder an die Ladenschlußzeiten oder nicht, und er verhält sich dementsprechend auch entweder „sittengerecht" oder sittenwidrig. Dementsprechend verstößt die Verwaltungsbehörde auch nicht gegen § 3 LadenSchlG, wenn sie rechtswidrig eine Ausnahmebewilligung nach § 23 Abs. 1 LadenSchlG erteilt; die Norm, gegen die die Verwaltungsbehörde verstößt, ist gegebenenfalls das Verbot in § 23 Abs. 1 LadenSchlG, das Verbot des § 3 LadenSchlG nur bei einem dringenden öffentlichen Interesse usw. aufzuheben. Weder *logisch* zwingend noch mit der gleichen Selbstverständlichkeit wie beim absoluten Herrschaftsrecht unter Zuhilfenahme der *Denkform* der subjektiven Berechtigung kann daraus, daß der Mitbewerber an § 3 LadenSchlG subjektiv berechtigt ist, auf die subjektive Berechtigung an § 23 Abs. 1 LadenSchlG geschlossen werden.[96] Denn ein Rechtssatz enthält keine rein logisch begründbaren Aussagen über seine eigenen normativen Geltungsbedingungen.[97] Wenn überhaupt, muß der Schluß von der subjektiven Berechtigung auf den eingriffstypischen Rechtfertigungsbedarf ihrer Aufhebung entweder allgemein aus dem Gedanken des „Zustehens" oder aber eben im konkreten Fall durch weitere Wertungen begründet werden.

(2) Der Vollständigkeit halber sei angemerkt: Subjektive Berechtigungen gibt es selbstverständlich auch an den Verboten der Verursachung von Erfolgsunrecht. Im Bereich unmittelbarer Eingriffe ist die subjektive Berechtigung eine Selbstverständlichkeit; sie steht dem Inhaber des absoluten Herrschaftsrecht zu. Eben weil das eine Selbstverständlichkeit ist, geht die als solche gestellte Frage nach der subjektiven Berechtigung typischerweise mit verhaltensunrechtlich formulierten Verboten einher, d.h. sie tritt dann auf, wenn die Verhaltensnorm nicht einen Erfolg beim Geschützten, sondern ein Tun beim Verbotsadressaten beschreibt.

### d) Subjektives Recht und Institutionenlehre

Ein häufig neben dem „Interesse" zur Begründung der wettbewerbsrechtlichen Klagebefugnis herangezogener Topos ist der der Institution. Der Begriff der Institution ist in noch höherem Maße klärungsbedürftig als der des subjektiven Rechts. Er muß vor allem im Sinne eines „containment" klar in Abgrenzung zum subjektiven Recht definiert werden; denn eine reine Institutionenlehre, die im Wettbewerbsrecht durchaus nicht ohne Einfluß ist, kennt keinen Raum für

---

[96] *Stober*, JA 1981, 653, 659. A.A. *Preu*, Drittschutz, S. 87 ff, jedoch mit der veranschaulichenden Begrifflichkeit, das Problem habe eine „zweischichtige Struktur".
[97] Vgl. *Röhl*, Allg. Rechtslehre, § 36 I.

personale Elemente. Sie macht nicht die Person, sondern die Institution, die Funktion (Wirkungen, die ohne Rücksicht darauf eintreten, ob sie bezweckt sind)[98] und nicht den Zweck (die beabsichtigten Folgen einer Handlung)[99] zum Ausgangspunkt der Betrachtung des Rechts.

(1) Die Rechtsordnung nimmt verbindliche Rollenerwartungen für bestimmte Verhaltenskontexte auf[100] und führen damit zu der rechtlichen Stabilisierung von Institutionen, d.h. von vergleichsweise stabilen, dauerhaft aufeinander bezogenen Verhaltensmustern, die in einer sozialen Gruppe wichtigen Bedürfnissen dienen, daher für legitim gehalten und mit sozialen Sanktionen durchgesetzt werden.[101] Insofern hat das Recht unzweifelhaft die Funktion des Schutzes dieser Institutionen. Durch das Recht stabilisiert sich das institutionelle Gefüge. Da die Betrachtung der institutionellen Zusammenhänge die gesellschaftlichen Funktionen des Rechts zu beschreiben hilft, dient sie als Auslegungsmethode der Vermittlung zwischen Recht und Wirklichkeit, der „Verfestigung von Rechtsfiguren durch Gewinnung von Eigengesetzlichkeit".[102] Die Verwendung der Denkfigur der Institution bei der Auslegung kann folglich etwa für die Klärung der Folgen einer Auslegungsentscheidung hilfreich sein. Dagegen ist nichts einzuwenden.

(2) Fragwürdig wird die Verwendung der Institutionenlehre dann, wenn sie mit der Behauptung einhergeht, die Rechtsordnung dürfe den Schutz von Institutionen überhaupt zulässigerweise als Selbstzweck verfolgen. Eine zulässige sprachliche Abkürzung liegt hierin nur dann, wenn im Hinterkopf der Gedanke erhalten bleibt, daß bei ganz penibler Betrachtung nur der Schutz menschlicher Interessen zulässig ist,[103] wenn auch ein solcher Schutz der allerdings durch das Mittel einer Institution verwirklicht werden kann. Relevante Interessen an der Funktionsfähigkeit einer Institution können sowohl deren Beteiligte in Form von als berechtigt zu bewertenden Rollenerwartungen als auch Unbeteiligte als mittelbare Benefiziäre haben. Der „Schutz einer Institution" ist nur zulässiger Zweck einer Rechtsnorm, wenn er als Sammelbegriff für verschiedene von deren Funktionsfähigkeit abhängende Interessen begriffen wird. Die Vorstellung von der „Institution als Schutzobjekt" ist darum

---

[98] *Röhl*, Allg. Rechtslehre, § 30 II.

[99] *Röhl*, Allg. Rechtslehre, § 30 I.

[100] MünchKomm$^3$/*Mertens*, § 823 Rz. 48; *Brüggemeier*, DeliktsR, Rz. 98; *Schnieders*, Allgemeininteressen, S. 186 f.

[101] *Röhl*, Rechtssoziologie. S. 366. Zu verschiedenen Institutionenbegriffen - faktischer, metaphysischer, normativer - *Rüthers*, „Institutionelles Rechtsdenken" im Wandel der Verfassungsepochen, S. 34 ff.

[102] *K. Schmidt*, KartellverfahrensR, S. 321.

[103] Speziell im Zusammenhang mit der Institution Wettbewerb *Merz*, Die Vorfeldthese, S. 206; *Mestmäcker*, Der verwaltete Wettbewerb, S. 82 f.

als Kurznotation für die Erkenntnis brauchbar, daß anders bestimmte, bereits abgegrenzte Interessen mittels der institutionellen Betrachtungsweise zu einem Ausgleich gebracht werden können. Der Institutionenbegriff kann insbesondere bei der Interessenabwägung wertvolle Dienste leisten; in diesem Rahmen kann er etwa dort, wo ein absolutes Herrschaftsrecht als Kristallisationspunkt widerstreitender Interessen nicht in Betracht kommt, als sprachlicher Platzhalter für ein Interessenbündel ähnliche Leistungen im Rahmen bei der Rechtsgewinnung[104] erbringen wie der Begriff des subjektiven Rechts.

(3) Höchst problematische Folgen hat die Institutionenlehre nun, sobald man sie konsequent in das Recht internalisiert, also das „Denken in konkreten Ordnungen" als eine Außenbetrachtung,[105] die gerade die personalen Elemente ausblendet, zur Innenenbetrachtung, zum wertenden Ausgangspunkt der juristischen Rechtsbetrachtung macht.

(a) Im Zusammenhang mit absoluten Herrschaftsrechten ist Konsequenz einer solchen Vermengung von Außen- und Innenperspektive, daß die reine Institutionenlehre auch rechtlich gesicherte Freiheit primär als objektives Ordnungsprinzip[106] sieht, Freiheit demzufolge auf bestimmte Ziele jenseits des Individuums hin orientiert versteht.[107] Damit verliert die Einschränkung der Freiheit, die sich nicht an diesen Zielen orientiert, ihren Charakter als Einschränkung.[108] Integriert man diese Theorie dann in die dogmatischen Begriffe von Schutzbereich und Eingriff, so führt das zu einer unzulässigen Reduktion absoluter Rechte, weil sie diese Unterscheidung und die damit einhergehenden Sicherungsmechanismen (vor allem) verfahrensrechtlicher Art aufhebt.[109] Zumindest ist zu erwarten, daß Tatbestands- und Schrankenprobleme bei der Verwendung des Institutionenbegriffs in diesem Sinne vermengt werden.[110] Für diejenigen, die in diesem Sinne den Zweck von absoluten

---

[104] Zu diesen Funktionen *Fezer*, Teilhabe und Verantwortung.

[105] S. *Roelleke*, JZ 1999, 213.

[106] So *Häberle*, Wesensgehaltgarantie, S. 98; *Luhmann*, Grundrechte als Institution, S. 187.

[107] *Böckenförde*, NJW 1974, 1529, 1532; *Th. Raiser*, Das lebende Recht, S. 158; *Mestmäcker*, Der verwaltete Wettbewerb, S. 79.

[108] *Steiger*, Institutionalisierung der Freiheit, in: Zur Theorie der Institutionen, 1970, 91, 110; so tendenziell etwa *L.Raiser*, in: summum ius - summa iniuria, 145, 152 („Die Ausübung subjektiver Rechte muß sich den objektiven, mit der Ordnung des Rechtsinstituts gesetzten Zwecken einordnen; zweckwidriger Gebrauch wird als Mißbrauch empfunden und erhält darum keinen Rechtsschutz.") Anklänge auch bei *Kraft*, Interessenabwägung, S. 205 ff und *Schünemann*, in: GroßKommUWG Einl Rz. C 3.

[109] *Böckenförde*, NJW 1974, 1529, 1533; *Bleckmann*, StaatsR II, § 11 Rz. 79 u. 81.

[110] So z.B. geschehen in BGH WRP 1997, 1096 – Benetton I. Vgl. *Schutzle-Fielitz*, JZ 2001, 302 zur „Benetton-Entscheidung" des BVerfG, der davon spricht, daß das BVerfG „erkennbar

Herrschaftsrechten in der Institutionenverwirklichung sehen, folgt andererseits zwingend aus dem Ansatz, daß die institutionellen Voraussetzungen der Freiheitsausübung in den Schutzbereich einzubeziehen sind,[111] was zur Folge hat, daß jeder, der noch so mittelbar auf die Gestalt der Institution einwirken kann, durch das absolute Herrschaftsrecht zu Unterlassung verpflichtet wird. Die Grenzen, die dem Schutz absoluter Herrschaftsrechte zugunsten anderer Rechtspositionen gesetzt sind, werden so aufgehoben.

(b) Kaum weniger einschneidende Folgen hat es, wenn man alle unabhängig vom heteronomen Kern absoluter Herrschaftsrechte bestehende Durchsetzungsbefugnisse als Mittel des Institutionenschutzes im Sinne des objektiven Interessenschutzes und damit als Mittel zu Zwecken jenseits der Person versteht.[112] Daran ist alleine zutreffend, daß der Zweck einer Befugnis Privater zur Durchsetzung objektiver Verhaltensnormen auch dem Schutz von Interessen im Modus des öffentlichen Interesses bzw. in diesem Sinne auch dem Schutz der Institution selbst dienen *kann*. Als konkretes Beispiel ist § 13 Abs. 2 UWG zu nennen.[113] Warum dies außerhalb des Bereichs der unmittelbaren Verteidigung absoluter Herrschaftsrechte so sein *müssen sollte*, bleibt unerfindlich. Gerade im Gegenteil besteht eine materielle Durchsetzungsbefugnis Privater zwar nicht immer, aber ganz regelmäßig zum Schutz eigener Interessen. Auch Ansprüche auf Unterlassung oder Vornahme bestimmter einzelner Handlungen können um der Person willen bestehen, der sie zustehen.

(c) Festzuhalten bleibt weiterhin, daß - ebenso, wie das bei jeder individualschützenden Norm des öffentlichen Rechts der Fall ist, und ebenso, wie etwa mehrere privatrechtliche subjektive Berechtigungen an einer Verhaltensnorm parallel bestehen können[114] - auch an zivilrechtlich geregelten Verhaltensnormen eine zum Individualschutz und eine zum Schutz öffentlicher Interesse begründete Sanktionsbefugnis parallel bestehen können. Ob

---

in pädagogischer Absicht" die Urteilsgründe schulmäßig klar in Schutzbereich, Eingriff und Rechtfertigung gegliedert habe.

[111] Durchgeführt bei *Häberle*, Wesensgehaltgarantie, S. 122 f; s. *Schünemann*, in: GroßKommUWG, Einl. Rz. A 65.

[112] So z.B. *L. Raiser*, in: Summum ius - summa iniuria, 145, 159 zu § 823 Abs. 2 BGB: „Aber dieser Interessenschutz wird nicht, wie bei der Verletzung subjektiver Rechte [*in jenem Text i.S.v. absoluten Herrschaftsrechten benutzt, L.M.*], um der Person des Rechtsträgers willen, sondern als Mittel zum Zweck des Institutsschutzes gewährt. Für dieses Schutzmittel trifft zu, [...] daß [...] die Ansprüche der einzelnen Rechtssubjekte nur Reflexe des als Pflichtenordnung zu verstehenden objektiven Rechtes seien und daß die Subjekte, indem sie die Ansprüche geltend machen, als Funktionäre der Gesamtrechtsordnung handelten."

[113] S. 49 ff.

[114] Vgl. nur §§ 420 ff BGB. Allgemein zu diesem Thema *Sosznitza*, MarkenR 2000, 77, allerdings mit begrifflichen Unschärfen.

Individualschutz oder der Schutz öffentlicher Interessen bezweckt ist, kann daher nicht in allen Fallen allgemein für eine Verbotsnorm abgegrenzt werden, sondern unter Umständen auch nur für den jeweiligen Anspruch. Gegensätze sind Institutionenschutz im Sinne eines objektiv-rechtlichen Interessenschutzes und Individualschutz also nicht derart, daß sie nicht parallel koexistieren könnten.[115] Was ihren Daseinsgrund angeht, sind sie aber schon ein aliud zueinander;[116] gedanklich klare Trennung beider Zwecke tut dringend not.

## C. Der Schutz der par condicio concurrentium nach der herrschenden öffentlich-rechtlichen Dogmatik

Nach diesem überwiegend terminologischen Exkurs schließen die Ausführungen nun wieder an die Einleitung des letzten Kapitels an. Dieses Kapitel dient nun der Klärung der Frage, wie die herrschende öffentlich-rechtliche Auffassung die Abwägung der Konkurrenteninteressen gegen das Prinzip der begrenzten Sanktionsbefugnis vornimmt. Ansatzpunkt ist hier für die h.M. nur das subjektive Recht (§ 42 Abs. 2, 2. Alt. VwGO); wie dieser Begriff zu verstehen ist, kann nach dem terminologischen Exkurs nun geklärt werden, bevor sich die Arbeit anschließend in diesem Kapitel der Beleuchtung der Hintergründe der Klett-Passage-Entscheidung zuwendet.

### 1. Der Begriff der Rechtsverletzung in §§ 42 Abs. 2, 113 Abs. 1 S. 1 VwGO

Wonach man – sei es in § 1 UWG, sei es in Grundrechten - suchen muß, hängt wesentlich davon ab, was §§ 42 Abs. 2, 113 Abs. 1 S. 1 VwGO verlangen. Als Ausgangspunkt dienlich ist durch den Wortlaut vorgegebene Struktur: Gemäß § 113 Abs. 1 S. 1 VwGO ist eine Anfechtungsklage dann begründet, wenn

---

[115] Allgemein gegen die Gegenüberstellung Institutionenschutz - Individualschutz *Greuner*, in: HBWbR, § 2 Rz. 16; *Baumbach/Hefermehl*, Einl UWG Rz. 41; *Schünemann*, in: GroßKommUWG, Einl. Rz. C 21; *Merz*, Die Vorfeldthese, S. 190 ff; *Zimmer*, in: Immenga/Mestmäcker, GWB, § 1 Rz. 11; *K. Schmidt*, KartellverfahrensR, S. 63 ff; *W. H. Roth*, in: Frankfurter Kommentar, § 35 GWB a.F. Rz. 20 f.

[116] Vorausgesetzt z.B. von BGH WuW/E BGH 1299, 1300 - Strombezugspreis: „Der Umstand, daß das Gesetz gegen Wettbewerbsbeschränkungen primär im Allgemeininteresse den Schutz der Wettbewerbsfreiheit als Institution bezweckt (vgl. BGHZ 38, 90. 102 - Grote-Revers), steht daher nicht entgegen, eine Vorschrift des GWB als Schutzgesetz im Sinn von dessen § 35 anzusehen, zumal letzterer andernfalls überflüssig wäre.“

erstens der Verwaltungsakt rechtswidrig ist, zweitens der Kläger in seinen Rechten verletzt ist und drittens die Verletzung gerade durch die Rechtswidrigkeit des Verwaltungsakts geschieht. Rechtsfolge dieses Tatbestandes ist die Aufhebung des Verwaltungsaktes und des etwaigen Widerspruchsbescheides. Setzt man die beiden Begriffe des subjektiven Rechts zu eben diesen drei Voraussetzungen des § 113 Abs. 1 S. 1 VwGO in Beziehung, so ergibt sich folgendes Bild:

a) Sucht man ein absolutes Herrschaftsrecht muß unter § 113 Abs. 1 S. 1 VwGO zu subsumieren, so muß zunächst die Rechtsbetroffenheit des Klägers, der Eingriff in den Schutzbereich eines absoluten Herrschaftsrechts festgestellt werden. Verletzt ist der Kläger in seinen Rechten, wenn der Schutzbereich eines seiner Rechte durch den Verwaltungsakt betroffen ist und dieser Eingriff nicht durch Normen des objektiven Rechts gerechtfertigt ist.

Die objektive Rechtswidrigkeit ergibt sich insofern also - ebenso wie die Rechtsfolge - gerade aus der Verletzung des absoluten Herrschaftsrechts bzw. (in einen objektiven Rechtssatz umformuliert) aus dem Vorbehalt des Gesetzes für Rechtseingriffe. Die Ver- oder Gebotsnorm ist nicht der Ausgangspunkt, sondern das Ergebnis der Arbeit mit dem absoluten Herrschaftsrecht; denn um zu wissen, ob der Vorbehalt des Gesetzes überhaupt gilt, muß zunächst der Schutzbereich definiert werden. Die subjektive Berechtigung des Rechtsinhabers, das Verbot eines Eingriffs durchzusetzen, ist sodann unmittelbarer Ausfluß des Zuordnungszwecks. Der Rechtswidrigkeitszusammenhang fungiert schließlich als den gesamten Vorgang begleitendes teleologisches Korrektiv.

b) Fragt man dagegen im Rahmen des § 113 Abs. 1 S. 1 VwGO nach der subjektiven Berechtigung, so ist vorab erst einmal zu klären, ob das streitgegenständliche Handeln überhaupt objektiv rechtswidrig ist. Diese erste Frage hat keinen besonderen Bezug zu Klage oder Kläger. Auch in der Klett-Passage-Entscheidung war das Handeln objektiv-rechtlich rechtswidrig. Das Verbot der gefährlichen Annäherung an ein geschütztes Rechtsgut ist hier nur eine der Techniken, durch die der Gesetzgeber die objektive Rechtswidrigkeit beschreiben kann. Ist das Verwaltungshandeln objektiv rechtswidrig, so stellt sich erst als zweites die Frage, ob die Norm das Individualinteresse des Klägers an der Einhaltung der objektiven Rechtsnorm schützt und ihm deshalb die Berechtigung zur Durchsetzung dieser Rechtsnorm gibt. Ist das der Fall, so ist die Klage gem. § 113 Abs. 1 S. 1 VwGO begründet. Dieser zweite Schritt ist nicht von der Prüfung des Rechtswidrigkeitszusammenhangs zu unterscheiden. Die Rechtsverletzung geht in dem Rechtswidrigkeitszusammenhang auf, denn das Realinteresse ist nur gerade und soweit als „eigenes Recht“ geschützt, wie der Rechtswidrigkeitszusammenhang reicht.

c) Die Frage, ob nun für § 113 Abs. 1 S. 1 VwGO der eine oder der andere Begriff des subjektiven Rechts der richtige ist, wäre schief. Beides Begriffe des subjektiven Rechts haben ihre Berechtigung. Man muß sich jeweils des Zusammenhangs bewußt werden: Fragt man, *ob Handeln rechtswidrig* ist, geht es zumeist um das absolute Herrschaftsrecht; will man dagegen wissen, ob die *Berechtigung zur Durchsetzung* irgendeiner objektiven Verhaltensnorm besteht, ob also der Grundsatz der begrenzten Sanktionsbefugnis durchschlägt, bedeutet die Frage nach dem subjektiven Recht die Frage nach der subjektiven Berechtigung. Der Begriff des absoluten Herrschaftsrechts gibt zwar, wie bereits dargestellt,[117] auch eine Antwort auf die zweite Frage, denn der Inhaber des absoluten Herrschaftsrechts ist immer auch an den entsprechenden objektiv-rechtlichen Verboten subjektiv berechtigt. Das ist aber im Rechtsstaat banal.

Obwohl die Fälle, in denen die Rechtsverletzung aus einer subjektiven Berechtigung hergeleitet werden, alle Fälle einschließen, in denen ein absolutes Herrschaftsrecht verletzt wird, kann man auch nicht davon sprechen, daß der eine der weitere, der andere der engere Begriff des subjektiven Rechts wäre. Beide Begriffe sind auf ganz verschiedenen Ebenen anzusiedeln. Der Versuch, absolutes Herrschaftsrecht und subjektive Berechtigung an einer Ver- oder Gebotsnorm gemeinsam zu beschreiben als ein festes, der Person zwecks Befriedigung ihrer Bedürfnisse zugeeignetes Machtverhältnis, in dem ihr Wille herrscht,[118] ebnet den fundamentalen Unterschied ein, daß es sich bei dem Objekt des Machtverhältnisses einmal um eine Ver- oder Gebotsnorm handelt, im anderen Fall um eine Sache, um einen Gegenstand des Seins und nicht des Sollens. Zusammengefaßt werden damit nicht „Äpfel" und „Birnen", sondern „Apfelbaum" und „Obst". Man kann zwar entsprechend einer „Obsthaftigkeit" nach dem gemeinsamen Oberbegriff suchen. Für den konkreten dogmatischen Umgang erscheint die Verwendung eines Begriffs auf einer solch hohen Abstraktionsstufe jedoch wenigstens unpraktikabel. Ob die Versuche, einen allgemeinen Begriff des subjektiven Rechtes zu definieren, sogar generell ins Leere führen,[119] kann an dieser Stelle nicht beurteilt werden.

d) Obwohl der Gesetzeswortlaut („Verletzung") als bildliche Anleihe von der Körperverletzung für den Vorrang des Begriffs des absoluten Herrschaftsrechts spricht, haben also beide Ansätze auch im Rahmen des § 113 Abs. S. 1 VwGO ihre Berechtigung.

---

[117] S. 30.

[118] *Larenz/Wolf*, AT, § 14 Rz. 11; *Enneccerus/Nipperdey*, AT, § 72 I. Nach neueren Erkenntnissen (*G. Wagner*, AcP 193 (1993), 319, 339 f) geht dieser Begriff - die sog. „Kombinationstheorie" - bereits auf *v. Ihering* zurück.

[119] So *Kasper*, Das subjektive Recht - Begriffsbildung und Bedeutungsmehrheit, S. 157 u. 177 f; a.A. *Larenz*, in: FS Sontis, 129.

Die verwaltungsprozeßrechtliche Literatur tendiert sogar dazu, in Form der Schutznormlehre - unter die allerdings häufig genug auch absolute Herrschaftsrechte subsumiert werden, eine Vermengung beider Normebenen, die jedenfalls im Rahmen der konkreten Rechtsanwendung nur Verwirrung stiften kann - ausschließlich nach der subjektiven Berechtigung an der Einhaltung objektiver Rechtmäßigkeitsvoraussetzungen zu fragen.[120] Das hat nicht nur den Grund, daß die Abgrenzung der ausschließlich öffentlichen von den zumindest auch privaten Angelegenheiten eine typisch öffentlich-rechtliche Fragestellung ist, so daß anders als im Zivilrecht[121] diese Frage recht häufig im Vordergrund steht. Eine wichtige Rolle spielt ebenso, daß sich die Verwaltungsgerichtsbarkeit aus einer internen Selbstkontrolle der Verwaltung entwickelt hat.[122] Der Kern der Verwaltungsrechtsdogmatik ist daher bis heute die an die Verwaltung gerichtete objektive Rechtspflicht, die durch die subjektive Berechtigung ergänzt wird[123] und in der das absolute Herrschaftsrecht als Quelle nicht verwaltungsperspektivisch formulierter Verhaltensgebote einen Störfaktor darstellt. Jenseits der Fundamentalkritik seitens der reinen Verhaltensunrechtslehre wird aber niemand bestreiten wollen, daß es wenigstens mit den Freiheitsgrundrechten verfassungsrechtliche absolute Herrschaftsrechte gibt, und mit noch größerer Selbstverständlichkeit darf der Gesetzgeber die einfache Rechtsordnung unter Verwendung der Figur des absoluten Herrschaftsrechts gestalten. Die Vorstellung eines absoluten Herrschaftsrechts, durch das auch die Verwaltung zur Unterlassung verpflichtet ist, bedeutet aber unausweichlich, daß die objektiven Verhaltensanforderungen an Verwaltungs-handeln nicht alleine durch „Verwaltungsverhaltensunrecht" bestimmt werden können. Genau hier liegt die Gefahr des Vorgehens „von der subjektiven Berechtigung", vom Verhaltensunrecht her: Die Wertungen, die von dem Medium des Begriffs des absoluten Herrschaftsrechts getragen werden, können aus den Augen verloren werden. Ansatzpunkt der folgenden Untersuchung ist daher die Rechtsbetroffenheit, die Qualifikation rechtlicher Belange als eigene Angelegenheiten zunächst durch Grundrechte, dann durch Eingriffsabwehrrechte des einfachen Rechts. Die verhaltens-, weil verwal-tungsbezogenen öffentlich-rechtlichen Rechtssätze haben bei diesem Ansatz immer noch eine Bedeutung für die Rechtfertigung innerhalb des Schutzbereiches, für die Verhaltenspflichten außerhalb des Schutzbereiches absoluter Herrschaftsrechte und schließlich auch für die Konstitution des Schutzbereiches selbst in seinen Randbereichen.

e) Die Antwort auf die Frage, wonach denn in § 1 UWG oder in den Grundrechten zu suchen ist, lautet zusammengefaßt: Es kommt auf die Fragestellung an. Ein absolutes Herrschaftsrecht genügt (vorbehaltlich des Problems der Geltung von Rechten des Privatrechts im öffentlichen Recht) in jedem Falle sowohl zur prima-facie-Rechtswidrigkeitsbegründung als auch für

---

[120] Explizit etwa *G. Jellinek*, System, S. 86: Nur „die Ansprüche, die sich aus diesen Zuständen ergeben, sind das, was man als subjektive Rechte bezeichnet." Ahnlich z.B. *Dreier*, JURA 1994, 505, 506; *Stern*, StaatsR III/1, § 65 III 1 (S. 554). Anklänge in diese Richtung bei *Wahl*, in: Schoch/Schmidt-Aßmann/Pietzner, Vorb. § 42 Abs. 2 Rz. 75; *ders.*, DVBl 1996, 641; allgemein zu den Begrifflichkeiten im öffentlichen Recht *Schur*, Anspruch, S. 166 ff.

[121] Nicht zufällig gibt es jedoch ganz ähnliche Fragestellungen im Gesellschaftsrecht.

[122] S. noch *v. Gneist*, Verhandlungen des 12. DJT, Bd. 3, 221, 233 ff; vgl. *Rupp*, Grundfragen,, S. 156 u. 159 ff.

[123] *Stern*, StaatsR III/1, § 65 I 1 und § 65 II 4 b).

die Klagebefugnis. Eine subjektive Berechtigung an einer feststehenden, auch gegen die Verwaltung gerichteten Verbotsnorm genügt für die Klagebefugnis ebenfalls; wie die Sachlage bei der Aufhebung von subjektiven Berechtigungen gegenüber Dritten liegt, soll hier zunächst offen bleiben.

## 2. Konkurrentenrechtsschutz aus Grundrechten

Da kaum einer Norm des besonderen Verwaltungsrechts ein Schutzzweck des Inhalts zugesprochen wird, daß die Individualinteressen an gleichen Wettbewerbsbedingungen geschützt sind, kann sich für die herrschende öffentlich-rechtliche Meinung die Klagebefugnis der Konkurrenten nur aus der Wirkung der Grundrechte im einfachen Recht ergeben. Die Freiheitsrechte des Grundgesetzes sind im Zusammenhang mit der Wesensgehaltsgarantie des Art. 19 Abs. 2 GG unzweifelhaft absolute Herrschaftsrechte.

Daher wäre jedenfalls die Rechtsbetroffenheit i.S.v. §§ 42 Abs. 2, 113 Abs. 1 S. 1 VwGO in dem Klett-Passage-Fall gegeben, wenn der Dispens einen Eingriff in ein Freiheitsrecht des K darstellt. Das BVerwG sprach in den Urteilsgründen die Möglichkeit an, die Rechtsbetroffenheit aus den Artt. 14, 12, 3 Abs. 1 und 2 Abs. 1 GG herzuleiten. Die Bedeutung des Art. 3 Abs. 1 GG sei erst einmal ganz außen vor gelassen; sie wird später noch eingehend gewürdigt. Damit bleiben die drei genannten Freiheitsrechte übrig, wobei hier mit BVerfG und herrschender öffentlich-rechtlicher Lehre wenigstens auch die Berufsfreiheit als gegebenenfalls einschlägiges Grundrecht angesehen werden soll.[124] Ohnehin kann hier letztlich dahingestellt bleiben, welches der Freiheitsrechte denn einschlägig ist. Das Problem liegt nämlich nicht bei der Frage, ob die gewerbliche Betätigung im Wettbewerb in den Schutzbereich eines bestimmten Grundrechts fällt, sondern auf dem Feld der Eingriffsqualität von Verwaltungshandeln.

### a) Normalfälle des Grundrechtseingriffs: Rechtliches Gebot und physische Substanzbeeinträchtigung

(1) Eingriffsqualität haben immer die sogenannten „klassischen Eingriffe“. Dabei handelt es sich um diejenigen staatlichen Maßnahmen, die an eine bestimmte Person adressierte, sanktionsbewehrte Rechtsakte mit Ge- oder

[124] BVerfGE 46, 120, 137 (s. auch noch S. 202); *Kopp/Schenke*, § 42 Rz. 143; *Huber*, Konkurrenzschutz, S. 380 f; *Hösch*, DV 30 (1997), 211, 226; *Scherer*, JURA 1985, 11, 14; *Wahl/Schütz*, § 42 Abs. 2 Rz. 291. Zur Literaturfülle vgl. die zehn eng bedruckten Seiten Literaturnachweise bei *R. Schmidt*, Öffentl. WirtschR AT S. 426 ff.

Verbotsqualität sind und dadurch zu einer unmittelbaren Einschränkung der Freiheitsausübung führen.[125] Anders als im Normalfall des absoluten Herrschaftsrecht findet bei solchen „klassischen Eingriffen", was die Rechtsbetroffenheit angeht, eine Einschränkung über den Schutzbereich nicht statt. Gegenüber dem eingreifenden Staat gilt das liberale Verteilungsprinzip „in dubio pro libertate", demzufolge die Freiheit grundsätzlich unbegrenzt, die staatliche Macht grundsätzlich begrenzt ist.[126] Gleich, wie geringfügig das Verbot auch sein mag, ist der Grundrechtsinhaber doch wenigstens in seiner allgemeinen Handlungsfreiheit betroffen. Diese sehr ungewöhnliche Abgrenzung des Schutzbereiches von absoluten Herrschaftsrechten führt hier deshalb ausnahmsweise nicht zu schlechthin unlösbaren Problemen, weil die zur Beschränkung der Haftung notwendigen Zurechnungserwägungen vollständig durch den engen Eingriffsbegriff abgedeckt sind.[127] Nun ist der Konkurrent, ist K allerdings nicht Adressat der Genehmigung. Nur dann, wenn ihm etwas verboten würde oder ihm eine Genehmigung zur Freiheitsbetätigung verweigert worden wäre, würde es sich auf jeden Fall um einen Eingriff handeln.

(2) Da es sich in den betrachteten Fällen nicht um einen klassischen Eingriff handelt, kann die Grundrechtsbetroffenheit durch die erteilte Genehmigung allenfalls über die Figur des faktischen Grundrechtseingriff begründet werden. Dieser diffuse Sammelbegriff[128] umfaßt trotz des Namens „faktisch" auch Konstellationen wie den Klett-Passage-Fall, in dem der maßgebliche Ansatzpunkt zur Beurteilung des Verwaltungshandelns zwar seine rechtsgestaltende Wirkung ist, auf dem Weg zwischen Handeln und Erfolg jedoch wenigstens ein „faktischer" Zwischenschritt vorliegt. Diese „faktischen Grundrechtseingriffe" kann man grob in Zwei-Personen- und Drei-Personen-Verhältnisse einteilen.

Immerhin im Grundsätzlichen weniger schwierig ist dabei das Zwei-Personen-Verhältnis Verwaltung-Bürger. Dem Staat zurechenbare faktische Eingriffe etwa in ein dem Recht zugrundeliegendes physisches Substrat (z.B. die Tötung, die Körperverletzung oder die Sachbeschädigung) werden seit langem als rechtswidrig angesehen, wenn sie ohne rechtliche Grundlage erfolgen.[129] Hier wird der faktische Eingriff mit den gleichen Mitteln wie im Zivil- und Strafrecht

---

[125] *Bleckmann*, StaatsR II, Rz. 34 ff; *Albers*, DVBl 1996, 233, 234; *Stern*, StaatsR II/2, § 78 II (S. 82 ff.)
[126] *Lübbe-Wolff*, Eingriffsabwehrrechte, S. 67 f; *Schenke*, in: BK, Art. 19 Abs. 4 Rz. 292 f.
[127] Zum Zusammenhang zwischen Schutzbereichs- und Eingriffskonzept *Albers*, DVBl 1996, 233, 237.
[128] *Albers*, DVBl 1996, 233.
[129] *Stern*, StaatsR III/2, § 78 II 2 a (S. 86 ff.) und 2 b) ββ (S. 98 ff); *Schwabe*, DVBl 1988, 1055, 1056 f.

bewältigt, d.h. es wird im Rahmen einer Unmittelbarkeitsprüfung – wenn auch mit etwas anderer Verwendung des Begriffs „unmittelbar" – nach der Zurechnung gefragt. In gewissem Sinne zäumt das öffentliche Recht sogar das Pferd von hinten auf, wenn es den rechtlichen Eingriff zum Ausgangspunkt macht, denn auch beim rechtlichen Eingriff geht es mittelbar immer um die faktischen Auswirkungen der Änderung des auf eine faktische Lage bezogenen Rechts. Die Fälle schwerer *rein* tatsächlicher Eingriffe sind nur deshalb selten, weil meist aus historischen Gründen eine vorgeschaltete Duldungsverfügung fingiert wird, soweit eine Ermächtigung zu finalen faktischen Eingriffen besteht. Mit diesem Kunstgriff können diese Fälle dann den „klassischen" Eingriffen zugeordnet werden.[130]

Um eine solche Beeinträchtigung handelt es sich in der hier betrachteten Dilemmasituation ebensowenig wie um einen klassischen Eingriff. Die Freiheit der Berufsausübung gehört ohnehin nicht zu den Grundrechten mit einem physisch greifbaren Schutzgut.[131] Die Genehmigung längerer Ladenöffnungszeiten und sonstiger Wettbewerbsvorteile ist weder ein rechtliches Verbot noch eine physische Behinderung. Hier lassen sich zwei Gesichtspunkte ausmachen, die den Klett-Passage-Fall von den beiden eindeutigen Kategorieen „klassischer Eingriff" und „physische Substanzbeeinträchtigung" unterscheiden. Zum einen ist fraglich, ob der Erfolg überhaupt rechtlich relevant ist; zum anderen handelt die Verwaltung gar nicht selbst im Wettbewerb, sondern läßt einem Dritten die Freiheit zu handeln. Das bedeutet, daß § 1 UWG für beide „Abweichungen" den fehlenden rechtlichen Zusammenhang „kompensieren" können muß, wenn es richtig sein soll, daß § 1 UWG den subjektiv-rechtlichen Bezug zur Konkurrentenbegünstigung herstellen kann.

Offenbleiben kann dagegen dann, wenn man der Genehmigung Eingriffsqualität beimißt, ob man den Eingriff als Abweichung zum Typus des rechtlichen Eingriff oder der physischen Substanzbeeinträchtigung versteht. Beide Konstruktionen sind möglich, je nachdem, ob man die Zurechnungsprobleme als Schutzbereichsproblem oder als Problem des Zusammenhangs zwischen Handlung und Erfolg ansieht.[132]

---

[130] S. zu unmittelbarer Ausführung und Sofortvollzug im Polizeirecht (kritisch) *Schenke*, in; Steiner, Bes. VerwR, II Rz. 306 f.

[131] *Isensee*, in: Isensee/Kirchof, HBStR V, § 111 Rz. 41 nennt die Schutzgüter dieser Grundrechte „subjektive" Schutzgüter im Gegensatz zu den objektivierten Schutzgütern Leben, körperliche Unversehrtheit, Menschenwürde (fragl.), Brief-, Post- und Fernmeldegeheimnis etc.

[132] Ausführlich *Albers*, DVBl 1996, 233.

b) Erste Abweichung: Fragliche Erfolgsqualität

Auch dann, wenn es gar nicht der Wettbewerber, sondern die Verwaltungsbehörde selbst wäre, die unter ungleichen rechtlichen Bedingungen konkurriert, wäre die Eingriffsqualität des Vorgangs fragwürdig. Denn nur die Kunden werden in ihrer Kaufentscheidung beeinflußt. Diesen Zwischenschritt der Kausalkette gäbe es auch ohne die zusätzliche „Anreicherung" durch das Verhältnis Verwaltung-Begünstigter, z.B. im Klett-Passage-Fall: Wenn die Behörde V selbst ein Bekleidungsgeschäft eröffnen und bis 22 Uhr offenhalten würde, wäre die Eingriffsqualität ebenfalls fraglich. Der Konkurrent wird weder physisch noch rechtlich an der Ausübung seiner beruflichen Tätigkeit gehindert. Erst die Entscheidung der Kunden zugunsten des einen Wettbewerbers und damit zulasten des anderen Wettbewerbers wirkt beeinträchtigend.

(1) Dennoch verlangt die teleologische Auslegung, auch derartige Beeinträchtigungen unter Umständen als Eingriffe zu qualifizieren. Mit der Ausübung eines Berufes werden bestimmte Zwecke verfolgt. Die Verwirklichung etwa des Zwecks, den Lebensunterhalt mit der beruflichen Tätigkeit zu bestreiten, wird durch die Verschlechterung der Rahmenbedingungen durchaus erschwert. Solche Beeinträchtigungen können genauso schwerwiegend sein wie ein klassischer Eingriff mit Befehl und Zwang: Ein Anschlußzwang verbietet etwa dem privaten Wasserhändler nicht, sein Wasser zu verkaufen, nur wird niemand die Kosten einer zweiten Leitung bezahlen wollen. Eine Berufsfreiheit, bei der beruflicher Erfolg von vornherein ausgeschlossen ist, ist jedoch sinnentleert. Obwohl damit der Boden des herkömmlichen Verständnisses absoluter Herrschaftsrechte verlassen wird,[133] ist es deswegen auch grundsätzlich anerkannt, daß die Grundrechte in ihrer Dimension als objektive Wertordnung in Einzelfällen solchen Beeinträchtigungen des Umfeldes rechtliche Relevanz verleihen.[134] Im Privatrecht wird die gleiche Problematik mit dem Schlagwort „Verwendungs- und Nutzungsstörungen" (Beispiele: Der Einschluß eines Schiffes in einem toten Kanalende;[135] die Geräuschimmission) bezeichnet.

(2) Derartige Beeinträchtigungen sind jedoch keineswegs generell relevant. Über einen engen Bereich hinaus ist zu beachten, daß die Grundrechte selbst

---

[133] *Lübbe-Wolff*, Eingriffsabwehrrechte, S. 296.

[134] Die Lehre von den Grundrechten als objektive Wertordnung erlaubt es jedoch nur, derartige Interessenbeeinträchtigungen *überhaupt* rechtlich zu verarbeiten (BVerfGE 50, 290, 337; *Pieroth/Schlink*, StaatsR II Rz. 87); keineswegs bedeutet sie, was *Schünemann*, in: GroßKommUWG Einl. Rz. A 45 ff übersieht, daß derartige Interessenbeeinträchtigungen schlechthin oder auch nur regelmäßig relevant wären.

[135] So der *leading case* BGHZ 55, 153; vgl. allgemein *Larenz/Canaris*, SchR II/2 S. 388 ff.

keine detaillierten Zurechnungsregeln enthalten.[136] Der Staat haftet nicht für jede irgendwie mittelbar verursachte Beeinträchtigung des Umfeldes eines absoluten Herrschaftsrechtes,[137] wie ja auch im Zivilrecht eine die Eingriffsqualität von Verwendungs- und Nutzungsstörungen nur ausnahmsweise bejaht wird. Wegen dieser geringeren Regelungsdichte der Grundrechte gewinnt die andere Legitimationsquelle staatlicher Tätigkeit hier wesentlich größere Bedeutung als bei „klassischen Eingriffen“: Es ist ebenso Aufgabe des Gesetzgebers, die Abwägung zwischen den betroffenen Freiheits- und Bestandsinteressen vorzunehmen und so die Grenzen der Abwehrrechte zu definieren.[138] Wo es dem Gesetzgeber freisteht, das Interesse überhaupt zu schützen, kann er auch darüber entscheiden, ob mit einem Rechtssatz das geschützte Realinteresse soweit, wie es gerade durch den Rechtssatz geschützt wird, im modus des Individualinteresses oder des öffentlichen Interesses geschützt sein soll. Mit anderen Worten steht es dem Gesetzgeber durchaus frei, außerhalb des Kernbereiches eines Grundrechtes darüber zu entscheiden, ob ein in den Wirkbereich des vom Grundrecht geschützten Objekts fallendes Individualinteresses stets geschützt wird oder aber im Sinne des Prinzips der begrenzten Sanktionsbefugnis politischen Einflüssen zugänglich sein soll. Das gilt sowohl für die Zurechenbarkeit von Substanzbeeinträchtigungen als auch für die Abwägung, welche Mittel der Selbstentfaltung der Staat seinen Bürgern nicht verbieten will, auch wenn sich daraus möglicherweise mittelbare Freiheitsbeeinträchtigungen für andere Bürger ergeben.[139]

Der Kreis der „eigenen Angelegenheiten“ ist also primär normativ, d.h. gerade unter Berücksichtigung des einfachen Rechts abzugrenzen.[140] Keineswegs stellt jede Beeinträchtigung eines Realinteresses durch eine Rechtsverletzung eine subjektiv-rechtliche Beziehung her; soweit nicht normativ ein solch subjektivrechtlicher Zusammenhang hergestellt werden kann, schlägt das Prinzip der begrenzten Sanktionsbefugnis durch.

---

[136] *Wahl*, in: Schoch/Schmidt-Aßmann/Pietzner, § 42 Abs. 2 Rz. 76 u. 92; *Schmidt-Preuß*, Kollidierende Privatinteressen, S. 37 ff u. 186 ff. Den umfassendsten Versuch zur Herleitung von Zurechnungsregeln hat *W. Roth*, Eingriffe, unternommen.

[137] *Stern*, HBStR III/1, § 72 II 4 a (S. 1207); *Ramsauer*, VerwArch 72 (1981), 89, 99; *Dreier*, in: Dreier, Art. 2 Abs. 1 Rz. 25; *ders.*, in: Dreier, Vorb. Rz. 82; w.N. bei *W. Roth*, Eingriffe, S. 33 ff (freilich a.A. auf S. 267 ff); *Wahl*, in: Schoch/Schmidt-Aßmann/Pietzner, Vorb. § 42 Abs. 2 Rz. 100; *Maurer*, Allg. VerwR, § 8 Rz. 13; *Sachs*, in: Stelkens/Bonk/Sachs, § 50 VwVfG Rz. 2; ausführlich *A. Roth*, Drittbetroffenheit, S. 162 ff; vgl. zur älteren Literatur, in der das nicht immer ganz klar war, *Zuleeg*, DVBl 1976, 509.

[138] *Schmidt-Preuß*, Kollidierende Privatinteressen, S. 37 ff.

[139] *Scherzberg*, JURA 1988, 455, 456.

[140] *Scherzberg*, JURA 1988, 455, 455 f; *ders.*, DVBl 1988, 129, 130; *P.-M. Huber*, Konkurrenzschutz, S. 158.

(3) Die Grundrechte spielen hier auf drei Ebenen eine Rolle.

(a) Unabhängig von der Länge und Art des Kausalverlaufes handelt es sich (ebenso wie im Privatrecht[141]) bei derartigen Beeinträchtigungen nur dann schlechthin um einen Eingriff, wenn die Beeinträchtigung des Schutzbereiches *final*[142] erfolgt, etwa durch staatliche Warnungen[143] oder andere „informelle" Mittel der Verhaltenssteuerung. Der Staat soll sich nicht seinen rechtlichen Bindungen dadurch entziehen können, daß er vom imperativen Verhaltensinstrumentarium auf Formen indirekter Verhaltenssteuerung ausweicht.[144] Im übrigen wird der Schutzbereich erst aber einer wesentlich erhöhten Intensität der Beeinträchtigung aktiviert. Eine heteronome,[145] der gesetzgeberischen Gestaltung gänzlich entzogene Grenze des Schutzbereiches zieht die Rechtsprechung zutreffend allgemein erst bei „schweren und unerträglichen" Beeinträchtigungen,[146] d.h. bei Verletzung des naturrechtlich vorgegebenen und damit heteronomen Kernbereich des Grundrechtes.

(b) Im Unterschied zu der Beeinträchtigung von Verwendungsmöglichkeiten im Privatrecht ist es allerdings auch gerade Pflicht des Staates, aktiv für die Rahmenbedingungen sinnvoller Grundrechtsausübung zu sorgen. Aus der Ausstrahlwirkung der Grundrechte ergibt sich, daß die Rechtsprechung hier autonom einen Bereich der Rechtsbetroffenheit über den naturrechtlich festgelegten Kern hinaus bestimmen darf. Hierdurch ist die Rechtsprechung zur Schaffung einer „zweiten Zone" befugt, zur autonomen richterrechtlichen Konkretisierungen einzelner Schutzposititionen.[147] Aus einer Einzelabwägung zwischen der Bedeutung des Umfeldes für die Rechtsausübung einerseits, der Notwendigkeit ungestörter sozialer Gestaltung durch den Staat und der Eingrenzbarkeit des Kreises klagebefugter Personen andererseits werden geschützte Rechtspositionen geschaffen, deren Bestand noch nicht per se

---

[141] *Stoll*, AcP 162 (1963), 203, 214.

[142] BVerwGE 71, 183, 194; BVerwG NJW 1996, 3161. Zu Unklarheiten des Finalitätsbegriffs *Eckhoff*, Der Grundrechtseingriff, S. 186 ff; *Albers*, DVBl 1996, 233, 234 ff; *Koch*, Grundrechtsschutz, S. 259 ff.

[143] BVerwGE 90, 112, 120 f; *Di Fabio*, JuS 1997, 1, 1 f; *Sachs*, JuS 1995, 303, 304 f. Häufig werden die Fälle staatlicher Warnungen dem tripolaren Verhältnis zugeordnet, was m.E. nicht zwingend ist, da die rechtlichen Beziehungen der Gewarnten nicht durch die staatliche Handlung beeinflußt werden.

[144] OVG Münster, NVwZ 1991, 174, 176; *Discher*, JuS 1993, 463, 465.

[145] Für das Eigentum inzwischen allerdings keine dahingehende Notwendigkeit mehr, weil es einen lückenlosen Schutz durch drittschützende Gesetze bzw. das Gebot der Rücksichtnahme gibt (*Maurer*, Allg. VerwR, § 8 Rz. 12).

[146] BVerwGE 32, 173, 178 f; BVerwGE 52, 122, 124 f; *Kopp/Schenke*, § 42 Rz. 122; *König*, Drittschutz, S. 38 f.

[147] Ausführlich *Wahl*, in: Schoch/Schmidt-Aßmann/Pietzner, Vorb § 42 Abs. 2 Rz. 80 ff.

Voraussetzung dafür ist, daß das Grundrecht nicht aus faktische Gründen leerläuft, die aber dennoch insgesamt unzweifelhaft als „eigene Angelegenheit“ des betroffenen Personenkreises erscheinen.[148] Neben dem bereits den Drittschutz betreffenden baunachbarrechtlichen „Gebot der Rücksichtnahme“[149] ist vor allem an besondere Persönlichkeitsrechte zu denken.[150]

(c) Schließlich äußern sich die Grundrechte in einer „dritten Zone“[151] auf der Ebene des einfachen Rechts. Rechtsprechung und herrschende Lehre haben zur Schutznormbestimmung eine Reihe von „Auslegungsdirektiven“ entwickelt,[152] wonach es insbesondere auf den Willen des Gesetzgebers sowie darauf ankommt, ob die Tatbestandsmerkmale einen Personenkreis erkennen lassen, der sich von der Allgemeinheit unterscheidet. Darüber hinaus wird inzwischen aber auch objektiven Auslegungsgesichtspunkten ein verstärktes Gewicht zugesprochen, insbesondere der objektiven Ausstrahlwirkung der Grundrechte[153] („norminterne Wirkung“): Die Grundrechte sprechen den Gesetzgeber selbst an, hier die Rechtssphären abzugrenzen und so subjektive Rechte über das verfassungsrechtlich gebotene Minimum hinaus zu schaffen. Gerade deshalb streiten die Grundrechte auch prinzipienhaft dafür, die sich aus der Anwendung und Einhaltung von Rechtssätzen des einfachen Rechts ergebenden Vorteile nicht nur als Reflex, sondern als gewollte Individualbegünstigung einzuordnen.

„Zweite“ und „dritte Zone“ finden sich nun im öffentlichen Recht kaum zugunsten wirtschaftlicher Positionen und überhaupt nicht zugunsten des

---

[148] *Albers*, DVBl 1996, 233, 239. Vgl. zum Kriterium der „eigenen Angelegenheit“ als Faustregel *Henke*, in: FS Weber, 495, 511 f.

[149] Zur unklaren Herkunft *König*, Drittschutz, S. 39 ff; kritisch *Schmidt-Preuß*, Kollidierende Privatinteressen, 46.

[150] Etwa an den Anspruch auf Unterlassung der Aufbewahrung von Akten (s. *Ossenbühl*, StaatshaftungsR, S. 288); weitere Beispiele bei *Albers*, DVBl 1996, 233, 238 ff.

[151] Vgl. zu den Abstufungen *König*, Drittschutz, S. 39 ff.

[152] BVerwG NVwZ 1987, 409; BVerwGE 94, 151, 158 ff; *Erichsen*, in: Erichsen, Allg. VerwR, § 11 Rz. 23; *Schmidt-Aßmann*, Art. 19 Abs. 4 Rz. 127 ff; *P.-M. Huber*, Konkurrenzschutz, S. 109; *Maurer*, Allg. VerwR, § 8 Rz. 6 ff.

[153] *Wahl*, in: Schoch/Schmidt-Aßmann/Pietzner, Vorb. § 42 Abs. 2 Rz. 95; *Schmidt-Aßmann*, in: Maunz/Dürig, Art. 19 Abs. 4 Rz. 128; *Kopp/Schenke*, § 42 Rz. 83; vgl. zur Unterscheidung in ältere und neuere Schutznormtheorie *Bauer*, AöR 113 (1988), 582, 587 ff; *Sodan*, in: NKVwGO, § 42 Rz. 378 f. Damit versucht man, die „objektiven Grundrechtsgehalte“ zu „resubjektivieren“ (*P.-M. Huber*, Konkurrenzschutz, S. 183 ff; *Böckenförde*, Zur Lage der Grundrechtsdogmatik nach 40 Jahren Grundgesetz, 48 ff; teilweise krit. *Dolderer*, Objektive Grundrechtsgehalte, S. 351 ff). Auch im Privatrecht ist man eher zur Bejahung von Schutznormen geneigt, wenn die Norm Interessenschutz im Vorfeld absoluter Rechte bewirkt (*Canaris*, in: 2. FS Larenz, 27, allerdings wohl zu weitgehend in der Begrenzung des reinen Vermögensschutzes auf strafrechtlich sanktionierte Normen, *Spickhoff*, Gesetzesverstoß, S. 50 ff).

Interesses an rechtlicher Schrankengleichheit.[154] Da es sich um Bereiche handelt, die (auch) der Rechtsprechung zu rechtsfortbildender Konkretisierung anvertraut sind, kann man das auf individualrechtlicher Basis als rechtspolitisch verfehlt, aber nicht in einzeln auszumachenden Bereichen als dogmatisch falsch bezeichnen.

(4) In weitaus größerem Umfang bezieht die Lehre von dem Schutz der Institution der sozialen Marktwirtschaft die hier maßgeblichen Positionen in den Grundrechtsschutz ein.[155] Diese Lehre will das Umfeld der Grundrechtsausübung in den Schutzbereich des Grundrechtes der Wettbewerbsfreiheit einbeziehen. An der Unversehrtheit dieser Institution sollen sowohl Verbraucher als auch Wettbewerber subjektiv berechtigt sein;[156] Art. 2 Abs. 1 GG wird von dieser Ansicht deshalb vorgezogen, weil damit ein einheitliches „Anküpfungsgrundrecht" für alle Marktbeteiligten besteht. Ob das BVerwG sich dieser Tradition bewußt ist, wenn es die Wettbewerbsfreiheit in Art. 2 Abs. 1 GG lokalisiert, ist angesichts der gerade besonders restriktiven Abgrenzung des Schutzbereiches der Wettbewerbsfreiheit durch die Verwaltungsgerichte durchaus fragwürdig.[157]

In dieser Form vermengt die Institutionenlehre die Außenbetrachtung der Funktionen des Rechts mit der Innenbetrachtung der Zwecke des Rechts.[158] Über den Umweg der Institutionen kann man daher den Unterschied zwischen der Funktion und dem Zweck einer Rechtsnorm aufheben: Die Funktion der objektiv gebotenen gleichmäßigen Anwendung der §§ 3, 23 Abs. 1 LadenSchlG ist - wie jede gleichmäßige Rechtsanwendung im Wirtschaftswettbewerb - ganz unzweifelhaft der Institutionenschutz. Indem man nun unzulässigerweise die Funktion zum Zweck erhebt, will man die eigentlich nach dem Zweck zu bestimmende Durchsetzungsbefugnis aus der Funktion begründen. Das ist zum einen methodisch unzulässig und führt darüber hinaus die oben benannten Gefahren der Schwächung des Individualschutzes mit sich.

Vertreten wird eine im Ergebnis gleiche Ausweitung des Schutzbereiches zwar auch auf der Basis des herkömmlichen Verständnisses von Freiheitsrechten. Dann handelt es sich lediglich um einen Kunstgriff dafür, daß man das Umfeld

---

[154] *Wahl/Schütz*, § 42 Abs. 2 Rz. 293. Zu den unterschiedlichen, teilweise widersprüchlichen Formulierungen *Lübbe-.Wolff*, Eingriffsabwehrrechte, S. 294 Fn. 233. Etwas offener VGH Kassel, GewArch 1996, 233.

[155] Jeweils mit sehr unterschiedlichen Begriffsinhalten: *Nipperdey*, Soziale Marktwirtschaft und Grundgesetz, S. 64 f; *Fikentscher*, Wirtschaftsrecht Bd. II, S. 59 f; *Schünemann*, in: GroßKommUWG, Einf A Rz. 43 ff; *Leisner*, BB 1975, 1.

[156] *Schünemann*, in: GroßKommUWG, Einl Rz. A 66.

[157] *Kopp/Schenke*, § 42 Rz. 144.

[158] S. Fn. 105.

der Grundrechtsausübung eben in den Schutzbereich einbeziehen will, ohne daß noch eine besondere inhaltliche Beziehung zur dem eigentlichen Ansatz der Institutionenlehre bestünde, das Recht als Ordnung von Institutionen und nicht als Ordnung personaler Rechte zu betrachten. Gegen diese unbeschränkte Einbeziehung des Umfeldes auf Basis eines liberal motivierten Grundrechtsverständnisses sprechen jedoch die schon vorher angeführten Argumente, insbesondere die Begrenzung des Kreises der normativ eigenen Interessen durch das Demokratieprinzip. Rechtsprechung und herrschende Lehre[159] lehnen denn auch zutreffendermaßen die Theorie der „institutionellen Garantie der Marktwirtschaft" in allen Spielarten ab.[160]

---

[159] BVerfGE 50, 290; BVerfGE 12, 354, 365; BVerfGE 7, 377, 400; BVerfGE 4, 17, 17 f; *Baumbach/Hefermehl*, Allg Rz. 42 f; *Breuer*, in: Isensee/Kirchhoff, HBStR VI, § 147 RZ. 19; *R. Schmidt*, Öffentliches Wirtschaftsrecht, § 3; *Scholz*, in: Maunz/Dürig, Art. 12 Rz. 78; *Stober*, Allg. WiVerwR, § 5 I.

[160] BVerfGE 50, 290, 336-338 faßt dies besonders prägnant zusammen: „Das Grundgesetz, das sich in seinem ersten Abschnitt im wesentlichen auf die klassischen Grundrechte beschränkt hat, enthält keine unmittelbare Festlegung und Gewährleistung einer bestimmten Wirtschaftsordnung. Anders als die Weimarer Reichsverfassung (Art. 151 ff) normiert es auch nicht konkrete verfassungsrechtliche Grundsätze der Gestaltung des Wirtschaftslebens. Es überläßt dessen Ordnung vielmehr dem Gesetzgeber, der hierüber innerhalb der ihm durch das Grundgesetz gezogenen Grenzen frei zu entscheiden hat, ohne dazu einer weiteren als seiner allgemeinen demokratischen Legitimation zu bedürfen. Da diese gesetzgeberische Gestaltungsaufgabe ebenso wie die Gewährleistung von Grundrechten zu den konstituierenden Elementen der demokratischen Verfassung gehört, kann sie nicht im Wege einer Grundrechtsinterpretation weiter eingeschränkt werden, als die Einzelgrundrechte es gebieten. Dabei kommt den Einzelgrundrechten die gleiche Bedeutung zu wie in anderen Zusammenhängen: Nach ihrer Geschichte und ihrem heutigen Inhalt sind sie in erster Linie individuelle Rechte, Menschen- und Bürgerrechte, die den Schutz konkreter, besonders gefährdeter Bereiche menschlicher Freiheit zum Gegenstand haben. Die Funktion der Grundrechte als objektiver Prinzipien besteht in der prinzipiellen Verstärkung ihrer Geltungskraft (BVerfGE 7, 198 [205] - Lüth), hat jedoch ihre Wurzel in dieser primären Bedeutung (vgl. etwa für das Eigentum BVerfGE 24, 367 [389] - Hamburgisches Deichordnungsgesetz). Sie läßt sich deshalb nicht von dem eigentliche Kern lösen und zu einem Gefüge objektiver Normen verselbständigen, in denen der ursprüngliche und bleibende Sinn der Grundrechte zurücktritt. Der unaufhebbare Zusammenhang, der sich daraus ergibt, ist für die Frage der Verfassungsmäßigkeit wirtschaftsordnender Gesetze von wesentlicher Bedeutung: Diese ist unter dem Gesichtspunkt der Grundrechte primär eine solche der Wahrung der Freiheit des einzelnen Bürgers, die der Gesetzgeber auch bei der Ordnung der Wirtschaft zu respektieren hat. Nicht ist sie Frage eines ‚institutionellen Zusammenhangs der Wirtschaftsverfassung', der durch verselbständigte, den individualrechtlichen Gehalt der Grundrechte überhöhende Objektivierungen begründet wird, oder eines mehr als seine grundgesetzlichen Elemente gewährleistenden ‚Ordnungs- und Schutzzusammenhangs der Grundrechte'."

### c) Zweite Abweichung: Drittbeteiligung

Wie bereits angesprochen, kommt als zusätzliches Problem hinzu, daß es sich um eine doppelt mittelbare Beeinträchtigung handelt. Die Behörde selbst beeinflußt die Kunden gar nicht, sondern unterläßt es – im Klett-Passage-Fall – lediglich, den E an der Kundenbeeinflussung zu hindern. Um eine „Verwendungsbeeinträchtigung", nicht um einen klassischen Eingriff durch die V würde es sich auch dann handeln, wenn die Behörde V den E nicht an einer unmittelbaren Beeinträchtigung (im Extremfall: E sperrt den K ein – das wäre zweifellos ein Eingriff, wenn V selbst das täte) hindern würde; denn auch hier handelt es sich, soweit V betroffen ist, bloß um eine Pflicht zur Gestaltung des Umfeldes. Die genannten Argumente gegen die Einbeziehung bloßer Nutzungsvoraussetzungen in den Schutzbereich wiegen gewissermaßen doppelt so schwer.

Zusätzlich erscheint es aber auch noch besonders problematisch, ob und wann der Schutzbereich eines Freiheitsgrundrechts als Abwehrrecht durch das betroffen sein kann, was aus verwaltungsprozeßrechtlicher Perspektive im Vordergrund steht: das Unterlassen, anderen Bürgern die Freiheitsausübung zu verbieten. Eben so stellt sich nämlich Drittschutz für das öffentliche Recht dar. Der „Erste" übt seine Handlungsfreiheit aus, die ihm nicht vom Staat gewährt wird, sondern bereits vorstaatlich besteht.[161] Nicht etwa erlegt der Staat dem Dritten durch die Freistellung von öffentlichem Recht eine Duldungspflicht auf, denn von einer Duldungspflicht läßt sich nur dort sprechen, wo überhaupt Rechte betroffen sind. Die Einordnung einer Genehmigung als Duldungsverfügung setzt also anderweitig begründete Einschlägigkeit des Schutzbereiches bereits voraus.

Anderes läßt sich nicht ohne weiteres über den Umweg einer Duldungspflicht infolge des staatlichen Gewaltmonopols konstruieren,[162] d.h., Ansatzpunkt kann nicht der Gedanke sein, das durch das Gewaltmonopol vormalig bestehende privatrechtliche Abwehransprüche gegen jede potentiell gefährdende Tätigkeit entzogen worden wären. Derartige Ansprüche müsse als eine unzulässige Fiktion abgetan werden, solange sie nicht näher nachgewiesen werden.[163]

---

[161] *Schwerdtfeger*, NVwZ 1982, 5, 7; *Lübbe-Wolff*, Eingriffsabwehrrechte, S. 196; *Rauschning*, VVDStRL 38 (1980), 167, 184; *Pietzcker*, in: FS Dürig, 345, 354 u. 359 f; *Koch*, Grundrechtsschutz, S. 384 f; im Ergebnis wohl auch *W. Roth*, Eingriffe, S. 311 ff; a.A. *Schwabe*, NVwZ 1983, 522, 523; *Murswiek*, Die staatliche Verantwortung für die Risiken der Technik, S. 92. Zur Einordnung des Genehmigungsabwehranspruchs als „negative Leistungsrechte", *Stern*, StaatsR III/1, § 67 II 1 b (S. 699).

[162] So jedoch *Murswiek*, Die staatliche Verantwortung für die Risiken der Technik, S. 91 ff; ausführlich dazu *Koch*, Grundrechtsschutz, S. 384 f.

[163] *Pietzcker*, in: FS Dürig, 345, 355. Diese These ist jedoch vor allem im Umweltrecht nicht substanzlos (aber nicht Thema dieser Arbeit), vgl. den Hinweis von *Deutsch*, Allg.

Das BVerwG ordnet auch Begehren, die im Wettbewerb nachteilige Beeinflussung der Wettbewerbsschranken zu unterlassen, diesen Drittschutzbegehren zu. Im Klett-Passage-Fall heißt das, man interpretiert das Begehren des K nicht nur prozeßrechtlich, sondern auch inhaltlich so, daß er die Beschränkung der Freiheit des E durch Verwaltungsrecht verlangt.[164] Es genügt also im folgenden nicht, die Erfolgsqualität des Vorteils im Wettbewerb nachzuweisen; nachgewiesen werden muß außerdem, daß gerade auch die genehmigende Verwaltungsbehörde für diesen Vorteil verantwortlich ist.

## D. Die wettbewerbsrechtlichen Ansprüche

Fazit des letzten Kapitels ist, daß die Grundrechte nicht gebieten, in hohem Maße Konkurrentenrechtsschutz wegen des Interesses an gleichen Wettbewerbsbedingungen zu gewähren. Indes steht damit nur fest, daß solcher Rechtsschutz nur in wenigen Fällen grundrechtlich geboten ist. Das bedeutet jedoch nicht, daß der Gesetzgeber nicht durch einfaches Recht – möglicherweise durch § 1 UWG – dennoch eine Kontrollbefugnis der Gerichte begründen, d.h. normativ den Schrankengleichheitsinteressen den Vorrang gegenüber dem Prinzip der begrenzten Sanktionsbefugnis zubilligen kann. Ob das der Fall ist, ist eines der Themen dieser Arbeit. Nun ist die Abwägung im Rahmen der Generalklausel des § 1 UWG in erheblichem Maße auf den Rechtsanwender übertragen. Die verschiedenen Interessen müssen also zusammengetragen, normativ bewertet und normativ gewichtet werden. Für den normativen Bewertungs- und Gewichtungsmaßstab im Verhältnis zum Prinzip der begrenzten Sanktionsbefugnis kommt es nach den obigen Ausführungen[165] entscheidend darauf an, ob es sich um subjektive Rechte oder um in stärkeren Maße rechtfertigungsbedürftige objektive Kontrolle handelt. Daher muß nun ganz allgemein über die Rechtsnatur der Ansprüche aus § 1 UWG Klarheit gewonnen werden. Dieser Abschnitt wird folglich die wettbewerbsrechtlichen Klagebefugnisse bzw. die diesen zugrundeliegenden Ansprüche unter die Begriffe des subjektiven Rechts zu subsumieren versuchen; gelingt das schon

---

HaftungsR, Rz. 10 auf „die stillschweigende *Umdefinition der Fahrlässigkeit*. Stellte im vergangenen Jahrhundert noch die Fahrlässigkeit die Auswirkung eines gefährlichen Verhaltens dar und umgekehrt die Sorgfalt die Unterlassung der Gefährdung eines Dritten, so hat sich in der modernen Industriegesellschaft dieser Ansatz vollkommen geändert. Sorgfalt heißt heute kontrolliertes Umgehen mit Gefahr, nur noch in Ausnahmefällen Vermeidung der Gefahr."

[164] Das trifft allerdings nur bei vordergründiger Betrachtung zu, dazu S. 114 ff.

[165] S. 19.

innerhalb des Privatrechts nicht, wird § 1 UWG gewiß auch kein subjektives Recht „nach außen" gegenüber dem öffentlichen Recht vermitteln. Soweit, wie das der Fall ist, ist dann nach der Reichweite der gegebenenfalls einschlägigen objektiven Kontrollbefugnisse gesondert zu fragen.

### 1. Die Klagebefugnis nach § 13 Abs. 2 UWG

a) § 1 UWG selbst spricht lediglich davon, daß, wer den Tatbestand erfüllt, „auf Unterlassung und Schadenersatz in Anspruch genommen werden" kann, besagt aber nichts zur Frage der Anspruchsberechtigung. Statt dessen befindet sich in § 13 Abs. 2 UWG eine eigenständige Regelung, nach der für die Unterlassungsansprüche - unter im einzelnen unterschiedlichen Voraussetzungen - auf demselben Markt tätige Mitbewerber, Wirtschafts- und Verbraucherverbände sowie Kammern klagebefugt sind. Die Rechtsnatur dieser wettbewerbsrechtlichen Ansprüche aus § 13 Abs. 2 UWG und verwandter Ansprüche ist umstritten.[166] Nach zutreffender Ansicht ist § 13 Abs. 2 UWG Ausdruck des privatrechtsuntypischen Schutzzwecks des Wettbewerbsrechts. Das UWG schützt die Interessen aller Marktbeteiligten im Modus des öffentlichen Interesses und zudem nach h.M. auch noch der Allgemeinheit, gerade indem es bei „Streudelikten" mit für jeden einzelnen Betroffenen nur geringfügiger Interessenbeeinträchtigung und dementsprechend geringer Klageneigung weitere Kläger bereitstellt.

b) Ganz unbestritten ist diese Ansicht indes nicht. Die in der älteren Literatur vorherrschende Interpretation dieser Klagebefugnisse als gesetzliche Prozeßstandschaft für den verletzten Mitbewerber,[167] die noch auf der ursprünglichen wettbewerbsrechtlichen Konzeption reinen Individualschutzes aufbaute,[168] wird heute zwar nicht mehr vertreten. Gerade umgekehrt sieht *Manfred Wolf* § 13 Abs. 2 UWG als Individualschutz nicht zugunsten der Mitbewerber, sondern als Zuweisung eines subjektiven Rechts an die klagebefugten Verbände: Das Verbandsinteresse repräsentiere das sie tragende Gruppeninteresse, das durch gesetzgeberische Anerkennung zum subjektiven

---

[166] Weitere Anlässe, bei denen der Streit unmittelbar zum Tragen kommt: im Prozeßrecht die Geltung von Dispositions- und Verhandlungsmaxime, die Zulässigkeit der Mehrfachverfolgung, die Amtsprüfung der Voraussetzungen der Klagebefugnis, die Verwirkbarkeit der Klagebefugnis; im materiellen Recht die Wirkung von Verzicht und Erlaß und die Bedeutung des Einwandes der „unclean hands".

[167] *Baumbach*, MuW 1931, 5, 6; *Habscheid*, GRUR 1952, 221, 222.

[168] Dazu S. 57 f.

Recht des Verbandes erhoben worden sei.[169] Indes kann dieses Modell höchstens für die Klagebefugnis der Wirtschaftsverbände nach § 13 Abs. 2 Nr. 3 UWG überzeugen. Es versagt ganz offensichtlich sowohl bei der Konkurrentenklage nach § 13 Abs. 2 Nr. 1 UWG als auch bei Klagebefugnissen öffentlich-rechtlicher Körperschaften nach § 13 Abs. 2 Nr. 4 UWG, trägt aber auch für die Verbraucherverbandsklage nicht; denn die Repräsentation alleine ersetzt nicht, daß das repräsentierte Interesse für sich rechtlich geschützt sein muß.[170] Schließlich wollte der Gesetzgeber mit der Schaffung der Klagebefugnis nach § 13 Abs. 2 UWG auch keinen personalen Bezug zwischen Verband und Interesse schaffen, sondern objektiven Interessenschutz bewirken. Darin liegt ein fundamentaler Unterschied.[171]

c) Der Sache nach wird dieser fehlende personale Bezug denn auch durch den Gesetzgeber und die Rechtsprechung bestätigt. In den Gesetzesmaterialien zur UWG-Novelle 1994 findet sich zur Rechtsnatur der Ansprüche folgende Aussage: „Die Klageberechtigung der lediglich in einem abstrakten Wettbewerbsverhältnis zum Beklagten stehenden Gewerbetreibenden und der Verbände ist im Interesse der Allgemeinheit an der Wahrung des Bestandes des lauteren Wettbewerbes eingeräumt worden."[172] Der Rechtsprechung zufolge ist die Einräumung der besonderen Klagebefugnis Ausdruck des Gedankens, daß das allgemeine Interesse leide, wenn nur der unmittelbar Betroffene Rechtsverstöße verfolgen kann.[173] Im Schrifttum finden sich Charakterisierungen als Erweiterung des Kreises der aktivlegitimierten Personen über diejenigen hinaus, die eigene Rechte geltend machen,[174] als Kompetenzzuweisung zur Fürsorge für ein öffentliches Interesse,[175] als selbständige Prozeßführungsbefugnis ohne zugrundeliegende eigene oder fremde Unterlassungsansprüche,[176] als personal begrenzte Popularklage.[177]

---

[169] *Wolf*, Die Klagebefugnis der Verbände, S. 18 ff; *ders.*, ZZP 94 (1981), 107, 109 f; im Grundsatz ebenso *Schnieders*, Allgemeininteressen, S. 120 ff (im nachfolgenden dann aber inkonsequenterweise mit der h.M.); im öffentlichen Recht ähnlich: *Faber*, Die Verbandsklage im Verwaltungsprozeß, S. 49 ff; *R. Scholz*, VVDStRL 34 (1976), 145, 211.

[170] *Lindacher*, ZZP 103 (1990), 397, 402 f. Zur Repräsentationslehre im öffentlichen Recht - entwickelt vor allem von *Scholz*, VVDStRL 34,(1976), 145, 198 ff; *ders.*, Wirtschaftsaufsicht, S. 152 ff, insbes. 162 ff. - s. *P.-M. Huber*, Konkurrenzschutz, S. 164; *Kremer*, Die kartellverwaltungsrechtliche Beschwerde, S. 55 f; *Masing*, Mobilisierung des Bürgers, S. 99.

[171] *Lindacher*, ZZP 103 (1990), 397, 402; vergleichbar zur öffentlich-rechtlichen Verbandsklage *v. Mutius*, VerwArch 64 (1973), 311, 314 ff; s. auch VGH BW NJW 1972, 1101.

[172] BTags-Drs. 12/7345, S. 10.

[173] BGH GRUR 1956, 279, 280 f - Olivin; BGH WRP 1983, 207, 208 - Mischverband.

[174] *Bettermann*, ZZP 85, 133, 135.

[175] MünchKomm[3]/*Gerlach*, § 13 AGBG Rz. 3, 8, 28, 29; MünchKomm[4]/*Miklisch*, § 13 Rz. 3.

[176] *Hadding*, JZ 1970, 305, 307 ff; *Lakkis*, Kollektiver Rechtsschutz, S. 124.

Trotz bunter Terminologie besteht (abgesehen von der Repräsentationslehre) also doch Einigkeit, daß es sich hier nicht um die Geltendmachung eigener Interessen, nicht um eine subjektive Berechtigung in dem oben genanntem Sinne handelt. Wegen terminologischer Unklarheiten[178] - für die Rechtsprechung darf man auch von Unsicherheiten darüber ausgehen, welche Folgen es hätte, wenn sie sich ernsthaft auf diesen Ansatz einließe - geht von dieser Erkenntnis allerdings einiges verloren. Man kann diese Eigenschaft der wettbewerbsrechtlichen Verbands- und Interessentenklage mit „nichtpersonal" bezeichnen. Mehr ist nicht damit gemeint, wenn im folgenden von objektiven Sanktionsbefugnissen die Rede ist. Alleine das Fehlen dieses für das subjektive Recht prägenden personalen Elements, des materiellrechtlichen Wertes der Befriedigung *eigener* Bedürfnisse, den die Rechtsordnung durch den Schutz der Möglichkeit selbstbestimmten Verhaltens anerkennt, interessiert im Rahmen dieser Arbeit.

d) Freilich ist die Verwendung des Terminus „subjektives Recht" auch insofern nicht einheitlich. Zum Teil wird, was bisher übergangen wurde, unter den Begriff des subjektiven Rechts jedwede Berechtigung zur Durchsetzung eines Rechtssatzes gefaßt, womit z.B. „subjektive Rechte" des Staates anerkannt werden.[179] Der Staat hat aber keinen Anspruch auf selbstbestimmte Daseinsgestaltung gegenüber seinen Bürgern. Diese Unklarheit schwingt auch ein wenig in der Aussage der h.M. zu § 13 Abs. 2 UWG mit, es handele sich um eigene materiell-rechtliche Ansprüche,[180] die gleichwohl der Übertragung einer Ahndungskompetenz an eine Behörde funktionell gleichwertig sein sollen.[181] Auch dort ist offenbar nicht das Zustehen, das personale Element gemeint, sondern schlicht die Tatsache des Durchsetzen-Könnens.

Auf Grundlage der hier verwendeten Begrifflichkeiten[182] handelt es sich bei einem „subjektiven Recht im öffentlichen Interesse" um eine contradictio in adiecto. Legt man diese Begriffsverwendung offen, ist sie zwar durchaus zulässig, da es nun einmal keine „falsche Terminologie" gibt. Zweckmäßig ist diese Terminologie jedoch nicht, schon weil dadurch die mit im Zentrum der Rechtsordnung stehende Idee der Individualität des einzelnen Menschen einen

---

177 *Thiere*, Überindividuelle Interessen, S. 280 ff (insbes. 290); *Scholz*, VVDStRL 34 (1976), 145, 210.

178 Vgl. nur als Beispiel *Baumbach/Hefermehl*, Einl. UWG Rz. 50 f.

179 Z.B. *Kopp/Schenke*, § 43 Rz. 11; *Scherzberg*, JURA 1988, 455, 457; *Röhl*, Allg. Rechtslehre, § 44 II.

180 BGH GRUR 1991, 684 - Verbandsausstattung; BGH GRUR 1996, 804, 805 – Preisrätselgewinnauslobung III; *Baumbach/Hefermehl*, § 13 Rz. 3 ff; *Köhler*, in: Köhler/Piper, § 13 Rz. 4; *Erdmann*, in: GroßKommUWG, § 13 Rz. 55 ff, 71 ff.

181 *Köhler*, in: Köhler/Piper, § 13 Rz. 3.

182 Oben S. 27 ff.

ihrer maßgeblichen sprachlichen Träger verliert.[183] Wer von einem primär vollstreckungsrechtlich orientierten Rechtsverständnis ausgeht, mag zwar keine wesentlichen Unterschiede erkennen können.[184] Die in dieser Arbeit zu beantwortenden Fragen sind jedoch solche des materiellen Rechts bzw. des Verhältnisses von materiellem Recht zum Prozeßrecht. Hier ist dieser Unterschied ganz wesentlich: der Unterschied zwischen Individualschutz als Selbstzweck und objektiven Befugnissen zur Durchsetzung von Freiheitseinschränkungen, die nach dem liberalen Verteilungsprinzip grundsätzlich rechtfertigungsbedürftig sind, da sie der Wahrung öffentlicher Interessen dienen. Letzere Befugnisse„stehen auf der anderen Seite des Spannungsfeldes zwischen Staat und Bürger".[185]

Erleichtert werden diese Abgrenzungsfragen mit der Benennung sämtlicher Gründe von Klagebefugnissen als subjektive Rechte im übrigen nicht. Schon gar nicht darf man die Rechtssätze zum Umgang mit subjektiven Rechten, die in eben dieser besonderen Schutzwürdigkeit von Individualrechten gründen, auf jene anderen Befugnisse anwenden.[186] Das gilt etwa für Art. 19 Abs. 4 GG, der

---

[183] Vom subjektiven Recht (damit die subjektive Berechtigung wenigstens einschließend) als einer „Bastion des Bürgerschutzes" spricht prägnant *Schmidt-Aßmann*, in: Maunz/Dürig, Art. 19 Abs. 4 Rz. 147; ebenso *P.-M. Huber*, in: v. Mangoldt/Klein/Starck, Art. 19 Abs. 4 Rz. 355; ähnlich *Henke*, in: FS Weber, 495, 496. Ganz anders *Fezer*, Teilhabe und Verantwortung, S. 495: Der Begriff des subjektiven Rechts i.S. einer individualschützenden Verhaltensnorm sei eine „Schwerpunktverlagerung weg von den Ordnungsaufgaben des subjektiven Rechts" (i.S. eines absoluten Herrschaftsrechts), die „notwendig zu einer Relativierung der Bedeutung des subjektiven Rechts führen" müsse; S. 506: die Verhaltensunrechtslehre habe eine „prinzipiell *antisubjektivistische* Einstellung". Diese Polemik trifft nicht zu. Das Vorhandensein der Möglichkeit, auf dem Boden der offeneren Normentheorie (und des darauf aufbauenden Begriffs der subjektiven Berechtigung) das absolute Herrschaftsrecht zu dekonstruieren, bedeutet nicht, daß man es anschließend nach eigenem Belieben rekonstruieren darf, und erst recht nicht, daß man das zwingend auf Grundlage der Normentheorie tun muß. Das Fehlen einer Aussage über bestimmte materielle Inhalte und die Aussage, daß diese materiellen Inhalte fehlen, müssen voneinander unterschieden werden.

[184] So insbesondere *Röhl*, Allg. Rechtslehre,§ 43 IV. Zutreffend die Erkenntnis von *J. Schmidt*, Rechtstheorie 10 (1979), 71, 78, daß es sich bei diesem Streit darum, ob das subjektive Recht ein Element des Zustehens enthalte, in Wirklichkeit nicht um einen Streit um formale Strukturen handelt (mit im Ergebnis freilich zweifelhafter Zuordnung zu den politischen Grundströmungen)

[185] So zur öffentlich-rechtlichen Verbandsklage *Bettermann*, in: FS Imboden, S. 37; *Weyreuther*, Verwaltungskontrolle, S. 81 f; ähnlich auch für die zivilrechtliche Verbandsklage *Engel*, JZ 1994, 213, 218; MünchKomm[3]/Gerlach, § 13 AGBG Rz. 5; MünchKomm[4]/*Micklitz*, § 13 AGBG Rz. 14.

[186] Vgl. für das öffentliche Recht *Krebs*, in: FS Menger, 191, 209 f; für das Zivilrecht *Lindacher*, ZZP 103 (1990), 397, 403 ff.

nur den Individualrechtsschutz erfaßt;[187] verwendet man den Begriff des subjektiven Rechts in einem weiteren Sinne, muß man den Unterschied daher mit anderen terminologischen Mitteln verdeutlichen.[188] Auf Basis eines rein vollstreckungsrechtlich orientierten Rechtsverständnisses sind jene materiell-rechtlichen Rechtssätze allerdings schon vom Ansatz her nicht erfaßbar.[189]

e) Ob man im übrigen die wettbewerbsrechtlichen Befugnisse in § 13 Abs. 2 UWG, Unterlassung verlangen zu können, als *Anspruch* bezeichnen will[190] oder nicht, hängt ebenfalls alleine von der Wahl der Terminologie ab.

Sieht man als wesentlich nur die Funktion des Anspruchsbegriffs als Schnittstelle zum Prozeßrecht an, kann man durchaus auch die Fälle, in denen es wie hier zu einer subjektiven Berechtigung im Sinne einer individualschützenden Ver- oder Gebotsnorm am personalen Element fehlt, als Ansprüche bezeichnen.[191] Nur muß man sich dann bewußt sein, daß ein Anspruch in diesem Sinne noch lange keine subjektive Berechtigung ist. Will man dagegen bei dem traditionell auf subjektive Berechtigungen begrenzten Anspruchsbegriff verbleiben, fallen diese Fälle konsequenterweise nicht darunter,[192] wodurch die der Sache nach

---

187 *Krebs*, in: v. Münch/Kunig, Art. 19 Rz. 60; *Schmidt-Aßmann*, in: Maunz/Dürig, Art. 19 Abs. 4 Rz. 117 f. und 147 ff; *P.-M. Huber*, in: v. Mangoldt/Klein/Starck, Art. 19 Abs. 4 Rz. 355: „Indem (das Grundgesetz) den Rechtsschutz gegenüber der öffentlichen Gewalt als Grundrecht ausgestaltet, bringt es zum Ausdruck, daß die Rechtsschutzgarantie, wie die materiellen Grundrechte, primär den einzelnen Menschen und seine Selbstverwirklichung im Auge hat, und weniger die institutionellen und funktionellen Weiterungen, die mit einem ausgebauten Rechtsschutzsystem einhergehen."

188 Ausgesprochen problematisch ist daher die Auffassung der ganz h.M., aus dem in § 29 a.F. (= §§ 59 ff n.F.) BNatSchG geregelten „subjektiven Recht" (BVerwGE 87, 62, 69 ff; *Jarass*, NuR 1997, 426, 427; *Harings*, NVwZ 1997, 538, 539; *Rudolph*, JuS 2000, 478, 279; kritisch *Dolde*, NVwZ 1991, 960) im öffentlichen Interesse (BVerwG NuR 1997, 345, 346; BVerwGE 87, 62, 72 f; *Waskow*, Mitwirkung von Naturschutzverbänden in Verwaltungsverfahren, S. 46 f) könne die Klagebefugnis gem. § 42 Abs. 2 VwGO hergeleitet werden. Das ist eine quaternio terminorum. Das einleuchtende Ergebnis wird man m.E. zutreffender so begründen, daß § 29 BNatSchG eine konkludent mitgeregelte anderweitige gesetzliche Bestimmung i.S. des § 42 Abs. 2 1. Alt. VwGO enthält.

189 Vgl. nur S. 28 f zur Bedeutung der Rechtsmacht für das subjektive Recht: Die Rechtsmacht im Sinne eines materiellrechtlichen Zustehens kann man so nicht erfassen. Um eine Tautologie handelt es sich bei dem Erfordernis der Rechtsmacht als Voraussetzung des subjektiven Rechts nur dann, wenn man sie als Fähigkeit zur prozess- und vollstreckungsrechtlichen Sanktionierung mißversteht (so z.B. *Röhl*, Allg. Rechtslehre, § 43 III u. § 44 II).

190 So die h.M., Nachweise in Fn. 180.

191 So die h.M., bezeichnenderweise aber regelmäßig (Ausnahme etwa: MünchKomm³/*Gerlach*, § 13 AGBG Rz. 9 f; *Henckel*, AcP 174 (1974), 97, 138) ohne Definition des Anspruchsbegriffs. Zum AGB-Recht: BGH NJW 1995, 1488, 1488 f; Staudinger/*Schlosser*, § 13 AGBG Rz. 4; *Hensen*, in: Ulmer/Brandner/Hensen, § 13 AGBG Rz. 15.

192 So *E. Schmidt*, NJW 1989, 1192, 1193 f; *Hadding*, JZ 1970, 305, 308.

vorhandene Befugnis, Unterlassung verlangen zu können, dann eben anders benannt werden muß. Der Wortlaut des § 13 Abs. 2 UWG gibt für diese terminologische Frage mit der Aussage, die Verbände seien berechtigt, die Ansprüche geltend zu machen, wenig her.[193] Immerhin wird aber deutlich, daß vom Gesetzgeber eine Anlehnung an die vorhandene zivilrechtliche Figur des Anspruchs gewollt ist, also primär die zivilrechtlichen Figuren zur Lösung besonderer Probleme zu bemühen sind.[194] Noch deutlicher wird der Wille zur Anlehnung durch die Neuregelung der Verbandsklage in § 3 Abs. 1 UKlaG, wo nun davon die Rede ist, die Ansprüche den genannten Verbänden etc. zustehen.[195] Trotz dieser scheinbar eine Annäherung an den Normalfall des Anspruchs nahelegenden Gesetzesänderung geht es in allen diesen Fällen nicht um den Schutz der Individualität bestimmter Personen, um die Durchsetzung desjenigen, was den Klagebefugten von Rechts wegen als das Ihre zusteht. Definiert man, was aus Gründen der terminologischen Einfachheit vorzugswürdig ist,[196] den Anspruchsbegriff weit, so gilt ebenso wie für den eben abgelehnten weiten Begriff des subjektiven Rechts, daß Sachfragen nicht durch Anwendung der Grundsätze entschieden werden dürfen, die für individualschützende Normen gelten.[197] Um einen gewiß hinkenden Vergleich zu ziehen: Einen Wal mag man im Alltag als einen Fisch bezeichnen, und ebenso mag man bei Verbandsklagen ohne weitere Ausführungen davon reden, es handle sich um Ansprüche; in der Pathologie sollte man sich der jeweiligen Unterschiede aber bewußt sein.

Die Zwischenantwort auf das hier anstehende Problem lautet damit: §§ 13 Abs. 2, 1 UWG stellen im Verhältnis zum Prinzip der begrenzten Sanktionsbefugnis keinen rechtlichen Schutz eines Individualinteresses zwecks Befriedigung eigener Bedürfnisse des Berechtigten dar. Die Abwägung ist nicht nach subjektiv-rechtlichen Maßstäben vorzunehmen.

---

[193] *Lindacher*, ZZP 103 (1990), 397, 399; *Thiere*, Überindividuelle Interessen, S. 281.

[194] *Lindacher*, ZZP 103 (1990), 397, 403 gegen *Marotzke*, ZZP 98 (1985), 160, 199 u. passim.

[195] *Greger*, NJW 2000, 2457, 2462 sieht hierin eine gesetzgeberische Entscheidung im Streit über die Rechtsnatur der Verbandsklage; denn der Gesetzgeber habe damit verdeutlichen wollen, daß die Voraussetzungen der Klagebefugnis eine Regelung der Aktivlegimation enthalten. Für die Aktivlegitimation gilt indes dasselbe wie für den Anspruchsbegriff; ein Verständnis der Verbandsklage als Instrument nichtsubjektivrechtlichen Interessenschutzes schließt es nicht aus, die Voraussetzungen der Klagebefugnis der Aktivlegitimation zuzuordnen, soweit man den Begriff der Aktivlegitimation nicht für subjektive Berechtigungen reservieren will.

[196] Staudinger/*Schlosser*, § 13 AGBG Rz. 4; *Lindacher*, ZZP 103 (1990), 397, 404. In der vorliegenden Arbeit gibt es mit der „subjektiven Berechtigung“ ohnehin ein terminologisches Instrument, das individualschützende Ansprüche hinreichend präzise erfaßt.

[197] S. 52 f.

## 2. Die Rechtsnatur der Ansprüche des unmittelbar Verletzten

a) Neben den in § 13 Abs. 2 UWG Genannten ist auch der sog. „unmittelbar Verletzte" bei Wettbewerbsverstößen klagebefugt.[198] Nach herrschender Ansicht ist derjenige unmittelbar Verletzter, der sich mit dem Störer in einem konkreten Wettbewerbsverhältnis befindet,[199] d.h. dergestalt im Wettbewerb zum Verletzer steht, daß wenigstens durch die konkrete Wettbewerbshandlung eine gegenseitige Behinderung im Absatz eintreten kann.[200]

Vor der Änderung des § 13 Abs. 2 UWG durch die UWG-Novelle 1994 schien es sich um eine vergleichsweise unbedeutende Rechtsfigur zu handeln, denn die Klagebefugnis von Mitbewerbern ließ sich in den allermeisten Fällen bereits aus § 13 Abs. 2 Nr. 1 UWG begründen.[201] Auch nach der UWG-Novelle 1994 ist die Figur des unmittelbar Verletzten praktisch überwiegend wegen der Gerichtsstandbeschränkung des § 24 Abs. 2 S. 2 UWG relevant.[202] Die Klagebefugnis nach § 13 Abs. 2 Nr. 1 UWG ist jetzt zwar durch das Erfordernis einer „wesentlichen Beeinträchtigung des Wettbewerbs" eingeschränkt, weshalb es bei bloß unwesentlichen Beeinträchtigungen des Wettbewerbs darauf ankommt, wer unmittelbar Verletzter ist. Die Rechtsprechung handhabt die Anforderungen an eine wesentliche Beeinträchtigung des Wettbewerbs in § 13

---

[198] Ganz h.M., BGH GRUR 1960, 144, 146 - Bambi; BGH WRP 1966, 340, 341 - Glutamal; BGH GRUR 1988, 620, 621 - Vespa-Roller; *Gloy*, in: Gloy, HdBWbR, § 19 Rz. 1 und Rz. 10 ff; *Köhler*, in: GroßKommUWG, Vor § 13 Rz. B 222 ff; *Erdmann*, in: GroßKommUWG, § 13 Rz. 13; *Teplitzky*, Wettbewerbsrechtliche Ansprüche, 13. Kap. Rz. 2; *Baumbach/Hefermehl*, § 13 UWG Rz. 19 ff; *Hefermehl*, in: FS Nipperdey, 283, 292; *Köhler*, in: Köhler/Piper, vor § 13 Rz. 84; Gutachter-Ausschuß für Werbefragen, WRP 1997, 298, 299; *Sack*, in: FS v. Gamm, 161; *ders.*, BB 1995, 1; *Bornkamm*, GRUR 1996, 527, 528; *Emmerich*, WettbR, S. 340; *Strubenhoff*, Klageberechtigung, S. 42 ff; *Wiebe*, WRP 1995, 75, 76; a.A. *Borck*, WRP 1966, 1, 2 f.; *ders.*, WRP 1994, 719, 721; *Hadding*, JZ 1970, 305, 310 ff; *Wilhelm*, ZIP 1992, 1139, 1142.

[199] BGH WRP 2000, 1258, 1260 - Filialleiterfehler; BGH WRP 1998, 973, 975 - Fotovergrößerungen; BGH GRUR 1966, 445, 446 - Glutamal; OLG Düsseldorf, GRUR 1994, 837, 838; OLG Karlsruhe, WRP 1996, 34, 38; OLG München, WRP 1995, 1055, 1056; *Baumbach/Hefermehl*, § 13 UWG Rz. 19 b; *Bornkamm*, GRUR 1996, 527, 530; *Köhler*, in: GroßKommUWG, vor § 13 B Rz. 227; *Gloy*, in: *Gloy*, HBWbR, § 19 Rz. 12; *Teplitzky*, Wettbewerbsrechtliche Ansprüche, 13. Kap. Rz. 4; im wesentlichen auch *Sack*, BB 1995, 1, 3; *ders*, in: FS v. Gamm, 161, 164.

[200] BGH GRUR 1998, 1039, 1040 - Fotovergrößerungen; *Piper*, in: Köhler/Piper, Einf. Rz. 205; *Hefermehl*, in: FS Kummer, 345, 346

[201] *Gutachter-Ausschuß für Werbefragen*, WRP 1997, 298, 299; *Strubenhoff*, Klageberechtigung, S. 41; *Borck*, WRP 1966, 1.

[202] *Speckmann*, WettbR, Rz. 120.

Abs. 2 UWG aber jedenfalls nicht überstreng.[203] Deshalb liegt in den Fällen, in denen Konkurrenten sich tatsächlich zur Klage entschließen und das Verhalten tatsächlich sittenwidrig ist, zumeist auch eine wesentliche Beeinträchtigung des Wettbewerbs vor. Größte Bedeutung kommt der Unterscheidung zwischen Individualschutz und dem Schutz öffentlicher Interessen jedoch im vorliegend untersuchten Verhältnis zum öffentlichen Recht zu.

b) Grundlage dieser Klagebefugnis des unmittelbar Verletzten sind die einzelnen Verbotstatbestände.[204] Der Verletzte ist deshalb klagebefugt, weil er Inhaber entsprechender Ansprüche[205] - und zwar auch *subjektiver Berechtigungen* - ist: Die Ansprüche folgen daraus, daß die Verbotstatbestände den Individualschutz der unmittelbar betroffenen Mitbewerber bezwecken.[206] Der Individualschutzzweck zeigt sich etwa an der Existenz eines Schadenersatzanspruches in § 1 UWG, der sich nach dem Rechtsfortsetzungsgedanken nicht anders erklären läßt als die rechtliche Anerkennung eines Individualinteresses.[207] Ebenso ist auch der dem Schadenersatzanspruch nur vorgelagerte Abwehranspruch zu erklären.

Bestätigt wird dieser Befund durch die Materialien zur UWG-Novelle 1994. Der Gesetzesentwurf des Bundestages sah die ausdrückliche Benennung des unmittelbar Verletzten als den „in seinen Rechten" Verletzten vor.[208] Diese an § 42 Abs. 2 VwGO angelehnte Formulierung ist ein deutlicher Hinweis auf die Qualität wenigstens als subjektive Berechtigung. Die Aussagekraft eines nicht Gesetz gewordenen Vorschlages darf zwar nicht überschätzt werden. Er ist dennoch von einigem argumentativem Gewicht, denn von dieser Änderung des § 13 UWG wurde lediglich deshalb abgesehen, weil eine Verschlechterung der

---

[203] Pointiert *Emmerich*, WettbR, S. 343 f. („hinweginterpretiert"); *K. Bauer*, in: FS Vieregge, 21, 29 („... Absicht des Gesetzgebers [wird] „unterlaufen" ..."); s. aber auch die unterschiedlichen Einschätzungen im Bericht der Arbeitsgruppe „Überprüfung des Wettbewerbsrechts, WRP 1997, 167, 173 f; von deutlichen Wirkungen gehen aus *Gloy*, WRP 1999, 34 ff; *Beater*, JZ 2000, 973, 975.

[204] BGH WRP 1998, 973, 975 - Fotovergrößerung; BGH GRUR 99, 1007, 1008 - Vitalkost; KG GRUR 1995, 752, 753 f; *Baumbach/Hefermehl*, § 13 UWG Rz. 19 b.

[205] BGH GRUR 1991, 223, 224 - Finnischer Schmuck; *Sack*, BB 1995, 1, 2; *ders.*, in: FS v. Gamm, 161, 176 ff; *Köhler*, in: GroßkommUWG, vor § 13 Rz. B 223; *Köhler*, in: Köhler/Piper, vor § 13 Rz. 39; unklar *Teplitzky*, Wettbewerbsrechtliche Ansprüche, 13. Kap. Rz. 2 f mit der Einschränkung, der Verletzte müsse zu denjenigen gehören, die § 13 UWG schützen will.

[206] *Bornkamm*, GRUR 1996, 527, 528; *Köhler*, in: GroßKommUWG, vor § 13 B Rz. 223; *Gloy*, in: Gloy, HdBWbR, § 19 Rz. 12.; *Sack*, BB 1995, 1, 2 f; *Hefermehl*, in: FS Nipperdey, 283, 288. A.A. *L. Raiser*, in: Summum ius - summa iniuria, 145, 156 ff.

[207] *Emmerich*, WettbR, S. 340; *Henckel*, AcP 174 (1974), 97, 135 f.

[208] BT-Drucks. 12/7345, 3.

Rechtsposition des unmittelbar Verletzten vermieden werden sollte.[209] Im Umkehrschluß bestätigt dies nochmals die Position, daß es sich bei § 13 Abs. 2 UWG um Ansprüche ohne personales Element handelt.

c) Die Einordnung dieser Ansprüche als subjektive Berechtigungen muß mit einer gewissen Skepsis rechnen. Die Ansicht, das Wettbewerbsrecht schütze subjektive Rechte, gilt als lange überwunden.[210] Jene Ansicht herrschte bis etwa 1930 in der Literatur vor. Sie versuchte, die wettbewerbsrechtliche Sittenwidrigkeit auf die Verletzung eines absoluten Herrschaftsrechts zurückzuführen,[211] also die Rechtswidrigkeit mit Hilfe der Vorstellung einer unerlaubten gefährlichen Annäherung an ein geschütztes Rechtsgut zu bestimmen.[212] Zur Charakterisierung des geschützten Rechtsgutes gab es zwei Hauptströmungen, von denen die eine das Recht am Unternehmen,[213] die andere ein Persönlichkeitsrecht des Unternehmers[214] als Schutzgut ansah; zwingende Unterschiede ergaben sich aus den unterschiedlichen Ansichten nicht.[215] Mit der Konstruktion eines absoluten Herrschaftsrechts wollte man den Anschluß an ältere Bestrebungen wahren, Wettbewerbsexzesse mit Hilfe des § 823 Abs. 1 BGB einzudämmen.[216] Diese Bestrebungen leben heute noch (einschließlich der gleichen Probleme[217]) im Recht am eingerichteten und ausgeübten Gewerbebetrieb fort. Außerdem bekämpfte man damit das sogenannte

---

[209] BT-Drucks. 12/8089, 4. Folge der Nennung in § 13 Abs. 2 UWG wäre gewesen, daß auch die Einschränkungen des § 13 Abs. 5 UWG auf diese Ansprüche anzuwenden gewesen wären.

[210] Zusammenfassend *Baumbach/Hefermehl*, Einl UWG Rz. 44 ff; *Schünemann*, in: GroßKommUWG, Einl C. Die Wiederbelegung dieser Diskussion hält *Strubenhoff*, Klageberechtigung, S. 63 f aber für die Folge der Einordnung dieser Ansprüche als subjektive Rechte, was nicht stimmt, weil zwischen subjektiver Berechtigung und absolutem Herrschaftsrecht unterschieden werden muß. *Strubenhoffs* eigener Vorschlag, die Verletzteneigenschaft durch die über das alle Marktbeteiligten treffende Maß an Beeinträchtigung zu bestimmen (a.a.O., S. 70), läuft im übrigen auf den aus dem öffentlichen Baurecht bekannten Maßstab der individualisierten und qualifizierten Beeinträchtigung zur Bestimmung subjektivrechtlicher Betroffenheit hinaus.

[211] Vgl. dazu *Heferemehl*, in: FS Nipperdey, 283, 285 f.; *Schünemann*, in: GroßKommUWG Einl Rz. C 9 ff.

[212] S. dazu oben 24 ff.

[213] *Baumbach*, MuW 1931, 5; *Baumbach/Hefermehl*, Wettbewerbs- und Warenzeichenrecht, 6. Auflage Allg. III 2 D; *Callmann*, Der unlautere Wettbewerb, S. 28 ff.

[214] *Lobe*, Unlauterer Wettbewerb, S. 145 ff; *Kohler*, Der unlautere Wettbewerb, S. 17 ff.

[215] Vgl. schon *E. Ulmer*, Sinnzusammenhänge, S. 7. A.A. - „weittragende praktische Bedeutung" - *Tetzner*, Kommentar zum Gesetz gegen den unlauteren Wettbewerb, Vorbemerkung II (S. 13).

[216] Vgl. RGZ 48, 114; dazu *Beater*, Nachahmen, S. 65; *Schünemann*, in: GroßKommUWG, Einl Rz. B. 15 f.

[217] S. 26 f.

„sozialrechtliche Verständnis" des Wettbewerbsrechts, d.h. die Einbeziehung objektiven Interessenschutzes. Diese Ansicht wird heute in beiden Spielarten *zutreffendermaßen* und fast einhellig *abgelehnt*. Ihre Interpretation der Sittenwidrigkeit hat zwei Folgen, die beide die Vorstellung ad absurdum führen, § 1 UWG ließe sich (gar vollständig) als Norm zum Schutz eines absoluten Herrschaftsrechts erklären:

Erstens schützt das Wettbewerbsrecht nicht *nur* die Individualinteressen der Wettbewerber. Das ist spätestens seit Einführung der Verbraucherverbandsklage 1965 unbestreitbar und gilt richtigerweise auch für die anderen Klagebefugnisse aus § 13 Abs. 2 UWG. Damit scheidet die Möglichkeit aus, *alle* wettbewerbsrechtlichen Unterlassungsansprüche als subjektive Berechtigungen zu begreifen,[218] so daß es erst Recht nicht möglich ist, die Sittenwidrigkeit in allen Fällen als die Verletzung eines absoluten Herrschaftsrechts zu interpretieren. So richtig das ist, so wenig spricht es gegen die hier vertretene Auffassung. Es gibt keinen Zwang, alle wettbewerbsrechtlichen Ansprüche einheitlich zu erklären.[219] Ebenso, wie zwischen den einzelnen Schutzzwecken unterschieden werden muß,[220] muß auch zwischen den Zwecken der Ansprüche in Verbindung mit § 13 Abs. 2 UWG und dem Zweck der Ansprüche aus § 1 UWG des unmittelbar Verletzten unterschieden werden. Daher erlaubt die Feststellung, daß andernorts im UWG definitiv nicht Individualschutz bezweckt wird, keine Aussage zu den Ansprüchen des unmittelbar Verletzten.

Das zweite zwingende Argument gegen das Verständnis von § 1 UWG als Schutz eines absoluten Herrschaftsrechts basiert auf der zutreffenden Erkenntnis, daß es im Wettbewerb keine ausschließende Zuordnung von Marktanteilen geben kann. Die Handlung könne - so das Gegenargument - deshalb nicht wegen des Eingriffs in eine einem anderen Wettbewerber ausschließlich und vollständig zugeordnete Position rechtswidrig sein.[221] Auch das ist zutreffend. Die Behauptung, durch § 1 UWG gebe es ein absolutes Herrschaftsrecht im Sinne ausschließlicher Zuordnung und umfassenden Schutzes eines gesamten Herrschaftsbereiches, wird hier jedoch weder explizit aufgestellt noch ist sie Konsequenz der hier vertretenen Ansicht, es handele sich um eine subjektive Berechtigung; das ergibt sich unmittelbar aus den oben[222] gemachten Ausführungen. Um im dort bemühten Bild zu bleiben: Man kann in einem Land Ananas und damit Obst finden, auch wenn dort erwiesenermaßen

---

[218] *Baumbach/Hefermehl*, Einl UWG Rz. 46; *Beater*, JZ 1997, 916, 918; *ders.*, Nachahmen, S. 66.
[219] S. 33 f.
[220] *Beater*, JZ 1997, 916, 920.
[221] *Baumbach/Hefermehl*, Einl UWG Rz. 49.
[222] S. 24 ff und S. 36.

keine Apfelbäume gedeihen. Es handelt sich um eine subjektive Berechtigung, womit überhaupt keine Aussage dazu gemacht ist, ob die subjektiven Berechtigungen einen „geschlossenen Verbotskreis" um ein absolut geschütztes Rechtsgut bilden.

Im Ergebnis handelt es sich bei den Ansprüchen des unmittelbar Berechtigten also durchaus um subjektive Berechtigungen, die im Verhältnis zum Prinzip der begrenzten Sanktionsbefugnis kein erhöhtes Rechtfertigungsbedürfnis auslösen; abgewogen werden müssen die beteiligten Interessen natürlich trotzdem.

### 3. Das fehlende Bewußtsein vom Prinzip der begrenzten Sanktionsbefugnis als Ursache wettbewerbsrechtlicher „Übersteigerungen" im Vorsprung durch Rechtsbruch

a) Dieser Unterschied zwischen den Ansprüchen aus §§ 1, 13 Abs. 2 UWG einerseits und subjektiven Berechtigungen andererseits – objektiver Interessenschutz dort, subjektive Rechte hier - hat nach dem hier verfolgten Ansatz dann erhebliche Konsequenzen, wenn man dem Prinzip der begrenzten Sanktionsbefugnis hinreichende Beachtung schenkt.

(1) Die grundsätzlich Geltung des Prinzips der begrenzten Sanktionsbefugnis auch im UWG dürfte kaum strittig sein. Das Wettbewerbsrecht gibt nur einem begrenzten Personenkreis für einen begrenzten Kreis von Rechtsnormen die Berechtigung zur Verbotsdurchsetzung in die Hand. Ein Verbraucherverband kann ganz selbstverständlich nicht nach § 13 Abs. 2 Nr. 3 UWG auf Auszahlung von Sozialhilfe an eine alleinstehende Mutter klagen, auch wenn die Rechtsverletzung evident und rechtsstaatlich nicht hinnehmbar ist. Die Geltung dieses Prinzips muß aber auch innerhalb des durch „Handeln im geschäftlichen Verkehr zu Zwecken des Wettbewerbs" begrenzten Anwendungsbereiches beachtet werden. Zumindest zu einem Zögern zwingt der Gedanke der begrenzten Sanktionsbefugnis etwa in Hinblick auf die durch Parteiherrschaft geschützten Verhandlungsräume, wenn z.B. aus § 1 UWG Ansprüche Dritter etwa auf Auszahlung von Tariflöhnen an die Angestellten[223] hergeleitet werden. Ganz generell kann das Lauterkeitsrecht nicht Mittel sein, bei jeder Verletzung von Rechtsnormen zu einem möglichst großen Kreis von Sanktionsbefugten zu gelangen.[224] Und auch, wenn in anderen Rechtsgebieten Sanktionsbedarf besteht (ein Frage, über die man zumeist bereits sehr wohl streiten können wird), darf nicht das Wettbewerbsrecht immer der Weg sein, Sanktionslücken zu schließen.

---

[223] So BGHZ 120, 320 - Tariflohnunterschreitung.
[224] *Stolterfoht*, in: FS Rittner, 695, 703.

(2) Insbesondere ein Bewußtsein dafür, daß auch bei öffentlich-rechtlichen Normen Argumente gegen die wettbewerbsrechtliche Sanktionierbarkeit sprechen, schien lange Zeit überhaupt nicht vorhanden zu sein.[225] Obwohl man den Wettbewerbsgerichten gewiß nicht fehlendes Engagement bei der Bearbeitung von Fragen des besonderen Verwaltungsrechts vorwerfen kann, sind die Ergebnisse mißlich gewesen; wie weit die Rechtsprechung hier teilweise gegangen ist, wurde oben bereits dargestellt.[226] Da das Verwaltungsrecht von der Entscheidung über Sinn und Unsinn der Anwendung der Norm im konkreten Fall geradezu lebt, ist es auch kein Wunder, daß bei der unbedingten Umsetzung öffentlich-rechtlicher Normen Mißstände entstehen. Zunächst einmal in der Mißachtung des für das öffentliche Recht höchst bedeutsamen Prinzips der begrenzten Sanktionsbefugnis und nicht - oder jedenfalls nicht primär - in der Überregulierung durch eine zu große Zahl an öffentlich-rechtlichen Normen[227] lagen und liegen denn auch die Gründe für die Mißstände im Zusammenhang mit der Fallgruppe „Rechtsbruch“.

Zum Beleg, daß es sich tatsächlich um Mißstände gehandelt hat, seien einige der doch erstaunlich scharfen Bemerkungen aus der Zeit um 1990[228] wiedergegeben, obwohl sie in Anbetracht der erheblichen Veränderung der Position des BGH auf diesem Feld dergestalt sicherlich nicht mehr gerechtfertigt sind: „Die Praxis treibt erstaunliche Blüten“;[229] „die im alten Preußen zu Recht so verhaßten Kaffeeschnüffler Friedrichs des Großen kommen einem hier unwillkürlich in

---

[225] Wie hier *Beater*, JZ 1997, 916, 920; dezidiert jetzt auch *Köhler*, GRUR 2001, 777, 782 („Sanktionenerschleichung“). Explizit halten jede Ausweitung der Sanktionsbefugnis für wünschenswert z.B. *Gloy/Loschelder*, GRUR 1994, 435, 437; *Borck*, WRP 1994, 349, 351; *ders.*, in: FS Piper, 61, 72; *Ziegler*, Umweltschutzvorschriften, S. 45 ff; *Friedrich*, WRP 1996, 1, 1 f; s. auch schon *A. Hueck*, JW 1927, 2366, 2367. Eng damit verwandt ist der Gedanke, es sei ohne weiteres erfreulich, daß man per Wettbewerbsrecht schneller und effektiver öffentlich-rechtliche Normen durchsetzen könne (so z.B. *Doepner*, WRP 1980, 473; *Schricker*, JurA 1970, 69).

[226] S. 9

[227] So aber z.B. *Emmerich*, WettbR S. 313 mit bekannter Schärfe etwa zum LadenSchlG: „ [...] letztlich aufgrund einer unheiligen Allianz zwischen unfähigen, korrupten Politikern, Gewerkschaftlern und Handelsverbänden. [...] Angesichts dessen sollte man wenigstens erwarten, daß die Gerichte diese Mißgeburt eines Gesetzes, der Begriff ist nicht zu hoch gegriffen, so restriktiv wie möglich auslegen; [...]“. Der Frage, ob die Eigenschaft als „Mißgeburt“ juristisch von Bedeutung ist oder ob gar das LadenSchlG durch eine rechtlich relevante Korruption beeinflußt wurde, soll hier nicht nachgegangen werden. Legalität indiziert Legitimität, *Stern*, StaatsR, Bd I, § 20 IV 4; *Schnapp*, in: v. Münch/Kunig, Art. 20 Rz. 36, jew. m.w.N. Vgl. im übrigen noch zu der Frage Deregulierung oder Desanktionierung Fn. 235.

[228] S. auch *Teplitzky*, in: GroßKommUWG, § 1 Rz. G 8 f.

[229] *Schricker*, GRUR Int. 1994, 586, 593.

den Sinn";[230] „eine ubiquitäre Struktur, die sich krakenartig über das öffentliche Recht legt";[231] „die Vorsprungtheorie versperrt den Blick auf notwendige Differenzierungen";[232] „das Wettbewerbsrecht kann nicht zum Sheriff des ordnungsgemäßen Vollzugs aller sich bei gewerblicher Tätigkeit auswirkenden Normen werden [...] noch nicht den Standard einer wettbewerbsrechtlich gelungenen Problembehandlung erreicht";[233] „die von der Wettbewerbsrechtsprechung der Zivilgerichte vorgenommene Öffnung des § 1 UWG zum allgemeinen Auffangtatbestand gefährdet die Staatsordnung".[234]

Seit der Gesetzgeber mit der UWG-Novelle 1994 den löblichen[235] Versuch der Desanktionierung unternommen hat, hat sich das Problem zwar nicht unerheblich entschärft; gelöst ist es dennoch nicht. So ist immer noch davon die Rede, es sei ein Vorteil, daß hier die Durchsetzung verwaltungsrechtlicher Normen - und damit die Durchsetzung von Freiheitseinschränkungen - „politischen Einflüssen [...] weniger stark ausgesetzt" ist als im öffentlichen Recht.[236] Sollte es in einem demokratischen Gemeinwesen wirklich Aufgabe der Rechtsprechung sein, die politische Steuerung der öffentlichen Gewalt zu verhindern? Ganz im Gegenteil ist doch die Rechtsprechung durch die Gewaltenteilung als positive Ordnung verpflichtet, den anderen Gewalten so viel Raum wie möglich zu belassen.[237] Nicht von der Hand zu weisen ist zudem, daß im Wettbewerbsrecht Indizien für den drohenden Verlust der materiellen Gerichtseigenschaft, für die Ausübung nicht demokratisch legitimierter und gewollter „Macht eines Unterdrückers" durch eine zur kontrollfreien Exekutive mutierende Zivilgerichtsbarkeit vorhanden sind.[238] Als solche Indizien lassen sich etwa die nur mühsam als Geschäftsführung ohne Auftrag kaschierte Anerkennung eines Gebührenanspruchs gegen den Störer für das Einschreiten im öffentlichen Interesse oder die zeitweise überbordende Anerkennung der Klagebefugnis interpretieren.[239] Und es ist ebenso bezeichnend, wenn ein

---

230 *Emmerich*, WettbR[4], S. 304.
231 *Quack*, in: FS Trinkner, 265, 268.
232 *Herb*, WRP 1993, 151.
233 *Tilmann*, GRUR 1991, 796, 798.
234 *Kroitzsch*, GRUR 1982, 389.
235 Vom hiesigen Standpunkt geht die Kritik gänzlich fehl (z.B. von *Beater*, JZ 2000, 973, 975; *ders.*, ZHR 159 (1995), 217, 224 ff, *Engler*, in: FS Piper, 183, 193), der Gesetzgeber handele inkonsequent, wenn er desanktioniere statt dereguliere.
236 *Teplitzky*, in: GroßKommUWG, Rz. G 12.
237 S. 15 ff.
238 S. 17 ff.
239 Entsprechend zum Verhältnis der Verwaltungsgerichte zur Verwaltung *Krebs*, DV 21 (1988), 155, 169 ff. Das ist durchaus ein Fall der Anpassung der Kontrollmodalitäten an die Kontrollaufgabe: Je stärker objektive Kontrolle (bzw. „Ersatzvornahme") zum Selbstzweck eines Verfahrens wird, desto weniger darf die Initiierung des Verfahrens nach der Eigenlogik

ehemaliger Richter des zuständigen I. Zivilsenates des BGH von der „augenscheinlichen Schwierigkeit mancher Wettbewerbspraktiker (Richter und Rechtsanwälte), mindestens die ihnen vom Bundesverfassungsgericht oft genug vorgehaltenen verfassungsrechtlichen Freiheitsgrundsätze [...] wirklich zu verinnerlichen“,[240] spricht. Als Kronzeugenaussage für die hier eingenommene Position dürfte *Teplitzky* dies allerdings nicht gemeint haben.

### 4. Folgerung: Grundsätzliche Unterscheidung zwischen Ansprüchen des unmittelbar Verletzten und Ansprüchen aus §§ 1, 13 Abs. 2 UWG

Die grundsätzlichste Unterscheidung von Ansprüchen ist, soweit es um ihre Untersuchung und Rechtfertigung vor dem Prinzip der begrenzten Sanktionsbefugnisse geht, zunächst einmal diejenige in subjektive Berechtigungen und objektive Sanktionsbefugnisse. Genau hier liegt die wesentliche Weichenstellung, soweit es um die Begründung von Sanktionsbefugnissen an öffentlich-rechtlichen Rechtsnormen geht. Daher können auch nicht beide Arten von Sanktionsbefugnissen gemeinsam untersucht werden. Dem Grunde nach sind streng genommen Ansprüche aus §§ 1, 13 Abs. 2 UWG ein aliud zu Ansprüchen des unmittelbar Verletzten.

Die Arbeit wird im weiteren Verlauf die Ansprüche aus § 13 Abs. 2 UWG zurückstellen und sich vornehmlich den Ansprüchen des unmittelbar Verletzten widmen. Der eine Grund dafür ist, daß das subjektive Recht als dogmatische Figur viel weiter geklärt und damit weniger problematisch ist als die objektive Kontrollbefugnis: Für die Ansprüche aus §§ 1, 13 Abs. 2 UWG kann gewiß nicht auf die Erkenntnisse zum öffentlich-rechtlichen Drittschutz zurückgegriffen werden. Hier läßt sich auch zweifelsohne nicht direkt von einem Eingriff in ein subjektives Recht sprechen, das die Klagebefugnis i.S.d. § 42 Abs. 2 VwGO begründen würde. Die weitere Untersuchung wird also zunächst durch die Beschränkung auf die Ansprüche des unmittelbar Verletzten von diesem „Sonderproblem“ entlastet. Der andere Grund für die vorrangige Behandlung von Ansprüchen des „unmittelbar Verletzten“ liegt darin, daß diese gegenüber dem Prinzip der begrenzten Sanktionsbefugnis durchsetzungsmächtiger sind; Restriktionsbedarf ist angesichts Art. 19 Abs. 4

der Aufgabe von der Zufälligkeit abhängen, ob zugleich ein subjektiv-rechtlich betroffenes oder sonst legitimiertes und zugleich klagewilliges Subjekt vorhanden ist (*Krebs*, DV 21 (1988), 155, 157 f). Das UWG gesteht die Klagebefugnis jedoch in § 13 Abs. 2 UWG bewußt nur einem ausgewählten Personenkreis zu.

[240] *Teplitzky*, in: GroßKommUWG, § 1 Rz. G. 271.

GG vorrangig bei objektiven Kontrollbefugnissen anzumelden.[241] Weil außerdem mit der Figur der par condicio concurrentium andere als Einzel- oder Gruppeninteressen der Wettbewerber allenfalls mittelbar betroffen sind,[242] ist im praktischen Ergebnis schließlich nicht mit anderen, zusätzlichen Gesichtspunkten zu rechnen, die dem Prinzip der begrenzten Sanktionsbefugnis entgegenstehen.

[241] S. 19 ff.
[242] S. 248 ff.

# III. Das Gleichbehandlungsrecht des unmittelbar Verletzten

## A. Das wettbewerbsrechtliche Gleichbehandlungsrecht

Im bisherigen Verlauf der Arbeit wurde vor allem das generelle Spannungsfeld zwischen dem Prinzip der begrenzten Sanktionsbefugnis und gerichtlicher Kontrolle herausgearbeitet sowie dargestellt, daß das Wettbewerbsrecht zum Teil, aber keineswegs generell subjektive Rechte enthält. Die Arbeit wendet sich nun der Frage zu, um was für eine Interessenbeeinträchtigung es sich eigentlich in der benannten Dilemmasituation handelt, wobei, wie gerade ausgeführt, die Ansprüche aus §§ 1, 13 Abs. 2, UWG bis auf weiteres ausgeklammert werden.

Wie sich Schutznormlehre und § 1 UWG, Vorsprung durch Rechtsbruch, zueinander verhalten, hängt unmittelbar mit der Art und Weise der Interessenbeeinträchtigung zusammen. Beide Fragen lassen sich beantworten, wenn man das betroffene Interesse entgegen der h.M.[243] konstruktiv als Gleichbehandlungsinteresse versteht. Unter Berücksichtigung dieser Erkenntnis wird insbesondere der Widerspruch aufgelöst werden können, daß es sich vom Interesse her bei der par condicio concurrentium um eine andere Norm handelt als die verletzte öffentlich-rechtliche Norm und dennoch die gleiche Verhaltensnorm durchgesetzt wird.

Zur Demonstration des Gleichheitsbezuges folgender zweiter Grundfall mit Abwandlungen *Segel- und Surfausrüstungen*,[244] der sich ebenfalls auf dem Gebiete des Ladenschlußrechts bewegt:

*Grundfall*: E betreibt ebenso wie K in einem Naherholungsgebiet Handel mit Segel- und Surfausrüstungen. E verkauft im Gegensatz zu K auch an Sonntagen.

Wie im Klett-Passage-Grundfall[245] kann E aus § 1 UWG, Sittenwidrigkeit wegen Vorsprung durch Rechtsbruch, Unterlassung verlangen.

*Abwandlung 1*: Keiner der vier in dem Naherholungsgebiet tätigen Händler hat Angestellte. Nicht nur E verkauft Segel- und Surfausrüstungen an Sonn- und

---

[243] Nachweise in Fn. 281.
[244] Nach OLG Celle, GRUR 1984, 289.
[245] S. 10.

Feiertagen; es handelt sich um allgemeine Übung in dem Naherholungsgebiet. Die zuständige Verwaltungsbehörde weiß von den Übertretungen seit langem, unternimmt aber nichts. K möchte das Geschäft in Zukunft nur noch werktags öffnen, befürchtet aber wesentliche Umsatzverluste. Er möchte wissen, ob er gegen die übrigen Händler wird vorgehen können.

Der Grundsatz der par condicio concurrentium verlangt nur, daß die rechtlichen Wettbewerbsschranken *gleich* sind. Er hat die – wie unten auszuführen, Gleichbehandlungsrechte charakterisierende – *inhaltlich offene* Rechtsfolgenstruktur.

Ob die Ladenöffnungszeiten zwei oder 20 Stunden dauern, macht für das durch den Rechtssatz der par condicio concurrentium geschützte Interesse nur insofern einen Unterschied, als im ersten Fall der durch Übertretung der Ladenschlußzeiten um ein bestimmtes Zeitquantum erzielbare Vorsprung größer ist. Im übrigen wird das Interesse weder in dem einen noch in dem anderen Fall beeinträchtigt, solange die Ladenöffnungszeiten nur gleich sind. Entscheidend ist nicht die absolute, sondern nur die relative Position.[246] Eine Verschiebung der absoluten Position um das *gleiche* Maß verändert die für die par condicio concurrentium einzig entscheidende relative Wettbewerbsposition nicht. Genau deshalb läßt sich die Interessenbeeinträchtigung auch als Dilemmasituation beschreiben. Der Wettbewerber hat zwei Alternativen, findet aber in beiden eine ungleiche Lage vor: Entweder, er beugt sich dem rechtlichen Verbot – das führt zu einer effektiv ungleichen Verbotslage; oder aber, er beugt sich nicht – das führt für ihn zu einem Sanktionsrisiko, das sich bei dem Konkurrenten nicht verwirklicht hat.

Daraus folgt unmittelbar: Nur dann, *wenn* es K unzumutbar ist, ebenfalls Sonntags zu öffnen, verlangt der Grundsatz der Gleichheit der Wettbewerbsbedingungen auch in der Abwandlung 1, daß K dem E die Sonntagsöffnung verbieten kann. Diese Unzumutbarkeit darf man nicht vorschnell bejahen. Unzumutbarkeit kann aus verschiedenen Gründen vorliegen. Im Beispielsfall greift aber möglicherweise keiner dieser Gründe: Das Ladenschlußgesetz ist nach herrschender Meinung kein Gesetz, daß das Interesse der selbständigen Gewerbetreibenden an Sonntagsruhe schützt. Eher bezweifeln wird man auch, daß es in dem Fall sittlich unzumutbar ist, am Sonntag zu öffnen. Damit bleibt die Sanktionsgefahr als einziger Grund, aus dem diese andere Möglichkeit der Herstellung gleicher Wettbewerbsbedingungen, der Verstoß gegen Rechtsnormen, unzumutbar sein könnte.[247] Mit den Rechtsfolgen des Ladenschlußgesetzes (vor allem Bußgeldpflicht) muß aber nicht immer und

---

[246] S. 5 f.

[247] Zur ethischen Komponente des Gesetzesverstoßes S. 215 f.

unbedingt gerechnet werden. Das Verwaltungsrecht kennt durchaus Mechanismen, die zum Ausschluß von Sanktionsmöglichkeiten führen können. Diese werden bisher im Wettbewerbsrecht ebenso zu Unrecht nicht beachtet, wie die Verwaltungsgerichte den § 1 UWG fast gänzlich übersehen.

Ist § 1 UWG die einzige Sanktionsgefahr, so bricht die Sittenwidrigkeit wegen Vorsprung durch Rechtsbruch zusammen. Der Auch-Verstoß kann dergestalt zumutbar werden. Dieser Zusammenhang kann nur dann adäquat erfaßt werden, wenn man den Vorsprung durch Rechtsbruch als Ausdruck eines Gleichbehandlungsanspruchs versteht.

## 1. Differenzierungsverbote aus Eingriffsabwehrrechten

Diese These, par condicio concurrentium als Gleichheitssatz, soll wiederum zunächst „rechtstechnisch" angegangen werden: Welche logischen Denkschritte sind in der Behauptung enthalten, ein Recht sei ein Gleichbehandlungsrecht? Das ist insbesondere auch deshalb notwendig, weil im folgenden nicht genügen wird, ein Modell nur für die Gleichheit im Wettbewerb zu behandeln. Die Entkräftigung des Einwandes, es gebe keine Gleichheit im Unrecht, ist nur durch allgemeinere Ausführungen möglich, die eine Beschäftigung mit der allgemeinen rechtstheoretischen Erfassung von Gleichheitsrechten notwendig machen.

a) These dieser Arbeit ist hier: Die Eigenart eines Gleichheitsrechts ergibt sich aus der Art und Weise einer Interessenbeeinträchtigung und damit aus dem Inhalt des zur Abwehr der Interessenbeeinträchtigung gegebenen Anspruchs. Gleichbehandlungsansprüche haben zum Inhalt *Verbote derjenigen – hinreichend gewichtigen - Beeinträchtigung eines rechtlich geschützten Interesses, die gerade durch Differenzierung eintritt.*[248]

Gleichbehandlungsansprüche setzen demnach *Rechtsbetroffenheit* im Sinne der Beeinträchtigung des Schutzbereiches eines Eingriffsabwehrrechts voraus. Ist eine Ungleichbehandlung wegen hinreichend schwerer Beeinträchtigung ein Eingriff und kann die Ungleichbehandlung nicht gerechtfertigt werden, so kann das *negatorische Gegenteil* verlangt werden. Rechtsfolge des Verstoßes gegen ein Differenzierungsverbot ist daher ein Anspruch auf Abwehr der

---

[248] *Jarass*, AöR 120 (1995), 345, 348 spricht insofern von der Nichtdiskriminierungsfunktion, die verschiedensten Grundrechten - insbesondere auch Rechten mit primärer Abwehrfunktion - zukommen könne.

Ungleichbehandlung, also auf Gleichbehandlung.[249] Dieser Anspruch ist inhaltlich nicht vollständig „definit",[250] er hat also nicht eine Handlungsanweisung zum Gegenstand, die ohne weiteres vollstreckbar ist. Daß X gleich Y sein soll, läßt für den absoluten Wert von X jeden beliebigen Wert zu; dennoch enthält der Satz eine wesentliche Aussage zu X, nämlich, daß X eben gleich Y zu sein hat. „Vom Standpunkt des Gleichheitssatzes aus interessiert nicht die Regelung der Sachverhalte als solche, sondern nur die Frage, ob gleiche Sachverhalte vorliegen, die auch gleich zu regeln sind. [...] Nur in *dieser Beziehung* - in der unterschiedlichen Behandlung - ist ein gegen den Gleichheitssatz verstoßendes Gesetz verfassungswidrig. Die Relativität des Gleichheitssatzes führt zu einer nur *relativen Verfassungswidrigkeit*".[251] Der Begriff der Relativität ist freilich im Zusammenhang mit subjektiven Rechten bereits besetzt und sollte daher durch „*Relationalität*" ersetzt werden.[252] Wegen der Relationalität läßt sich über den Soll-Zustand für X erst dann eine Aussage machen, wenn Y bekannt ist, in der Sprache der Logik, wenn die *Randbedingung* feststeht. Ist das der Fall, so besteht ein vollständig definiter Anspruch. Eine bestimmte, vollständig definite Behandlung kann daher unter bestimmten Umständen durch die Gerichte vorgenommen werden. Die vollständig definite Behandlung ist aber niemals selbst Inhalt einer subjektiven Berechtigung an Gleichbehandlung: Sie ist nie das, was dem Inhaber gerade wegen des Gleichbehandlungsanspruchs zusteht.

b) In diesem Modell lassen sich der haftungsbegründende Tatbestand – die hinreichend gewichtige, nicht gerechtfertigte Verletzung eines Interesse gerade durch Gleichbehandlung – und der haftungsausfüllende Tatbestand – Herstellung von Gleichheit – unterscheiden.

---

[249] *Maurer*, in: FS Weber, 345; *Sachs*, DÖV 1984, 411, 416; *Osterloh*, in: Sachs, Art. 3 Rz. 130; *Ipsen*, Rechtsfolgen, S. 213 f; *Gusy*, Parlamentarischer Gesetzgeber und Bundesverfassungsgericht, S. 195 f; *Gubelt*, in: v. Münch/Kunig, Art. 3 Rz. 35; *Ossenbühl*, DVBl 1981, 857, 865; *Benda/Klein*, VerfassungsPrR, Rz. 1269; *Jarass*, AöR 120 (1995), 345, 348 f; *Gubelt*, in: v. Münch/Kunig, Art. 3 Rz. 47; *Heun*, in: Dreier, Art. 3 Rz. 45; *Schmidt-Bleibtreu*, in: Maunz/Schmidt-Bleibtreu, BVerfGG, § 95 Rz. 39 (S. 37 ff); *Mertens*, Selbstbindung, S. 79 f. Die Vorstehenden sind z.T. allerdings a.A. in Beziehung auf gleichheitswidrige Eingriffe in Freiheitsrechte, die zu kassieren seien (dazu noch S. 133 f). Die Rechtsprechung schwankt insofern: Keine Kassation bei gleichheitswidriger Belastung auch in BVerfGE 85, 191, 211 f; BVerfGE 45, 104, 141; BVerfGE 51, 1, 29; Kassation etwa in BVerfGE 75, 166, 182 f; BVerfGE 65, 325, 357 f.

[250] Terminologie nach *Lübbe-Wolff*, Eingriffsabwehrrechte, S. 40 u. 244 ff.

[251] *Maurer*, in: FS Weber, 345, 354 (Kursivdruck wie im Original).

[252] Im Anschluß an *Ipsen*, Rechtsfolgen, S. 213, der von einer verfassungswidrigen Relation spricht.

Einwänden gegen dieses Modell, insbesondere dem Einwand, Gleichheitsrechte würden keine Unterscheidung zwischen gerechtfertigten und nicht gerechtfertigten Eingriffen kennen, wird später nachgegangen werden, also erst im Rahmen des haftungsausfüllenden Tatbestandes.[253] Erst dort haben die Abweichungen nämlich erhebliche Folgen. Im übrigen mag man das hier vorgeschlagene Modell allenfalls für eine Vermengung nicht zusammengehöriger Kategorien halten. Daß es sich bei der hier diskutierten Konstellation um die Folgen einer Ungleichbehandlung handelt, ist jedoch ein realer Befund, der sich nicht durch Dogmatik wegdiskutieren läßt. Weiterhin sollte im Ergebnis konsensfähig sein, daß wenigstens hier, im Zusammenhang mit Rechten wirtschaftliche Gleichheit, die Figur „Eingriff = Rechtsbetroffenheit, *jedoch Rechtfertigbarkeit*" anwendbar ist. Bei der späteren eingehenderen Erörterung der dogmatischen Einwände gegen dieses Modell von Gleichheitssätzen wird sich zudem zeigen, daß es durchaus zutrifft, daß in vielen Fällen (ja, im praktischen Ergebnis sogar in der Regel) Gleichheitssätze keine Unterscheidung von Schutzbereich und Rechtfertigung kennen. Dogmatisch betrachtet, so die hier vertretene Position, handelt es sich jedoch um eine Ausnahmeerscheinung bei bestimmten Gleichheitssätzen.

Dieser Teil der Arbeit wird im folgenden den haftungsbegründenden Tatbestand von Gleichheitsrechten im Grundsätzlichen präzisieren und sodann aufzeigen, daß im Vorsprung durch Rechtsbruch nichts anderes als ein Gleichheitsrecht durchgesetzt wird. Der Erörterung der Rechtsfolgen ist dagegen der nächste Teil (Teil IV) gewidmet.

(1) Ansprüche auf Gleichbehandlung setzen zunächst einmal voraus, daß es ein gleichbehandlungspflichtiges Subjekt gibt,[254] worauf später noch in wettbewerbsrechtlichem Zusammenhang detaillierter einzugehen sein wird. Bei öffentlich-rechtlichen Normen ist dies zumeist die Verwaltung bzw. der Gesetzgeber.

(2) Zweite Voraussetzung eines Anspruchs auf Abwehr einer Ungleichbehandlung ist eine unterschiedliche *Behandlung*.[255] Derjenige, der Gleichbehandlung verlangt (im *Anlaßfall*), muß bei jeweils isolierter Betrachtung individualrechtlich relevant[256] anders behandelt worden sein als der

---

[253] Nicht dagegen bei der Frage der Rechtsbetroffenheit, S. 137 ff.

[254] Dazu auch S. 189 ff; das ist hier die Verwaltung, die unzweifelhaft Adressat von Differenzierungsverboten sein kann.

[255] Vgl. *Kischel*, AöR 124 (1999), 174, 180 f, der dies allerdings nicht von der sogleich zu erörternden spezifisch *gleichheitsrechtlichen* Rechtsbetroffenheit unterscheidet. Mit Einschränkungen gilt das auch für *Pietzcker*, JZ 1989, 305, 307 f; *Kölbel*, Gleichheit „im Unrecht", S. 72 ff. Zutreffend werden beide Merkmale dagegen von *Sachs*, in: FS Friauf, 309, 317 f auseinandergehalten.

[256] Zu weit *Sachs*, in: FS Friauf, 309, 317 f, der für eine ungleiche Behandlung bereits jede unterschiedliche Berührung objektivierbarer Interessen im weitesten Sinne ausreichen lassen will. Allerdings ist auch eine ungleiche Behandlung durch ungleiche faktische Eingriffe denkbar.

zum Vergleich herangezogene Betroffene im *Vergleichsfall*.[257] Die ungleiche Behandlung ist etwas anderes als die gleich zu erörternde Beeinträchtigung gerade durch die Ungleichbehandlung (gleichheitsrechtliche Rechtsbetroffenheit). Das hier betroffene Recht wird im folgenden das *isoliert* relevante Recht genannt. Demonstrieren läßt sich das Erfordernis der Behandlung an dem Beispiel OVG Münster, NJW 1993, 2132:[258] Die Nichte des Klägers hatte auf Anraten ihres neuen Arbeitgebers ihren Familiennamen in den Geburtsnamen ihrer Mutter und damit auch den des Klägers ändern lassen, nachdem sie wegen eines aufsehenerregenden Verbrechens eine längere Haftstrafe verbüßt hatte. Der Kläger begründete seine Klage unter anderem damit, sein Anspruch auf Gleichbehandlung aus Art. 3 Abs. 1 GG sei verletzt worden, da in vergleichbaren Fällen die Namensänderung nicht erlaubt wurde. Diese Ansicht war rechtsirrig: Das Grundrecht des Klägers auf Gleichheit vor dem Gesetz war nicht verletzt, da weder er an diesem Sachverhalt noch die jeweiligen Verwandten an den Vergleichsfällen in rechtlich relevanter Weise beteiligt waren. Die Verwandten wurden im rechtlichen Sinne jeweils überhaupt nicht und damit auch nicht verschieden behandelt.

In der Konstellation des Vorsprungs durch Rechtsbruch liegt eine solche unterschiedliche rechtlich relevante Behandlung von Kläger und Vergleichsperson jedenfalls immer vor, wenn eine Genehmigung erteilt wird. So war etwa im Klett-Passage-Fall dem Kläger die Ladenöffnung verboten, dem Konkurrenten dagegen erlaubt. Auch in den eng verwandten Subventionsfällen[259] gibt es eine unterschiedliche Behandlung, selbst wenn kein Anspruch auf Leistung besteht. Nachdem geleistet wurde, ist der Bestand der eigenen rechtlichen Positionen des einen Wettbewerbers aufgrund der Behandlung verändert. Auch in den Fällen des Vorsprungs durch Rechtsbruch, in denen keine Genehmigung erteilt worden ist, wird ein Gleichbehandlungsanspruch nicht hieran scheitern.

(3) Weiterhin ist notwendig, daß gerade durch die Ungleichbehandlung ein rechtlich geschütztes Interesse in relevanter Weise beeinträchtigt wird. Hierin liegt der Kern des Modells von *Sachs*,[260] auf dem das folgende Kapitel aufbaut,

---

[257] Terminologie nach *Kölbel*, Gleichheit „im Unrecht", S. 7.

[258] *Pietzcker*, JZ 1989, 305, 308 nennt als weiteres Beispiel BVerwG DÖV 1980, 916: Zulassung wie Nichtzulassung des Gehwegparkens verändern nicht die rechtliche Stellung von Anliegern als solchen, weshalb ein subjektives Recht auf gleichmäßige Handhabung aus Art. 3 Abs.1 GG schon an der *ungleichen* Behandlung scheitern mußte. Das jeweilige Parkverbot richtet sich gleichmäßig an Anlieger wie an Nichtanlieger.

[259] Hierzu *Dickersbach*, NVwZ 1993, 846, 847 f.

[260] In: FS Friauf, 309, insbes. S. 318 ff; z.T. ähnlich *Jarass*, AöR 120 (1995), 345; *Osterloh*, in: Sachs, Art. 3 Rz. 38 ff; *Kirchhof*, HBStR V, § 124 Rz. 276. Anders noch *Sachs*, DÖV 1984, 411, 414.

wenn es auch durch Anerkennung funktionell-rechtlicher Gesichtspunkte wesentlich modifiziert wird. Mit diesem Merkmal wird die Auswirkung der Relation als solcher[261] auf ein durch die Ungleichbehandlung betroffenes Recht erfaßt. Dieses Recht wird im folgenden das *relational* betroffene Recht genannt. Insofern mag man auch vom „status relativus" sprechen.[262] Grundsätzlich kommt für eine Beeinträchtigung durch Ungleichbehandlung jedes rechtlich geschützte Interesse in Betracht. Es handelt sich dabei um *faktische Eingriffe* in diese Rechte. Wie allgemein,[263] löst nicht jede faktische Beeinträchtigung geschützter Interessensphären die Rechtsbetroffenheit aus, sondern nur die hinreichend schwere Beeinträchtigung. Besonderheiten gegenüber anderen faktischen Eingriffen bestehen nur beim Wirkungszusammenhang („durch Ungleichbehandlung") zwischen Handlung und Interessenbeeinträchtigung sowie korrespondierend bei den Rechtsfolgen.

(4) Recht schnell kann der Einwand entkräftet werden, es handele sich dann doch um ein Recht auf faktische Gleichheit, das der Rechtsordnung fremd sei. Die Diskussion um die faktische Gleichheit dreht sich um die Frage, ob wegen Art. 3 Abs. 1 GG die Rechtsordnung sozialstaatlich darauf hinwirken müsse, daß der Güterbestand der Menschen angeglichen wird. Der Zuordnung solcher Begehren zu den Gleichheitssätzen wurde und wird nicht zu Unrecht entgegengehalten, angesichts bestehender Ungleichheiten zwischen den Menschen sei das nur dadurch möglich, daß der Staat rechtlich gerade ungleich behandle.[264] Um einen derartigen Anspruch auf faktische Gleichheit handelt es sich hier ersichtlich gerade nicht. „Faktisch" ist der jeweilige Gleichbehandlungsanspruch unter einem ganz anderen Gesichtspunkt. Erstens und vor allem geht es um den inneren Grund des Anspruchs auf Gleichbehandlung, der hier in den faktischen *Folgen* der rechtlichen Ungleichbehandlung besteht. Daneben beinhält ein Anspruch auf Gleichbehandlung auch den Anspruch auf *faktisch effektive rechtliche* Gleichbehandlung, was unten noch ausführlicher dargestellt werden wird. Beides – innerer Grund und Vollzug – hat mit der Diskussion um die faktische Gleichheit, um die Herstellung eines gleichen Güterbestandes durch rechtliche Ungleichbehandlung, nichts zu tun.

---

[261] Insofern gilt zugleich, daß der Kontrollmaßstab die Objekte bestimmt, die sinnvollerweise an ihm gemessen werden können, nämlich nur Relationen. Der Einwand von *Blüggel*, Unvereinbarerklärung statt Normkassation durch das Bundesverfassungsgericht, S. 160, der Kontrollmaßstab könne nicht den Kontrollgegenstand prägen, geht an der Sache vorbei. Der Gegenstand selbst wird nicht dadurch geprägt; aber die Gegenstände, die an einem Maßstab sinnvollerweise gemessen werden können, werden durch den Maßstab durchaus bestimmt. So läßt sich z.B. ebensowenig sinnvoll nach dem körperlichen Gewicht einer Melodie fragen wie ein einzelnes Verbot isoliert gegen ein Differenzierungsverbot verstoßen kann.

[262] So *Jarass*, AöR 120 (1995), 345, 357.

[263] Dazu schon ausführlich S. 41 ff.

[264] *Starck*, in: v. Mangoldt/Klein/Starck, Art. 3 Rz. 3; *Heun*, in: Dreier, Art. 3 Rz. 59; *Dürig*, in: Maunz/Dürig, Art. 3 I passim; *Robbers*, DÖV 1988, 749, 757; *Schoch*, DVBl 1988, 863, 869; *Gubelt*, in: v. Münch/Kunig, Art. 3 Rz. 69; a.A. etwa *Neumann*, DVBl 1997, 92, 93 ff.

c) Man kann - ohne Anspruch auf Vollständigkeit - wenigstens drei Wirkungsweisen von Ungleichbehandlungen unterscheiden, durch die Rechte relational beeinträchtigt werden können, *Lenkungs-*, *Diskriminierungs-* und *Interventionswirkung.*[265]

Alle drei Wirkungen zeigen sich im folgenden Beispiel, das nicht zufällig im Zusammenhang mit der Problematik faktischer Grundrechtseingriffe diskutiert wird:[266] Den Angehörigen einer Religionsgemeinschaft, die ihren Hauptgottesdienst freitags feiern, wird während der Wehrpflicht regelmäßig die Teilnahme am Gottesdienst ermöglicht; christlichen Wehrpflichtigen nur, aber auch immerhin dann, wenn sie sonntags Dienst haben; konfessionslose Wehrpflichtige müssen uneingeschränkt Dienst leisten.

(1) Diskriminierungs- und Lenkungswirkung sind dem Grunde nach nichts anderes als die allgemeinen Wirkungen jeder rechtlichen Regelung. Indem der Gesetzgeber regelt, unterscheidet er.[267] Die *Lenkungswirkung* einer Norm ergibt sich meist daraus, daß der Gesetzgeber gezielt negative Sanktionen anordnet, die der Adressat des Verbotes als nachteilig empfindet, weshalb er sein Verhalten darauf einstellt. Das ist die Geltung des Rechts als Zwangsregel.[268] Umgekehrt kann eine positive Sanktion, die Aussicht, in den Genuß einer Begünstigung zu kommen, einen Anreiz darstellen, um eine bestimmte Handlung vorzunehmen und damit zugleich andere Handlungen zu unterlassen.

Dieser Lenkungseffekt kann nicht nur durch gezielte Differenzierungen eintreten.[269] So mag in obigem Beispiel ein Soldat seine Konfession wechseln, ohne daß das beabsichtigt wäre. Das Problem der Lenkungswirkung als mittelbare Folge einer Ungleichbehandlung muß im Zusammenhang dieser Arbeit nicht näher erörtert werden.

(2) Auch die Diskriminierungswirkung, die aus systematischen Gründen im weiteren Verlauf noch eingehend untersucht werden muß, kann potentiell bei jeder Unterscheidung auftreten. „Diskriminierung" wird hier nur im Sinne der wenigstens mitschwingenden Wortbedeutung „Herabsetzung" verwendet. Mit „Diskriminierungsverbot" werden im folgenden daher auch nur solche

---

265 Die Terminologie lehnt sich weitgehend an *Lübbe-Wolff*, Eingriffsabwehrrechte, S. 215 ff an.

266 Vgl. *Weber-Dürler*, VVDStRL 57 (1998), 57, 69.

267 *Bryde/Kleindiek*, JURA 1999, 36, 37.

268 Vgl. *Zippelius*, Rechtsphilosophie, § 6 IV.

269 Vgl. *Jarass*, NVwZ 1984, 473, 477; *Lübbe-Wolff*, Eingriffsabwehrrechte, S. 270; *Weber-Dürler*, VVDStRL 57 (1998), 57, 70.

Differenzierungsverbote bezeichnet, die eine Differenzierung gerade wegen einer herabsetzenden Wirkung verbieten.[270]

Die *Diskriminierungswirkung* beruht darauf, daß der Sinn einer Rechtsnorm nicht nur darin besteht, im Falle der Zuwiderhandlung eine Sanktion bereit zu halten. Verbote wollen nicht in erster Linie sanktionieren, sondern Unrecht verhindern.[271] Auch dort, wo eine Rechtsnorm nicht schlechthin verbietet, aber doch einen Lenkungszweck verfolgt, geht damit eine Bewertung einher; indem die „Ökosteuer" das eine Verhalten höher besteuert als das andere, bringt sie die Wertung zum Ausdruck, daß das erste Verhalten nach Möglichkeit unterlassen werden sollte. Die unterschiedliche *Behandlung* zweier Gruppen hat ihren Grund auch in einer unterschiedlichen *Bewertung* beider Gruppen. Selbst wenn der Gesetzgeber die Einheit der Rechtsordnung in diesem Sinne im Dickicht der Vorschriften verfehlt, greift die Rechtsprechung meist durch Auslegung korrigierend ein.

Dementsprechend kann umgekehrt die Schlechterbehandlung der einen Gruppe Indiz dafür sein, daß der Staat damit zumindest im Sinne eines objektiven konkludenten Erklärungswerts seine *relative* Mißbilligung gegenüber der schlechter behandelten Gruppe ausspricht. Werden, wie meist, die Gruppen durch die Unterscheidung „Vornahme/Unterlassung einer bestimmten Handlung" bestimmt, so liegt darin indirekt eine negativere Bewertung eines (wenigstens mittels der allgemeinen Handlungsfreiheit) grundrechtsgeschützten Verhaltens, selbst wenn das Handeln nicht direkt verboten ist. Für Mitglieder der schlechter behandelten Gruppe kann sich das als eine persönliche Geringschätzung darstellen,[272] als die Verletzung eines körperlich nicht greifbaren Persönlichkeitsrechts.[273] Die ungleiche Behandlung ist insofern wegen der faktischen Beeinträchtigung eines rechtlich geschützten Interesses durch den objektiven Aussagegehalt über die betroffenen Personen relevant.

---

[270] Andere Terminologie aber etwa bei *Jarass*, AöR 120 (1995), 345, 348 ff.

[271] *v. Gierke*, Recht und Sittlichkeit, S. 18; *Zippelius*, Rechtsphilosophie, § 7 II.

[272] Diese Argumentation ist gewiß recht dünn; gerade deshalb beschränkt sich der Inhalt des Art. 3 Abs. 1 GG hier auch nur auf ein Verbot offensichtlicher Ungerechtigkeiten, vgl. S. 150 f.

[273] *Sachs*, in: FS Friauf, 309, 319; *ders.*, NWVBl 1988, 295, 299 m.w.N.; *Stern*, StaatsR II/1, § 66 II 3 d (S. 652), i.Erg. auch *Osterloh* in: Sachs, Art. 3 Rz. 40; wohl auch *Kloepfer*, Gleichheit als Verfassungsfrage, S. 11 f., wenn er das „sehr ursprüngliche Gefühl von Ungerechtigkeit" bei Ungleichbehandlungen „zu den tiefsten Erfahrungen menschlichen Gerechtigkeitsempfinden" zählt. *Sachs*, in: FS Friauf, 309, 324 f zieht daraus - wenig überzeugend - die Schlußfolgerung, auch die eigene Besserbehandlung könne einen Gleichheitsverstoß darstellen; warum darin eine Geringschätzung der Persönlichkeit gerade des besser Behandelten liegen soll, bleibt dort offen. Kritisch auch *Lübbe-Wolff*, Eingriffsabwehrrechte, S. 242 f.

(3) Ebenfalls nur einen Anspruch auf Gleichbehandlung hat die Übertretung von Interventionsverboten zur Folge.[274] Die Interventionswirkung tritt häufig gemeinsam mit der Lenkungswirkung auf, ist aber von dieser durchaus zu unterscheiden.[275] Das spezifische Element der *Interventionswirkung* besteht darin, daß im Streben um ein Ziel vor allem aufgrund natürlicher, also nicht erst künstlicher staatlicher Beschränkungen nur eine Partei Erfolg haben kann und in diesem Wettbewerb eine staatliche Maßnahme für eine Partei eine Erleichterung zur Folge hat:[276] also die Veränderung der relativen Position in einem Wettbewerb. Eine solche Interventionswirkung gibt es auch außerhalb des Wirtschaftswettbewerbs, rechtlich relevant insbesondere im Wettbewerb der Meinungen (Stichwort Pressesubventionen), im Wettbewerb der Religionen und im politischen Wettbewerb durch Verletzungen der Chancen- bzw. Parteiengleichheit.[277] In dem oben genannten Beispiel ist es aus Perspektive der Religionsgemeinschaften äußerst mißlich, wenn die Gläubigen anderer Religionen bevorzugt werden. Dieser Begriff beschreibt auf allgemeiner Ebene die Folgen einer impar condicio concurrentium.

Bei Differenzierungsverboten wegen Interventionswirkung handelt es sich nicht um die Abwehr einer persönlichkeitsrechtsbeeinträchtigenden Wirkung, nicht um den Erklärungswert der Handlung, sondern um die nachteilige Beeinflussung der Chance, das Grundrecht sinnvoll auszuüben. Insofern stehen Interventionsverbote der Lenkungswirkung näher. Im Unterschied zur Lenkungswirkung wird jedoch nicht die Willensbildung des Grundrechtsträgers beeinflußt. Die Grundrechtsausübung wird ausschließlich durch Veränderung der außerhalb der benachteiligten Person liegenden Umstände faktisch erschwert.

Die etwas unglückliche Bezeichnung als Interventionswirkung hat inzwischen eine gewisse Verbreitung gefunden, so daß sie hier beibehalten wird, wiewohl sie in Dreipersonenverhältnissen bereits von den §§ 64 ff ZPO besetzt ist. Mit jener Intervention hat die vorliegende allenfalls in einem vagen bildlichen Sinne etwas gemein. Insbesondere setzt die Interventionswirkung im gleichheitsrechtlichen Sinne nicht zwingend einen Willen zur Hilfeleistung voraus.

---

[274] BVerfGE 30, 292, 333.
[275] *Lübbe-Wolff*, Eingriffsabwehrrechte, S. 216.
[276] Diese Bezeichnung wettbewerbsverzerrender Wirkungen stammt von *Lübbe-Wolff*, die für diesen Begriff allerdings eine Definition gibt, die weit über das hinaus geht, was sie selbst damit tatsächlich nur bezeichnet: Die Einwirkung auf grundrechtlich ausdifferenzierte Funktionsbereiche und die daraus resultierende Störung grundrechtlich geschützter Autonomie oder grundrechtlich statuierter besonderer Gesetzlichkeit - so die Definition von *Lübbe-Wolff*, Eingriffsabwehrrechte, S. 215 - ist nichts anderes als die allgemeine Definition solcher Eingriffe, die weder final sind noch gerade in einer Substanzbeeinträchtigung liegen.
[277] *Bryde/Kleindiek*, JURA 1999, 36, 42.

## 2. Die These: Par condicio concurrentium als Ausdrucksform eines Gleichheitssatz

a) Mit dem jetzt vorliegenden begrifflichen Instrumentarium kann die Interessenlage, die in den Fällen der Konkurrentenklage und des Vorsprung durch Rechtsbruch vorliegt, endlich beschrieben werden: Der wettbewerbsrechtliche Rechtssatz von der "par condicio concurrentium" läßt sich - wie schon von *E. Ulmer*,[278] *Meyer-Cording*[279] und *Preu*[280] vorgeschlagen - als Ausdrucksform eines Gleichheitssatzes begreifen: und zwar eines eigenständigen Anspruchs auf Abwehr des *faktischen Eingriffs durch Ungleichbehandlung* in einem Wettbewerbsverhältnis, als Abwehr der Interventionswirkung einer Ungleichbehandlung. Gleiche Verbotsdurchsetzung wird hier lediglich nicht „über Dreieck" (d.h. über die Verwaltung), sondern „per Durchgriff", „direkt" erreicht. Die Weiterentwicklung sowohl der öffentlich-rechtlichen als auch der wettbewerbsrechtlichen Dogmatik erlauben es, diese Aussage präzise zu begründen und nun nachzuweisen, daß die bisher gegen eine gleichheitsrechtliche Konstruktion erhobenen Einwände ins Leere gehen.

Ob das Interesse tatsächlich schutzwürdig ist, ob also § 1 UWG wirklich Grundlage dafür ist, diese Interessen „an der Schutznormlehre vorbei" zu schützen, oder ob nicht umgekehrt § 1 UWG als „Blankettnorm" die anderweitig begründete normative Schutzwürdigkeit voraussetzt, soll hier wiederum zunächst offen gelassen werden; diese Frage wird indes in dem ersteren Sinne so zu beantworten sein, daß § 1 UWG einen eigenständigen haftungsbegründenden Tatbestand eines Gleichheitsrechts enthält.

b) Die Ansicht, daß es sich hier um einen Sonderfall des allgemeinen Gleichheitssatzes (Art. 3 Abs. 1 GG) handele, wird indes überwiegend abgelehnt.[281] Es soll andererseits aber auch nicht die verletzte Verbotsnorm selbst sein, die durchgesetzt wird.[282] Wie die Norm zu erklären ist, läßt die Gegenansicht nun offen, die allerdings auch den Begriff der Gleichheit anders versteht.

(1) Keineswegs kann es sich nicht um einen gänzlich eigenständigen Rechtssatz der „par condicio concurrentium" handeln. Gäbe es einen solchen eigenständigen Rechtssatz, so müßte unabhängig von Differenzierungen durch oder aufgrund Gesetz alles, was einem Wettbewerber verboten ist, auch allen

---

[278] Sinnzusammenhänge, S. 22.
[279] In: FS Hans Carl Nipperdey, 537, 547 ff, allerdings relativiert auf S. 550 f.
[280] Drittschutz, S. 185.
[281] *Schricker*, Gesetzesverletzung, S. 264 f; *BaumbachHefermehl*, § 1 Rz. 608; *Dirschl*, Individualrechtsverletzungen, S. 197 ff.
[282] Vgl. S. 7 f.

anderen verboten sein.[283] Das würde ganz allgemein deshalb, weil eine Regelung nun einmal notwendigermaßen nicht ohne Differenzierung zu haben ist, die Rechtsordnung sprengen, und wäre darüber hinaus auch noch wettbewerbsschädlich, weil viele Normen (z.B. die des GWB) durch Ungleichbehandlungen erst gleiche faktische Wettbewerbsbedingungen schaffen.[284]

(2) Das Verbot der Vorsprungerzielung mit rechtlich nicht erlaubten Mitteln hat einen gleichheitsrechtlichen Inhalt - freilich nicht als Gleichheit im Sinne der „Egalité", des Persönlichkeitschutzes, sondern als Gleichheit zum Schutz der „Liberté", insbesondere der Berufs- bzw. Wettbewerbsfreiheit. Gleichbehandlungsansprüche wurden bereits dahingehend definiert, daß ihre differentia specifica in Art und Weise der Interessenbeeinträchtigung – durch Ungleichbehandlung – und daraus resultierendem Inhalt des Abwehranspruchs besteht.[285] Das ist beim Vorsprung durch Rechtsbruch der Fall. Der Grundsatz der *par* condicio concurrentium, der *Gleichheit* der Wettbewerbsbedingungen, geht dahin, eine *gleichmäßige* Verbotslage zu sichern.[286]

*Schricker* formuliert als ersten Einwand gegen die Einordnung unter Art. 3 Abs. 1 GG: Durchgesetzt werde das „Prinzip der *gleichen Position.*"[287] Schon vorher wird dort erläutert, was damit gemeint sein soll: „Die Wettbewerber werden vom Gesetzgeber durchaus gleich behandelt: Die außerwettbewerbsrechtlichen Normen gelten für alle Wettbewerber in derselben Weise; soweit Ausnahmen gemacht, Privilegierungen zugelassen werden, knüpfen sie an sachliche Gründe an, sind aber regelmäßig für alle zugänglich."[288] Dieses Argument greift nicht. Gäbe es keine sachlichen Gründe, so wäre die Ungleichbehandlung schlechthin unzulässig; wäre eine Ausnahme oder Privilegierung für bestimmte Wettbewerber nicht zugänglich, so würde dies für die Einschlägigkeit eines Diskriminierungsverbotes sprechen.[289] Um Diskriminierungsverbote handelt es sich nun tatsächlich auch nach hier vertretener Auffassung nicht. Der Einwand läßt jedoch die Erklärung als Interventionsverbot zu. Darüber hinaus richtet sich das Argument wohl ohnehin

---

[283] S. *v. Harder*, Par condicio concurrentium, 4 f. Darin sah *E. Ulmer*, Sinnzusammenhänge, S. 26 bei vertraglichen Verpflichtungen wie z.B. Preisbindungen „die schwersten, an die Wurzel des Wettbewerbsrechts greifenden Bedenken".

[284] *Oesterhaus*, Internationales Rechtsgefälle, S. 114 ff und mit Rechtsprechungsanalyse auf S. 121 ff; *Sack*, WRP 1975, 65, 72 f. Dieses Argument geht allerdings doch in Richtung „faktische Gleichheit".

[285] S. 66 f.

[286] S. 65.

[287] *Schricker*, Gesetzesverletzung, S. 265 (Kursivdruck im Original).

[288] *Schricker*, Gesetzesverletzung, S. 264.

[289] S. 141.

nicht gegen die Subsumtion unter die normlogische Struktur, die nach der hier verwendeten Terminologie entscheidend für die Einordnung als Gleichbehandlungsrecht ist.

c) „Ungleichbehandlung" setzt allerdings voraus, daß es einen Dritten gibt, der die beiden am Vergleichspaar Beteiligten ungleich behandelt. Das ist der zweite Einwand von *Schricker* gegen eine Erklärung anhand des Gleichheitssatzes; es werde mit dem Vorsprung durch Rechtsbruch „nicht jemandem verboten, andere ungleich zu behandeln, sondern es wird den Wettbewerbern geboten, sich an die gesetzlich fixierte Position der Gleichheit zu halten."[290] Dieses Argument, sehr wohl gegen die hier vertretene normlogische Subsumtion gerichtet, kann indes widerlegt werden.

(1) Der *Gesetzgeber* kann zwar die Wettbewerber ungleich behandeln. Aber er behandelt gleich, wenn er beiden Wettbewerbern ein Verhalten verbietet, wie von der von *Schricker* begründeten Lehre durchaus zutreffend gesehen wird. Ungleich behandeln kann aber auch die *Verwaltung*. Regelmäßig scheint die Verwaltung nun die Wettbewerber nicht ungleich zu behandeln; denn untätig ist sie gegenüber beiden, sowohl dem rechtstreuen als auch dem rechtsverletztenden Wettbewerber. Hierin liegt jedoch eine unter Art. 3 Abs. 1 GG fallende[291] *Gleichbehandlung von Ungleichem*. Die gesetzliche Anordnung einer differenzierenden Behandlung (Sanktion im einen Fall, Nichtsanktion im anderen Fall) begründet hier gemeinsam mit § 1 UWG die Wesentlichkeit der Ungleichheit als Voraussetzung der Einschlägigkeit eines Gleichheitssatzes.

Bei einem Perspektivwechsel kann man in der Untätigkeit der Verwaltung aber auch eine *Ungleichbehandlung von wesentlich Gleichem* sehen, die lediglich schwieriger zu formulieren ist. Soweit es um die *Auswirkungen* auf die *Wettbewerbslage* geht, steht Nichteinschreiten gegen verbotenes Verhalten der Erteilung einer Erlaubnis gleich. Gleichbehandlungspflichten dürfen sich nicht in der rechtlichen Bewertung erschöpfen, sondern wirken zugleich in der

---

[290] *Schricker*, Gesetzesverletzung, S. 265.

[291] BVerfGE 49, 148, 165; *Stern*, in: FS Dürig, 207, 212 ff. Für überflüssig, weil durch geschickte Wahl der Vergleichsgruppe jeweils in die Form der Ungleichbehandlung von wesentlich Ungleichem überführbar, halten das Verbot der Gleichbehandlung von wesentlich Ungleichem allerdings *Pieroth/Schlink*, StaatsR II, Rz. 436. Vgl. dazu *Heun*, in: Dreier, Art. 3 Rz. 22. Dadurch kann sich aber jeweils der Kreis der ungleich Behandelten und damit Grundrechtsbetroffenen verändern. Daher zutreffend dagegen *Huster*, Rechte und Ziele, S. 230 f. Wegen des hier vorgenommenen Perspektivwechsels von Verbots- zu Sanktionsebene tritt eine solche Verschiebung vorliegend jedoch nicht ein.

tatsächlichen Umsetzung, dem Vollzug des Rechts fort:[292] „Wer die Macht hat, solche für alle geltenden Regeln zu erlassen, muß auch für deren einheitliche Befolgung sorgen."[293] In Hinblick auf die faktischen Folgen im Wettbewerb besteht kein wesentlicher Unterschied zwischen der Erteilung einer Erlaubnis - unzweifelhaft eine Ungleichbehandlung - und der Untätigkeit bei Rechtsverstößen. Darin, daß dem sanktionsbedrohten Befehl der Verhaltensnorm keine Einlösung der Sanktionsdrohung gegenüber dem Konkurrenten korrespondiert, liegt eine ungleiche Verhaltenssteuerung. Indem dem einen Wettbewerber verboten bleibt, was dem anderen Wettbewerber *effektiv nicht* verboten wird, behandelt die Verwaltung ungleich, und zwar zwei Wettbewerber, die in Hinblick auf die Beeinflussung der Wettbewerbschancen als gleich zu behandeln sind. Gleichbehandlung von Ungleichem oder Ungleichbehandlung von Gleichem hängt hier nur davon ab, was man als maßgebliche Behandlung ansieht, die Verhängung von Sanktionen oder die effektive Verhaltenssteuerung. Im folgenden wird, da diese geläufiger ist, nur mit der Formel der Ungleichbehandlung von wesentlich Gleichem operiert.

(2) Dennoch erscheint eine Einordnung des Problems als gleichheitsrechtliches nicht recht zu passen, da es nicht die Verwaltung ist, die auf Unterlassung (bzw. Durchsetzung des Verbotes) in Anspruch genommen wird. Der Wettbewerber selbst ist nicht Adressat eines Gleichbehandlungsgebotes; „sich selbst ungleich behandelt zu haben" kann der Vorwurf an denjenigen, der eine Norm verletzt, nicht lauten.[294] „Rechtstechnische" Betrachtung vermag jedoch, diesen Einwand zu entkräften.

Aus dem Gleichbehandlungsanspruch ergibt sich diese wettbewerbsrechtliche Rechtsfolge „Unterlassung des Gesetzesverstoßes" allerdings nur, wenn die Verwaltung Gleichheit gerade durch gleichmäßige Verbotsanwendung durchsetzen muß, also die Option „Duldung" auch im Verhältnis zum klagenden Wettbewerber nicht zur Verfügung steht. Dieses „Wenn" ist, wie bereits angedeutet, häufig, aber nicht immer gegeben; fehlt es, so besteht tatsächlich auch kein Anspruch aus § 1 UWG, wie noch zu spezifizieren sein wird.[295] Nun soll aber zunächst vorausgesetzt werden, daß Gleichheit auf eben diesem Wege – Durchsetzung des objektiven Rechts in beiden Fällen - hergestellt werden muß.

Nimmt man die Verpflichtung der Verwaltung zur Herstellung von Gleichheit durch Sanktionierung mit rechtstechnischen Mitteln auseinander, so ergibt sich folgendes Bild: Die Verpflichtung der Verwaltung ist auf das an den „Ersten"

---

[292] *Preu*, Drittschutz, S. 185. Es gibt insofern gewisse Parallelen zur - heute allerdings weitgehend abgelehnten - Begründung des arbeitsrechtlichen Gleichbehandlungsgebotes durch *Bötticher*, RdA 1953, 161, 162 ff.
[293] *Meyer-Cording*, in: FS Hans Carl Nipperdey, Bd. I, 537, 549.
[294] So wohl auch *Schricker*, Gesetzesverletzung, S. 264 f.
[295] S. 215 ff.

gerichtete Verhaltensgebot bezogen. Diese an den „Ersten" gerichtete Norm ist die eigentliche „*primäre Verhaltensnorm*", ausgestattet mit einer „*primären Sanktionsnorm*", die die Verwaltung zum Einschreiten befugt. Zur Verhängung von Sanktionen verpflichtet ist die Verwaltung kraft einer „*sekundären Verhaltensnorm*", die sich in der hier untersuchten Konstellation gegebenenfalls aus der Gleichbehandlungspflicht ergibt. Die Einhaltung dieser sekundären Verhaltensnorm kann der Dritte aufgrund einer die Sanktionen im Verhältnis Dritter-Verwaltung regelnden „*sekundären Sanktionsnorm*" durchsetzen. Diese Sanktionskonstruktion, im folgenden „*indirekte Durchsetzungsbefugnis*" genannt, ist aber durch die einfachere Konstruktion der „direkten Durchsetzungsbefugnis" weitestgehend ersetzbar. „*Direkte Durchsetzungsbefugnis*" bedeutet, dem Dritten eine eigenständige Durchsetzungsbefugnis zuzusprechen, wie dies § 823 Abs. 2 BGB tut. Primäre Sanktionsnorm sowie sekundäre Verhaltens- und Sanktionsnorm werden dadurch ersetzt, daß man dem Mitbewerber eine eigenständige Befugnis unmittelbar zur Durchsetzung der primären Verhaltensnorm einräumt. Im wettbewerbsrechtlichen Unterlassungsanspruch aus § 1 UWG, Vorsprung durch Rechtsbruch, wird also ein Anspruch auf gleichmäßigen Vollzug statt „über das Dreieck", über die Verwaltungsbehörde, als „*Direktanspruch*" gegen den Konkurrenten *abgekürzt* durchgesetzt. Sieht man davon ab, daß immerhin der Mitbewerber bei direkter Rechtsdurchsetzung selbst die Mühe der Rechtsverfolgung hat, sind indirekte und direkte Rechtsdurchsetzungsbefugnisse äquivalente Mittel zur Befriedigung des Interesses an effektiv gleicher Verhaltenssteuerung. Die ungleiche Belastung mit dem Risiko der Prozeßführung darf der Gesetzgeber bei einem einfachgesetzlichen Recht auf Gleichbehandlung den Mitbewerbern sicherlich aufbürden, ohne damit gegen ein verfassungsrechtliches Interventionsverbot zu verstoßen.

d) Aus dem Verständnis des Vorsprung durch Rechtsbruch als Ausdruck eines Interventionsabwehranspruch ergibt sich, daß die *Rechtswidrigkeit* beim Vorsprung durch Rechtsbruch zumindest auch derivativer Natur ist.[296] Denn durchgesetzt wird die öffentlich-rechtliche Verhaltensnorm. Es handelt sich beim Vorsprung durch Rechtsbruch also keineswegs um einen nicht weiter aufgliederbaren Gesamttatbestand. Hier wird zwar, anders als bei Sittenwidrigkeit wegen Verletzung wertbezogener Normen, nicht der Schutzzweck verfolgt, den der Gesetzgeber mit der übertretenen Verbotsnorm verfolgt: Es geht nicht um das isoliert betroffene Interesse. Berechtigt an der Durchsetzung dieser Norm ist der gefährdete Wettbewerber, weil die effektiv ungleiche Verhaltenssteuerung, die Gestaltung der Relation eine rechtlich relevante faktische Gefahr für das wettbewerbsrechtlich geschützte Interesse an der gleichen Wettbewerbschance bedeutet. Derivative Rechtswidrigkeit und

[296] Zu Einschränkungen unten 109 f.

originäre Sanktionsnormbestimmung werden folglich durch den Gleichbehandlungsanspruch dogmatisch verklammert. Die Verwaltung ist zur Gleichbehandlung verpflichtet, weil sie durch eine Ungleichbehandlung rechtlich (und zwar, wie sogleich zu zeigen: zivilrechtlich) geschützte Interessen verletzen würde; aber weil es ein unnötiger Umweg wäre, die Verpflichtung der Verwaltung zum Vollzug gegen den Konkurrenten gegenüber der Verwaltung durchzusetzen, kann und muß der Wettbewerber selbst direkt vorgehen und damit auf dem zivilrechtlichen Weg Gleichheit herstellen. In diesem „Doppelpaß" zwischen Zivilrecht und öffentlichem Recht spiegelt sich die mittelbare Interessenbeeinträchtigung „über Bande"[297] wider. Aus öffentlich-rechtlicher Perspektive heißt das: Par condicio concurrentium und Konkurrentenklage sind nichts anderes als verschiedene Ausprägungen eines einheitlichen Anspruchs auf Abwehr von Ungleichbehandlung im Wirtschaftswettbewerb wegen Interventionswirkungen.

e) Man kann nun noch als letztes einwenden, daß es einen derartiger Anspruch geben mag, damit dennoch nicht feststeht, daß dieser Interventionsabwehranspruch *identisch* ist mit dem, was beim „Vorsprung durch Rechtsbruch" durchgesetzt wird.[298] Die in die geschilderte Dilemmasituation verwickelten Interessen werden mit dem vorliegenden Modell jedoch vollständig erfaßt.

(1) Um zu demonstrieren, daß es beim „Vorsprung durch Rechtsbruch" in § 1 UWG um nichts anderes als um direkte Rechtsdurchsetzung verwaltungsrechtlicher Normen aus Interventionsabwehrgründen geht, soll nochmals auf Kernthese des obigen Zitates von *E. Ulmer* zurückgegriffen werden.[299] Wiewohl die h.M. der Kennzeichnung durch *E. Ulmer* als Gleichheitssatz[300] nicht folgt, ist unbestritten, daß die Formulierung selbst den Inhalt des wie auch immer zu kennzeichnenden Rechtssatzes von der par condicio concurrentium zutreffend wiedergibt.

Den Satz „Was ich nicht darf, das sollst auch du nicht dürfen, um dir nicht einen Vorsprung im Wettbewerb zu sichern" muß man allerdings zunächst auf Kosten der rhetorischen Eleganz vervollständigen: „Was ich nicht darf, das sollst, *wenn du es in folge des gleichen Rechtssatzes nicht darfst,* auch du *auch wettbewerbsrechtlich* nicht dürfen, um Dir nicht einen Vorsprung im Wettbewerb zu sichern." Die Ergänzungen „wenn du es in folge des gleichen Rechtssatzes nicht darfst" und - daraus folgend - „auch wettbewerbsrechtlich"

[297] S. 7.
[298] So *Meyer-Cording*, in: FS Nipperdey, 537, 550.
[299] S. 7.
[300] Sinnzusammenhänge, S. 22.

sind notwendig, denn die Geltung der Verhaltensnorm nicht nur für den Kläger ist Voraussetzung der Sittenwidrigkeit wegen Rechtsbruchs: Wenn der Beklagte überhaupt nicht an die Norm gebunden ist, kann er sie auch nicht übertreten. Der nächste Auflösungsschritt lautet dann: „Was mir der Staat verwaltungsrechtlich verbietet, das sollst, wenn es dir der Staat verwaltungsrechtlich aus dem gleichen Grund wie mir verbietet, auch du auch wettbewerbsrechtlich nicht dürfen, um dir nicht einen Vorsprung im Wettbewerb zu sichern." Der objektive Tatbestand gleicht damit der gerade genannten Lösung als Interventionsverbot.

(2) Handeln, *um* sich einen Vorsprung im Wettbewerb zu sichern, ist desweiteren nur eine andere Formulierung von „Handeln zu Zwecken des Wettbewerbs".[301] Die Formulierung durch *E. Ulmer* („um ... zu sichern") legt freilich nahe, daß es sich um einen Fall von subjektiver Rechtswidrigkeit handeln könnte;[302] darauf weist auch die von der Rechtsprechung zwar häufig genannte,[303] jedoch nur noch gelegentlich ernsthaft geprüfte Formel hin, daß es sich um einen „bewußten und planmäßigen Verstoß" handeln müsse. Der Nachweis einer besonderen Spekulation auf die Gesetzestreue der Mitbewerber[304] wurde von der Rechtsprechung aber niemals verlangt und wäre auch kaum zu führen.[305] Es soll schon genügen, daß der Wettbewerber billigend in Kauf nimmt, einen Vorsprung zu erzielen.[306] An den subjektiven Erfordernissen scheitern überhaupt nur zwei Fälle, nämlich der versehentliche, vereinzelte Verstoß gegen eine Norm bei im übrigen rechtmäßigem Verhalten[307] und der im Verbotsirrtum begangene Verstoß gegen eine Verbotsnorm.[308] Das Fehlen eines Verbotsirrtums stellt aber keinen besonderen rechtswidrigkeitsbegründenden Umstand dar; im übrigen nützt auch das Zugeständnis eines

---

[301] S. auch schon S. 8.

[302] So *Kotthoff*, in: Heidelberger Kommentar, § 1 Rz. 619; auch *Schricker*, JurA 1970, 69, 76 f versteht die h.L. in diesem Sinne. Allgemein zum Ausnahmecharakter der subjektiven Rechtswidrigkeit *Deutsch*, Allg. HaftungsR, Rz. 245.

[303] BGH GRUR 1996, 786, 788 - Blumenverkauf an Tankstellen; BGH GRUR 1991, 769, 771 - Honoranfrage; BGH GRUR 1981, 140, 142 - Flughafengebühr; BGH GRUR 1979, 553, 554 - Luxus-Ferienhäuser; BGH GRUR 1974, 281, 282 - Clipper; BGH GRUR 1966, 323 - Ratio; BGH GRUR 1965, 373, 375 - Blockeis II; *Baumbach/Hefermehl*, § 1 UWG Rz. 658 (krit. in Einl. UWG, Rz. 121); *v. Gamm*, WettbR, Kap. 31 Rz. 4; *Piper*, in: Köhler/Piper § 1 Rz. 665 f.

[304] So freilich *Schricker*, Gesetzesverletzung, S. 265.

[305] *Merkel*, Vorsprunggedanke, S. 56.

[306] BGH GRUR 1979, 553, 554 - Luxus-Ferienhäuser; *Jacobs/Hasselblatt*, in: Gloy, HBWbR, § 47 Rz. 38 f; *Baumbach/Hefermehl*, § 1 Rz. 660; *Piper*, in: Köhler/Piper, § 1 Rz. 665; *Doepner*, in: RWW, 3.4 Rz. 8 f.

[307] BGH GRUR 1994, 638 - Fehlende Planmäßigkeit; *Engels*, in: FS Piper, 183, 196 f; *Jacobs/Hasselblatt*, in: Gloy, HBWbR, § 47 Rz. 39.

[308] So in BGH GRUR 1988, 382, 383 - Schelmenmarkt; BGH GRUR 1994, 222, 224 - Flaschenpfand; LG Hamburg CR 1999, 526, 527.

Verbotsirrtums über den Gewinn des konkreten Prozesses hinaus wenig,[309] weil der Unterlassungsanspruch für die Zukunft trotzdem feststeht. Und im Fall des nur versehentlichen, ausnahmsweisen Verstoßes zwischen einer Vielzahl rechtlich nicht zu beanstandender Werbemaßnahmen fehlt es bereits an der objektiven Eignung des Verhaltens, gerade durch den Rechtsverstoß Konkurrenten einen maßgeblichen Marktanteil abzunehmen. Das schließt aber schon das objektive Unrecht aus. Eine besondere subjektive Rechtswidrigkeit wird beim „Vorsprung durch Rechtsbruch" also gerade nicht verlangt.[310]

(3) Man kann folglich den *Ulmer`schen* Satz so modulieren: Ich bin berechtigt, den *bisher nicht effektiv unterbundenen Verstoß gegen eine verwaltungsrechtliche Norm zu unterbinden*, weil mir ansonsten durch Deinen Vorsprung Nachteile im Wettbewerb entstehen, denn von mir wird weiterhin Einhaltung der Verbotsnorm verlangt; kürzer: ich bin an der Durchsetzung einer Verhaltensnorm wegen der Interventionswirkung der ansonsten eintretenden Ungleichbehandlung subjektiv berechtigt. Es gibt daher keinen Grund, die Identität von par condicio concurrentium und Interventionsabwehrgedanken zu leugnen.

f) In der Sache handelt es sich bei der hier entwickelten „Theorie" vor allem um eine andere Konstruktion, die die hier angesprochenen - und weitere – Problemkreise zu einem einheitlichen Modell zusammenfassen und an einigen Stellen neue und m.E. vorzugswürdige Lösungen anbieten können wird; denn die hier vorgeschlagene, durchaus auch in erheblichem Maße mit dem Mittel von Begriffsdefinitionen arbeitende „Theorie" vermag die maßgeblichen Interessen- und Wertungsgesichtspunkte genauer zu erfassen als die im Detail doch recht unklare herrschende Meinung.

## 3. Subjektive Kriterien als besondere Tatbestandsmerkmale?

Teplitzky[311] hat in neuester Zeit vorgeschlagen, die subjektiven Erfordernisse als Filter zu reaktivieren, insbesondere auch wieder - mit einigen neueren Urteilen[312] der insgesamt allerdings schwankenden Rechtsprechung - ernsthaft die Absicht des Erzielens eines unlauteren Wettbewerbsvorsprungs zu verlangen. Was damit gemeint ist, wird jedoch nach wie vor nicht mit hinreichender Präzision klar gemacht. Gefordert wird sicherlich nicht die Absicht, daß gerade dolus directus 1. Grades im Hinblick auf den unlauteren Wettbewerbsvorsprung bestehen muß,

---

[309] *Quack*, in: FS Trinkner, 265, 269; *Kroitzsch*, GRUR 1995, 322, 326.
[310] *v. Gamm*, WettbR, 31. Kap Rz. 4; *Gröning*, WRP 1994, 435, 438 f.
[311] In: GroßKommUWG § 1 Rz. G 199 ff, G 277 ff.
[312] BGH GRUR 1994, 638, 639 - Fehlende Planmäßigkeit; BGH GRUR 1994, 222, 224 - Flaschenpfand.

da das fast nie der Fall ist. Umgekehrt wird aber der Gesetzesverstoß durchaus fast immer gerade zu dem Zweck der Erzielung eines Wettbewerbsvorteils begangen, so daß m.E. der Auffassung von Teplitzky nicht zugestimmt werden kann, hierdurch sei eine befriedigende Abgrenzung des Bereichs wettbewerbsrechtlicher Sanktionierbarkeit erzielbar. Der dort genannte Beispielsfall, ein Juwelier lege die Preisschilder im Schaufenster lediglich deshalb schlecht oder gar nicht einsehbar aus, weil er Einbrüche fürchtet, überzeugt nicht. Es ist nicht einsichtig, daß, soweit dadurch wirklich Vorteile im Wettbewerb zu erzielen sind, die Konkurrenten bloß wegen der fehlenden Absicht gezwungen sei sollten, unserem Juwelier tatenlos dabei zuzusehen, wie er ihnen den Kundenstamm entreißt; noch ist einsichtig, warum die Wettbewerber nicht auch in den Genuß des gleichen Vorteils kommen sollten. Eine Lösung hierfür kann nicht durch die (Wieder-)Einführung subjektiver Erfordernisse, sondern nur durch die Einbeziehung der verwaltungsrechtlichen Ebene gefunden werden.[313] Im übrigen handelt sich bei dem so motivierten Gesetzesverstoß ohnehin um einen seltenen Ausnahmefall.

## B. Der haftungsbegründende Tatbestand des Rechts auf gleiche Wettbewerbsbedingungen (§ 1 UWG)

Ist somit die hier behandelte Konstellation eine Gleichbehandlungskonstellation, so muß nach dem genannten Modell für einen entsprechenden Gleichbehandlungsanspruch zunächst ein *Recht auf Gleichbehandlung* bestehen. Dieses Recht, der haftungsbegründende Tatbestand des Gleichbehandlungsrechts, ist Gegenstand der Ausführungen dieses Kapitels.

### 1. Grundsatz: Selbständiger Schutz des Gleichbehandlungsinteresses in § 1 UWG

Erste Frage ist, ob § 1 UWG selbst einen solches Gleichbehandlungsrecht begründet oder nur als eine „Transportnorm" anderweitig, etwa grundrechtlich, begründete Gleichbehandlungsrechte durchsetzt. Mit anderen Worten: Stellt § 1 UWG *nur* ein Vehikel zur verkürzten direkten Durchsetzung dar, oder hat § 1 UWG hier eine *doppelte Funktion*, indem es gerade dieses Gleichbehandlungsinteresse auch selbständig zum rechtlich geschützten Interesse erhebt? Ergibt sich die der direkten Durchsetzungsbefugnis

[313] Zur Möglichkeit des Auch-Verstoßes S. 165 ff.

vorgelagerte Gleichbehandlungspflicht der jeweiligen Verwaltungsbehörde also aus Wettbewerbsrecht?

Falsch wäre es, nun ohne weitere Begründung davon auszugehen, daß § 1 UWG ja ein subjektives Recht enthalte und daher selbständigen Schutz gegen die Beeinträchtigung des dort geschützten Interesses gewährt. Nachgewiesen wurde oben, daß § 1 UWG eine subjektive Berechtigung des unmittelbar Verletzten enthält. Es wurde jedoch ausdrücklich darauf hingewiesen, daß § 1 UWG kein absolutes Herrschaftsrecht in dem Sinne konstituiere, daß die hinreichend gefährliche Annäherung an das dort geschützte Interesse *stets* die Rechtswidrigkeit indiziere. Der direkte Schluß vom subjektiven Recht in § 1 UWG auf ein Eingriffsabwehrrecht würde gerade in dem oben dargelegten Sinne[314] die beiden Begriffe des subjektiven Rechts vermengen.

Trotzdem bedarf es keines allzu großen Argumentationsaufwandes, um die *eigenständige* Stoßrichtung des § 1 UWG auch zur Abwehr solcher Interventionseffekte nachzuweisen, die lediglich auf ungleichmäßiger Sanktionierung beruhen. Der Gesetzgeber des UWG 1896, der durchaus gesehen hatte, daß Verstöße gegen außerwettbewerbsrechtliche Normen wettbewerbliche Auswirkungen haben können, lehnte zwar ein Übergreifen des UWG in Gebiete, die durch allgemeine Reichsgesetze geregelt seien, noch schlechthin ab.[315] Die allgemeine Sensibilität des Wettbewerberinteresses gegenüber Wettbewerbsverzerrungen durch Schrankenungleichheiten wurde im Grundsatz aber bereits durch den Gesetzgeber von 1909 hervorgehoben, indem der in § 13 Abs. 2 UWG geregelt Grundsatz der par condicio concurrentium auf die Übertretung ganz allgemein der „guten Sitten“ ausgeweitet wurde. Daß auch dort wohl die Verbesserung der relativen Wettbewerbsposition nur in Fällen der Übertretung zivilrechtlicher, insbesondere wettbewerbsrechtlicher Verbote angeordnet werden sollte, bedarf heute keiner besonderen Berücksichtigung mehr. Zu jenem Zeitpunkt waren subjektive öffentliche Rechte im heutigen Sinne noch kaum und Gleichbehandlungsrechte schon gar nicht gesicherte Rechtsfiguren. Trotzdem und immerhin hat der Gesetzgeber schon damals die technische Abkürzung, das „Fragment des Gleichbehandlungsanspruchs“ eingeführt, das auch der Anwendung der par condicio concurrentium bei Verletzung zivilrechtlicher Normen zugrundeliegt.[316] Heute kann die grundsätzliche dogmatische Berechtigung dazu, in § 1 UWG für die Fallgruppe des „Vorsprungs durch Rechtsbruch“ auch öffentlich-rechtliche Normen durchzusetzen, nicht ernsthaft bestritten werden. Zwischenzeitlich hat nämlich

---

314 S. 29 f.

315 Denkschrift zum 1. Regierungsentwurf zum UWG 1896, in: *Lobe*, Band III S. 18, zit. nach *Merkel*, Vorsprunggedanke, S. 4 f.

316 S. 186 ff.

auch der Gesetzgeber im Rahmen des Gesetzgebungsverfahrens 1994 die seit langem auch für isoliert öffentlich-rechtliche Verbotsnormen so verfahrende Wettbewerbsrechtsprechung - trotz Kritik an der *Quantität* - als *qualitativ* grundsätzlich richtig gebilligt. Die Pläne, die der Gesetzgeber im dort zwischenzeitlich zur Regelung der Fallgruppe des Rechtsbruchs verfolgte, gingen nie in Richtung der Abschaffung dieser Figur.[317] Spätestens 1994 hat der Gesetzgeber damit die Sittenwidrigkeit wegen Vorsprung durch Rechtsbruch, Verletzung öffentlich-rechtlicher Normen, auch jenseits der schweren und unerträglichen Folgen grundsätzlich in seinen Willen aufgenommen. § 1 UWG schützt also *selbständig* (und damit im Ansatz wertungsmäßig durch originäre privatrechtliche Wertungen auszufüllen) das Interesse, von Interventionswirkungen im Wirtschaftswettbewerb verschont zu werden, soweit sie durch effektiv ungleiche Verhaltenssteuerung bei der Durchsetzung öffentlich-rechtlicher Normen bewirkt werden. Wegen § 1 UWG ist der Schutz vor Interventionswirkung in dem oben beschriebenen[318] „Drei-Zonen-Modell" folglich auch nicht auf die Zone „schwerer und unerträglicher Beeinträchtigungen" beschränkt. Damit ist die Position der Verwaltungsrechtsprechung, daß nur die nachweisbar ausschließlich hoheitlich verursachte „schwere und unerträgliche Beeinträchtigung" für die Rechtsbetroffenheit genügt, jedenfalls nicht auf das Wettbewerbsrecht zu übertragen.

Zusammengefaßt: § 1 UWG enthält wegen der relationalen Interventionswirkung die Befugnis, trotz im Falle des Vorsprung durch Rechtsbruch derivativer Rechtswidrigkeit die Sanktionsnorm nach originären Maßstäben zu bestimmen.

## 2. Das hinter § 1 UWG stehende offene Recht

In Hinblick auf weitere anstehende Probleme[319] soll dieser Befund nun aus der Perspektive des Interessenschutzes dogmatisch eingefangen und sodann ein Ansatz für die in Teil V erfolgende praktische Abgrenzung[320] dieses haftungsbegründenden Tatbestandes vorbereitet werden.

---

[317] BT-Drs. 12/7345, S. 3.

[318] S. 43 ff.

[319] Insbesondere das der Rechtsbetroffenheit durch Genehmigungen, dazu S. 109 ff.

[320] S. 200 ff

a) Unmittelbar Verletzter, § 13 Abs. 2 Nr. 1 UWG und Wettbewerbsverhältnis

Eines der oben gefundenen Ergebnisse lautete, daß für absolute Herrschaftsrechte der absolute Ausschlußzweck und die daraus folgende rechtswidrigkeitsbildende Funktion des absoluten Herrschaftsrecht charakterisierend sind.[321] Die hinter den Ansprüchen des unmittelbar Berechtigten aus § 1 UWG stehende Interessenposition ist zwar kein absolutes Herrschaftsrecht in dem Sinne, daß jede hinreichend gefährliche Annäherung rechtswidrig ist. Indes läßt es sich die eben verwendete Vorstellung eines Schutzbereiches, in den eingegriffen wird, durchaus trotzdem begründen und halten. § 1 UWG bildet insofern kein Recht des unmittelbar Verletzten mit einem umfassenden Ausschlußzweck, wohl aber ein Recht mit einem beschränkten Ausschlußzweck.

Zur Begründung dieser These lohnt es sich, vorab ein Blick auf die Gründe zu werfen, aus denen es diese Rechtsfigur des unmittelbar Verletzten gibt. Deren Existenz ist nämlich nicht ganz unstrittig.

(1) Vor allem *Borck*[322] hat sich gegen die Anerkennung solcher Ansprüche unmittelbar aus § 1 UWG gewendet. Er stützt dies darauf, daß historisch betrachtet die Regelung der Klagebefugnis in den Vorläuferbestimmungen des heutigen § 13 Abs. 2 UWG als abschließend zu verstehen war: Zutreffend weist er darauf hin, daß die Regelung der Klagebefugnis im Gesetzgebungsverfahren zum UWG 1909 nur deshalb gegenüber dem UWG 1896[323] von den materiellrechtlichen Verbotstatbeständen nach § 13 UWG verschoben wurde, um Wiederholungen zu vermeiden.[324] Das, was die h.M. heute mit den Ansprüchen des unmittelbar Verletzten abdeckt, ist also ursprünglich in § 13 Abs. 2 Nr. 1 UWG (der zunächst ganz selbstverständlich als Individualschutznorm angesehen wurde) geregelt gewesen. Tatsächlich ist der heutige § 13 Abs. 2 Nr. 1 UWG kaum zu verstehen, der jetzt sogar Anforderungen an die Begründung der Klagebefugnis stellt, die fast immer für ein konkretes Wettbewerbsverhältnis und darum auch für die Klagebefugnis als unmittelbar Verletzter ausreichen.[325]

---

[321] S. 24 ff

[322] WRP 1966, 1; *Ders.*, WRP 1997, 719, 721.

[323] RGBl 1896, 145.

[324] *Borck*, WRP 1966, 1, 2 f. Noch im 1. Entwurf zum UWG 1909 (Verhandlungen des Reichstages, 12. Legislaturperiode, 1. Session 1907/1909, Bd. 252, Aktenstück Nr. 1109), in dem es allerdings auch noch keine große Generalklausel vorgesehen war, war die die Klagebefugnis dezentral geregelt. Der heutige § 13 UWG tritt zum erstenmal auf im Antrag Nr. 42, Verhandlungen des Reichstages, 12. Legislaturperiode, 1. Session 1907/1909, Bd. 255, Aktenstück Nr. 1391, S. 8494.

[325] *Speckmann*, WettbR, Rz. 129.

Der Ansicht von *Borck* kann heute dennoch nicht mehr gefolgt werden, weil eine Zurückverlagerung des Individualschutzes in den § 13 Abs. 2 Nr. 1 UWG mit dem derzeitigen Gesetzestext nicht möglich ist. Damit würde die Klagebefugnis des unmittelbar Verletzten den neueren restriktiven Voraussetzungen des § 13 Abs. 2 Nr. 1 UWG, etwa dem Erfordernis einer wesentlichen Wettbewerbsbeeinträchtigung, und den Voraussetzungen des § 13 Abs. 5 UWG unterworfen. Gerade das wollte der Gesetzgeber 1994 vermeiden.[326] Man mag mit guten Gründen bezweifeln, ob § 13 Abs. 2 Nr. 1 UWG vor 1994 wirklich als Mittel des objektiven Interessenschutzes zu begreifen war oder nicht doch immer noch - entgegen der h.M. - die authentische Bestimmung des Kreises der Individualverletzten enthielt. Nach der gesetzgeberischen Entscheidung, die gerade die h.M. fortgeführt hat, ist eine solche Auslegung nicht mehr möglich. Die eigenständige Regelung der Anspruchsberechtigung ist zur Sicherung des Individualschutzes in § 1 UWG unverzichtbar geworden.

(2) Nun fragt man sich allerdings, warum man überhaupt derartige Ansprüche des unmittelbar Verletzten rechtsfortbildend geschaffen hat, wenn es doch ursprünglich eine ausdrückliche gesetzliche Regelung eben dieses Inhaltes gab. Diese Entwicklung erscheint zunächst nicht nur überflüssig, sondern hat auch dazu geführt, daß das Fragment des § 13 Abs. 2 Nr. 1 UWG kaum erklärlich und recht irritierend neben den Ansprüchen des unmittelbar Verletzten steht. Zwei Gründe lassen sich wohl für diese Verlagerung des Individualschutzes von § 13 Abs. 2 Nr. 1 UWG zum unmittelbar Verletzten ausmachen. Beide stehen in engem Zusammenhang mit der stetigen Ausweitung des wettbewerbsrechtlichen Regelungsbereiches. Konkret im hier anstehenden Zusammenhang – wie ist das in § 1 UWG geschützte Individualinteresse der Wettbewerber zu charakterisieren – interessiert allerdings nur der zweite Grund.

(a) Der erste Grund bestätigt die Notwendigkeit, objektive Kontrollbefugnisse und subjektiven Rechtsschutz streng auseinanderzuhalten. Die Ausgangslage wurde bereits oben[327] dargestellt: Nach ursprünglich angebrachtem Schutzzweckverständnis waren die in dem heutigen § 13 Abs. 2 Nr. 1 UWG genannten Wettbewerber Inhaber eines Individualrechtsgutes, die Wirtschaftsverbandsklage - §§ 13 Abs. 2 Nrn. 3, 4 UWG wurden erst später eingeführt - setzte lediglich in Prozeßstandschaft die Ansprüche der individualberechtigten Mitbewerber durch.

Die schon früh einsetzenden Erweiterung des Kreises der als selbständig geschützt angesehenen Interessen[328] beschränkte sich nicht auf § 13 Abs. 2 Nr. 2 UWG. Man neigt im

---

[326] S. Fn. 209.
[327] S. 49 und S. 57 f.
[328] Schünemann, in: GroßKommUWG, Einl B Rz. 32 ff; RG GRUR 1929, 936, 937; RGZ 120, 47, 49.

Wettbewerbsrecht dazu, eher die Sittenwidrigkeit und die Klagebefugnis als jeweils einheitliche, aufeinander abzustimmende Komplexe zu behandeln und nicht - wie eigentlich geboten - die jeweiligen Ansprüche. Diese mangelhafte Trennung zwischen den verschiedenen Ansprüchen wird in erster Linie durch die vom Gesetzgeber rein technisch begründete räumliche Trennung von materiell-rechtlicher Verbotsnorm und Durchsetzungsbefugnis verursacht. Folge ist, daß sich für die h.M. nicht der Schutzzweck einzelner Ansprüche änderte, sondern der Schutzzweck der ätherisch frei schwebenden Sittenwidrigkeit, für die man erst nach der Inhaltsbestimmung einen passenden Klagebefugten sucht. Die Mitbewerber im Sinne des § 13 Abs. 2 Nr. 1 UWG erscheinen auch für objektiven Interessenschutz nicht gänzlich ungeeignet und wurden konsequenterweise auch zu diesen Zwecken – und damit über den Individualschutz hinaus - zugelassen. Begünstigt worden sein dürfte die Erstreckung objektiv-rechtlicher Komponenten auf § 13 Abs. 2 Nr. 1 UWG allerdings auch durch die vorübergehende Denaturierung des Individualschutzes im Nationalsozialismus.[329] Beides wirkte zurück auf den Kern der Mitbewerberklagebefugnis nach § 13 Abs. 2 Nr. 1 UWG, den Individualschutz: Da mit dem Siegeszug des „sozialrechtlichen" Verständnisses zunehmend der Schutzzweck des UWG *primär* im Schutz objektiver Interessen gesehen wurde,[330] in denen die mitgeschützten Realinteressen die Mitbewerber aufgehen, wurde auch diese Mitbewerberklagebefugnis nach § 13 Abs. 2 Nr. 1 UWG zunehmend vorrangig als Mittel des objektiven Interessenschutzes betrachtet.[331]

Diese Entwicklung ist nichts anderes als die Realisierung einer der bereits angesprochenen typischen Gefahren, die damit einhergehen, daß Gerichten mit dem Institutionenschutz der Schutz öffentlicher Interessen anvertraut wird. Ohne begleitende Reflexion des Gewaltenteilungsproblems leidet darunter der subjektive Rechtsschutz. Primär werden dadurch zwar die Rechte der Anspruchsgegner beeinträchtigt.[332] In Mitleidenschaft gezogen werden durch die Vermengung objektiven und subjektiven Interessenschutzes, durch die a-priori-Einbettung des Individualinteressenschutzes in den Institutionenschutz jedoch auch die Interessen der Individualberechtigten. Deren Ansprüche erscheinen dann als leichter einschränkbar, wenn sie mit öffentlichen Interessen kollidieren.

Die Entwicklung konnte, was den Schutz des Verletzten, des Unterlassungsinteressenten, angeht, noch kompensiert werden, weil dort, wo ausnahmsweise der Schutz der Allgemeininteressen hinter dem des Individualinteresses zurückblieb, an die Stelle der Individualklagebefugnis aus § 13 Abs. 2 Nr. 1 UWG die eigenständige Klagebefugnis des unmittelbar Verletzten trat. Um so wichtiger ist es, den *ausschließlich* personalen Bezug der Klagebefugnis des unmittelbar Verletzten zu bewahren. Ob demgegenüber ein neueres, auch den Ansprüchen des unmittelbar Verletzten eine eigenständige objektive Schutzrichtung beimessendes obiter dictum des BGH[333] Folgen haben wird, bleibt abzuwarten. Auch in der „Abgas-Emissionen"-Entscheidung hat der BGH einerseits die deliktsrechtliche Natur der Ansprüche des unmittelbar Verletzten betont, unmittelbar anschließend aber den Ansprüchen

---

[329] S. nur *Röhl*, Allg. Rechtslehre, § 41 VI.
[330] S. etwa *Baumbach/Hefermehl*, Einl UWG Rz. 50 f; *Piper*, in: Köhler/Piper, Einf. Rz. 11.
[331] S. nur *Baumbach/Hefermehl*, § 13 Rz. 4 f. Einer weiterer Grund dafür liegt in der fehlenden begrifflichen Unterscheidung zwischen subjektiven Berechtigungen und objektiven Durchsetzungsbefugnissen.
[332] S. 32 f
[333] GRUR 1999, 509, 510 - Vorratslücken.

auch den Zweck des Schutzes objektiver Interessen zugesprochen,[334] ohne das deutlich wird, wie sich beides denn zueinander und zu den Ansprüchen aus § 13 Abs. 2 Nr. 1 UWG verhalten soll: § 13 Abs. 2 Nr. 1 UWG besagt doch ganz eindeutig, daß objektiver Interessenschutz durch die Rechtsprechung auf Konkurrenteninitiative außerhalb des dort genannten Bereiches nicht gewollt ist.

(b) Der andere Grund für die Verlagerung des Individualschutzes aus § 13 Abs. 2 Nr. 1 UWG zu dem unmittelbar Verletzten liegt bei den unternehmensbezogenen Wettbewerbsverstößen. Er spricht dafür, daß hinter § 1 UWG eine Individualposition mit begrenztem Ausschlußzweck angesiedelt ist.

(aa) Ursprünglich wurden die Grenzen des wettbewerbsrechtlichen Individualschutzes durch das in § 13 Abs. 2 Nr. 1 UWG bezeichnete Wettbewerbsverhältnis festgelegt. Abgesehen von dem räumlichen Bezug,[335] den man in Zeiten vor der Einführung eines Anspruchs auf Ersatz der Abmahnkosten offenbar für nicht regelungsbedürftig erachtete und der seit 1994 ebenfalls verlangt wird, handelte es sich bei dem Wettbewerbsverhältnis im Sinne des § 13 Abs. 2 Nr. 1 UWG seit jeher um eben das Wettbewerbsverhältnis, das notwendig ist, damit ein Vorteil sich zu Lasten der Mitbewerber auswirkt. Es ist das Wirkmedium für die mit dem Gebot der par condicio concurrentium erfaßte Beeinträchtigung „über Bande".[336]

(bb) Das konkrete Wettbewerbsverhältnis in seiner jetzigen Gestalt, wie es Voraussetzung der Klagebefugnis des unmittelbar Verletzten ist, hat jedoch eine andere Bedeutung. So erfaßt man heute etwa auch das sogenannte „ad-hoc-Wettbewerbsverhältnis", d.h. den erst durch den Wettbewerbsverstoß hergestellten wettbewerblichen Bezug. Beispiel ist etwa, daß Blumenhändler sich gegen den Slogan „Statt Blumen ONKO-Kaffee"[337] zur Wehr setzen können. Auch hier behindert der eine Gewerbetreibende den anderen in seinen Absatzbemühungen. Über § 13 Abs. 2 Nr. 1 UWG, der verlangt, daß der Kläger Waren oder Leistungen gleicher oder verwandter Art herstellt oder in den

---

[334] BGH WRP 2000, 1116, 1119.

[335] Der heutige § 13 Abs. 2 Nr. 1 UWG verlangt darüber hinaus noch den Vertrieb auf dem gleichen Markt, was i.S. des räumlich relevanten Marktes zu verstehen ist (s. BGH GRUR 1996, 804, 805 - Preisrätsel-Gewinnauslobung III; *Köhler*, in: Köhler/Piper, § 13 Rz. 14; *Baumbach/Hefermehl*, § 13 Rz. 16). Das abstrakte Wettbewerbsverhältnis scheint jetzt nur noch insofern weiter als das konkrete Wettbewerbsverhältnis zu sein, als eine geringere Beeinträchtigungsgefahr genügt (vgl. *Baumbach/Hefermehl*, § 13 Rz. 14 ff; *Gloy*, in: Gloy, HBWbR § 19 Rz. 21 f); andere Unterschiede sind nicht erkennbar, *Speckmann*, WettbR, Rz. 121.

[336] Vgl. S. 7. Anders, allerdings möglicherweise mit anderer Terminologie dagegen (grundsätzliche Entbehrlichkeit des Wettbewerbsverhältnisses gerade bei „marktbezogenen" Wettbewerbsverstößen) *Hefermehl*, in: FS Kummer, 345, 349 f.

[337] BGH GRUR 1972, 553.

geschäftlichen Verkehr bringt, sind solche Fälle aber nicht sanktionierbar;[338] von einer Konkurrenz der Beteiligten in dem Sinne, daß sie an demselben Teilwirtschaftswettbewerb teilnehmen, kann ernsthaft nicht mehr die Rede sein.[339] Um doch zu dem durchaus einleuchtenden Ergebnis der Anwendbarkeit des § 1 UWG zu gelangen, mußte der BGH vor allem in derartigen Fällen des ergänzenden wettbewerbsrechtlichen Leistungsschutzes das konkrete Wettbewerbsverhältnis so „strecken“, daß es sich um ein ganz anderes Wettbewerbsverhältnis handelt. Ohne den unmittelbar Verletzten, ohne eine Klagebefugnis jenseits der des in § 13 Abs. 2 Nr. 1 UWG geregelten Parallelwettbewerbers, kommt man hier nicht zu Ansprüchen. In manchen Fällen läßt sich dergestalt ein Bezug zur relativen Wettbewerbsposition gar nicht mehr feststellen. Der „Wettbewerb“ z.B. zwischen einem Herrenkosmetik- und einem Whiskyhersteller um die Nutzung der Marke „Dimple“[340] zu Zwecken der Förderung des Absatzes der jeweils eigenen, nicht miteinander konkurrierenden Produkte ist ersichtlich nicht der Wettbewerb um den gleichen Kundenkreis, sondern der „Wettbewerb“ um das Objekt eines rechtlich geschützten Interesses. Einen derartigen „Wettbewerb“ hat man aber in allen Bereichen des Deliktsrechts, z.B. zwischen Dieb und Eigentümer um die Sachnutzung. Es handelt sich hier vielmehr um ein „Behinderungsverhältnis“,[341] d.h., der Kläger muß gerade in seinen wettbewerbsrechtlich geschützten Interessen verletzt sein; nicht umsonst sind diese Interessen inzwischen im Markengesetz, d.h. in Form gewerblicher Schutzrechte geschützt.[342]

(cc) Die schlüssige Erklärung lautet, daß heute von § 1 UWG die Individualinteressen der Gewerbetreibenden an Unversehrtheit ihrer wirtschaftlichen Interessen im beiderseits wettbewerblichen Umgang umfassend geschützt werden, soweit die Beeinträchtigung nicht marktkonform erfolgt. Wohl bedarf es einer Wettbewerbshandlung,[343] die die wettbewerbliche Tätigkeit eines anderen beeinträchtigt, und eines Schutzzweckzusammenhangs, der bloße Beeinträchtigungen „bei Gelegenheit“ des Kontaktes zweier Gewerbetreibender ausschließt. Meist wird zwar bei unternehmensbezogenen Wettbewerbsver-

---

338 Das mittelbare Wettbewerbsverhältnis zwischen Gewerbetreibenden verschiedener Wirtschaftsstufen genügt dagegen zumeist für § 13 Abs. 2 Nr. 1 UWG, BGHZ 18, 175, 182 - Werbeidee; BGH GRUR 1986, 618, 619 - Vorsatz-Fensterflügel; *Baumbach/Hefermehl*, Einl UWG Rz. 226.

339 *Sack*, in: FS v. Gamm, 161.

340 BGHZ 93, 96.

341 *Sack*, in: FS v. Gamm, 161, 172; vgl. schon *Hefermehl*, in: FS Kummer, 345, 348; *Kummer*, Anwendungsbereich, S. 42 ff.

342 S. *Nägele*, WRP 1996, 997, 1000 f.

343 *Baumbach/Hefermehl*, Einl UWG Rz. 247; *Schünemann*, in: GroßKommUWG, Einl Rz. D 235.

stößen das parallele Konkurrieren miteinander dem Handeln die für den Schutzzweckzusammenhang notwendige Sinnprägung geben. Zwingend notwendig ist das jedoch (anders bei den marktbezogenen Wettbewerbsverstößen) ebensowenig wie bei der Verletzung etwa der Interessen der Marktgegenseite, die ja auch nicht in diesem Sinne mit dem Wettbewerber konkurrieren (also z.B. der Verbraucher).[344]

Auch an anderen Stellen des Wettbewerbsrechts wird der Bezug auf das relative Konkurrieren nicht mehr ernsthaft gefordert, d.h., die Interessenbeeinträchtigung muß nicht mehr gerade Folge des Konkurrierens miteinander um die gleichen Kundenkreise sein. Es genügt etwa bei der Schadenszurechnung, daß konkretes Wettbewerbsverhältnis und Schaden unverbunden nebeneinanderstehen;[345] vor allem im Bereich des ergänzenden wettbewerbsrechtlichen Leistungsschutzes mit der Möglichkeit dreifacher Schadensberechnung[346] erscheint der Zusammenhang zum spezifischen konkreten Wettbewerbsschaden, zur „Wegnahme von Kunden" recht dünn. Es gibt aber keinen Grund, bei der haftungsbegründenden Zurechnungsnorm strenger zu sein.

Diese Erweiterung des wettbewerbsrechtlichen Anwendungsgebietes weg von dem Wettbewerbsverhältnis i.S.d. Parallelwettbewerbs erscheint im Rückblick also dogmatisch vergleichsweise unproblematisch. Der Unterschied zwischen „unternehmensbezogenen" und „marktbezogenen" Verstößen war offenbar 1896 bzw. 1909 noch nicht in aller Konsequenz durchdacht. Beide Verstoßarten sind nicht immer einfach zu unterscheiden, denn der unternehmensbezogene Verstoß wie etwa die sklavische Nachahmung verschafft zumeist auch zugleich einen Vorteil und damit einen Vorsprung im Wettbewerb selbst gegenüber den nicht direkt angegangenen Mitbewerbern.[347] Auch stellte sich ein Regelungsbedürfnis jenseits des Wettbewerbsverhältnisses im Sinne der par condicio concurrentium erst nach und nach heraus: Z.B. dürften marktübergreifende Marketingstrategien

---

[344] Warum die Verbraucher weniger schutzwürdig sein sollen, wenn etwa ein Monopolist (ex definitio außerhalb eines Wettbewerbsverhältnisses handelnd) gegen eine gesundheitsschützende Norm verstößt, ist unerklärlich, *Lindacher*, BB 1975, 1311, 1313 f; *Baumbach/Hefermehl*, Einl UWG Rz. 247; *Schünemann*, in: GroßKommUWG, Einl. Rz. D 225 f. Vgl. auch oben S. 6 zum Bezug auf die relative Wettbewerbsposition bei verbraucherbezogenen Wettbewerbsverstößen.

[345] Vgl. z.B. OLG Karlsruhe v. 24.11.94, Az. 6 U 78 / 93 (über Juris recherchierbar): Die deutsche Telekom stehe als Anbieter von Fernabrufgeräten in einem hinreichend konkreten Wettbewerbsverhältnis zu einem anderen Anbieter, der Geräte herstellte, mit denen die Gebührenregistrierungsmechanismen der deutschen Telekom überlistet werden konnten. Deshalb könne aus § 1 UWG Schadenersatz für den Gebührenausfall verlangt werden.

[346] Dazu *Köhler*, in: Köhler/Piper, Vor § 13 Rz. 100 ff.

[347] *Baumbach/Hefermehl*, Einl UWG Rz. 246; *E. Ulmer*, Sinnzusammenhänge, S. 20 f (Fn. 21).

zum damaligen Zeitpunkt kaum bekannt gewesen sein. Heute ist das UWG, soweit es um Ansprüche des unmittelbar Verletzten geht, im Ergebnis das *umfassende Sonderdeliktsrecht der Gewerbetreibenden im Wettbewerb.*[348] Das Wettbewerbsverhältnis ist nur noch der soziale Zusammenhang, der aus der unternehmensbezogenen Beeinträchtigung gerade einen Wettbewerbsverstoß macht. In Hinblick auf die kurze Verjährungsfrist und die prozessrechtlichen Vereinfachungen erscheint es sachlich auch durchaus angebracht, die Lösung aktueller Regelungsprobleme des Wirtschaftsdeliktsrechts im UWG und nicht im „sonstigen Recht" des § 823 Abs. 1 BGB zu suchen. Für das bürgerlich-deliktsrechtliche Recht am eingerichteten und ausgeübten Gewerbebetrieb bleibt damit zwar weniger übrig.[349] Man darf aber nicht darüber hinwegsehen, daß dieses „sonstige Recht" nur deshalb entwickelt wurde, weil der Gesetzgeber vor 100 Jahren zu zögerlich auf den praktischen Bedarf nach Einführung effektiven wettbewerbsrechtlichen Rechtsschutzes reagiert hat.[350]

### b) Ansprüche des unmittelbar Verletzten als Mittel zum Schutz eines offenen Rechtsgutes

Obwohl man also § 1 UWG insofern durchaus immer noch als Sonderdeliktsrecht verstehen kann und muß, soweit es sich um Ansprüche des unmittelbar Verletzten handelt, so versieht die Vorschrift doch das dort geschützte Interesse ganz unbestreitbar nicht mit einem allgemeinen Ausschlußzweck.[351] Ob es vor diesem Hintergrund sinnvoll ist, von einem „Eingriff in ein Rechtsgut" zu sprechen, ist umstritten.

*Ein* Wertungsmuster, das erst in Zusammenhang mit der Eingriffnatur der Genehmigung von Bedeutung sein wird, läßt sich auf jeden Fall erkennen. Das gilt, wie gleich noch zu präzisieren, auch für die „marktbezogenen" Wettbewerbsverstöße: Die unerlaubte Annäherungen an ein geschütztes Rechtsgut ist wegen der Besonderheit des Wettbewerbs, der gerade die kreative Zerstörung erzwingt, zwar *nicht hinreichende*, wohl aber *notwendige* Voraussetzung der Rechtswidrigkeit bei Ansprüchen unmittelbar aus § 1 UWG. Nicht jede gefährliche Annäherung ist rechtswidrig, umgekehrt ist aber immer dann, wenn das Handeln den Schadenersatz- oder Unterlassungsanspruch unmittelbar aus § 1 UWG auslöst, es *wegen* einer solchen gefährlichen Annäherung rechtswidrig.

---

[348] Zum Widerspruch zwischen der deliktsrechtlichen und der sonderrechtlichen Natur des Wettbewerbsrechts kritisch *Schünemann*, in: GroßKommUWG, Einl Rz. E 64 ff.

[349] Für entbehrlich halten das Recht am eingerichteten und ausgeübten Gewerbebetrieb z.B. *Larenz/Canaris*, SchuldR II/2 S. 554 ff u.a genau deshalb, weil es das UWG gibt. In bestimmten Anwendungsfällen bei Schädigungen durch Personen, die kein Gewerbe betreiben, besteht aber immer noch ein nur deliktsrechtlich abzudeckendes Regelungsbedürfnis.

[350] Fn. 216.

[351] Fn. 216.

Hier interessiert jedoch zunächst einmal, unter welchen weiteren Voraussetzungen die gefährliche Annäherung *hinreichende* Bedingung für die Rechtswidrigkeit ist.

(1) Die rechtlich gleichen Marktchancen der Wettbewerber, ihre Betätigungsfreiheit – oder wie auch immer man das geschützte Interesse charakterisieren will – sind unstrittig nicht generell gegen Beeinträchtigungen durch fremdes Handeln geschützt. Für den Wettbewerb ist es unerläßlich, daß die Wettbewerber die Marktposition jedes anderen Mitbewerbers angreifen dürfen.[352] Über diesen Gesichtspunkt hinaus ist andererseits nicht ersichtlich, warum dem Interesse der Wettbewerber der Schutz gegen nicht wettbewerbsbedingte Angriffe versagt werden sollte. Im Verbund mit dieser Einsicht ist Ergebnis der eben beschriebenen Ausweitung des Wettbewerbsverhältnisses,[353] daß sich der „Tatbestand" dieses Rechts durchaus so beschreiben läßt: Wenn und soweit nicht Besonderheiten des Wettbewerbs der Schutzbereichserstreckung entgegenstehen, ist dieses Interesse immer vor hinreichend schweren Gefährdungen im Wettbewerb geschützt. In diesem Sinne - und damit allerdings von der herkömmlichen, gerade auf ausschließliche Zuweisung mit einem naturrechtlichen Kernbereich heteronomer Rechtswidrigkeit abzielender Begriffsverwendung[354] abweichend - läßt sich also durchaus von erfolgsbezogener Rechtswidrigkeit sprechen.[355] Damit ist ein über die historische Begründung hinausgehendes systematisches Argument für die Schutzrichtung gegen Beeinträchtigung durch Interventionswirkungen gefunden. Denn die Beeinträchtigung durch Wettbewerb unter ungleichen Bedingungen ist gerade kein wettbewerbskonformes Handeln.

(2) Gruppiert man als Konsequenz mit großer Vorsicht zur Feststellung und zum Verständnis dieser Gefahr die wettbewerbsrechtlichen individualschützenden Verbote zu einem geschützten Rechtsgut,[356] muß man sich bewußt sein, welche Funktionen die Vorstellung eines derartigen Rechtsgutes *nicht* übernehmen kann. Das wettbewerbsrechtlich geschützte Rechtsgut spielt keine

---

[352] S. 58 f.

[353] S. 88 ff.

[354] S. 24 ff.

[355] Vgl. auch *Deutsch*, Allg. HaftungsR, Rz. 330, unter Verweis auf RGRK/*Steffen*, § 823 Rz. 90: „So zeigt die Lehre vom Schutzbereich, daß das Verhaltensunrecht nicht eigentlich deliktsrechtlichen Ursprungs ist. Im privaten Deliktsrecht werden Interessen, Rechtsgüter und Rechte geschützt. Diese sind oft, etwa das Eigentum im Sachenrecht, vorformuliert abgegrenzt. Soweit ihr Schutz auch durch eher allgemein formulierte Verhaltensnormen wahrgenommen werden soll, ist die deliktsrechtiche Ausrichtung und Anpassung notwendig. Das zeigt, daß die Rechswidrigkeit im privaten Haftungsrecht im Ansatz eher rechtsgutbezogen ist."

[356] So auch *Fezer*, GRUR 1990, 551, 565 und *Fikentscher*, Wettbewerb und gewerblicher Rechtsschutz, S. 227.

alleinentscheidende Rolle auf der Ebene der Rechtswidrigkeitsbestimmung. Es ist genau so weit geschützt, wie die wettbewerbsrechtliche Sittenwidrigkeit reicht und Individualschutz bezweckt, nicht umgekehrt. Es gibt weder „unmittelbare Eingriffe“[357] in dieses Rechtsgut (weshalb die weithin gebräuchliche und fest etablierte Terminologie des „unmittelbar“ Verletzten nicht unbedingt glücklich ist); noch ist es ein absolutes Herrschaftsrecht im Sinne eines unbedingten Ausschließlichkeitsrechts, denn anders als bei den absoluten Herrschaftsrechten auch nicht in einer Kernzone abschließend durch heteronome Vorgaben festgelegt;[358] noch kann das Rechtsgut bei der gegenseitigen Abgrenzung der Wettbewerbsfreiheit der verschiedenen Marktbeteiligten eine Hilfestellung sein; erst recht gibt es keine Auskunft über den Inhalt der Sittenwidrigkeit bei Ansprüchen in Verbindung mit § 13 Abs. 2 UWG.

Trotz aller dieser Gefahren erscheint es durchaus sinnvoll, hier ein Recht zu konstruieren. Der Vorgang ist der Bildung des Rechtes am eingerichteten und ausgeübten Gewerbebetrieb durchaus vergleichbar, der ebenfalls zu einem offenen Recht führt.[359] Gegen derartige Versuche, ein Eingriffsabwehrrecht zu konstruieren, wird in der Regel eingewendet, diese Vorschaltung eines solchen Rechtes erschiene gänzlich unmotiviert.[360] Das trifft jedoch nicht zu. Die Figur der geschützten Wettbewerbsfreiheit mag hier nicht alle Wertungsgesichtspunkte in sich ausgleichen können, immerhin kann sie aber für bestimmte Interessenabwägungen Wertungskontinuität sicherstellen. In die Abgrenzung des Schutzbereiches können auch die übrigen zur Bestimmung des Kreises der Verletzten diskutierten Kriterien einfließen. Die Vorstellung eines Eingriffsabwehrrechts kann außerdem die Bündelung derjenigen Sittenwidrigkeitsgründe leisten, die individualschützend sind. Sie ist damit Instrument der gebotenen strikten Trennung von Individualinteressenschutz und dem Schutz öffentlicher Interessen im Wettbewerbsrecht. In diesem Sinne soll im folgenden davon gesprochen werden, daß unmittelbar Verletzter derjenige ist, in dessen geschützte Rechtsposition die Verletzungshandlung eingreift oder einzugreifen droht.[361] Schließlich verdeutlicht die Figur eines solchen Rechts, daß das Interesse durchaus in *deliktsrechtlicher* Art und Weise schutzwürdig ist, soweit der Tatbestand nicht bereits aus wettbewerblichen Gründen zurückgenommen

---

[357] Zur Terminologie Fn. 83.

[358] *Henckel*, AcP 174 (1974), 97, 136 will § 1 UWG deshalb allerdings gänzlich der verhaltensbezogenen Rechtswidrigkeit zuordnen.

[359] S. 26 f.

[360] *Schünemann*, in: GroßKommUWG Einl Rz. C 13; *Baumbach/Hefermehl*, Einl WG Rz. 48.

[361] *Baumbach/Hefermehl*, § 13 UWG Rz. 19; *Teplitzky*, Wettbewerbsrechtliche Ansprüche, 13. Kap. Rz. 2.

werden muß; das wird im Zusammenhang mit der Begründung subjektiver Rechte gegenüber Genehmigungen von Bedeutung sein.[362]

Schwierig ist es allerdings, den Gegenstand dieses offenen Rechtes zu bezeichnen, ohne sich damit dem Verdacht auszusetzen, zu inhaltlichen Fragen Stellung beziehen zu wollen. Trotz dieser Gefahr wird im folgenden gelegentlich von einem „Recht auf rechtliche Chancengleichheit" oder ähnlichem gesprochen werden; das soll aber ausschließlich aus sprachlichen Gründen und deshalb nur dort geschehen, wo die sachliche Benennung als „das in § 1 UWG geschützte Interesse" besonders umständlich erscheint.

### 3. Rechtswidrigkeit und Berechtigung bei „marktbezogenen" Wettbewerbsverstößen

Ein weiterer Vorteil der Vorstellung eines Rechtsgutes ist, daß damit die vorhandene zivilrechtliche Dogmatik des absoluten Herrschaftsrechts wenigstens soweit genutzt werden kann, wie sie sich auf offene Rechtswidrigkeit bezieht. Die Figur des unmittelbar Verletzten als solches wird nämlich bisher – entsprechend der fragwürdigen Trennung von Sittenwidrigkeit und Klagebefugnis durch die h.M.[363] – viel eher als prozessuales denn als materiellrechtliches Problem verstanden (a); sie kann jetzt unter b) ff. auch vom materiellen Recht her erklärt werden.

a) Die Voraussetzungen, unter denen der „unmittelbar Verletzte" klagebefugt ist, waren im Zeitraum unmittelbar nach Inkrafttreten der UWG-Novelle 1994 zeitweilig heftig umstritten. Vertreten wurden - abgesehen von der h.M., die das konkrete Wettbewerbsverhältnis verlangt[364] - folgende Ansichten:[365] Unmittelbar Verletzter sei, wessen Individualschutz die verletzte Wettbewerbsrechtsnorm bezweckt;[366] bei wem das Verhalten des Störers realistischerweise zu einer Beeinträchtigung führen kann;[367] wer durch den Verstoß objektiv

[362] S. 111 ff

[363] S. 86 f.

[364] Vgl. Fn. 199.

[365] Ausführlich zu den verschiedenen Ansätzen unmittelbar nach der Verabschiedung der Novelle *Strubenhoff*, Klageberechtigung, S. 45 ff.

[366] OLG Bremen, WRP 1996, 19, 21; *Dieselhorst*, WRP 1995, 1, 4 ff; *Köhler*, in: GroßKommUWG, Vor § 13 B Rz. 223; *Sack*, in: FS v. Gamm, 161, 176 ff; *ders*, BB 1995, 1; *v. Linstow*, WRP 1994, 787; *Tilmann*, BB 1994, 1793, 1795.

[367] Gutachter-Ausschuß für Werbefragen, WRP 1997, 298, 298 ff.

in einem über die die alle Mitbewerber treffenden Beeinträchtigungen hinausgehendem Maße betroffen ist.[368]

Nach dem vorher Ausgeführten zur Rechtsnatur derartiger Ansprüche erscheint diese Diskussion um die Voraussetzungen der Verletzteneigenschaft schief. Ist der Verletzte deshalb klagebefugt, weil er Inhaber eines entsprechenden Anspruchs ist, der sich aus der entsprechenden individualschützenden Norm ergibt,[369] so kann nicht die Frage sein, *ob* Individualschutzzweck der verletzten Verbotsnorm Voraussetzung der Klagebefugnis ist, sondern nur, *wie weit* die entsprechenden Verbotsnormen materiellrechtlich Individualschutz bezwecken.[370] Mit anderen Worten muß also der Rechtswidrigkeitszusammenhang festgestellt[371] bzw. - was im Ergebnis auf das gleiche hinausläuft - die Sittenwidrigkeit im Falle des unmittelbar Verletzten als die gefährliche Annäherung an die wettbewerbsrechtlich geschützten Individualinteressen der Mitbewerber unter Einsatz eines unzulässigen Wettbewerbsmittels konkretisiert werden.

b) Unternehmensbezogene Sittenwidrigkeitsgründe sind unzweifelhaft individualschützend.[372] Das Sittenwidrigkeitsurteil gründet in der unmittelbaren Beeinträchtigung der Mitbewerber mit wettbewerbswidrigen Mitteln. Das sind vor allem die Fallgruppen Behinderung und Ausbeutung. Sie sind in ihrer heutigen Reichweite Ausdruck des allgemeinen Sonderdeliktsrechtscharakters der Ansprüche des unmittelbar Verletzten.

c) Tragfähig ist die Vorstellung der unerlaubten gefährlichen Annäherung an die Individualinteressen der Mitbewerber aber auch bei den „marktbezogenen" Wettbewerbsverstößen; hinter der Figur der marktbezogenen Wettbewerbsverstöße steht, wie bereits mehrfach dargelegt,[373] die Interessenbeeinträchtigung durch Interventionswirkung. Nun handelt es sich hier um eine mittelbarere Gefährdung als bei den unternehmensbezogenen Tatbeständen, denn die Wirkungsvermittlung über die Kunden lockert den Zurechnungszusammenhang.

---

[368] OLG Hamm, WRP 1995, 411, 413; *Strubenhoff*, Klageberechtigung, S. 70.

[369] S. 55.

[370] Die Reichweite des von den in Fn. 366 Genannten angenommenen Mitbewerberschutzes unterscheidet sich denn auch im einzelnen erheblich, vgl. etwa einerseits *Sack*, BB 1995, 1,2, andererseits *Dieselhorst*, WRP 1995, 1, 3.

[371] So wohl auch *Sack*, WRP 1985, 1, 11 f. Auch in der „Muttervorschrift" des § 1 UWG, dem § 826 BGB, ist es heute ganz h.M., daß ein Rechtswidrigkeitszusammenhang bestehen muß (BGHZ 96, 231, 236 f; *M. Wolf*, NJW 1967, 709, 710 f; MünchKomm/*Mertens*, § 826 Rz. 52 ff; *Soergel/Hönn/Dönneweg*, § 826 Rz. 69 ff; *Staudinger*[12]/*K. Schäfer*, § 826 Rz. 84).

[372] Unstr., vgl. *Köhler*, in: GroßKommUWG, vor § 13 B Rz. 228; zu branchenbezogenen Verstößen entgegen der h.M. ablehnend *Dieselhorst*, WRP 1995, 1, 6 ff.

[373] Insbesondere S. 74 ff.

Ähnlich wie bei Verwendungs- und Nutzungsstörungen muß man der Rechtswidrigkeit erhöhte Aufmerksamkeit widmen.

d) Im bürgerlichen Deliktsrecht sind mittelbare Eingriffe nur dann rechtswidrig, wenn eine Verkehrspflicht verletzt wird.[374] *Vom Erfolg her* betrachtet, handelt es sich bei der hier betrachteten Verkehrspflicht um das Verbot, sich durch Übertretung gleicher Wettbewerbsschranken die Möglichkeit eines Vorteils im Wettbewerb zu verschaffen und dadurch die Mitbewerber in einen relativen Nachteil zu versetzen. Hinter dieser Perspektive steht die relationale Betrachtung der Situation.[375] In diesem relationalen Sinne ist der Grundsatz der par condicio concurrentium eine andere Norm als diejenige, die die Wettbewerbsschranke bildet, denn es geht um das Verbot der gefährlichen Annäherung an das wettbewerbsrechtlich geschützte Rechtsgut. Das Verhalten, das verboten ist, ist allerdings isoliert betrachtet durchaus identisch mit dem in der verletzten Wettbewerbsschranke verbotenen. Das Gebot der par condicio concurrentium ist in diesem Sinne eine *eigenständige Norm* zum Schutz vor gefährlichen Annäherungen an ein rechtlich geschütztes Interesse, denn sie *bezieht sich nicht auf die isolierte, sondern auf die relationale Situation.*

e) Diese Norm, das Verbot, die par condicio concurrentium zu übertreten, beschreibt die Gefahr sehr abstrakt. Im bürgerlichen Deliktsrecht wird dagegen die Verkehrspflicht in einem Abwägungsvorgang konkretisiert. Dazu müssen die Nutzungs- und sonstigen Interessen des Rechtsgutinhabers mit denjenigen gegenläufigen Interessen abgewogen werden, die ihrerseits so gewichtig sind, daß die Charakterisierung der Handlung als schlechthin zu unterlassende nicht mehr möglich ist.[376] Die Abwägungskriterien sind im bürgerlichen Deliktsrecht vor allem die Zumutbarkeit eigener Vorsorge des Geschädigten,[377] die legitimen Erwartungen der Verkehrsteilnehmer,[378] wobei es für die Legitimität auf die Wertigkeit des bedrohten Rechtsguts[379] und das Ausmaß des drohenden

---

[374] Vgl. zu Unterlassungsklagen gegen deliktische Verkehrspflichtverletzungen, d.h. der u.U. dort ebenfalls selbständig möglichen Durchsetzbarkeit deliktischer Verkehrspflichten, *v. Bar*, in: FS 25 Jahre VersR, 80.

[375] S. 80 f.

[376] *Steffen*, VersR 1980, 409, 411; RGRK/*Steffen*, § 823 Rz. 107.

[377] BGH JZ 1989, 249, 250; BGH NJW 1980, 1159, 1160; Staudinger/ *J. Hager*, § 823 Rz. E 32; MünchKomm/ *Mertens*, § 823 Rz. 217.

[378] BGH NJW 1990, 906, 906 f; MünchKomm/*Mertens*, § 823 Rz. 216.

[379] *Steffen*, VersR 1980, 409, 411.

Schadens ankommt,[380] die Höhe des Vermeidungsaufwandes[381] und die Erkennbarkeit der Gefahr für den Verkehrspflichtigen.[382]

Es gibt nun keinen Grund, warum ein solcher Abwägungsvorgang nicht auch bei dem „Vorsprung durch Rechtsbruch" notwendig sein sollte. Wettbewerb unter ungleichen Bedingungen muß den Wettbewerbern in gewissem Maße durchaus zugemutet werden können.[383] Ein Spannungsverhältnis zwischen Güterschutz und Handlungsfreiheit[384] gibt es auch hier. Die Relevanz der Handlungsfreiheitsinteressen des Rechtsverletzers kann jedenfalls nicht deshalb schlechthin verneint werden, weil sein Handeln bereits aus anderen Gründen rechtswidrig ist. Um die Durchsetzung der verletzten Norm um des Zweckes der Norm selbst willen geht es eben unbestrittenermaßen nicht. Zwar scheint der Gesetzgeber mit der ursprünglichen Regelung des § 13 Abs. 2 Nr. 1 UWG, die früher die Voraussetzungen des Individualschutzes regelte, die Per-se-Beachtlichkeit von Vorsprüngen im Wettbewerb bestimmt zu haben.[385] Hier kann nicht erörtert werden, ob ein derartiger abstrakter Gefährdungstatbestand für isoliert *originäre* wettbewerbsrechtliche Verbote immer noch angemessen ist oder ob nicht mit der Verlagerung des Individualschutzes von § 13 Abs. 2 Nr. 1 UWG zur ungeschriebenen Figur des unmittelbar Verletzten auch bei isoliert originären wettbewerbsrechtlichen Verboten eine konkrete Abwägung notwendig ist, um die hinreichend schwere Gefahr bejahen zu können. Seit jeher durfte Per-Se-Beachtlichkeit eines Vorsprungs jedenfalls nicht bei der Verletzung öffentlich-rechtlicher Ver- und Gebote angenommen werden. Zu beachten ist namentlich stets auch die „Tragbarkeit der Haftung im Lichte des haftungsrechtlichen Gesamtsystems".[386] Gegen die Zulassung weiterer Kläger enthält das Prinzip der begrenzten Sanktionsbefugnis maßgebliche Gesichtspunkte,[387] die die These falsifizieren, die Marktposition sei auch außerhalb originär wettbewerbsrechtlicher Verbote uneingeschränkt vor Schrankenungleichheitseffekten schutzwürdig. Das für isoliert originär wettbewerbsrechtliche Normen tragende Argument, ganz bewußt solle keiner

---

[380] RGRK/*Steffen*, Rz. 141; Staudinger/ *J. Hager*, § 823 Rz. E 27

[381] BGHZ 58, 149, 156; Staudinger/ *J. Hager*, § 823 Rz. E 31.

[382] BGH NJW 1982, 1049, 1050; MünchKomm/ *Mertens*, § 823 Rz. 217; Staudinger/ *J. Hager*, § 823 Rz. E 30.

[383] BGH WRP 2000, 1116, 1121 - Abgasemissionen.

[384] *Larenz/Canaris*, SchR II/2, § 72 I 1 (S. 350).

[385] S. bereits oben S. 86 f zu den Gründen für die Entstehung eines besonderen Wettbewerbsrecht.

[386] Dazu BGHZ 66, 388, 390; BGHZ 106, 204, 206 f; BGHZ 125, 366, 370 ff; *Canaris*, in: 2. FS Larenz, 27, 47 ff; *Larenz/Canaris*, SchR II/2, § 77 II 3 u. 4; *Spickhoff*, Gesetzesverstoß, 125 ff; *Knöpfle*, NJW 1969, 697, 699 f.; Palandt/*Thomas*, § 823 Rz. 141; *Schmiedel*, Deliktsobligationen, S. 242 ff.

[387] S. 15 ff.

der Klagebefugten die Kompetenz haben, sich gegen die Durchsetzung zu entscheiden,[388] läßt sich schwerlich ohne weiteres auf verwaltungsrechtliche Normen übertragen. Verwaltungsrechtliche Normen sind häufig genug nur bloße „Vorratsnormen“, die für den Fall eines Bedürfnisses der Verwaltung Sanktionsmöglichkeiten bereitstellen, einer nochmals abwägenden Entscheidung sowohl im Interesse der Handlungsinteressenten als auch im öffentlichen Interesse aber nicht entbehren können. Es bedarf vielmehr der konkreten Abwägung der jeweils beteiligten Interessen. Genau auf dieser Ebene müssen die öffentlich-rechtlichen Interessen, die mit dem Prinzip der begrenzten Sanktionsbefugnis beschrieben wurde, wettbewerbsrechtlich verarbeitet werden. Die insofern involvierten Interessen laufen parallel mit den Interessen des Konkurrenten, daß seine Freiheit nicht ohne Notwendigkeit eingeschränkt wird. Man kann darüber hinaus hinzufügen, daß eine hypertrophe Zurechnung nicht zuletzt auch Funktionen des Wettbewerbs zu ersticken droht; denn soweit der Staat sich nicht gänzlich jeder Regelung enthält, unterläge ansonsten fast jedes Handeln und – da, wie noch zu zeigen, § 1 UWG auch subjektives Recht im Sinne des § 42 Abs. 2 VwGO ist – sogar fast jede staatliche Maßnahme der Rechtskontrolle und den damit einhergehenden Planungsunsicherheiten und Investitionsverzögerungen.[389]

Mit anderen Worten ist also nicht jede, sondern nur die „wesentliche Beeinträchtigung“ genügend. Nun hat der Gesetzgeber 1994 die Einführung eines neuen § 2 UWG erwogen,[390] der die Sittenwidrigkeit wegen Verletzung außerwettbewerblicher Normen auf solche Fälle begrenzen sollte, die entweder einen wesentlichen Wettbewerbsvorsprung oder eine wesentliche Beeinträchtigung des Wettbewerbs herbeiführen;[391] eingeführt hat er diese Einschränkung aber nicht. Das ist jedoch kein Grund gegen eine solche Begrenzung auf „wesentliche Beeinträchtigungen“. Das Motiv des Gesetzebers, aus dem er jenen § 2 UWG einführen wollte, war die Bekämpfung des Abmahnunwesens, das eine seiner maßgeblichen Ursachen in der großzügigen Bejahung der Sittenwidrigkeit wegen Rechtsbruchs haben sollte.[392] Die hohe Zahl der Fälle, in denen Abmahnvereine Wettbewerbsverstöße wegen Verletzung außerwettbewerbsrechtlicher Vorschriften geltend machten, ließ sich aber ebenfalls dadurch erklären, daß die Normverstöße, soweit es um Werbung geht, leicht zu erfassen sind[393] und deshalb derartige Verfahren ein geringes Prozeßrisiko mit sich bringen.[394]

---

[388] S. noch S.189 ff.

[389] Bei der Abgrenzung des Beihilfenbegriff halten dies *Koenig/Kühling*, EuZW 1999, 517, 518 f jedoch letztlich nicht für durchgreifend.

[390] Der bisherige § 2 UWG sollte ersatzlos gestrichen werden.

[391] In einem Schreiben des BMJ wurde zunächst der spürbare oder erhebliche Wettbewerbsvorsprung oder die spürbare oder erhebliche Beeinträchtigung des Wettbewerbs insgesamt oder von Interessen der Verbraucher vorgeschlagen (Schreiben des BMJ v. 15.9.1993, GRUR 1993, 878, 879).

[392] BTags-Drs. 12/7345, S. 4; Schreiben des BMJ v. 15.9.1993, GRUR 1993, 878, 878.

[393] Laut *Quack*, in: FS Trinkner, 265, 272 f liegt der Schwerpunkt der Rechtsverfolgung bei Gesetzesverstößen in Prospekt- und Zeitungswerbungen.

Gegen den gesetzgeberischen Vorschlag wurde daher eingewendet, daß diese Verstöße zwar einfach verfolgbar sein mögen; das bedeute jedoch nicht, daß die Verstöße gegen außerwettbewerbsrechtliche Vorschriften nicht wettbewerbsschädlich seien.[395]

Dieses Argument ist zwar zutreffend, soweit die Beschränkung auf wesentliche Verstöße nur mit dem Abmahnunwesen begründet wurde. Ebensowenig ist damit aber bereits dargetan, daß der Vorteil im Wettbewerb hinreichend gewichtige Folgen hat, um den Einbruch in das Prinzip der begrenzten Sanktionsbefugnis zu rechtfertigen. Die „Wesentlichkeit der Beeinträchtigung" wird hier nicht deshalb verlangt, weil das Prozeßrisiko gering ist,[396] d.h. zwecks Beschränkung prozessual (im Kostenerstattungsanspruch) begründeter Exzesse, sondern weil ansonsten materiell übermäßig und planwidrig in den Zuständigkeitsbereich der Verwaltung eingegriffen würde. Der Gesetzgeber hat diese Frage auch nicht gegen das Erfordernis der „Wesentlichkeit" entschieden, indem er von dieser Regelung abgesehen hat, sondern wollte eine ausdrücklichere Regelung bis zu einer grundlegenderen Überarbeitung des Wettbewerbsrechts nur aufschieben.[397] Das bloße Aufschieben einer Reform spricht gewiß nicht dagegen, entsprechenden Erfordernissen über die Auslegung der Generalklausel gerecht zu werden.

## 4. Die Abwägung von Individualinteresse und Begrenzung der Sanktionsbefugnis: Das Beweisproblem

a) § 1 UWG ist demnach zwar grundsätzlich geeignet, die Interessenbeeinträchtigung durch die Rechtsverletzung des Konkurrenten nicht dem Bereich der kontrollfreien Sphäre rein objektiven Rechts zuzuordnen, so daß es auf den Schutzzweck der übertretenen Norm gar nicht ankommt. Das Prinzip der begrenzten Sanktionsbefugnis verlangt als gegenläufiges Prinzip andererseits, geringfügige Interessenbeeinträchtigungen von der Vermittlung eines subjektiv-rechtlichen Bezuges auszunehmen. Im Grunde gilt hier nichts anderes als bei der Herleitung subjektiver Rechte unmittelbar aus Grundrechten.[398] Das Maß des Schutzes ist gegenüber dem rein grundrechtlich

---

394 *Kroitzsch*, GRUR 1982, 389, 389: „Diese Verfahren sind vom Prozeßrisiko her reine Selbstgänger". Ähnlich *Schricker*, GRUR Int. 1994, 586, 593.

395 Die Stellungnahmen zur UWG-Novelle 1994 sind nach Inkrafttreten überwiegend skeptisch gewesen (z.B. *v. Linstow*, WRP 1994, 787; *Nacken*, WRP 1994, 791; *Borck*, WRP 1994, 719; *Tilmann*, BB 1994, 1792, 1798 f; *Gröning*, WRP 1994, 435). Konkret zum geplanten § 2 UWG waren sie wenigstens geteilt: Positiv *Beater*, ZHR 159 (1995), 217, 227; *Beier/Schricker*, GRUR 1993, 880, 883; *Schricker*, GRUR Int. 1994, 586, 503; aus unterschiedlichen Gründen ablehnend *Gloy/Loschelder*, GRUR 1994, 435, 437; *Kroitzsch*, GRUR 1995, 322; *Borck*, WRP 1994, 349, 351.

396 In diese Richtung aber *Kroitzsch*, GRUR 1982, 389.

397 BT-Drucks. 12 /8089, S. 4

398 S. 43 ff.

begründeten Schutz zwar deutlich zu erhöhen, darf jedoch nicht ins Maßlose abgleiten.

b) Auch im Wettbewerbsrecht bestehen Abwehransprüche, weil ein Schaden droht. Nach allgemeinen Grundsätzen genügt für einen Unterlassungsanspruch bereits die Gefahr der Rechtsgutverletzung.[399] Dem Begriff der Gefahr ist es eigen, daß ihre Verwirklichung nicht Voraussetzung ist. Betrachtet man aber einmal, welches Maß an Interessenbeeinträchtigung von der zivilgerichtlichen Praxis *konkret* verlangt wird, so fällt auf, daß der Nachweis eines drohenden konkreten Schadens (Marktanteilsverlust) oder auch nur wenigstens eines konkret erzielten Vorsprungs im Wettbewerb (im Sinne eines Marktanteilzugewinns) für Unterlassungsansprüche aus § 1 UWG, Sittenwidrigkeit wegen Vorsprungs durch Rechtsbruch, nicht verlangt wird.[400] Wenn die Rechtsprechung gelegentlich den Nachweis eines konkreten Vorteils verlangt, so heißt das nur, daß der konkrete Einsatz eines Mittels nachgewiesen werden muß, das überhaupt geeignet ist, den Vorsprung im Wettbewerb zu erzielen.[401]

Wesentlicherer Grund dafür, daß die Anforderungen an den Vorsprung äußerst gering sind, dürfte indes die *spezifisch wettbewerbliche Situation, die gerade zur Entstehung eines besonderen Lauterkeitsrechts geführt hat.*[402] Mit § 1 UWG wurde eine Generalklausel geschaffen, gerade weil der für § 826 BGB erforderliche konkrete Nachweis, daß tatsächlich ein Schaden droht, regelmäßig nicht erbracht werden kann, die Wettbewerber daher ansonsten schutzlos blieben.[403] Der Vorsprung durch Rechtsbruch, der auf dem Gedanken der par condicio concurrentium beruht, zeichnet sich vor diesem Hintergrund dadurch aus, daß der letzte Schritt zum Schaden nicht durch den Schädiger, sondern durch die Marktgegenseite getan wird („über Bande").[404] Hier ist der Wettbewerber hinsichtlich der *konkreten Kausalzusammenhänge typischerweise*

---

[399] *Larenz/Canaris*, SchR II/2, S. 704 f; *Medicus*, SchR II Rz. 942 u. 944.

[400] BGH GRUR 1983, 665, 666 - Quadratmeter-Preisangaben; *Jacobs/Hasselblatt*, in: Gloy, HBWbR, § 47 Rz. 34; *Brandner/Michael*, NJW 1992, 278, 279; *Merkel*, Vorsprunggedanke, S. 51; mit anderer Begründung ebenso *v. Schall-Riacour*, Außerwettbewerbsrechtliche Normen, S. 81 f.

[401] BGH GRUR 1985, 886 , 888 - Cocktail-Getränk; BGHZ 120, 320 - Tariflohnunterschreitung. *Piper*, in: Köhler/Piper, § 1 Rz. 660 f will einerseits die „Eignung" ausreichen lassen, verlangt andererseits aber einen „greifbaren Wettbewerbsvorteil".

[402] S. bereits Fn. 216.

[403] Vgl. den Bericht der Kommission, Verhandlungen des Reichstages, 12. Legislaturperiode, 1. Session 1907/1909, (Bd. 255), S. 8433, 8435: Für § 826 BGB müsse das Drohen eines Schadens tatsächlich feststellbar sein. Mit § 1 UWG solle der Tatbestand des § 826 von diesen Beschränkungen befreit werden.

[404] S. 6 f.

*in Beweisnot.* Das manifestiert sich etwa darin, daß es jedenfalls für die Fallgruppe „Rechtsbruch" nur wenige veröffentlichte Entscheidungen gibt, in denen überhaupt ein schadenersatzzusprechendes Urteil dem Grunde nach (durch Feststellung) ergangen ist, und - soweit ersichtlich - nicht ein einziges diesbezügliches Endurteil: Ist eine ex-post-Beurteilung von Kausalverläufen nicht möglich, so kann man auch keine Schadenersatzansprüche zusprechen.

Auch für die einzig übrig bleibenden Unterlassungsansprüche kann man sich richtigerweise nur an der typischen Gefährdungslage orientieren. Die Beweisprobleme setzen sich jedoch fort, wenn man substantielle Anforderungen an den Nachweis einer hineichend schweren Gefahr stellt. Eine ex-ante-Analyse der Gefährlichkeit (als Grundlage des Unterlassungsanspruchs) ist auf Erfahrungswerte über bekannte Ursache-Wirkung-Zusammenhänge angewiesen. Hinreichend konkrete, in Einzelfällen spezifizierbare und darüber hinaus auch noch beweisfeste Erkenntnisse über das Maß der Beeinflussung von Konsumentenverhalten gibt es jedoch eben offenbar kaum; das zeigt sich an dem gerade beschriebenen Bestand zu Schadenersatzansprüchen, wo es noch nie gelungen ist, einen konkreten Ursache-Wirkung-Zusammenhang zwischen Einsatz eines Wettbewerbsmittels und Marktanteilzugewinns mit hinreichender Beweiskraft zu belegen. Auch die Literatur stellte lange Zeit ebenfalls kaum konkretere Lösungsvorschläge zur Diskussion.[405] Vor dem Hintergrund des Beweisproblems erscheinen insbesondere die Vorschläge unbefriedigend, eine „nennenswerte",[406] „spürbare",[407] „greifbare"[408] oder „konkrete"[409] Beeinflussung der Wettbewerbslage zu verlangen.

c) Die Wettbewerbsgerichte neigen nun, wie bereits beschrieben, im Einklang mit der Gesetzesbegründung dazu, im Zweifel den Vorsprung für hinreichend gewichtig zu halten. Da *fast immer Zweifel bestehen*, hat das zur Folge, daß der *Vorsprung fast immer hinreichend schwer* ist. Zumindest faktisch ist die Vermutung unwiderleglich. Im Ergebnis zeigen sich die Zivilgerichte den Mitbewerbern gegenüber so großzügig, daß die Abgrenzung zwischen relevanten und irrelevanten Gefahren durch die Rechtsprechung nach wie vor als nicht gänzlich gelungen bezeichnet werden muß. Konkrete Aussagen - oder wenigstens eine Diskussion auf einer konkreteren Ebene - wären aber dringend notwendig, unabhängig davon, ob man entsprechende Maßstäbe in Art. 12 GG, Art. 2 Abs. 1 GG, aus § 1 UWG oder sonstigen Normen des einfachen Rechts gewinnen will. Immerhin hat die Wettbewerbsrechtsprechung sich inzwischen

---

[405] S. aber die in Fn. 823 Genannten.
[406] *Baumbach/Hefermehl*, § 1 Rz. 656; *Teplitzky*, in: GroßKommUWG, § 1 Rz. G 196.
[407] *Köhler/Piper*, § 1 Rz. 661.
[408] BGH GRUR 1992, 320, 321 - „R.S.A./Cape".
[409] *Jacobs/Hasselblatt*, in: Gloy, HBWbR, § 47 Rz. 34.

dazu durchringen können, nicht mehr jede Handlungsmöglichkeit genügen zu lassen, die lediglich nach aller Lebenserfahrung nicht völlig ungeeignet zur Erzielung eines Vorsprungs im Wettbewerb erscheint;[410] insbesondere bei Rechtsverstößen im Vorfeld der eigentlichen Wettbewerbshandlung, die aber in der Wettbewerbshandlung selbst noch fortwirken, setzt sich nun eine restriktivere Linie durch.[411] Dennoch gilt nach wie vor die Auslegungsrichtlinie, daß ein Vorteil im Zweifel relevant ist.

Symptomatisch ist etwa die Begründung der „Giftnotruf-Box"-Entscheidung.[412] Der BGH wollte offenbar trotz der erheblichen Argumente, die die Vorinstanz zu Bejahung der Sittenwidrigkeit bewegt hatten,[413] nun einmal zu dem Ergebnis kommen, daß kein Wettbewerbsverstoß vorlag. Offenbar sah es keinen anderen Ausweg, als das in der Vorinstanz auch tragende Argument des Vorsprungs im Wettbewerb einfach stillschweigend in der Gesamtabwägung verpuffen zu lassen. Dieser Ausweg steht einem Instanzgericht jedoch nicht zur Verfügung.[414]

d) Das erhebliche Unbehagen, daß auch bei der Position der Verwaltungsrechtsprechung verbleibt, selbst wenn man außer Acht läßt, daß § 1 UWG nicht beachtet wird, hat genau den gleichen Grund. Es mag dogmatisch vertretbar sein, den Individualrechtsschutz aus Grundrechten hier bis zur Grenze des schweren und unerträglichen zurückzunehmen. Im Ergebnis hat hier dennoch die Position „im Zweifel nein" zum Ergebnis „immer nein". So erscheint es als weit übermäßige Härte, wenn ein Urteil des OVG Bautzen[415] selbst einen Umsatzrückgang von 30 % nicht dafür hat genügen lassen, die Klage auch nur zuzulassen. Man rufe sich bei der Lektüre des Folgenden ins Gedächtnis, daß es für die Klagebefugnis genügt, wenn die Möglichkeit einer zurechenbaren kausalen schweren und unerträglichen Beeinträchtigung nicht

---

[410] Beispiele, in denen der Vorteil auch früher ausgeschlossen wurde, sind selten: So sollte die Verwendung eines Taxen-Farbanstrichs für Mietwagen keinen relevanten Vorsprung begründen, da Mietwagenverleiher üblicherweise keine Taxikunden transportieren (BGH GRUR 1986, 621 - Taxen-Farbanstrich; m.E. eher eine Frage des Wettbewerbsverhältnisses); durch die Verwendung der Bezeichnung „Cape" würden politisch motivierte, an einem Boykott interessierte Verbraucher nicht weniger über die Herkunft von Obst aufgeklärt als durch die offizielle Herkunftsbezeichnung „R.S.A." (BGH GRUR 1992, 320, 321 f. - „R.S.A."/"Cape"). Vgl. dagegen das Beispiel bei *Gröning*, WRP 1994, 435, 438 zur PAngV (KG, Az. 25 W 6960/93): Es liege ein Wettbewerbsvorteil gegenüber anderen Verkaufsmaklern darin, daß der Endpreis von 293.000 DM für eine Wohnung nicht deutlich hervorgehoben sei, weil dann auch der Kunde sich intensiv mit der Anzeige beschäftige, dem dieser Preis zu hoch sei.

[411] S. noch S. 203 ff.

[412] GRUR 2000, 237.

[413] Vgl. KG WRP 97, 460, insbes. 469 ff.

[414] Kritisch zur Rechtsunsicherheit durch die vergleichbare Vorgängerentscheidung „Hormonpräparate" auch *Köhler*, Urteilsanmerkung, LM § 1 UWG Nr. 794.

[415] NJW 1999, 2538, 2540.

offensichtlich und eindeutig nach jeder denkbaren Betrachtungsweise unmöglich erscheint:[416] „Dafür, daß diese Umsatzeinbußen aber bereits ein existenzgefährdendes, die freie unternehmerische Tätigkeit bedrohendes Ausmaß angenommen haben, ist bisher nichts ersichtlich. In Anbetracht der Tatsache, daß es für das Gericht nicht auf der Hand liegt, daß die gesamten geltend gemachten Umsatzeinbußen gerade auf die verkürzten Ladenschlußzeiten für die Geschäfte im Leipziger Hauptbahnhof und nicht zumindest auch auf auf die allgemeine konjunkturelle Entwicklung im Einzelhandel und die Eröffnung des Einkaufszentrums an sich zurückgeführt werden können, ist damit aber eine mögliche Verletzung der grundgesetzlich geschützten Wettbewerbsfreiheit derzeit ausgeschlossen (vgl. hierzu BVerwGE 65, 167 = NJW 1982, 2513; VGH München, NJW 1985, 1180 (1181))". Es handelt sich hierbei gewiß auch auf der Basis der BVerwG-Rechtsprechung um ein Fehlurteil; denn wann, wenn nicht hier hätten die Zurechnungs- und Kausalitätsfragen im Rahmen der Begründetheit untersucht werden müssen.[417] Selbst in diesem Fall wäre dem Kläger mit der Zulässigkeit allerdings wenig geholfen gewesen, da wegen faktischer Unwiderleglichkeit der Vermutung die Klage dann eben unbegründet gewesen wäre.

Die Kritik, die an dieser Rechtsprechung in der Literatur geübt wird, nützt hier im Ergebnis ebensowenig wie die wettbewerbsrechtliche Kritik, weil sie die notwendigen ganz konkrete Abgrenzungshilfen nicht liefert. Man verlangt durchaus, daß Rechtsschutz diesseits der Schwelle des konkreten Einzelnachweises der kausalen Geschäftsvernichtung möglich sein müssen und will hier insbesondere auch in der „zweiten Zone"[418] Konkurrentenschutz in der Dilemmasituation der Wettbewerbsverzerrung gewähren.[419] Die verschiedenen Formeln bleiben jedoch viel zu vage. Verlangt wird, daß die „empfindliche Beeinträchtigung der unternehmerischen Tätigkeit"[420] genügen müsse; daß die Verletzung solcher Normen, die „ihrem objektiven Regelungsgegenstand nach die ‚Teilnahme am Wettbewerb' und insbesondere die Bedingungen ‚konkurrierender Teilnahme am Wettbewerb' regeln", bei „konkreter Beeinträchtigung" gerügt werden können müsse;[421] daß eine „nicht nur

---

[416] Vgl. BVerwGE 95, 133, 134; BVerwGE 92, 313, 315 f; BVerwG NVwZ 1993, 884, 884 f; *Kopp/Schenke*, § 42 Rz. 65; *Happ*, in: Eyermann, § 42 Rz. 93.

[417] Kritisch auch *Koch*, Grundrechtsschutz, S. 298 ff.

[418] S. 43 f.

[419] *Kopp/Schenke*, § 42 Rz. 150; *Wahl*, in: Schoch/Schmidt-Aßmann/Pietzner, § 42 Abs. 2 Rz. 294 ff.

[420] *Kopp/Schenke*, § 42 Rz. 150.

[421] *R. Schmidt*, Öffentl. WirtschR AT, S. 461; in diese Richtung ja auch die neue Rechtsprechung im Wettbewerbsrecht.

unerhebliche nachteilige“ Beeinflussung[422] bzw. eine „einigermaßen erhebliche Beeinträchtigung der Position“[423] des Mitbewerbers genügen müsse. Den notwendigen konkreten Maßstab zur Entwicklung richterrechtlicher Schutzpositionen bietet die Literatur hiermit nicht.

e) Zusammengefaßt: Entweder, man tendiert dazu, die nachteilige Beeinflussung der rechtlichen Wettbewerbsschranken im Zweifel für irrelevant zu halten. Dann bleibt, wie bei der Behandlung des Problems durch die Verwaltungsgerichte, von der Wettbewerbsfreiheit nichts übrig. Will man umgekehrt derartige Beeinträchtigungen im Zweifel für relevant halten, lassen sich die wegen fehlender Abstufungsmöglichkeiten damit geöffneten Schleusen kaum mit auch für die Instanzgerichte handhabbaren Mitteln schließen,[424] wie die Entwicklung im Wettbewerbsrecht zeigt. Obwohl immerhin der Wegfall der Steuerungswirkung von Schadenersatzansprüchen (infolge der fehlenden Möglichkeit eines Schadensnachweises) eine gewisse Strenge bei Unterlassungsansprüchen rechtfertigen kann, ist die Situation nicht befriedigend. Für Zwischentöne fehlt die Rasterung, das erwähnte notwendige „Vokabular“ zur Abstufung nach Schweregraden. Für eine Unterscheidung nach Schweregraden zwischen der Rechtsbetroffenheit in § 1 UWG und der grundrechtlich relevanten Rechtsbetroffenheit gilt das erst recht. Im praktisch orientierten Teil V wird daher der Versuch unternommen, überhaupt ein solches Vokabular zu entwickeln, mit dem sich durch angemessene Fallgruppenbildung Pauschallösungen vermeiden lassen.

## C. Der Eingriff durch Verwaltungsakt

### 1. Die Bindungswirkung von Verwaltungsakten

Die erste der eingangs gestellten Fragen ist nun beantwortet: § 1 UWG enthält in der Tat eine eigenständige Regelung der Sanktionsbefugnis, die wegen der faktischen Folgen in erheblichem Maße Sanktionsbefugnisse jenseits der

---

[422] *Wallerath*, NJW 2001, 781, 789.

[423] *Manssen*, in: v. Mangoldt/Klein/Starck, Art. 12 Abs. 1 Rz. 95.

[424] *Gröning*, WRP 1994, 435, 440; *Beater*, JZ 1997, 916, 922; *Stolterfoht*, in: FS Rittner, 695, 704 spricht ähnlich davon, daß es sich bei dem Erfordernis der bewußten und planmäßigen Normverletzung zum Zwecke der Vorsprungerzielung um eine manipulierbare Leerformel handele.

Schutznormlehre begründet. Die Beantwortung der zweiten Frage nach der Bindungswirkung von Genehmigungen, ob also der wettbewerbsrechtliche Unterlassungsanspruch ausgeschlossen ist, wenn und soweit das Verhalten verwaltungsbehördlich genehmigt ist, kann nun auf dem Boden des hier entwickelten Modells mit vergleichsweise geringer Mühe bewältigt werden. Im Gegensatz zur Ansicht der Rechtsprechung, die den Weg einer Gesamtabwägung bevorzugt,[425] ist richtigerweise von „strenger" Bindungswirkung des rechtsgestaltenden Verwaltungsakts auszugehen.

a) Hierbei handelt es sich vor allem um ein Problem der objektiven Grenzen der Wirkungen des Verwaltungsakts. An den subjektiven Grenzen wird eine solche Bindungswirkung nämlich im praktischen Ergebnis selten scheitern, obwohl auch Gestaltungsakte der Verwaltung im Gegensatz zu zivilrechtlichen Gestaltungsurteilen[426] ihre Wirkung nicht erga omnes entfalten.[427] Die zur äußeren Wirksamkeit notwendige Bekanntgabe kann jederzeit nachgeholt werden, da es eine relative Bestandskraft von Verwaltungsakten gibt, also - anders als für die materielle Rechtskraft eines Urteils[428] - die formelle Bestandskraft gegenüber allen durch das Verfahren Betroffenen nicht Voraussetzung der Wirksamkeit ist (§ 43 Abs. 1 VwVfG).[429] Nimmt man hinzu, daß sowohl der nachteilig Betroffene selbst als auch der durch den Verwaltungsakt Begünstigte entsprechende Bekanntgabe verlangen können,[430] daß außerdem der Begünstigte ab Kenntnis bald vorgehen muß, um Verwirkung zu verhinden,[431] stellen die subjektiven Grenzen kein ernsthaftes Hindernis einer Erstreckung der Wirkung des Verwaltungsakts auf die Konkurrenten dar.

---

[425] BGH GRUR 1998, 407, 411 - TIAPRIDAL; BGH GRUR 2000, 237, 238 - Giftnotrufbox; OLG München, NJW-RR 1987, 1524.

[426] Das gilt für die Gestaltungswirkung, BGHZ 3, 385, 388; *Leipold*, in: Stein/Jonas, § 325 Rz. 7; *Gottwald*, in: MünchKommZPO, § 325 Rz. 6; *Schilken*, ZPR Rz. 191; a.A. *A. Blomeyer*, Zivilprozeßrecht, § 94 II. Die materielle Rechtskraft, die nach ganz h.M. (*Zöller/Vollkommer*, § 322 Rz. 3 ff; *Schilken*, ZPR Rz. 192 u. 997) Gestaltungsurteilen ebenfalls zukommt, wirkt dagegen nur inter partes.

[427] *Kopp/Ramsauer*, § 41 Rz. 20.

[428] Vgl. *Kopp/Schenke*, § 121 Rz. 2; *Schilken*, ZPR, Rz. 994; *Zöller/Vollkommer*, vor § 322 Rz. 6.

[429] BVerwG BayVBl 1984, 631, 632; BVerwG JZ 1990, 291; *Kopp/Ramsauer*, § 43 Rz. 38; *Ipsen*, DV 17 (1984), 169, 174 f; *Randak*, JuS 1992, 33, 34; *Erichsen/Knoke*, NVwZ 1983, 185, 188 f; *Achterberg*, Allg VerwR, § 23 Rz. 37.

[430] *Kopp/Ramsauer*, § 41 Rz. 47; *Sachs*, in: Stelkens/Bonk/Sachs, § 41 Rz. 38; *Horn*, DÖV 1987, 20, 23.

[431] Vgl. Fn. 667.

b) An materiellen Wirkungen eines gestaltenden Verwaltungsaktes lassen sich unter Verwendung zivilrechtlicher Terminologie[432] der Rechtskraft nahestehende materielle Bestandskraft, Gestaltungswirkung und Tatbestandswirkung unterscheiden.[433] Die *materielle Bestandskraft* des Verwaltungsaktes (deren Reichweite ungeklärt ist)[434] bewirkt, daß abweichende Entscheidungen ausgeschlossen sind, der Verwaltungsakt also als inhaltlich richtig anzusehen ist. Durch *Gestaltungswirkung* ändert ein Verwaltungsakt die Rechtslage, weil er inhaltlich auf die Umgestaltung der Rechtslage gerichtet ist. Schließlich kann ein Verwaltungsakt - auch ein genehmigender - ebenso wie jede andere Entscheidung auch *Tatbestandswirkung* entfalten, wenn eine Norm des materiellen Rechts seiner bloßen Existenz unabhängig von der Zielrichtung der Regelung Wirkungen beilegt.

(1) Um Folgen der materiellen Bestandskraft eines Gestaltungsaktes geht es gewiß nicht; die materielle Bestandskraft von Gestaltungsakten ist nur von Bedeutung, wenn in einem anderen Verfahren die Berechtigung zur Genehmigungserteilung etwa wegen Schadenersatzansprüchen überprüft wird.[435] Ob – als zweite Möglichkeit – der privatrechtliche Anspruch aus § 1 UWG von den objektiven Grenzen der *Gestaltungswirkung* des genehmigenden Verwaltungsaktes erfaßt wird, kann nur durch einen Vergleich von Regelungsgegenstand des Verwaltungsakts und des wettbewerbsrechtlichen Anspruchs festgestellt werden. Wenn der Verwaltungsakt genau den Konflikt, der auch Gegenstand der wettbewerbsrechtlichen Norm ist und dort zur Rechts-

---

[432] Im Verwaltungsrecht herrschen große terminologische Unklarheiten. So wird z.B. etwa das, was im Zivilrecht als Tatbestandswirkung bezeichnet wird, „erweiterte besondere Tatbestandswirkungen" genannt, vgl. zum Verwaltungsprozeßrecht *Kopp/Schenke*, § 121 Rz. 5, zum Verwaltungsverfahrensrecht *Kopp/Ramsauer*, § 43 Rz. 24. Der Begriff „Tatbestandswirkung" soll im Verwaltungsrecht dagegen auch eine Bindung an den Inhalt des Verwaltungsakts umfassen (BVerwGE 59, 310, 315; *Ammelburger*, Bestandskraftlehre, S. 8; wohl auch *Maurer*, Allg. VerwR, § 11 Rz. 8), nach einer weiteren Ansicht auf Wirkungen für und gegen Dritte beschränkt sein (*Erichsen/Knoke*, NVwZ 1983, 185, 189). Im Verwaltungsprozeßrecht wird die Terminologie dagegen teilweise ähnlich wie im Zivilprozeßrecht verwendet (BVerwG NVwZ 1990, 1069, 1070; *Rennert*, in: Eyermann, § 121 Rz. 17); zu weiteren Begriffsinhalten *Ipsen*, DV 1984, 169, 170; *Ammelburger*, Bestandskraftlehre, 3 ff.

[433] S. *Zöller/Vollkommer*, Vor § 322 Rz. 3 ff; zur Unterscheidbarkeit von Tatbestands- und Gestaltungswirkung *Lüke*, JuS 2000, 1042, 1045; *Leipold*, in: Stein/Jonas, § 322 Rz. 66; *Zöller/Vollkommer*, § 325 Rz. 43

[434] Zur eingeschränkten Wirkung der materiellen Bestandskraft von Verwaltungsakten BVerwG NJW 1976, 340; BGH NJW 1984, 1169; *Ammelburger*, Bestandskraftlehre, S. 16 ff; *Erichsen/Knoke*, NVwZ 1983, 185; *Ipsen*, DV 17 (1984), 169, 186 ff.

[435] S. *Leipold*, in: Stein/Jonas, § 322 Rz. 66.

widrigkeit führt, abschließend gestaltet, ist für den wettbewerbsrechtlichen Anspruch kein Raum mehr.

Nicht notwendig ist es dagegen, daß der Verwaltungsakt auch die gleichen Funktionen erfüllt wie der eingeschränkte zivilrechtliche Anspruch, also etwa bei der Einschränkung einer zivilrechtlichen Schadenersatznorm statt dessen öffentlich-rechtliche Ersatzleistungsansprüche gewährt:[436] Eine derartige Funktionsübernahme ist zwar Argument für eine abschließende Regelung, mag im Einzelfall, etwa bei einer ausgleichspflichtigen Inhaltsbestimmung des Eigentums, *Rechtmäßigkeits*anforderung für den Verwaltungsakt oder das zugrundeliegende Gesetz sein. Gründe dafür, daß eine solche Rechtsmäßigkeitsanforderung für Fragen von Ob und Wieweit der Wirksamkeit – also für eine Regelungserstreckung auf die wettbewerbsrechtliche Rechtswidrigkeit oder für die privatrechtsgestaltende Wirkung des Verwaltungsakts – allgemein notwendige Voraussetzung sollte, ist jedoch nichts ersichtlich.

(2) Zu vergleichen sind also die jeweiligen Regelungsbereiche von Gestaltungsakt und potentiell gestalteter Norm. Die Beeinflussung der privatrechtlichen Rechtswidrigkeit durch Verwaltungshandeln hängt insofern auch damit zusammen, wie die Rechtswidrigkeit der jeweils betrachteten Norm dogmatisch einzuordnen ist; zumindest ist eine solche Betrachtungsweise bei der Bestimmung der jeweiligen Regelungsgegenstände nützlich. Hierbei wiederum hilft insbesondere die Charakterisierung der Rechtswidrigkeit anhand der Begrifflichkeit originär/derivativ.[437] Sanktioniert die in Frage stehende privatrechtliche Norm einschlägige derivative Rechtswidrigkeit, so ist regelmäßig die Identität der durch Verwaltungsakt gestalteten mit der in der privatrechtlichen Norm aufgenommenen und dort vorausgesetzten Rechtswidrigkeit gegeben.[438] Ein entsprechender Regelungsgehalt ist bei derivativer Rechtswidrigkeit sogar dort anzunehmen, wo private subjektive Rechte ausdrücklich unberührt bleiben sollen.[439] Viel schwerer fällt dagegen die Beurteilung der Vorgabewirkung auf originäre privatrechtliche Rechtswidrigkeit. Das Meinungsspektrum reicht von der Ablehnung jeglicher

---

[436] A.A. allgemein zu privatrechtsgestaltenden Verwaltungsakten - jedoch ohne Begründung - *Wagner*, Genehmigung u. Rechtswidrigkeit, S. 101.

[437] S. 23.

[438] Auch die Unterscheidung „originär/derivativ“ hat damit nicht nur eine Bedeutung für die Frage „Wo“, sondern „Wer entscheidet“.

[439] Z.B. wird selbst für Baugenehmigungen, die nach den jeweiligen landesrechtlichen Vorschriften unbeschadet der Rechte Dritter ergehen (vgl. §§ 58 Abs. 3 LBO BW; 70 Abs. 1 S. 2 LBO RP; Art. 72 Abs. 3 (= 74 Abs. 6 a.F.) BayBO), privatrechtsgestaltende Wirkung durchaus hinsichtlich der Durchsetzung von Schutznormen über § 823 Abs. 2 BGB zugesprochen (*Simon*, Art. 74 BayBO Rz. 20 g (S. 57 f); *J. Baur*, in: GS Martens, 546, 556; *Breuer*, DVBl 1983, 431, 433; *Schmidt-Preuß*, Kollidierende Privatinteressen, S. 128; *Manssen*, NVwZ 1996, 144, 146). Ohne die notwendigen Differenzierungen und deshalb unzutreffend zu diesem Problemkreis *Friedrich*, WRP 1988, 641, 644.

Bindungswirkung bis hin zur strikten Vorrangigkeit des öffentlichen Rechts. Die Rechtsprechung bejaht in diesem Spannungsfeld zwischen Verwaltungsakt und Privatrecht eine echte Bindungswirkung nur, soweit ausdrücklich gesetzlich angeordnet. Darüber hinaus operiert sie statt dessen unter Zustimmung der herrschenden Lehre mit „weicher" Beeinflussung, ohne daß die damit zusammenhängenden Fragen restlos geklärt wären.[440] Daraus folgt aber, daß eine strikte Vorgabewirkung von Genehmigungen jedenfalls zu bejahen ist, wenn es sich bei Vorsprung durch Rechtsbruch um derivative Rechtswidrigkeit handelt, bei originärer Rechtswidrigkeit dagegen eine Abwägungslösung näher liegt.

c) Nähert man sich dem Problem der Bindungswirkung von der praktischen Seite her, so stellt man zwar durchaus Einigkeit darüber fest, daß im Ergebnis wettbewerbsrechtliche Ansprüche wegen Vorsprungs durch Rechtsbruch jedenfalls durch Genehmigungen,[441] nach Ansicht der Rechtsprechung auch durch sonstige Äußerungen der Verwaltung (wenn auch in geringerem Maße) ausgeschlossen sein können.[442] Eine strikte Bindungswirkung läßt sich für Verwaltungsakte (gleiches gilt auch für verwaltungsgerichtliche Urteile) auf dem Boden der h.M. jedoch nicht als Gestaltungswirkung begründen, da es gerade nicht die öffentlich-rechtliche Norm selbst sein soll, die durchgesetzt wird;[443] gerichtet ist der genehmigende Verwaltungsakt aber nur auf die Aufhebung eben dieser öffentlich-rechtlichen Norm, also etwa in dem Klett-Passage-Sachverhalt nur auf Aufhebung des § 3 LadenSchlG.

Damit müßte es für die h.M. naheliegen, eine Tatbestandswirkung (nach zivilprozeßrechtlicher Terminologie) in Betracht zu ziehen, also eine materiellrechtliche inhaltsunabhängige Wirkung der bloßen Existenz einer Entscheidung. Dagegen spricht zwar nicht, daß es Tatbestandswirkungen ansonsten nur in den Ausnahmefällen gibt, in denen sie ausdrücklich angeordnet

---

[440] BGH NJW 1983, 751; BGH NJW 1987, 372; BGH NJW 1987, 1011; dazu ausführlich *Jarass*, VVDStRL 50 (1991), 238; zum Nachbarrecht *Peine*, JuS 1987, 169; *Breuer*, DVBl 1983, 431, 435 ff; *Wagner*, NJW 1991, 3247; *Dolderer*, DVBl 1998, 19. Allgemein *Deutsch*, Allg. HaftungsR, Rz. 81 u. 238 ff.

[441] KG GRUR 1992, 531, 533; *Ziegler*, Umweltschutzvorschriften, S. 90 ff; *Stolterfoht*, in: FS Rittner, 695, 710; a.A. *Friedrich*, WRP 1988, 641, 644.

[442] BGH GRUR 1998, 407, 411 f - TIAPRIDAL; BGH WRP 2000, 116 - Abgasemissionen; BGH NJW 2000, 864 - Giftnotruf-Box (Vorinstanz KG WRP 1997, 460); BGH GRUR 1988, 382 - Schelmenmarkt; RGZ 166, 315; OLG Celle, GRUR 1984, 289; OLG Frankfurt a.M. WRP 1999, 948; OLG Frankfurt a.M., NJW 1988, 2250; OLG Frankfurt a.M. WRP 1986, 39; OLG Hamburg, NJWE-WettbR 1998, 52; OLG Hamm, WRP 1995, 502, 503; OLG Hamm, WRP 1984, 499, 501; OLG Nürnberg, NJWE-WettbR 1998, 35; OLG Schleswig, GRUR 1990, 468; OLG München, NJW-RR 1987, 1524, 1525; weitere Beispielsfälle bei *Stolterfoht*, in: FS Rittner, 695, 697 f.

[443] S. 7 f.

sind,[444] da im Rahmen einer großen Generalklausel eben auch hierfür Raum sein kann. Entsprechend der Tatbestandswirkung eines Urteils, die unabhängig von der Beteiligung am Prozeß eintritt, wenn sie angeordnet ist, läge es dann etwa auch nahe, Verwaltungsakten (und anderen Handlungen der Verwaltung) eine solche Wirkung unabhängig von Beteiligung und Bekanntgabe beizumessen. Eine solche Erstreckung der Urteilswirkungen auf nicht beteiligte Dritte muß jedoch jeweils aus besonderen Gründen gerechtfertigt sein,[445] weil sie der Erstreckung der Bestandskraft auf unbeteiligte Dritte nahesteht.[446] Auch für die Erstreckung von Wirkungen eines Verwaltungsaktes kann nichts anderes gelten. Besondere Gründe dieser Art wie etwa ein Rechtsnachfolge- oder Näheverhältnis sind hier aber nicht ersichtlich. Auf Basis der herrschenden Ansicht müßte also eine strikte Vorgabewirkung abzulehnen sein. Damit käme man zu dem Ergebnis, daß wettbewerbsrechtliche Unterlassungsansprüche etwa in dem Klett-Passage-Sachverhalt trotz der Genehmigung wegen Vorsprung durch Übertretung des § 3 LadenSchlG denkbar wären.[447]

d) Mit dem bisher entwickelten begrifflichen Instrumentarium läßt sich das Problem der Vorgabewirkung dagegen zumindest näher eingrenzen. Durchgesetzt wird nach den bisherigen Ausführungen eben doch auch die übertretene Norm selbst, so daß es sich insofern um derivative Rechtswidrigkeit handelt. Die zweite der Eingangsfragen ist also dahingehend zu beantworten, daß die Unterlassung von verwaltungsbehördlich genehmigtem Verhalten nicht auf dem Wege des § 1 UWG, Sittenwidrigkeit wegen Vorsprung durch Rechtsbruch verlangt werden kann. Die Genehmigung entfaltet eine „strenge" Bindungswirkung.

Bei genauerer Betrachtung ist zuzugeben, daß diese Betrachtung zu kurz greift. Die Aussage, bei Vorsprung durch Rechtsbruch werde eben die übertretene Norm durchgesetzt, entspricht isolierter Betrachtungsweise. Dagegen darf – und muß eigentlich – eingewendet werden, daß es hier ebenso um die Durchsetzung des relationaler Betrachtungsweise entsprechenden, insofern auch eigenständigen Verbotes handelt, Wettbewerb unter ungleichen Wettbewerbsbedingungen zu betreiben. Umgekehrt bedarf es für eine Ungleichbehandlung

---

[444] *Kopp/Ramsauer*, § 42 Rz. 24; *Ammelburger*, Bestandskraftlehre, S. 9; zum Zivilprozeßrecht *Zöller/Vollkommer*, Vor § 322 Rz. 25; *Schilken*, ZPR Rz. 613. Nicht behandelt wird hier die von *K. Schmidt*, KartellverfahrensR, S. 145 ff; *ders.*, in: FS Zeuner, 259 zum Kartellrecht entwickelte Lehre von der „Rechtsfolgenanordnung durch Verfahren", die die Fälle der Tatbestandwirkung im Kartellrecht wesentlich ausdehnt. Die h.M. lehnt diese Lehre ohnehin als rechtsstaatlich bedenklich ab, MünchKomm/*Mertens*, § 823 Rz. 174 ff; *Zeuner*, in: Soergel, § 823 Rz. 286; *Manssen*, Privatrechtsgestaltung, 278 f.

[445] *Gaul*, in: FS Zeuner, 317, 340; zusammenfassend zu den verschiedenen Ansätzen *Zöller/Vollkommer*, § 325 Rz. 41 f.

[446] *Schack*, NJW 1988, 865, 868; *Gaul*, in: FS Zeuner, 317, 340 ff.

[447] Da das BVerwG-Urteil insofern keinen anderen Regelungsgegenstand hatte, wären selbst nach dem Urteil noch Unterlassungsansprüche denkbar gewesen.

keineswegs eines gesonderten „Ungleichbehandlungswillens“, den die Verwaltungsbehörde eher selten haben wird - Ungleichbehandlung ist schlicht die Folge jeglicher Gestaltungstätigkeit.[448] Die Wirkung, die gestaltendem Verwaltungshandeln hier zuzusprechen ist, läßt sich mit den zivilistischen und damit stets auf nichtrelationale Beziehungen abgestimmten Figuren der Gestaltungs- und Tatbestandswirkung wohl überhaupt nicht erfassen. Sie hat ihre Grundlage in der Hoheitlichkeit des Handelns und der Relationalität des Rechtsverhältnisses. Insofern muß man hier eine relationalen Rechtsverhältnissen eigentümliche Wirkung von Handlungen annehmen, die mit *Differenzierungswirkung* bezeichnet werden soll. Sie hat dabei sowohl Elemente von Gestaltungs- als auch Tatbestandswirkung; mit ihr lassen sich auch die Wirkungen von bloßen Äußerungen und sonstigem informellem Verwaltungshandeln präziser erfassen, als dies nach der Lösung der Rechtsprechung möglich ist. Eine detailliertere Ausarbeitung dieses Gedankens würde indes den Rahmen dieser Arbeit sprengen.

## 2. Die Klagebefugnis im Verwaltungsprozeß

Damit ist die Arbeit bei der dritten der Eingangsfragen angelangt: Ist die Klagebefugnis im Verwaltungsprozeß mit der Begründung zu bejahen, daß in das subjektive Recht aus § 1 UWG eingegriffen werde? Im bisherigen Verlauf der Arbeit wurde dargetan, daß die Argumentation grundsätzlich unzulässig ist, § 1 UWG enthalte subjektive Berechtigungen, daher liege ein Recht vor, in das eingegriffen werde;[449] ohne weiteren Begründungsaufwand schlüssig wäre eine solche Argumentation nur dann, wenn hinter § 1 UWG ein absolutes Herrschaftsrecht stünde. Die Bejahung der „Tatbestandsmäßigkeit“ stützte sich daher zum einen darauf, daß § 1 UWG ein offenes Recht enthalte und die Gründe, die für die Offenheit sprechen, die gewollte Verletzbarkeit im Wettbewerb, hier offenkundig nicht greife. Zum anderen (und wohl auch mit stärkerem Gewicht) wurde zur Begründung angegeben, daß eine solche Stoßrichtung im Rahmen der ungleichen Verbotsdurchsetzung nicht nur inzwischen über eine lange Tradition in der Rechtsprechung verfügt sondern auch grundsätzlich durch die Gesetzgebung akzeptiert worden ist.

Letzteres Argument ist hier gerade nicht einschlägig. Soweit es um die Interessenbeeinträchtigung gerade durch Rechtsgestaltung geht, d.h., die Verbotsebene und nicht die Sanktionsebene betroffen ist, spricht das Traditionsargument eher gerade gegen die Tatbestandsmäßigkeit einer Ungleichbehandlung – Tradition ist, wenn überhaupt, die Klett-Passage-Entscheidung, nicht das Gleichbehandlungsrecht wie im Wettbewerbsrecht. Daher soll jetzt ein weiteres Argument entwickelt werden; im vorliegenden Fall spricht nämlich noch ein zusätzlicher, wenn auch recht abstrakt-dogmatischer

448 S. noch S. 236.
449 Etwa S. 91 ff und S. 29 f.

Gesichtspunkt dafür, den Entzug der subjektiven Berechtigung als Eingriff zu werten. Sodann erfolgt eine Gegenprüfung anhand der Kriterien, die an die Bejahung eines Eingriffs im öffentlich-rechtlichen Sinne zu stellen sind. Schließlich wird noch zu erörtern sein, ob private subjektive Rechte für §§ 42 Abs. 2, 113 Abs. 1 S. 1 VwGO genügen.

### a) Interessenbeeinträchtigung durch Realakt und Interessenbeeinträchtigung durch Rechtsakt

Das genannte weitere, abstrakt-dogmatische Argument läßt sich daraus entnehmen, daß jedenfalls eine subjektive Berechtigung aufgehoben wird. Oben wurde gezeigt, daß die Aufhebung einer subjektiven Berechtigung nicht wie bei einem Eingriff ein absolutes Herrschaft bereits ihrem Begriff nach prima-facie-Rechtswidrigkeit indiziert, sondern hierzu ein weiterer Wertungsschritt nötig ist.[450] Dieser Wertungsschritt läßt sich jedoch für die vorliegende Konstellation gehen.

(1) Durch die allgemein formulierte Fragestellung nach der „Tatbestandsmäßigkeit" der Aufhebung einer subjektiven Berechtigung zeigen sich die Bezüge zu dem höchst umstrittenen Problem, ob auch die „Forderungszuständigkeit" ein sonstiges Recht i.S. des § 823 Abs. 1 BGB ist. Privatrechtliche Eingriffe, wie sie dort debattiert werden, also ähnliches wie einen gutgläubigen Erwerb oder die Verfügung über eine Forderung durch den Nichtberechtigten, gibt es zwar im Wettbewerbsrecht gerade nicht. Das wettbewerbsrechtlich geschützte Interesse ist nicht auf Fungibilität angelegt, so daß es auch keine Regelungen über die Verfügung eines Nichtberechtigten gibt. Gerade deshalb greift aber auch das Hauptargument der im Streit um die Forderungszuständigkeit überwiegenden Meinung nicht, die deliktischen Schutz der Forderungszuständigkeit ablehnt; dieses Hauptargument lautet, daß angesichts der zahlreichen Regelungen der unberechtigten, aber wirksamen Leistungsannahme kein Bedürfnis nach deliktischem Schutz bestehe.[451] Darüber hinaus verweist das Problem des Schutzes der „Forderungszuständigkeit" aber auf die identische allgemeine Frage, ob es einen absoluten Zuweisungsgehalt der subjektiven Berechtigung gibt, der zu einem entsprechenden Ausschlußzweck führen muß bzw. von einem solchen begleitet ist.[452] Sicher gibt es keinen *allgemeinen* Ausschlußzweck in dem Sinne, daß *jede* hinreichend schwere

---

[450] S. 29 f.

[451] *Otte*, JZ 1969, 253, 255 ff; *Medicus*, in: FS Steffen, 333, 342 ff; MünchKomm³/*Mertens*, § 823 Rz. 131; a.A. z.B. *Canaris*, in: FS Steffen, 85, 87 ff; *Mincke*, JZ 1984, 862, 863; *Staudinger/J. Hager*, § 823 Rz. B 165.

[452] Vgl. *Canaris*, in: FS Steffen, 85, 90 ff.

Gefährdung der Forderung zu einem prima-facie-Unterlassungsanspruch führt. Der Entzug der subjektiven Berechtigung durch Rechtsakt, d.h. die Aufhebung des Verbotes der gefährlichen Annäherung durch Realakt bzw. des Erfüllungsgebotes ist aber ein *Sonderfall*; es ist nämlich das *genaue Äquivalent* auf der *Ebene des Sollens* zu dem, was der *jeweilige tatsächliche Eingriff auf der Ebene des Seins* ist.

(2) Jedenfalls in den Randbereichen eines absoluten Herrschaftsrechts, in dem es nicht mehr um unmittelbare Eingriffe geht (Verkehrspflichtverletzungen etc.), scheint dieser Gedanke zu genügen, um im Zivilrecht die Rechtsbetroffenheit zu begründen. Um einen Eingriff handelt es sich namentlich bei einer unberechtigten Verfügung, durch die einzelne zu einem absoluten Herrschaftsrecht gehörige Verbote aufgehoben werden. Beispiel: Ein Grundstück wird unberechtigt, aber wirksam mit einer Grunddienstbarkeit belastet (ein Rechtsakt). Die Grunddienstbarkeit bringt Verbote der tatsächlichen gefährlichen Annäherung (i.w.S) zum Erlöschen und hat also eine Beeinträchtigung des absoluten Herrschaftsrechts zur Folge, die rechtswidrig ist. Dieser Argumentation wird man auch dann nicht widersprechen wollen, wenn die Grunddienstbarkeit lediglich die Duldung eines nutzungsbeschränkenden Verhaltens zum Gegenstand hätte, d.h. lediglich ein verhaltensbezogenes Verbot aufgehoben wird.

(3) Der Ursprung dieser Frage, ob die Aufhebung einer subjektiven Berechtigung die Rechtswidrigkeit indiziert, reicht zu den Wurzeln des heutigen Rechtssystems zurück; das Aufeinanderprallen von absolutem Herrschaftsrecht und obligatorischer Figur der subjektiven Berechtigung ist schon in der auf Leistungsansprüche zugeschnittenen Konzeption des Anspruchsbegriffes angelegt.[453] Für *Savigny* war das ius, das absolute Herrschaftsrecht noch der Ursprung *aller* actiones;[454] die actio sollte nichts anderes sein als das ius im Zustand seiner Verteidigung.[455] Der Begriff der subjektiven Berechtigung läßt sich inhaltlich auf *Windscheid* zurückführen, der - ausgenommen den deliktischen Bereich[456] - die Vorstellung von der Notwendigkeit der Verletzung

[453] *Henckel*, AcP 174 (1974), 97, 140; *Wesel*, in: FS v. Lübtow, 787, 795.

[454] Zur Geschichte des subjektiven Rechts *Coing*, in: Coing/Lawson/Grönfors, S. 13 ff.; umfassend *Fezer*, Teilhabe und Verantwortung, S. 4 - 384; *Rupp*, Grundfragen, S. 155; *Henke*, Das subjektive öffentliche Recht, S. 4 ff; *Bauer*, Geschichtliche Grundlagen.

[455] *v. Savigny*, System des römischen Rechts V, S. 2; S. auch *Windscheid*, Die Actio des römischen Zivilrechts vom Standpunkt des heutigen Rechts, S. 3: „Für das heutige Rechtsbewußtsein ist das Recht das Prius, die Klage das Spätere, das Recht das Erzeugende, die Klage das Erzeugte".

[456] Die Actio des römischen Zivilrechts vom Standpunkte des heutigen Rechts, S. 5.

eines ius als Voraussetzung der actio überwand[457] und zugleich die actio in die materielle Berechtigung, das „Zustehen", das im Anspruch zum Ausdruck kommt, und die prozessuale Fähigkeit zur Durchsetzung dividierte.

Für die hier zutage tretende Fragestellung kommt es darauf an, wie weit diese Abnabelung der actio bzw. des subjektiv-rechtlichen Anspruchs vom ius eine völlige wertungsmäßige Trennung bedeutet oder nicht doch überwiegend technisch motiviert ist. In dem ersten Fall ließe sich der Schluß von dem Schutz vor der Realhandlung auf den Schutz vor der Aufhebung des Realhandlungsunterlassungsanspruchs nicht führen; im letzteren Fall würde die subjektive Berechtigung immer noch in eben diesem *einen* Punkt einem absoluten Herrschaftsrecht vergleichbaren Schutz gewähren.

Der Gedanke des „Zustehens" legt es durchaus nahe, abseits des Geltungsbereichs von Sonderregeln die subjektive Berechtigung als aus dem „Kreis um das absolute Herrschaftsrecht" hinausgeschnittenes, mit dem Wertungszentrum noch substanziell verbundenes „Tortenstück" (und nicht als bloßes Kreissegment) anzusehen. Jedenfalls über subjektive Berechtigungen zum Schutz eines *deliktisch* geschützten Rechtsgutes läßt sich m.E. allgemein die Aussage treffen, daß die unberechtigte *Aufhebung durch Rechtsakt* des Verbotes einer gefährlichen Annäherung an das geschützte Interesse, also des Verbotes eines *Realaktes*, immer ebenfalls ein Eingriff darstellt.[458] Das muß auch dann allgemien gelten, wenn die deliktische Rechtswidrigkeit als verhaltens- und nicht als erfolgsbezogener Rechtswidrigkeit formuliert ist, wie dies eben bei § 1 UWG oder in den Randbereichen absoluter Herrschaftsrechte der Fall ist. Aus dem prima-facie-Verbot des Realakts läßt sich auf das prima-facie-Verbot des verbotsaufhebenden Rechtsakts schließen, weil jedenfalls hier die „substantielle Verbindung" zum „Kern des ius" besteht. Bei den Ansprüchen des unmittelbar Verletzten handelt es sich aber um eben solche Ansprüche deliktsrechtlicher Natur.[459]

Das in § 1 UWG geschützten Interesse ist folglich im Ergebnis insofern „mit Ausschließlichkeit" (d.h., der Eingriff indiziert die Rechtswidrigkeit) geschützt, als immer dann, wenn die wettbewerbsrechtliche subjektive Berechtigung am Verbot einer Realhandlung festgestellt wird, grundsätzlich auch darauf

---

457 Die Rechtsordnung sei „nicht die Ordnung der Rechte, sondern die Ordnung der gerichtlich verfolgbaren Ansprüche." (Die Actio des römischen Zivilrechts vom Standpunkte des heutigen Rechts, S. 3).

458 Die wirksame Verfügung des Nichtberechtigten über das Recht als ganzes soll „zweifellos" in den "Kernbereich des Begriffs" (*Larenz/Canaris*, SchR II/2, S. 286) der Eigentumsverletzung fallen. S. auch schon S. 50 zu den vergleichbaren „klassischen Eingriffen" im Verfassungsrecht.

459 S. 89 ff.

geschlossen werden kann, daß ein diese subjektive Berechtigung aufhebender Rechtsakt dem Wettbewerber gegenüber rechtfertigungsbedürftig ist.

### b) Gegenprüfung anhand der Anforderungen des Eingriffsbegriffs

Dieses Ergebnis hält auch dann, wenn man es zusammenfassend von der öffentlich-rechtlichen Dogmatik her gegenprüft. Oben[460] wurden im Zusammenhang mit der Behandlung der öffentlich-rechtlichen Dogmatik der Konkurrentenklage wegen Wettbewerbsverzerrungen zwei „Schwachstellen“ gegenüber dem Normalfall des Rechtseingriffs im öffentlichen Recht ausgemacht. Beide werden durch § 1 UWG „überbrückt“.

Die eine „Zurechnungssschwachstelle“ war, daß in „normalen“ Drittschutzkonstellationen wie etwa im Baurechtsnachbarstreit der Kläger begehrt, daß die Verwaltung den anderen Bürger an der Ausübung seiner Freiheit hindern soll.[461] Darum geht es hier aber gar nicht, wie jetzt deutlich geworden ist. Anders als im Normalfall des Drittschutzes erlaubt das beim „Vorsprung durch Rechtsbruch“ betroffene Interesse *allen Bürgern jede denkbare Freiheit, solange sie nur gleichmäßig gewährt wird.* Das eine Argument gegen die Gewährung von „Drittschutz“, hier werde aus einem Freiheitsrecht ein Recht auf Freiheitseinschränkung hergeleitet, trifft an dieser Stelle also von vornherein die Sache nicht. Differenzierung verletzt durch Interventionswirkung ein Recht auf Gleichbehandlung, wenn deshalb ein faktischer Eingriff in ein subjektives Freiheitsrecht bewirkt wird, das auf Verwirklichung in einer Wettbewerbssituation angelegt ist. Bei Betrachtung „vom Interesse her“ wird deutlich, daß „Konkurrentenschutz“ wegen Beeinträchtigung des Wettbewerbs[462] nicht mehr als das Unterlassen eines faktischen Eingriff durch Ungleichbehandlung verlangt. Der Drittbezug ist bei der Konstellation des „Vorsprungs durch Rechtsbruch“ nur eine Zufälligkeit des Zusammenhangs zwischen Behördenhandlung und Rechtsgutbeeinträchtigung. Die hier untersuchte Konstellation ähnelt – bei streng dogmatischer Betrachtung – viel eher der durch hoheitlich verursachte Immissionen bewirkten Beeinträchtigung als der Beeinflussung des Nachbarkonflikts durch Baurecht oder der Pflicht zum Schutz des ungeborenen Lebens. Auch bei der Abwehr hoheitlichen Immissionen geht es eindeutig um Eingriffsabwehr, während es sich beim Baurechtsstreit mit Drittbeteiligung zumindest möglicherweise um die

[460] S, 41 ff, S. 47 f.

[461] S. 47 f.

[462] Zur Abgrenzung von diesem Konkurrentenschutz in anderen Konkurrenzsituationen S. 21f.

Leistung von Schutz handelt.[463] Die Immission wird beim Vorsprung durch Rechtsbruch lediglich durch eine Differenzierung verursacht und nicht in Form von Schall- oder Schadstoffausstoß. Hier liegt auch der wesentliche Unterschied zu einem Schutz *vor Wettbewerb*. Ein solches Recht gibt es im Unterschied zu einem Recht auf Schutz *vor Wettbewerb unter ungleichen Bedingungen* nach einhelliger und zutreffender Ansicht ebensowenig[464] wie ein Recht auf Bestandsschutz einer bevorteilenden Rechtslage.[465]

Das zweite inhaltliche Argument gegen die verwaltungsprozeßrechtliche Klagebefugnis ist die zweifelhafte Erfolgsqualität auch unabhängig von dem Drittbezug.[466] In diesem Zusammenhang wurden oben die Grundsätze der Abgrenzung des Schutzbereiches von Rechtsgütern gegen staatliche faktische Eingriffe dargelegt: Grundrechtlich ist die Wettbewerbsfreiheit zwar nur gegen schwere und unerträgliche Eingriffe geschützt. Faktische Eingriffe können jedoch ebenfalls rechtlich relevant sein, wenn dadurch richterrechtlich entwickelte oder einfach-rechtlich geschützte Positionen beeinträchtigt werden.[467] Genau eine solche einfach-rechtliche Position ist in § 1 UWG geschützt. § 1 UWG schützt als Sonderdeliktsrechtsnorm das Individualinteresse an Wettbewerbstätigkeit, stellt also insofern eine einfach-rechtliche schutzbereichsbildende Norm des Privatrechts dar, die bestimmt, daß das Gleichbehandlungsinteresse rechtlich geschütztes Interesse sein soll. Damit werden bestimmte Entfaltungsmöglichkeiten, bestimmte Interaktionsmuster normativ in den Schutzbereich einbezogen; insofern wird der Schutzbereich über den eindeutig abwehrrechtlichen Kern um die institutionellen Voraussetzungen der sinnvollen Rechtsausübung erweitert, womit eben auch die Gleichheit der wesentlichen Wettbewerbsbedingungen eingeschlossen ist.

### c) Keine Klagebefugnis bei „bloß" privaten subjektiven Rechten?

Das genannte Gleichbehandlungsinteresse wird in einer zivilrechtlichen Norm geschützt. Denkbar wäre daher weiterhin ein Einwand dahingehend, daß § 1 UWG zwar im Privatrecht ein subjektives Recht begründen möge, dieses Recht jedoch keine Geltung im öffentlichen Recht beanspruchen dürfe.

---

[463] Ausführlich zu den Unterschieden *Engler*, Immissionsabwehranspruch, S. 50 ff.
[464] BVerfGE 55, 261, 269; BVerfGE 34, 252, 256; *Jarass*, in: Jarass/Pieroth, Art. 12 Rz. 15; *Manssen*, in: v. Mangoldt/Klein/Starck, Art. 12 Rz. 76; *Baumbach/Hefermehl*, Allg Rz. 21 u. Einl UWG Rz. 49; *Beater*, Nachahmen, S. 65; *P.-M. Huber*, Konkurrenzschutz, S. 298 ff.
[465] Vgl. *Bryde*, in: v. Münch/Kunig, Art. 14 Rz. 20 f.
[466] S. 41 ff.
[467] Vgl. S. 43 f.

(a) Wiederum soll zunächst als Anschauungs- und Vergleichsmaterial ein Exkurs in den Schutz von Rechtsgütern nach bürgerlichem Recht erfolgen. Der dogmatische Parallelfall ist – wie gerade bereits angesprochen - die hoheitlich zu verantwortende physikalische Immission im Zwei-Personen-Verhältnis. Hier zeigt sich, daß privatrechtliche Rechtsbetroffenheit zur Begründung der Klagebefugnis ausreichen muß.

Nach wohl h.M. bestehen Unterlassungsansprüche immer dann, wenn die Immission bereits nach Maßgabe der weitestgehend dem §§ 1004, 906 BGB entsprechenden[468] §§ 5 Abs. 1 Nr. 1, 22 Abs. 1 BImSchG nicht hinzunehmen ist.[469] Damit wird immerhin ein Großteil der hoheitlich verursachten Immissionen erfaßt. Angesichts der Anlagenbezogenheit des BImSchG bleiben jedoch offene Bereiche.[470] In jenem nicht vom BImSchG geregelten Bereich ist hoheitliches Handeln zu unterlassen, das die Grenzen desjenigen überschreitet, was privatrechtlich erlaubt wäre, sich aber gleichwohl nicht auf eine rechtfertigende Norm stützen kann.[471] Leben, Gesundheit und Eigentum werden also tatsächlich als *absolute* Herrschaftsrechte behandelt, die in *jede* Richtung Schutz vermitteln.

Gegen die analoge Anwendung privater Herrschaftsrechte als schutzbereichskonstituierend gegenüber hoheitlichem Handeln wird nun von Teilen der Literatur eingewendet, daß die Interessenlage nicht vergleichbar sei; § 906 BGB regele die Kollision privater, im wesentlichen ähnlicher Nutzungen im kleinnachbarlichen Raum und nicht die Störung infolge der Wahrnehmung von Interessen der Allgemeinheit.[472] Dieses Argument vermag indes nicht zu überzeugen, weil die Wertigkeit der mit der störungsauslösenden Handlung

---

[468] BVerwGE 79, 254, 258 f; BGH JZ 1999, 468, 468 f; § 906 Abs. 1 S. 2, 3 BGB.

[469] *Engler*, Immissionsabwehranspruch, S. 58 ff,; *Erichsen*, in: Erichsen, Allg. VerwR, § 31 Rz. 9; BVerwG NJW 1989, 1291, 1294 f; a.A. allerdings BVerwGE 79, 254, 256f; *Laubinger*, VerwArch 80 (1989), 261, 265 ff..

[470] *Engler*, Immissionsabwehranspruch, S. 103 ff.

[471] BGHZ 48, 98, 101 f; BGHZ 72, 289, 291 f (allerdings zu § 909 BGB); BVerwGE 50, 282, 286; VGH Mannheim, DVBl 1984, 881, 881 f; OVG Münster, DÖV 1983, 1020, 1022; OVG Koblenz, NJW 1986, 2779, 2780; *Ossenbühl*, StaatshaftungsR, S. 314 f; *Staudinger/H. Roth*, § 906 Rz. 58; MünchKomm[3]/*Säcker*, § 906 Rz. 130; mit Einschränkungen *Papier*, in: Erichsen, Allg. VerwR, § 45 Rz. 10 u. 22; zu Urheberrechtsverletzungen durch den Staat BGH NJW 1992, 1310

[472] *Martens*, in: FS Schack, 85, 92 ff; *Erichsen*, in: Erichsen, Allg. VerwR, § 31 Rz. 8 f; *Kloepfer*, JuS 1976, 436, 441. Wiederum gänzlich a.A. *W. Roth*, Eingriffe, S. 270 ff: Die gegenseitigen Beschränkungen der Bürger in ihrem Rechtsgenuß seien, so die Kritik, Folge kollidierender Grundrechte, die Berechtigung zur Vornahme einer „unwesentlich" ein Interesse beeinträchtigenden Handlung folglich Rechtfertigungsgrund gegenüber dem anderen Bürger und nicht Schutzbereichsschranke.

verfolgten öffentlichen Interessen auf der Rechtfertigungsebene, nicht auf der Schutzbereichsebene zu berücksichtigen ist.[473] Die Abgrenzung des Schutzbereiches, des Kreises der „eigenen Angelegenheiten", unter Zugrundelegung des Schutzbereiches privater Herrschaftsrechte als Mindestmaß ist deshalb geboten, weil die Zuordnung zu einem privaten absoluten Herrschaftsrecht gewissermaßen die normative Bewertung nicht nur als „auch eigene", sondern vom Ausgangspunkt her sogar als „eigenstmögliche" Angelegenheit bedeutet.

(b) Für einen Privatrechtler düfte es eine Selbstverständlichkeit sein, daß ein privatrechtsbeschränkender Verwaltungsakt ein Eingriff ist, der dem Inhaber des privatrechtlichen Rechts gegenüber zu rechtfertigen ist und der dem Betroffenen auch die Klagebefugnis vermittelt. Im öffentlichen Recht ist diese Frage jedoch ganz allgemein umstritten.[474] Die Ansicht, private subjektive Rechte würden im öffentlichen Recht nicht „gelten", ist jedoch abzulehnen.

In den Immissionsschutzfällen mag man konstruktiv den Schritt von der privatrechtlichen Interessensphäre (d.h. der schutzbereichsbildenden Eingriffsabwehrrechtsnorm) zum subjektiv-öffentlichen Recht zwar noch per Inkorporation der §§ 903 ff BGB[475] in Art. 14 GG durchführen können.[476] Das eben genannten allgemeine Argument der „eigenen Angelegenheiten kraft Privatrechts" begründet jedoch den allgemeinen ungeschriebenen öffentlich-rechtlichen Rechtssatz des Inhaltes, der Staat dürfe nicht ohne Rechtsgrund in private Rechte eingreifen:[477] Daß der Staat, wenn er als Staat gegenüber einer Person Sonderbefugnisse in Anspruch nimmt, sich auch nach Sonderrecht rechtfertigen muß,[478] gilt immer. Nur dem Gesetzgeber steht es zu, die Reichweite des Schutzbereiches ein Herrschaftsrechts, konkret: des Eigentums im

---

[473] *Papier*, in: Erichsen, Allg. VerwR, § 45 Rz. 19.

[474] I. Erg. dafür BVerwGE 50, 282; *Manssen*, Privatrechtsgestaltung, S. 301; *Schenke*, in: BK Art. 19 Abs. 4 Rz. 286; *Kopp/Schenke*, § 42 Rz. 81; *Zuleeg*, DVBl 1976, 509; ablehnend *Schmidt-Preuß*, Kollidierende Privatinteressen, S. 105 f; *Rupp*, Grundfragen, S. 239 ff; *Obermayer*, BayVBl 1960, 208, 211; in etwas anderem Kontext ebenfalls ablehnend *Jarass*, DVBl 1976, 732, 738.

[475] Wertungsmäßig ist, was im öffentlichen Recht zumeist übersehen wird, allemal § 906 Abs. 1 BGB nicht Rechtfertigungsnorm, sondern schutzbereichsbildende Norm; anderes behauptet wohl auch nicht die Auffassung, die § 906 BGB in beiden Absätzen als Einwendung auffaßt (*Staudinger/ H. Roth*, § 906 Rz. 3 m.w.N.).

[476] So *Papier*, in: Erichsen, Allg. VerwR, § 45 Rz. 19.

[477] So allgemein zur Verletzung subjektiver privater Rechte in § 42 Abs. 2 VwGO *Kopp/Schenke*, § 42 Rz. 81.

[478] *Zuleeg*, VerwArch 73 (1982), 384, 386; vgl. auch *Medicus*, AT, Rz. 5.

Verhältnis zu den Trägern der öffentlichen Gewalt anders zu bestimmen.[479] Öffentlich-rechtlich sind die Unterlassungsansprüche trotz wertungsmäßig privatrechtlichen Ursprungs,[480] da die Rechtfertigbarkeit des Eingriffs primär nach öffentlich-rechtlichem Sonderrechtsmaßstab zu beurteilen ist und diese Rechtfertigungsfragen sinnvollerweise auf dem Verwaltungsrechtsweg zu behandeln sind.[481]

Die demgegenüber in Teilen der öffentlich-rechtlichen Literatur verbreitete Skepsis gegenüber der Geltung privater Rechte dürfte ihren dogmatischen Ursprung in der Diskussion um die Drittwirkung der Grundrechte haben. Die Änderung des Privatrechts durch den Gesetzgeber wird nach h.M. nicht als Eingriff in Grundrechte angesehen; ein grundrechtlicher Bezug läßt sich nur aus der objektiven Dimension der Grundrechte herleiten. Demzufolge geht es im Verhältnis zum Gesetzgeber tatsächlich stets darum, inwiefern ein Anspruch auf eine Leistung, auf Schutz vor Dritten besteht,[482] was nur ausnahmsweise der Fall ist. Daher stelle auch die Aufhebung einer privatrechtlichen Norm durch den Gesetzgeber nicht zwingend einen Eingriff dar: Wenn es keinen Anspruch auf Entstehung einer entsprechenden Norm gebe, so könne es auch keinen Anspruch auf Unterbleiben des actus contrarius geben.[483]

Was für den Gesetzgeber gilt, muß deshalb jedoch nicht im Verhältnis von Privatrecht und Verwaltungshandeln gelten. Entsprechend des hier eingenommenen Standpunktes, daß die Rechtsordnung auch eine Güter- und Wertordnung darstellt, muß das Verwaltungsrecht die normative prima-facie Zuordnung eines Interesses als Individualinteresse durch ein privates subjektives Recht respektieren. Die genauere Begründung dieses Themas vor dem Hintergrund der Frage, ob Privatrecht aus öffentlich-rechtlicher Perspektive eine „bloße Leistung von Schutz der Bürger gegeneinander" ist, führt allerdings unmittelbar in die allgemeine Staatslehre; sie kann hier nur skizziert werden. Hebt die Verwaltung ein drittschützendes Verbot oder einen privatrechtlichen Unterlassungsanspruch aufgrund einer gesetzlich eingeräumten Befugnis auf, so handelt sie nicht mit der Befugnis des Gesetzgebers, den normativen Individualinteressenbezug vor der Anwendung des einfachen Rechts zu bestimmen. Für die Verwaltung gilt der in der republikanischen Idee, dem Gedanken des Staates als Zusammenschluß der Bürger geradezu vorausgesetzte Gedanke der

---

479 BVerwGE 79, 254, 258; *Papier*, in: Erichsen, Allg. VerwR, § 45 Rz. 20; *ders.*, NJW 1974, 1797, 1799.

480 Für den Rechtsweg stellte deshalb die ältere Rechtsprechung bis BGHZ 48, 98 auf die Rechtsnatur des absoluten Herrschaftsrechts ab. Will man den Rechtsweg nach diesem Kriterium abgrenzen, so wird allerdings der - gemeinhein für praktisch bedeutungslos gehaltene, *Ossenbühl*, StaatshaftungsR, S. 293 ff - Streit um die dogmatische Begründung negatorischer Unterlassungsansprüche entscheidungsrelevant.

481 S. noch S. 182 f.

482 BVerfGE 81, 242, 254 ff (insbes. S. 256); *Dürig*, in: Maunz/Dürig, Art. 1 Rz. 2; *Oldiges*, in: FS Friauf, 281, 300 ff.

483 *Breuer*, in: FS 25 Jahre BVerwG, 89, 109; *Rauschning*, DVBl 1980, 831, 832; vgl. *Lübbe-Wolff*, Eingriffsabwehrrechte, S. 183 Fn 337; *Pietzcker*, in: FS Dürig, 345, 360 f.

Vorstaatlichkeit des Privatrechts:[484] Im Verwaltungsrecht darf man deshalb die privatrechtliche Güter- und Freiheitsverteilung als archimedischen Punkt nutzen, von dem aus Eingriff und Leistung durch Gegenüberstellung des tatsächlichen und des hypothetischen Zustandes bei Hinwegdenken der staatlichen Maßnahme abgegrenzt werden können.

Für die Privatrechtseinschränkung durch Verwaltungsakt kommt daher ganz generell die Beurteilung nach den Regeln der Eingriffskonstruktion viel eher in Betracht als für gesetzgeberisches Handeln. Ob das auch für solche in *jeder* Hinsicht derivativen privatrechtlichen Rechtsbeziehungen zwischen den Bürgern gilt, die das Verwaltungsrecht angesichts § 823 Abs. 2 BGB ganz eindeutig begründet, und ob demzufolge nicht auch der Drittschutz vor Genehmigungen dogmatisch wesentlich stärker von der Eingriffskonstruktion her begriffen werden müßte, muß in dieser Arbeit ganz offengelassen werden. Daß subjektive Rechte des Privatrechts nicht vor verwaltungsrechtlichen Beeinträchtigungen schützen, gilt allerdings in solchen Sonderfällen, in denen eine Verwaltungsmaßnahme lediglich eine *Beschränkung* des Bereiches privatautonomer Gestaltung *beendet*, also etwa die Genehmigung einer Kündigung im Mutterschutzrecht oder im sozialen Mietrecht. Durch den Verwaltungsakt wird dann lediglich der privatrechtliche Normalzustand wiederhergestellt.[485] Um ein wiederum gänzlich anderes Sonderproblem handelt es schließlich bei der Frage, ob gerade *Rechtssubjekte des öffentlichen Rechts* einen Anspruch auf Achtung ihrer subjektiven privaten Rechte haben.[486] Dort handelt es sich jedenfalls nicht um Individualrechte; den entzogenen Ansprüchen oder Rechtspositionen ist kein personales Element eigen. In der hier interessierenden Konstellation der Interessen eines privaten Wettbewerbers geht es jedenfalls um Individualinteressenschutz, über dessen prima-facie-Zuweisung nicht die Verwaltung entscheidet.

### d) Der Eingriff als hinreichende Begründung der Klagebefugnis

Ganz geklärt ist damit die Klagebefugnis des Konkurrenten immer noch nicht. Eine „Verletzung", wie von § 42 Abs. 2 VwGO gefordert, ist nur der *rechtswidrige* Eingriff; festgestellt wurde jedoch bisher lediglich der Eingriff, die Rechtsbetroffenheit.

Ob und wieweit die *Rechtsbetroffenheit* für die Klagebefugnis *alleine* genügt, ist wegen der Abweichungen im Wortlaut von § 113 Abs. 1 („rechtswidrig und dadurch in seinen Rechten verletzt") und § 42 Abs. 2 VwGO („geltend macht, in seinen Rechten verletzt zu sein") seit jeher strittig. Die Schlüssigkeitstheorie verlangt einerseits die schlüssige Behauptung der Rechtsbeeinträchtigung, läßt andererseits aber die bloße Behauptung ausreichen, der Eingriff führe im Falle seiner Rechtswidrigkeit zu einer Rechtsverletzung.[487] Auf Grundlage dieser

---

[484] Denn wie anders als aufgrund vorstaatlicher Rechtsbeziehungen der Bürger untereinander könnten die Bürger einen Gründungsakt vornehmen?

[485] Die Klagebefugnis ist natürlich dennoch gegeben, wenn es sich um Schutznormen handelt (zu § 9 Abs. 3 MuSchG etwa vorausgesetzt von VGH Mannheim, BB 1994, 940).

[486] Nur dazu z.B. die Äußerung von *Jarass*, DVBl 1976, 732, 738.

[487] *Bettermann*, in: GS Imboden, 37, 45; *Ule*, VerwPrR, § 33 II.

Theorie ist der Mitbewerber klagebefugt, wenn er die Betroffenheit in dem in § 1 UWG geschützten Interesse schlüssig darlegen kann. Dagegen ist nach dem Ansatz der herrschenden Möglichkeitstheorie einerseits die Darlegung der Möglichkeit der Beeinträchtigung genügend, muß andererseits aber auch die Rechtswidrigkeit und die dadurch bewirkte Rechtsverletzung möglich erscheinen;[488] erforderlich ist also insbesondere, daß auch der Rechtswidrigkeitszusammenhang möglich erscheint, was gerade im hier untersuchten Bereich ein erhebliches Problem darstellt.[489]

Die Möglichkeitstheorie ist in diesem Punkt allerdings ohnehin inkonsequent. Die für den Bereich der „klassischen Eingriffe" praktisch im Vordergrund stehende Adressatentheorie, die für die Klagebefugnis immer die Adressatenstellung ausreichen lassen will, stellt trotz dieses Ausgangspunktes – Darlegung der Möglichkeit von Rechtseingriff *und* Rechtswidrigkeit - keinerlei Anforderungen an die Möglichkeit der Rechtswidrigkeit und der dadurch bewirkten Rechtswidrigkeit.[490] Auch über den Adressatenbereich hinaus muß es jedoch auf Grundlage der Möglichkeitstheorie genügen, daß nur die Rechtsbetroffenheit in einem Eingriffsabwehrrecht dargelegt wird. Man kann das Genügen der Rechtsbetroffenheit damit begründen, daß die Rechtswidrigkeit ohnehin nie ganz auszuschließen sei;[491] wesentlicher erscheint, daß es bei Eingriffen in Eingriffabwehrrechte Sache des Eingreifenden ist, die Rechtswidrigkeit zu widerlegen. Aus der materiellen Indizfunktion des Tatbestandes und aus der infolge der Indizierung eintretenden Lastenverschiebung[492] folgt eine prozeßrechtliche Lastenverschiebung, wenn man nur einen Eingriff in ein Eingriffsabwehrrecht bejahen kann;[493] dieser Lastenverschiebung kann nur dann genüge getan werden, wenn man die Zulässigkeit bejaht. Daher kommt es für die Zulässigkeit nicht darauf an, daß hier der Rechtswidrigkeitszusammenhang zwischen objektiver Rechtswidrigkeit und Eingriff sehr zweifelhaft ist. Der fehlende Schutzzweckzusammenhang kann nämlich auch durchaus zu Lasten des Eingreifenden gehen, wie noch später auszuführen sein wird.[494]

---

[488] BVerwG NVwZ 1993, 884, 886; *Kopp/Schenke*, § 42 Rz. 66-68; *Würtenberger*, VerwPrR, Rz. 274; *Happ*, in: Eyermann, § 42 Rz. 93; *Schmitt Glaeser*, VerwPrR, Rz. 152; *Wahl/Schütz*, in: Schoch/Schmidt-Aßmann/Pietzner, § 42 Abs. 2 Rz. 66.

[489] S. 223 ff.

[490] Daraus zieht *Gurlith*, DV 28 (1995), 449, 459 die Schlußfolgerung, die Adressatentheorie sei eigentlich eine Ausprägung der Möglichkeitstheorie.

[491] Vgl. *Kopp/Schenke*, § 42 Rz. 67; NKVwGO/*Sodan*, § 42 Rz. 372; *Schmitt Glaeser*, VerwPrR, Rz. 156.

[492] S. schon S. 24 ff.

[493] Ansatzentsprechend a.A. *Wahl/Schütz*, § 42 Abs. 2 Rz. 70.

[494] S. 64 ff.

Genau darin, daß hier die Betroffenheit in einem *Eingriffsabwehrrecht* dargelegt werden kann, besteht der maßgebliche Unterschied zu den Drittschutzklagen, bei denen die Eingriffskonstruktion überdehnt würde, weshalb die konkrete subjektive Berechtigung genannt werden muß. Die verwaltungsprozeßrechtliche Klagebefugnis des in dem in § 1 UWG geschützten Interesse betroffenen Wettbewerber ist daher grundsätzlich zu bejahen.

# IV. Die Rechtsfolgen: Der haftungsausfüllende Tatbestand des Gleichbehandlungsrechts

Gegenstand dieses Teils sind die Probleme, die sich daraus ergeben, daß das Gleichbehandlungsinteresse lediglich gleiche Behandlung, nicht jedoch eine vollständig definite Behandlung verlangt.[495] Das *objektive* Recht schreibt zwar regelmäßig der Verwaltungsbehörde vor, daß Gleichheit in Richtung gleichmäßige Verbotsdurchsetzung herzustellen ist. Indes ist die Herstellung objektiv-rechtlich rechtmäßiger Zustände nicht Inhalt dessen, was gerade aufgrund des Gleichbehandlungsanspruchs ist. Ob das objektive Recht eine stets zu beachtende Randbedingung[496] des Gleichbehandlungsanspruchs ist, oder ob als rechtlich beachtliche Alternative zur Durchsetzung der Verbotsnorm auch gleichmäßige Untätigkeit in Betracht kommt, hängt davon ab, ob es „*Gleichheit im Unrecht*" gibt. Dieses Thema und die Konsequenzen, die sich aus der Ablehnung des Satzes „Keine Gleichheit im Unrecht" ergeben, werden im folgenden ausführlich erörtert.

## A. Überblick

Zur Erläuterung der Relevanz des Problems der „Gleichheit im Unrecht" folgender Beispielsfall:

1. *Segel- und Surfausrüstung, Abwandlung 2.*[497] Wie Abwandlung 1, aber: K möchte durchaus weiterhin sonntags verkaufen. Nach langjähriger Untätigkeit kündigt die Behörde jedoch dem K an, ab der nächsten Saison ihm gegenüber die Einhaltung der Ladenschlußzeiten durchzusetzen. Als K auf die allgemeine Verwaltungspraxis verweist und außerdem seine Erwartung zum Ausdruck bringt, daß die Behörde dann doch wenigstens auch gegen seine Konkurrenten vorgehen möge, wird ihm entgegengehalten, es gebe keine Gleichheit im Unrecht.

a) Im Klett-Passage-Fall - vergleichbares würde bei einer Genehmigung der Sonntagsöffnung im Segel- und Surfausrüstungen-Fall gelten - erscheint es zwar

---

[495] S. 67.
[496] S. 64 f.
[497] Grundfall und Abwandlung 1 auf S. 64 f.

auf Basis der h.M. weitgehend ausgeschlossen, daß K bei einer Klage auf dem Verwaltungsrechtsweg den konkreten Beweis führen kann, sein bislang vollkommen gesundes Unternehmen werde ausschließlich durch die ungleiche Schrankenlage in den Ruin getrieben.[498] Obwohl Rechtsschutz praktisch kaum möglich ist, hier die Quantität der Beweisanforderungen in Qualität umschlägt, bestreitet man dennoch nicht grundsätzlich, daß derartige Beeinträchtigungen schutzwürdige Interessen verletzten können. In der zweiten Abwandlung des Segel- und Surfausrüstungen-Falls würde selbst der eben genannte Beweis dem K nicht helfen. Eine Änderung der Verwaltungspraxis wird K zwar sicher nicht verhindern können, denn daß die Verwaltung in die Legalität zurückkehren können muß, erscheint selbstverständlich. Wenn man den Satz „Keine Gleichheit im Unrecht" ernst nähme, könnte K jedoch im Falle einer solchen Rückkehr in die Legalität nichtmals gleichmäßige Verbotsdurchsetzung gegenüber seinen Mitbewerbern verlangen. Ob „Keine Gleichheit im Unrecht" hier zutrifft, ist vor diesem Hintergrund recht zweifelhaft. Das Argument, K könne keinen Anspruch auf Gleichbehandlung haben, weil ansonsten zwingend die Verwaltungsbehörde zu rechtswidrigem Handeln verpflichtet werde, wird zum einen den Interessen des K kaum in angemessener Weise gerecht, denn K ist genauso schutzwürdig wie im Grundfall. Zum anderen hat die Verwaltungsbehörde ja immerhin auch die Schaffung allgemein rechtmäßiger Zustände als Handlungsoption; umgekehrt hat die Rechtsordnung in dem Beispiel solche Zustände offenbar längere Zeit klaglos hingenommen.

b) Diese zweite Abwandlung zeigt, daß der „Vorsprung durch Rechtsbruch" ganz allgemein eine Konstellation der „Gleichheit im Unrecht" darstellt. Die Ausgangskonstellation, der haftungsbegründende Tatbestand - Aufrechterhaltung der Sanktionsdrohung trotz gleichzeitigem Normverstoß eines Dritten - ist jeweils identisch. Ansprüche auf „Gleichheit im Unrecht" werden zwar von der h.M. unter Hinweis auf den Vorrang des Gesetzes abgelehnt.[499] Man darf allerdings zum Ergebnis bereits die Aussage treffen: Das kann hier nicht richtig sein. So kann man auch bei dem Parallelproblem des Subventionsrechts bei der Anspruchsbegründung aus Art. 3 Abs. 1 GG beobachten, daß man dort entweder dem Satz „Keine Gleichheit im Unrecht" aus dem Weg zu gehen versucht, an der Richtigkeit dieses Satzes zweifelt oder ihn für wenigstens diese Konstellation einschränkt.[500]

---

[498] S. oben S. 12.
[499] S. Fn. 609.
[500] Vgl. *Randelzhofer*, JZ 1973, 536, 541; *Götz*, in: FS 25 Jahre BVerwG, 245, 251; *Dicke*, VerwArch 60 (1968), 293, 308 f; *Rüfner*, in: BK, Art. 3 Abs. 1 Rz. 182; *Mertens*, Selbstbindung, S. 97 ff.

c) Das Argument „Keine Gleichheit im Unrecht" scheint nur vordergründig von vorneherein nicht auf die wettbewerbsrechtliche Behandlung der Fälle des Vorsprungs durch Rechtsbruch zuzutreffen. Dort – so könnte man denken - wird den Konkurrenten nicht ein Recht zum Auch-Verstoß zugebilligt, sondern nur ein Gesetzesvollzugsanspruch. Für das Interesse an gleichen Wettbewerbsbedingungen ist, wie bereits dargetan,[501] jedoch beides gleichwertig: Auch im Klett-Passagen-Fall wollte K zwar Gesetzesvollzug; seinem Interesse an gleichen Wettbewerbsbedingungen wäre aber ebenso genüge getan worden, wenn ihm ebenfalls eine Genehmigung erteilt worden wäre. Wie verhalten sich beide Möglichkeiten zueinander und zu dem genannten Satz „Keine Gleichheit im Unrecht"?

Es ist nun, um den Gedanken aus der einleitenden Erörterung der zweiten Abwandlung/Surf- und Segelausrüstungen fortzuführen, *nicht* so, daß *durch den Satz „Keine Gleichheit im Unrecht"* schlicht die *verschiedenen Möglichkeiten* der Herstellung von Gleichheit *auf „Gleichheit im Recht" reduziert werden.* Ganz allgemein käme nämlich in Fällen, in denen „Gleichheit im Unrecht" verlangt wird, als Lösung zur Herstellung von Gleichheit ein Gesetzesvollzugsanspruch in Betracht. Trotzdem lehnt man *jedes* Gleichbehandlungsrecht ab, einschließlich des Anspruchs auf gleichen Gesetzesvollzug.[502] Daher scheinen sich hinter dem Satz „Keine Gleichheit im Unrecht" andere Beweggründe als die genannten (Keine Bindung entgegen dem Gesetz) zu verbergen. Aber auch darüber hinaus erstaunt es, wie „klaglos" der Tatbestand eines Grundrechts in Fällen der „Gleichheit im Unrecht" ohne jede Abwägung reduziert wird, steht doch zu vermuten, daß mit einem Grundrecht auch ein rechtliches Interesse geschützt wird. Bei der Suche nach dem Art. 3 Abs. 1 GG zugrundeliegenden Individualinteresse trifft man wiederum auf ein erstaunliches Schweigen der h.M., die Art. 3 Abs. 1 GG regelmäßig nicht vom geschützten Interesse, sondern von der Eigenschaft als objektiver Rechtssatz her beschreibt.

Wie im folgenden zunächst zeigen, besteht in der Tat Uneinigkeit darüber, ob Art. 3 Abs. 1 GG überhaupt ein eigenständiges – relational betroffenes – Interesse schützt; die Stellungnahme in diesem Streit wirkt sich unmittelbar auf die Stellungnahme im Streit um die „Gleichheit im Unrecht"[503] aus. Die nun zu leistenden Vorarbeiten zur Dogmatik des Art. 3 Abs. 1 GG werden den Nachweis ermöglichen, daß der Satz „Keine Gleichheit im Unrecht" zwar in den praktischen Ergebnissen bei *Diskriminierungswirkung* meist, aber nicht immer stimmt. Die gegebene Begründung dafür ist jedoch nicht stichhaltig.

---

[501] S. 64 ff

[502] Fn. 652

[503] S. 150.

2. Der andere Argumentationsansatz wird sodann den Nachweis ermöglichen, daß „Keine Gleichheit im Unrecht" bei *Interventionswirkung* in der Regel nicht trifft. Wenn man andere Richtungen der Gleichheit nicht durch das Dogma „Keine Gleichheit im Unrecht" versperrt sieht, so bedarf allerdings die Auflösung des Gleichbehandlungsanspruchs gerade in eine bestimmte Richtung durch die Gerichte („Auch-Verbot", Tenor auf Unterlassung des Gesetzesverstoßes) einer weiteren besonderen Begründung. Unter anderem auf Grundlage der Erkenntnisse, die sich aus der Untersuchung des Verhältnisses von Vorrang des Gesetzes und Gleichbehandlungsrechten ergeben, werden verschiedene Gründe für Ausnahmen von der inhaltlichen Offenheit des wettbewerbsrechtlichen Gleichbehandlungsrechts zu erörtern sein. Eben diese „Ausnahmefälle" (praktisch eher die Regel) sind es, in denen das Gleichbehandlungsrecht den wettbewerbsrechtlichen Unterlassungsanspruch tatsächlich tragen kann.

Im Ansatz wird es jedoch dabei bleiben, daß eine solche Ausnahme für einen Anspruch auf „Auch-Vollzug", auf Gleichbehandlung durch gleichmäßige Herstellung gerade des objektiv rechtmäßigen Zustandes, notwendig ist. Kann eine solche Ausnahme nicht begründet werden, so fehlt es an der Voraussetzung für den inhaltlich nicht mehr offenen wettbewerbsrechtlichen Unterlassungsanspruch.

## B. Dogmatische Vorfragen: Allgemeiner Gleichheitssatz und Willkürentscheidungen

### 1. Das modale Verständnis des Art. 3 Abs. 1 GG

a) Was die Dogmatik des Art. 3 Abs. 1 GG betrifft, ist eine konzeptionell geschlossene herrschende Meinung oder eine durchgängige Linie der Rechtsprechung kaum erkennbar.[504] Immerhin läßt sich ein Gegenpol zu dem oben vorgestellten,[505] im folgenden relationale Theorie des Art. 3 Abs. 1 GG genannten Konzept herausfiltern, der hier im Anschluß an die Terminologie von *Schwabe*[506] modale Theorie des allgemeinen Gleichheitssatzes genannt wird.

---

[504] *Jarass*, NJW 1997, 2545 spricht davon, daß man bei der Anwendung des allgemeinen Gleichheitssatzes häufig „ins Schwimmen" gerate, was auch daran liege, „daß der allgemeine Gleichheitssatz im Vergleich zu anderen Grundrechten *dogmatisch* sehr unterentwickelt ist."

[505] S. 60 ff.

[506] Probleme der Grundrechtsdogmatik, S. 23 f. *Schwabe* nimmt dabei eine rein analytisch-deskriptive Perspektive ein. Es mag hier am Rande interessieren, daß die deshalb

Das BVerwG hat in der Klett-Passage-Entscheidung zutreffend gesehen, daß dieser Streit durchaus hätte relevant werden können.[507]

(1) Differenzierungsverbote gewähren auf Grundlage der relationalen Theorie dem durch die Ungleichbehandlung beeinträchtigten Interesse selbständigen Schutz. Dementsprechend ist notwendige, aber auch hinreichende Voraussetzung der Rechtsebtroffen die Einschlägigkeit eines gerade durch die Ungleichbehandlung faktisch verletzten, rechtlich geschützten Interesses. Dementsprechend ist Gegenstand einer rechtlichen Überprüfung anhand des Gleichheitssatzes nach der relationalen Theorie immer eine Ungleichbehandlung, die Relation, und nie eine isolierte Norm, bei deren Anwendung ungleich behandelt wird. Zwischen der Relation - einschließlich beider an der Relation beteiligter Normen - und dem beeinträchtigten Individualinteresse stellt der jeweilige Gleichheitssatz eine eigenständige rechtliche Beziehung her.

(2) Das modale Verständnis macht dagegen nicht die Relation, sondern die isolierte Behandlung zum Ausgangspunkt. In Hinblick auf die isolierte Behandlung regelt der Gleichheitssatz unbestreitbarerweise *nur eine Modalität der isolierten Behandlung. Modal* sind etwa auch Richtervorbehalte, die nur das jeweilige Rechtsgut flankierend schützen. Deshalb ist die Verletzung eines Richtervorbehaltes nicht ohne die *bereits anderweitige nachteilige isolierte Rechtsbetroffenheit* möglich.[508] Ganz ähnlich soll wenigstens der allgemeine Gleichheitssatz nicht selbst die subjektiv-rechtliche Rechtsbetroffenheit herstellen können. Wie ein Richtervorbehalt hat auch die Gleichbehandlungspflicht eine dienende Funktion und verfolgt keinen eigenständigen Schutzzweck. Betroffen ist nur das isoliert beeinträchtigte Recht.

(3) Die Bedeutung dieser Unterscheidung kann nicht unterschätzt werden. Der Unterschied zwischen der modalen und der relationalen Theorie zieht sich durch die ganze Dogmatik des allgemeinen Gleichheitssatzes. Am wenigstens bewußt wird er bei den objektiv-rechtlichen Gehalten, am deutlichsten bei den Rechtsfolgen, bei der „Gleichheit im Unrecht“ und schließlich bei der

---

stattfindenden Inhaltsverluste weitgehend zu gleichen Ergebnissen führen wie die Herangehensweise von *Dürig* in seiner grundlegenden Kommentierung zu Art. 3, der - vor allem im Bemühen um Eingrenzung normativer Gehalte des allgemeinen Gleichheitssatzes im Zusammenhang mit faktischer Gleichheit - gegenüber einem Eigenwert der Gleichbehandlung dezidiert skeptisch ist. Beide Ansichten werden hier als Einheit behandelt.

[507] BVerwG NJW 1982, 2513, 2515 (bereits auf S. 12 wörtlich zitiert).

[508] Diese anderweitige isolierte Rechtsbetroffenheit ist von der unterschiedlichen Behandlung (S. 68 f) zu unterscheiden. Denn eine etwa begünstigende Behandlung kann auch ohne Recht auf eine solche Behandlung erfolgen.

Begründung der subjektiven Berechtigung auf eine Begünstigung, auf die nicht schon isoliert ein Anspruch besteht.

Zur Illustration der letzten genannten grundsätzlichen Abweichung folgender Beispielsfall:[509] Nach dem Gesetz zur Verbesserung der Personalstruktur der Streitkräfte bestand die Möglichkeit, Angehörige der Streitkräfte vorzeitig in den Ruhestand zu versetzen. Das hierbei bestehende Ermessen diente lediglich dem öffentlichen Interesse, die Personalstruktur möglichst effektiv zu verbessern. Konnte sich eine Person, die trotz Antrags nicht in den vorzeitigen Ruhestand versetzt wurde, dagegen mit der Begründung wehren, das Ermessen sei gleichheitswidrig ausgeübt worden?

Die Gerichte haben derartige Fälle stets abschlägig entschieden, da das nur objektiv-rechtliche Ermessen nicht via Art. 3 Abs. 1 GG subjektiviert werden könne; Art. 3 Abs. 1 GG sei ausschließlich dann anwendbar, wenn die ungleich ausgefüllte Norm selbst ein subjektives Recht enthalte. Denn die bloße Zwischenschaltung eines Ermessens könne nicht mehr Rechte verschaffen als eine gebundene Entscheidung.[510] In der hier verwendeten Terminologie[511] ausgedrückt heißt das: Es lag zwar durchaus eine unterschiedliche rechtliche Behandlung vor, dem Kläger fehlte aber ein nach modalem Verständnis notwendiges isoliertes subjektives Recht auf eine Rechtsänderung. Man frage sich, ob die gegebene Begründung zur Ablehnung eines subjektiven Rechts aus Art. 3 Abs. 1 GG - immer Notwendigkeit eines bereits isoliert subjektiv-rechtlichen Bezuges - noch durchgreifen kann, wenn der Nachweis geführt wird, daß die Partei- oder Religionszugehörigkeit oder gar ein durch Art. 3 Abs. 3 GG ausgeschlossenes Kriterium, etwa die Hautfarbe oder die Herkunft bei der Entscheidung die maßgebliche Rolle gespielt hat. Bei ähnlichen Fällen auf lokaler Ebene kann man auch an die Vereinszugehörigkeit als Differenzierungskriterium oder die Benachteiligung der Einwohner eines Ortsteils denken. Das von der Rechtsprechung angeführte Argument läßt sich auch umdrehen: Bloß wegen der Zwischenschaltung von Ermessen kann nicht die Verwendung von Differenzierungskriterien erlaubt sein, die dem Gesetzgeber aufgrund eines Gleichheitssatzes verwehrt sind.[512]

(4) Die modale Theorie kann dieses Argument wegen ihres unzutreffenden Ausgangspunktes nicht verarbeiten. Sie muß tatsächlich immer in derartigen Fällen die Rechtsbetroffenheit ablehnen. Denn, isoliert betrachtet wird dem

---

[509] Vgl. OVG Münster, NVwZ 1987, 723; dazu *Pietzcker*, JZ 1989, 305, 306 m.w.N.
[510] OVG Münster, NVwZ 1987, 723; vgl. *Rüfner*, in: BK, Art. 3 Abs. 1 Rz. 150.
[511] S. oben S. 66 ff.
[512] *Rüfner*, in: BK, Art. 3 Abs. 1 Rz. 154; *Pietzcker*, JZ 1989, 305, 308; offen gelassen in BVerwGE 45, 197, 199.

Kläger nichts vorenthalten, was ihm zusteht; einen Anspruch auf Pensionierung will das Gesetz dem Kläger gerade nicht zuerkennen. Nach dem relationalen Verständnis kommt es dagegen gar nicht darauf an, ob die isolierte Rechtsnorm subjektive Rechte verleiht.[513] Hinreichende, aber auch notwendige Bedingung ist die hinreichend schwere Beeinträchtigung durch die Ungleichbehandlung. In casu kommen Lenkungs- und Interventionswirkung nicht in Betracht, sondern nur die diskriminierende Perönlichkeitsrechtsbeeinträchtigung.[514] Diese ist schon ausgeschlossen, wenn irgendein sachlicher Grund für die Ungleichbehandlung erkennbar ist.[515] Daher wird es auf den Meinungsstreit in diesen entschiedenen Fällen *im Ergebnis* kaum je angekommen sein. Wie meist bei der Berufung auf Art. 3 Abs. 1 GG ist nicht ersichtlich, worin die gerade den Kläger treffende besondere Persönlichkeitsbeeinträchtigung durch die Ungleichbehandlung gelegen haben sollte.

b) (1) Um die modale Theorie zu verstehen, ist es unerläßlich, sich zu vergegenwärtigen, daß das Verfassungsprozeßrecht ursprünglich in §§ 78, 95 Abs. 3 BVerfGG als möglichen Tenor bei Verfassungswidrigkeit eines Gesetzes nur die Nichtigerklärung und nicht die Verpflichtung zur Gleichbehandlung oder die bloße Feststellung der Verfassungswidrigkeit kannte.[516] Unter den theoretisch denkbaren *Rechtsfolgen* richtete sich daher auch für Verstöße gegen Art. 3 Abs. 1 GG das Hauptaugenmerk eben auf die Begründung einer solchen verfassungsprozeßrechtlich gedeckten Rechtsfolge. Für den *gleichheitswidrigen Eingriff* lag es mithin nahe, einfach die Rechtsfolge des Eingriffs zu übernehmen, zumal im Regelfall der Urteilsverfassungsbeschwerde ohnehin isolierte Streitgegenstände - d.h. entweder auf Unterlassung oder Vornahme einer ganz bestimmten Handlung - aus den Ausgangsverfahren den Anlaß der Verfassungsbeschwerde bildeten. Mit der isolierten Rechtsfolge des Freiheitsrechts tritt allerdings auch das Freiheitsrecht als ganzes in den Vordergrund. In Hinblick auf das durch das Freiheitsrecht gebildete Rechtsverhältnis wird durch Art. 3 Abs. 1 GG dem Staat aber unbestreitbar kein Eingriff an sich verboten, sondern eben lediglich eine bestimmte Modalität des Eingriffs in andere Rechtsgüter.

Auf relationaler Basis ist diese Beobachtung, welche Funktionen Gleichbehandlungsrechte für Freiheitsrechte haben, zwar zutreffend. Die

---

[513] Ebenso gegen den Per-Se-Ausschluß subjektiver Rechte durch die Rechtsprechung *Heun*, in: Dreier, Art. 3 Rz. 38; *Rüfner*, in BK, Art. 3 Rz. 154 ff; *Pietzcker*, JZ 305, 307 ff.

[514] S. oben S. 71 ff.

[515] S. bereits ausführlicher S. 72.

[516] Die Feststellungsjudikatur wurde durch das 4. Gesetz zur Änderung des BVerfGG (BGBl. 1970 I, 1765) in §§ 31 Abs. 2, 79 Abs. 1 BVerfGG im geschriebenen Recht verankert.

Regelung der Modalität des Eingriffs ist aber *nur* Funktion, nicht Zweck[517] von Differenzierungsverboten. Es handelt sich um eine bloße Zufälligkeit. Umgekehrt gerät die Relation als solche bei dem modalen Ansatz von vornherein nicht ins Blickfeld und damit auch nicht die Interessenbeeinträchtigung gerade durch die Relation.

(2) Mit diesem Streitgegenstand - isolierte Abwehr - sind die übrigen Weichen in Richtung modale Theorie gestellt, die durchaus ebenfalls ein in sich geschlossenes Konzept darstellt. Ebenso wie ein Richtervorbehalt nicht Selbstzweck, sondern lediglich flankierender Schutz eines anderen Rechtsgutes ist, ist demzufolge „nach dem Grundgesetz wertsystematisch die Gleichheit als solche (isoliert[518] und aus sich heraus betrachtet) kein eigener Rechtswert,“[519] wehrt auch der Gleichheitssatz die Belastung durch die Freiheitsbeeinträchtigung ab, ist Gleichheit nur Mittel zum Zweck „Freiheit“.[520] Da Art. 3 Abs. 1 GG nicht selbständige Interessen schützt, sondern den isolierten rechtlichen Bezug zu einem anderen Interesses gerade voraussetzt, vermittelt der allgemeine Gleichheitssatz auch nicht selbständige subjektive Rechte, kennt keine eigenständige „Rechtsbetroffenheit“: Voraussetzung einer Berufung auf den Gleichheitssatz ist, daß bereits ein isoliert subjektiv-rechtlicher Bezug besteht.[521] Bei Ungleichbehandlungen durch Schlechterbehandlung ist der isolierte subjektiv-rechtliche Bezug zumeist auch kein Problem. Hingewiesen sei schon hier auf die Ausnahme, die „Gleichheit im Unrecht“, denn dort ist unzweifelhaft kein isoliertes subjektives Recht verletzt. Davon abgesehen, erreicht man so sogar ein Ergebnis, das auch dem relationalen Interesse an Gleichheit nicht nur gerecht wird, sondern mit dem eingriffsaufhebenden Urteil sogar über das hinausgeht, was das Gleichbehandlungsinteresse fordert.

---

[517] Zur Terminologie S. 31.

[518] Hier wird „isoliert“ gerade anders benutzt, nämlich für die isolierte relationale Rechtsbeziehung (*L. M.*).

[519] *Dürig*, in: Maunz/Dürig, Art. 3 Abs. I Rz. 164.

[520] *Dreier*, in: Dreier, Vorb. Rz. 53.

[521] BVerwGE 39, 235, 237 ff; BVerwG DÖV 1979, 911, 911 f; BVerwGE 92, 153, 157; Bleckmann, Struktur, S. 37; *G. Müller*, VVDStRL, 47 (1989), 37, 39 f. Für die Konkurrentenklage auch BVerwGE 30, 191, 197 f; widersprüchlich *P.-M. Huber*, Konkurrenzschutz, S. 507 ff, der zunächst einen anderweitigen rechtlichen Bezug verlangt, auf S. 523 dann aber wieder davon abrückt; schwankend auch *Jarass*, AöR 120 (1995), 345, der einerseits den Gleichheitsrechten einen - allerdings zu weiten - Schutzbereich zugesteht (S. 362), diesem dann aber keine Indizfunktion zuspricht (377). Ansatzweise findet sich die Unterscheidung zwischen isolierter und relationer subjektiv-rechtlicher Beziehung bei *Pietzcker*, JZ 1989, 305, 309 f und *Rüfner*, in: BK, Art. 3 Abs. 1 Rz. 158 a.E.

(3) Trifft das relationale Verständnis zu, so sind eben wegen dieses Übermaßes bei den Rechtsfolgen auf Grundlage des modalen Verständnisses Verwerfungen mit dem Prinzip der begrenzten Sanktionsbefugnis zu erwarten. Tatsächlich zwingt das modale Verständnis jedenfalls an anderer Stelle, nämlich der subjektiven Berechtigung, zu übermäßiger Rigorosität, um nicht zu einem unsinnigen Ergebnis zu gelangen.

Bei der Gesetzesanwendung wird nicht nur ein formeller Subsumtionsprozeß vorgenommen, sondern immer auch das Recht konkretisiert und insofern ein Maßstab erst gefunden.[522] Daher kann Gleichheit hier zwei Bedeutungen haben: gleiche formelle Subsumtion oder aber gleiche Rechtsetzung. In dem ersteren Sinne „besagt der Satz von der Gleichheit vor dem Gesetze nur etwas Selbstverständliches, ist er nur eine Trivialität. Dieser Gedanke hätte keiner grundrechtlichen Sanktion bedurft; er folgt aus den Begriffen des Gesetzes und der Gesetzesanwendung: ein allgemeines Gesetz anwenden, heißt gar nichts anderes als es gleichmäßig anwenden. Wenn ein Gesetz nicht sinnlos sein soll, muß es gleiche und allgemeine Anwendung finden. Etwas wirklich Bedeutsames besagt der Satz von der Gleichheit nur in seiner Anwendung auf den Gesetzgeber."[523] Nun wäre der Anspruch auf Gleichbehandlung in dem ersten Sinne nicht trivial, wenn er als subjektives Recht verstanden wird; ganz im Gegenteil würde das bedeuten, daß jeder, gegenüber dem ein Gesetz angewendet wird, einen Anspruch darauf hat, daß das Gesetz allgemein und gleich richtig angewendet wird. Aus dem Blickwinkel des modalen Verständnisses liegt ein solches Ergebnis nun nahe, wenn Art. 3 Abs. 1 GG eben eigenständiges Grundrecht und nicht in Art. 19 Abs. 4 GG geregelte Schranken-Schranke ist. So kann Art. 3 Abs. 1 GG jedoch nicht gemeint sein, denn das würde einen allgemeinen Gesetzesvollzugsanspruch bedeuten.[524]

---

[522] Die Unterteilung in Rechtsetzung und Rechtsanwendung ist nicht logischer, sondern topischer Natur (*Krebs*, VerwArch 1979, 259, 268). Wie man bei *Kelsen* (Allgemeine Staatslehre, S. 232 ff) nachlesen kann, unterscheiden sich Rechtsanwendung und Rechtsetzung ausschließlich durch die Perspektive, unter der die gleiche Tätigkeit betrachtet wird. Rechtsetzung ist der Prozeß der Individualisierung und Konkretisierung des Rechts, d.h. der Auswahl zwischen den von einem generelleren (höherstufigen) Rechtssatz offengelassenen Möglichkeiten und somit immer gleichzeitig Rechtsanwendung des höherrangigen Rechtssatzes. Gleiches gilt umgekehrt; Rechtsanwendung ohne Auswahl aus offengelassenen Möglichkeiten und damit Rechtsetzung ist nicht denkbar. Rechtliche Tätigkeit ist der höheren Rechtsstufe gegenüber Rechtsanwendung, der niederen Rechtsstufe gegenüber Rechtsetzung.

[523] *E. Kaufmann*, VVDStRL 3 (1927), 2, 6; ebenso *Kirchhof*, in: Isensee/Kirchhof, HBStR V, § 125 Rz. 9 ff.

[524] Zu derartigen Befürchtungen *Erichsen*, VerwArch 71 (1980), 289, 296; *Schmidt-Bleibtreu*, in: Maunz/Schmidt-Bleibtreu, § 90 Rz. 96 (S. 85 a). Aus diesem Grunde ist die „formelle

Tatsächlich muß Gleichheit als subjektives Recht auch bei der Gesetzesanwendung auf einen inhaltlichen Maßstab bezogen sein, womit man genau die gleichen Probleme wie bei der Anwendung des Art. 3 Abs. 1 GG auf den Gesetzgeber hat. Schon unter der Weimarer Reichsverfassung[525] und vorher[526] gehörte es zu den umstrittensten Fragen des Verfassungsrechts, ob ein Grundrecht auf Gleichbehandlung überhaupt den Gesetzgeber bindenden subjektiv-rechtlichen Charakter haben könne. Diese Frage ist seit 1949 im Grundgesetz mit Art. 1 Abs. 3 GG, der in die unmittelbare Grundrechtsbindung aller Gewalten auch Art. 3 Abs. 1 GG einbezieht, positiv entschieden.[527] Dazu, wie eine derartige Rechtsbindung zu bewerkstelligen sei, äußerte und äußert sich das Grundgesetz jedoch nicht. Das konnte anscheinend nicht mehr als ein subjektives Recht auf gerechte Behandlung sein,[528] dessen Schutzgut zugegebenermaßen höchst schwer zu fassen ist. Ein solches Recht ist schon für ein Verfassungsgericht schwer zu handhaben, ein Verwaltungsrichter wird ihm aus dem Weg gehen, wo immer er kann. Das ist aber nicht der richtige Weg. Er führt gerade zum modalen Verständnis: Dessen Ausweg ist, den Gleichheitssatz eben doch vor allem – und damit entgegen Art. 3 Abs. 1, 1 Abs. 3 GG - von seiner objektiven Bedeutung her zu erfassen. Nichts anderes tut die modale Theorie, die Art. 3 Abs. 1 GG de facto wie objektiv-rechtliche Rechtmäßigkeitsanforderungen an eingreifende hoheitliche Tätigkeit behandelt,[529] die unter dem Grundgesetz ganz überwiegend mittelbar subjektiviert sind,[530] wenn sie nur im Zusammenhang mit dem Eingriff in ein isoliertes subjektives Recht erfolgen. Diese Lösung ist praktikabel, zutreffend ist sie deshalb aber nicht: Wo ein isoliertes subjektives Recht betroffen ist, gewährt sie zu viel, lediglich relational betroffenen Rechten verwehrt sie den angemessenen Schutz. Praktische Fälle, in

---

Gleichheit" - Gleichheit der Rechtsanwendung - auch durchaus nicht so unproblematisch, wie es gelegentlich behauptet wird (etwa von *Maaß*, NVwZ 1988, 14; *Gusy*, JuS 1982, 30, 34); sie führt jedoch bis heute in der Dogmatik „ein Schattendasein" (*Sachs*, NWVBl 1988, 295, 300).

[525] „Berühmt" ist die Kontroverse zwischen *E. Kaufmann* und *H. Nawiasky* bei der Staatsrechtslehrertagung 1926; weitere Nachweise bei *Heun*, in: Dreier, Art. 3 Rz. 6 in Fn. 35.

[526] *G. Jellinek*, System, S. 135: „Ausserdem enthält sie die allgemeine Verpflichtung des Staates, Gleiches mit gleichem Masse zu messen, sowohl in Gesetzgebung, als in Gericht und Verwaltung. Die Gleichheit in allen ihren Formen kann aber niemals Inhalt eines individuellen Anspruches werden. Sie ist objektives Recht und ihre Wirkung auf individuelle Rechtssphären ist reine Reflexwirkung." Dazu *Sachs*, DÖV 1984, 411.

[527] BVerfGE 40, 296, 318; *Erichsen*, VerwArch 71 (1980), 294; *Starck*, in: v. Mangoldt/Klein/Starck, Art. 3 Rz. 209; *Jarass*, in: Jarass/Pieroth, Art. 3 Rz. 8; *Schoch*, DVBl 1988, 863, 867; *Gubelt*, in: v. Münch/Kunig, Art. 3 Rz. 2.

[528] S. 139.

[529] So explizit *Friesenhahn*, in: Verhdlg. 50. DJT, II G 1, G 20): Der Gleichheitssatz sei lediglich ein allgemeiner Verfassungsgrundsatz; ähnlich *Dicke*, VerwArch 60 (1968), 293, 306.

[530] S. 226 f.

denen diese unbefriedigenden Konsequenzen wirklich deutlich werden, sind aber vergleichsweise selten.

c) Anzeichen dafür, daß das modale Verständnis zumindest unvollständig ist, zeigten sich zunächst bei der Behandlung von ungleichen Leistungen. Das BVerfG verlangte hier zunächst die Verletzung eines Regelungsauftrages des Grundgesetzes, um einen subjektiv-rechtlichen Bezug zu bejahen. Das entspricht der Bedeutung, die dem betroffenen Freiheitsinteresse bei der Eingriffsabwehr für die Einschlägigkeit des Gleichheitssatzes zukommt. Das BVerfG stellte also auch hier für die Rechtsbetroffenheit nicht auf die Ungleichbehandlung an sich ab. Statt dessen machte es ein rechtlich relevantes Unterlassen zum Anknüpfungspunkt des Anspruchs auf Gleichbehandlung:[531] Wenn der Staat seiner anderweitig begründete Pflicht zum positiven Tun nachkommt, habe er die modale Pflicht, die Leistungspflicht nicht auf willkürliche Art und Weise zu erfüllen. Die Verpflichtung zur Gleichbehandlung ist für die modale Theorie auch hier bloße Flankierung zur Sicherung ordnungsgemäßer Erfüllung des Leistungsanspruchs, des maßgeblichen Prozeßgegenstandes. „Gleichheit, isoliert und für sich betrachtet" (also relational begründete Gleichheit) ist bloße Nebenfolge der anderweitig subjektiv-rechtlich fundierten Ansprüche.

Die Folge eines Verstoßes gegen Art. 3 Abs. 1 GG konnte dennoch nur bloße Feststellung der Verfassungswidrigkeit sein. Während man den Bürgern bei ungleicher belastender Staatstätigkeit durch Aufhebung der belastenden Norm im Zweifel Gutes zu tun meint, führt die gleichmäßige Aufhebung staatlicher Begünstigungen aus der modalen Perspektive zu einem sinnwidrigen Ergebnis, nämlich - modal betrachtet - ausschließlich zu einer Verschlechterung der Position aller Beteiligten. Die andere Möglichkeit, dem Schlechterbehandelten ebenfalls den Genuß der Vergünstigung zuzusprechen, verbietet der Respekt vor der Entscheidungshoheit des Parlaments selbst dort, wo dies durch Nichtigerklärung des die Begünstigung ausschließenden Teils des Gesetzes gesetzestechnisch möglich wäre.[532] Damit mußte rechtsschöpfend eine weitere Tenorierungsmöglichkeit geschaffen werden, die bloße Feststellung der Verfassungswidrigkeit. Der primäre Grund dafür war zwar die inhaltliche Unbestimmtheit des Leistungsanspruchs.[533] Allerdings trat es - zunächst bei der

---

[531] BVerfGE 6, 257, 264.

[532] BVerfGE 1, 97, 100 f.; s. auch *Schmidt-Bleibtreu*, in: Maunz/Schmidt-Bleibtreu, § 95 Rz. 39 (S. 38 ff).

[533] BVerfGE 6, 257, 262 f nennt hier beide Gesichtspunkte, ohne ihr Verhältnis zu klären.

Feststellung des Rechtsschutzbedürfnisses[534] - schärfer in das Bewußtsein, daß auch der Gleichheitssatz nicht einen bestimmten Zustand erfordert.

d) Das modale Verständnis darf inzwischen - jedenfalls als primäre Deutung des Art. 3 Abs. 1 GG[535] - als überholt gelten.

(1) Nach der Änderung von §§ 31 Abs. 2, 79 Abs. 1 BVerfGG, durch die der Gesetzgeber sein placet zu der Feststellungsjudikatur[536] des BVerfGG gegeben hat,[537] gibt es keine systematischen Gründe, Interpretationsansätze zu vermeiden,

[534] Die vollständige Wiedergabe einer längeren Passage des früheren *leading case* BVerfGE 22, 349, 362 f (anders noch BVerfGE 8, 28, 36 f) dazu mag besser illustrieren, wie man die offene Rechtsfolge aus Art. 3 Abs. 1 GG und die offene Rechtsfolge des Regelungsauftrages vermengte: „Die durch den Grundsatz der Gewaltenteilung und die Funktion des Bundesverfassungsgerichts gebotene Zurückhaltung gegenüber dem Gesetzgeber darf das Bundesverfassungsgericht nicht daran hindern, gesetzliche Regelungen der genannten Art auf Verfassungsverstöße zu prüfen; sie verlangt nur, daß das Bundesverfassungsgericht durch seinen Spruch nicht in die Entscheidungsfreiheit des Gesetzgebers eingreift. Ergibt seine Prüfung einen Gleichheitsverstoß, so muß es sich mit der Feststellung des Verstoßes begnügen, falls mehrere Möglichkeiten zu seiner Beseitigung bestehen. Zwar gibt die bloße Feststellung, daß die gesetzliche Regelung in der bestehenden Form verfassungswidrig ist, dem Beschwerdeführer noch keine Rechtsgrundlage für den im Ausgangsverfahren geltend gemachten Anspruch. Sie eröffnet ihm aber immerhin die Chance, daß der Gesetzgeber bei der Herstellung der verletzten Gleichheit auch die bisher übergangene Gruppe ganz oder zum Teil einbezieht. Richtet sich die Verfassungsbeschwerde - wie im folgenden Fall - nur mittelbar gegen das nach Ansicht des Beschwerdeführers lückenhafte Gesetz, unmittelbar aber gegen gerichtliche Entscheidungen, die seinen Anspruch auf Beteiligung an der begünstigenden Regelung ablehnen, so werden, wenn die Verfassungsbeschwerde Erfolg hat, zugleich mit der Feststellung der Verfassungswidrigkeit des Gesetzes auch die gerichtlichen Entscheidungen aufgehoben; [...] Freilich müssen die Gerichte, an die die Sache vom Bundesverfassungsgericht zurückverwiesen wird, das Verfahren aussetzen, bis der Gesetzgeber tätig geworden ist. Hierdurch wird dem Beschwerdeführer jedoch die Chance offengehalten, an einer etwaigen Erweiterung der begünstigenden Regelung durch den Gesetzgeber teilzuhaben, ohne daß ihm die Rechtskraft eines klageabweisenden Urteils entgegengehalten werden kann (vgl. BVerfGE 15, 46 [76 f.]).
Der Beschwerdeführer hat also die Möglichkeit, durch seine Verfassungsbeschwerde eine Entwicklung in Gang zu setzen, die im weiteren Verlaufe dazu führen kann, daß die fehlerhafte gesetzliche Regelung, die sein Grundrecht auf Gleichheit vor dem Gesetz beeinträchtigt, zu seinen Gunsten geändert wird. Dies genügt, um das Rechtsschutzbedürfnis zu bejahen."

[535] S. aber S. 147 ff.

[536] Damit wird die Aussage bezeichnet, daß der Tenor auch auf bloße Feststellung der Verfassungswidrigkeit lauten kann.

[537] S. *Maurer*, in: FS Werner Weber, 345, 345 f; *Lübbe-Wolff*, Eingriffsabwehrrechte, 246 ff; generell kritisch zur Feststellungsjudikatur *Blüggel*, Unvereinbarerklärung statt Normkassation durch das Bundesverfassungsgericht (zu Gleichheitssätzen s. insbes. S. 152 ff).

die zur bloßen Feststellung der Verfassungswidrigkeit als Regelrechtsfolge führen. Art. 3 Abs. 1 GG würde als modale Grundrechtsbestimmung ohne eigenständigen Gehalt systematisch als Schranken-Schranke zu Art. 19 GG gehören, denn das modale Grundrechtsverständnis führt dazu, daß Art. 3 Abs. 1 GG entgegen Art. 1 Abs. 3 GG effektiv nicht von einer rein objektiv-rechtlichen Norm zu unterscheiden ist. Außerdem ist Art. 3 Abs. 1 GG nach dem modalen Verständnis im Bereich der Rechtsanwendung funktionslos.[538] Schließlich würde auch innerhalb des Art. 3 GG ein deutlicher Bruch zwischen Abs. 1 einerseits, Abs. 2 und 3 andererseits bestehen. Das Problem, daß es einen allgemeinen Gesetzesvollzugsanspruch zu vermeiden gilt, läßt sich schließlich richtiger im Zusammenhang mit der relationalen Rechtsbetroffenheit lösen.

(2) Die gerade genannten systematischen Argumente gelten um so mehr, als bei näherer Betrachtung das modale Verständnis des Gleichheitssatzes als Erklärung von Art 3 Abs. 1 GG auch inhaltlich zu kurz greift.

Es ist bereits eine bizarre Anmutung, daß das Interesse an Gleichheit keinen Eigenwert haben soll, wenn es andererseits heißt, daß auf den überpositiven Rechtsgrundsatz zurückgegriffen werden müßte, wenn der Gleichheitssatz nicht in Art. 3 GG geschriebenes Verfassungsrecht geworden wäre.[539] Uneinsichtig am modalen Verständnis ist aber vor allem der Zusammenhang zwischen Schutzzweck und Rechtsfolge des Verbotes einer unzulässigen Ungleichbehandlung, der sogar in Hinblick auf das isoliert beeinträchtigte Recht nicht stimmig ist.

Das gilt zum einen bei belastender hoheitlicher Tätigkeit. Für die Rechtsfolge, daß der gleichheitswidrige Eingriff zu unterlassen, spricht zwar der Grundsatz, daß jeder Eingriff in das Freiheitsrecht umfassend objektiv rechtmäßig sein muß. Dieser Grundsatz gilt aber auch bei „klassischen Eingriffen" in Freiheitsrechte nicht ohne Ausnahmen. Notwendig ist, daß ein Rechtswidrigkeitszusammenhang zwischen verletzter Rechtsnorm und Abwehrrecht besteht.[540] Es ist also danach zu fragen, inwiefern Differenzierungsverbote überhaupt dem Schutz des jeweiligen isoliert beeinträchtigten Freiheitsrechtes dienen. Diesen Zweck, der ihnen nach dem modalen Verständnis aufgegeben ist, erfüllen Gleichbehandlungspflichten aber kaum.[541] Aus Gleichbehandlungsgründen ist der Gesetzgeber unstrittig und auch nach der modalen Lehre nicht gehindert, die Belastung auf die Angehörigen der Vergleichsgruppe auszudehnen.[542] Das Telos solcher keine eigene Substanz aufweisender modaler Differenzierungsverbote erscheint kaum einsichtig - eine Freiheitsbeeinträchtigung wird nicht

---

538 *Kölbel*, Gleichheit „im Unrecht", S. 70.

539 BVerfGE 23, 98, 106 f.

540 Vgl. S. 224 f.

541 Zu Ausnahmen S. 144 ff.

542 Statt vieler *Jarass*, AöR 120 (1995), 345, 349 Fn. 17; *Degenhart*, StaatsR I, Rz. 374; *Gubelt*, in: v.Münch/Kunig, Art. 3 Rz. 47.

dadurch weniger gewichtig, daß die Freiheit anderer ebenfalls eingeschränkt wird![543] Da folglich regelmäßig der Rechtswidrigkeitszusammenhang zwischen Gleichheitsverstoß und Freiheitsrecht fehlt, muß deshalb entgegen dem modalen Konzept auch bei unzulässig differenzierenden Belastungen die Rechtsfolge ein Anspruch auf Gleichbehandlung sein. Ebensowenig läßt sich ein überzeugender Rechtswidrigkeitszusammenhang zwischen isoliertem Leistungsanspruch und Ungleichbehandlung feststellen. Wieso die Leistung an andere einen erhöhten isolierten Leistungsbedarf indizieren soll, bleibt schleierhaft. Etwa die gelegentlich mögliche Begründung von Leistungsansprüchen aus Art. 3 Abs. 1 GG erscheint auf dem Boden der modalen Theorie lediglich als Notnagel zur Abmilderung des Problems der fehlenden Justiziabilität von Leistungsansprüchen.[544]

e) Die Rechtsfolge, die der negatorischen Rechtsnatur von Gleichbehandlungsansprüchen entspricht, ist bei zutreffender relationaler Betrachtungsweise ein inhaltlich offener Anspruch auf gleiche Entscheidung. Werden relationale Rechte verletzt, so ist es nie eine ganz bestimmte Behandlung, die dem Rechtsinhaber aus dem Gleichheitsrecht zusteht.[545] Bei einer Verfassungsbeschwerde ist dies die Feststellung der Verfassungswidrigkeit,[546] im Verwaltungsrecht, soweit es um Verwaltungsakte geht, die Verpflichtung zu Gleichbescheidung, nicht ein Anspruch auf ein bestimmtes Unterlassen oder Tun, wie er mit einer Anfechtungs-[547] oder Verpflichtungsklage geltend gemacht wird. Deswegen gehen auch die öffentlich-rechtlichen Überlegungen zur Konkurrentenklage fehl, die regelmäßig die Zulässigkeit von Konkurrentenklagen mit dem Ziel *entweder* der Abwehr fremder Begünstigung *oder* der Auch-Gewährung erörtern;[548] soweit der Verwaltungsbehörde verschiedene Möglichkeiten zur Verfügung stehen, Gleichheit herzustellen, kann aus einem Gleichheitsrecht selbstverständlich weder das eine noch das andere isoliert verlangt werden. Trotzdem ergibt sich aus dem hier verfolgten Ansatz, daß dennoch die Klagebefugnis gegeben sein kann. Sowohl bei der Diskriminierungswirkung als auch bei der

---

543 Insofern durchaus zutreffend die Polemik von *Dürig*, in: Maunz/Dürig, Art. 3 Abs I Rz. 19 ff u. 171 ff. Es fehlt dort aber an einer Untersuchung, was denn statt dessen das eigenständige Schutzobjekt von Gleichheitssätzen sein könnte.

544 Vgl. *Bleckmann*, Struktur, S. 53 u. 56.

545 S. oben S. 67.

546 *Osterloh*, in: Sachs, Art. 3 Rz. 130; *Maurer*, in: FS Werner Weber, 345, 356 (Fn. 38); BVerfGE 85, 191, 211 f; BVerfGE 93, 386, 396; a.A. *Heun*, in: Dreier, Art. 3 Rz. 45; wohl auch *Pieroth/Schlink*, StaatsR II, Rz. 490 f.

547 Obwohl die Aufhebung des Verwaltungsaktes die Möglichkeit des erneuten, nun gleichmäßigen Erlasses beläßt, wird *zwischenzeitlich* mehr gewährt, als dem Kläger aus dem Gleichbehandlungsanspruch zusteht. Daher wird auch eine Anfechtungsklage der relationalen Natur nicht gerecht (a.A. *Kölbel*, Gleichheit „im Unrecht", S. 71 u. S. 80 f).

548 *Gersdorf*, JuS 1994, 955; so auch die verbreitete Systematik der Konkurrentenklagen, Fn. 38.

Interventionswirkung[549] erweist sich *das fehlende Bewußtsein der Möglichkeit relational strukturierter Ansprüche*[550] *als entscheidender Hemmschuh für eine angemessene Lösung.* Der Wettbewerber kann regelmäßig weder das eine noch das andere mit hinreichender Sicherheit verlangen, weshalb dem Wettbewerber tatsächlich *solche* Ansprüche meist nicht zustehen.[551] Wohl aber kann er *Gleichbescheidung* (oder sonstige Gleichbehandlung) verlangen, wenn und soweit ihm ein entsprechendes Abwehrrecht gegen den Eingriff durch Ungleichbehandlung zur Seite steht.[552] Auch im Klett-Passage-Fall steht, soweit der Schutzbereich von § 1 UWG einschlägig ist, dem K also möglicherweise kein Anspruch auf Aufhebung der Genehmigung, sondern nur ein Anspruch auf Gleichbescheidung zu: Also ein Anspruch darauf, daß nach Wahl der Verwaltung entweder die Genehmigung aufgehoben oder aber auch dem K eine solche Genehmigung erteilt werde.

Dieser offene Gleichbescheidungsanspruch wird allerdings, soweit ersichtlich, allgemein nicht als eigene Anspruchsart verstanden, sondern als „formelles subjektives öffentliches Recht".[553] Das ist wieder nur auf modaler Basis zutreffend. Ähnlichkeiten zu formellen subjektiven öffentlichen Rechten bestehen nur insofern, als weder ein Anspruch auf Neubescheidung etwa wegen formaler Mängel noch ein Anspruch auf Gleichbescheidung vollständig bestimmt ist. Die Ähnlichkeiten sind damit aber auch abschließend beschrieben. Inhaltlich besteht zwischen beiden Ansprüchen keinerlei Gemeinsamkeit. Der inhaltliche Unterschied muß sich etwa beim Streitgegenstand auswirken, was hier nur angedeutet werden kann:[554] Der Streitgegenstand eines Gleichbehandlungsanspruchs umfaßt auch die Behandlung des Vergleichsfalls und zudem die

---

[549] Die fehlende Trennschärfe der h.M. an dieser Stelle dürfte auch daher rühren, daß die Dogmatik der Konkurrentenklage praktisch in erheblichem Maße von der wesentlich vielschichtigeren Subventionsproblematik beherrscht wird. Dort gibt es im Gegensatz zu den Fällen der indirekten Subventionen einen begrenzten Subventionstopf und deswegen zwei Wettbewerbsverhältnisse, den Binnen- und den Außenwettbewerb (zur Terminologie S. 10 f). Außerdem sind zumeist Richtlinien vorhanden, und schließlich stellt auch die Lenkungswirkung hier ein maßgebliches Problem dar (dazu *Berg*, GewArch 1999, 1).

[550] Ausrücklich die Schlußfolgerung aus der modalen Natur auf die „negative Konkurrentenklage" bei *Dreier*, in: Dreier, Vorb. Rz. 53.

[551] VGH Münster, NVwZ 1984, 522; *Wahl/Schütz*, § 42 Abs. 2 Rz. 292; *Rittner/Stephan*, GewArch 1985, 177, 181; *Preu*, Drittschutz, 197; Rüfner, BK Art. 3 Abs. 1 Rz. 125.

[552] VGH Münster, NVwZ 1984, 522; *Bleckmann*, Subventionsrecht, S. 83 f; i. Erg. auch *Wallerath*, NJW 2001, 781, 788; *Preu*, Drittschutz, S. 198 f; kritisch - aus institutioneller Perspektive - *Haverkate*, Rechtsfragen des Leistungsstaates, S. 157.

[553] Statt vieler *Gubelt*, in: v. Münch/Kunig, Art. 3 Rz. 35 und 41; *Sachs*, DÖV 1984, 411, 414 f.

[554] S. noch S. 156 ff.

Relation, das „Vergleichungsrechtsverhältnis" zwischen Anlaß- und Vergleichsfall.

Eine Gleichbescheidungs- oder sonstige Gleichbehandlungsklage ist zwar in der VwGO nicht geregelt. Wegen der Generalklausel des § 40 Abs. 1 VwGO ist jedoch die Statthaftigkeit einer besonders geregelten Klageart keine Zulässigkeitsvoraussetzung.[555] Ebenso wie im Verfassungsprozeßrecht ist eine entsprechende Klage durch analoge Anwendung anderer Vorschriften zu handhaben. Für die Zulässigkeitsvoraussetzungen ist dabei weitgehend die Behandlungsform maßgeblich. Durchaus in die richtige Richtung geht die Kombination von Verpflichtungsklage auf eigene Begünstigung und Anfechtungsklage gegen die Subvention des Konkurrenten, die im Subventionsrecht bei Erschöpfung der Subventionsmittel aus weiteren Gründen - im Stufenverhältnis - geboten ist, soweit der Wettbewerber Auch-Begünstigung verlangt.[556] Allgemein ist bei der Konkurrentenklage wegen Wettbewerbsverzerrungen eine derartige Kombination nicht im *Stufen*verhältnis, sondern im *Relations*verhältnis als Unterfall der alternativen Klagehäufung[557] geboten.

f) Zusammenfassend lauten die Vorzüge des relationalen Verständnisses: Es eröffnet die Möglichkeit, in erheblichen Fällen tatsächlich alleine durch Art. 3 Abs. 1 GG den subjektiv-rechtlichen Bezug herzustellen, ohne daß damit im gleichen Zug die objektiv-rechtlichen Rechtssätze umfassend subjektiviert würden. Das relationale Verständnis verhindert damit auch Verletzungen des Prinzips der begrenzten Sanktionsbefugnis; denn nicht jede Differenzierung berührt durch faktische Einwirkungen den Schutzbereich von Freiheitsrechten.[558] Dieses Element der gleichheitsrechtlichen Betroffenheit ist ganz zentrale Voraussetzung der Begründung eigenständiger subjektiver Rechte aus Art. 3 Abs. 1 GG. Ohne dieses Element wird aus Art. 3 Abs. 1 GG ein allgemeiner Gesetzesvollzugsanspruch, weil objektiv-rechtlich jede zwingende Rechtsnorm als abstrakt-generelle Regelung auch dazu verpflichtet, alle unter die Rechtsnorm zu subsumierenden Fälle gleich zu behandeln.

---

[555] *Happ*, in: Eyermann, § 42 Rz. 61; *Kopp/Schenke*, Vorb. § 40 Rz. 3.

[556] BVerwG, DVBl 1995, 47; *P.-M. Huber*, Konkurrenzschutz, S. 473; *Hösch*, DV 30 (1997), 211, 213; a.A. *Schenke*, NVwZ 1993, 718, 720 ff; offengelassen in BVerwGE 80, 270, 271 ff.

[557] Diese muß wie auch bei Wahlschulden (*Zöller/Greger*, § 260 Rz. 5) ausnahmsweise zulässig sein.

[558] Dazu gleich S. 140 f..

## 2. Das Verhältnis von Schutzbereich und Rechtfertigung bei Persönlichkeitsrechtsverletzungen durch willkürliche Ungleichbehandlung

a) Nach der immer noch so genannten „neuen Formel“[559] des BVerfG gibt es anerkanntermaßen innerhalb des Art. 3 Abs. 1 GG Bereiche, die dem Denken in Schutzbereich, Eingriff und Rechtfertigung zugänglich sind. Dennoch geht die herrschende Meinung davon aus, daß dem Grundsatz nach Art. 3 Abs. 1 GG eine andersartige Struktur hat, die Anwendungsbereiche der „neuen Formel“ mit der dreigliedrigen Struktur (Tatbestand – Eingriff – Rechtfertigung) dagegen eine Ausnahme darstellen.[560] Das scheint im Gegensatz zu der hier entwickelten Auffassung zu stehen, derzufolge auch Gleichbehandlungsrechte regelmäßig die Struktur eines (wenn auch begrenzten) Schutzbereiches aufweisen, in den durch Ungleichbehandlung einzugreifen nur prima facie rechtswidrig ist. Wie nun zu zeigen, kommt die hier entwickelte Auffassung bei derartigen „Normalfällen“ weitestgehend zu den gleichen Ergebnissen; Abweichungen im Ergebnis bestehen vielmehr fast nur in Fällen der Gleichheit im Unrecht und der Ungleichbehandlung bei der Anwendung nicht individualschützender Normen. Zu zeigen sein wird vor allem, daß die Argumentation, die die h.M. zu diesem Ergebnis führt, den Schluß einer grundsätzlich anderen Struktur von Gleichheitsrechten nicht erzwingt; den Argumenten kann auch im Rahmen der Vorstellung, daß Gleichheitsrechte in der Regel die Unterscheidung zwischen Tatbestand und Rechtswidrigkeit kennen, genüge getan werden. Dazu werden hier zunächst einmal die Argumente der h.M. dargestellt (b); wie ihnen im hier favorisierten Modell genüge getan werden kann, wird Thema der Ausführungen unter (c)sein.

b) (1) Grundlage der h.M. ist die Überlegung, daß Gesetzgeber und Verwaltung letztlich mit jeder ihrer Maßnahmen differenzieren: Der Gesetzgeber, indem er diejenigen, die die Merkmale des Tatbestandes erfüllen, anders behandelt als diejenigen, die dem Tatbestand nicht unterfallen;[561] die Verwaltung, indem sie entweder die Differenzierungen des Gesetzgebers fortführt oder im Ermessensbereich eigene Differenzierungsmaßstäbe schafft. Nebenfolge ist, daß bereits erhebliche technische Anstrengungen übernommen werden müssen, um den Gegenstand der jeweiligen Gleichheitsprüfung herauszupräparieren.[562] Für diesen „Präparationsvorgang“ muß aus der Vielzahl von Vergleichbeziehungen jeweils eine herausgegriffen und das hierfür maßgebliche Differenzierungs-

---

[559] BVerfGE 55, 72, 88.

[560] *Huster*, Rechte und Ziele, S. 54; *P.-M. Huber*, Konkurrenzschutz, S. 520; *Gubelt*, in: v. Münch/Kunig, Art. 3 Rz. 14; etwas anders*Rüfner*, in: BK, Art. 3 Abs. 1 Rz. 96 ff.

[561] *Bryde/Kleindiek*, JURA 1999, 36, 37; *Rüfner*, in: BK, Art. 3 Abs. 1 Rz. 90.

[562] *Gubelt*, in: v. Münch/Kunig, Art. 3 Rz. 14; *König*, JuS 1995, 313, 314 f.

kriterium, das den jeweiligen Gegenstand einer gleichheitsrechtlichen Prüfung darstellt, bestimmt werden.[563]

(2) Erste rechtliche Anforderung an die Verwendung des Unterscheidungskriteriums ist, daß das mit dem Gesetz verfolgte Ziel für sich zulässig ist.[564] Unterschiede zwischen den Gruppen und sowie Art und Weise der Ungleichbehandlung müssen sodann in Beziehung zu dem verfolgten Ziel bzw. dem Differenzierungsgrund gesetzt werden.

(3) Auf ihre Verhältnismäßigkeit kann die Ungleichbehandlung jedoch zumeist nicht überprüft werden. Das Verhältnismäßigkeitsprinzip basiert auf dem Regel-Ausnahme-Verhältnis, das für Abwehrrechte typisch ist. Es setzt die grundsätzliche Zuordnung eines bestimmten Sachbereiches zu einer Person voraus.[565] Eine derartige Struktur hat Art. 3 Abs. 1 GG der h.M. zufolge eben im wesentlichen nicht. Nicht jede Ungleichbehandlung stellt bereits einen Eingriff in das subjektive Recht auf Gleichheit dar. Da alle Menschen und alle nicht-identischen Sachverhalte ungleich sind, kann Gleichheit in irgendeiner Hinsicht nicht genügen, um den Anwendungsbereich des allgemeinen Gleichheitssatzes zu eröffnen. Notwendig ist, daß die Gleichheit in Hinblick auf eine bestimmte Eigenschaft, das tertium comparationis für die getroffene Differenzierung wesentlich erscheint.[566] Die Feststellung, daß zwei Sachverhalte im Wesentlichen vergleichbar sind, setzt nun eine Wertung voraus.[567]

(4) Für diese Wertung, was wesentlich und was unwesentlich gleich ist, enthält Art. 3 Abs. 1 GG jedoch keine eigenständige heteronome Aussage. Daß die Vornahme „freier" Wertungen, die durch keine sachliche Bereichsbenennung begrenzt wird, vom demokratisch gewählten, die Wertvorstellungen einer Gesellschaft widerspiegelnden Parlament vorzunehmen ist, ist aber geradezu

---

563 *Heun*, in: Dreier, Art. 3 Rz. 21.

564 Ob es gerade das mit der Differenzierung als solcher verfolgte Ziel sein muß oder irgendeines der gesetzlichen Ziele zulässig sein muß, ist umstritten: Im ersteren Sinne *Gubelt*, in: v. Münch/Kunig, Art. 3 Rz. 18; *Gusy*, JuS 1982, 30, 34; für die zweite Möglichkeit *Heun*, in: Dreier, Art. 3 Rz. 25; *Brüning*, JZ 2001, 669, 670, da es ein gerade durch die Ungleichbehandlung verfolgtes Ziel als solches regelmäßig gar nicht gebe.

565 *Huster*, Rechte und Ziele, S. 67 ff; *Bryde/Kleindieck*, JURA 1999, 36, 37 f.

566 BVerfGE 90, 145, 196; BVerfGE 75, 108, 157; *Hesse*, in: FS Lerche, 121, 121; *Kirchhof*, in: Isensee/Kirchhof, HBStR V, § 124 Rz. 1; *Schoch*, DVBl 1988, 863, 873; *Heun*, in: Dreier, Art. 3 Rz. 16; *Bryde/Kleindiek*, JURA 1999, 36, 37. Die auf der Hand liegenden Bedenken dagegen, jede Ungleichbehandlung als Eingriff einzuordnen, werden in der eine solche Lösung vertretenden Arbeit von *Martini*, Art. 3 Abs. 1 GG als Prinzip absoluter Rechtsgleichheit, nirgends thematisiert (s. auch *Osterloh*, in: Sachs, Art. 3 Fn. 22: „ [...] mit einem dem Titel entsprechenden nicht überzeugenden Ansatz.").

567 *Gubelt*, in: v. Münch/Kunig, Art. 3 Rz. 17; *Hesse*, AöR 77 (1951/52), 167, 174; *Dürig*, in: Maunz/Dürig, Art. 3 Rz. 1 f.

Wesensmerkmal der Demokratie.[568] Die Einschätzung, ob die Unterschiede zwischen den Sachverhalten so gewichtig sind, daß sie die unterschiedliche Behandlung rechtfertigen, fällt daher ganz überwiegend nicht in die Zuständigkeit der Jurisdiktion.[569] Nicht genügend für eine Verletzung des Gleichheitssatzes ist folglich, daß nach dem Rechtsgefühl des Rechtsanwenders eine Gleichbehandlung angemessen wäre.[570] Art. 3 Abs. 1 GG ist keine Grundlage, die gesamte Rechtsordnung autonom zu überprüfen. Eine Ungleichbehandlung von wesentlich Gleichem liegt im Anwendungsbereich der „alten Formel" nur dann vor, wenn „Willkür im objektiven Sinne [vorliegt], d.h. die tatsächliche und eindeutige Unangemessenheit der Regelung in Bezug auf den zu ordnenden Gesetzgebungsgegenstand".[571]

(5) Ist die Differenzierung aber erst einmal wegen der in diesem Sinne wesentlichen Gleichheit so evident unsachlich, daß ein Verstoß gegen das Willkürverbot vorliegt, kann auch nicht mehr gerechtfertigt werden. Daher gibt es keinen Teil des Schutzbereiches, in dem zwar besondere Legitimationslasten bestehen, Eingriffe aber nicht schlechthin unzulässig sind.[572] Gerade das, die Auslösung des formellen und materiellen Rechtfertigungsbedarfs durch den Eingriff, ist aber der Sinn der Unterscheidung von Schutzbereich und Eingriff einerseits, effektiver Rechtswidrigkeit andererseits.[573] Beim Willkürverbot berührt staatliches Handeln entweder schon gar nicht den Schutzbereich, oder es ist per se rechtswidrig. Die Unterscheidung von Rechtsbetroffenheit und Rechtsverletzung soll hier demzufolge gegenstandslos sein. Es sind also wiederum funktionell-rechtliche Gründe, die zum Willkürverbot führen.

c) Das ist alles, wie sogleich zu zeigen, in den meisten Fällen im Ergebnis zutreffend, aber dogmatisch nicht überzeugend. Insbesondere ist es befremdlich, daß man ein Grundrecht von seinen objektiv-rechtlichen Komponenten her konstruiert.[574] Das geschützte Individualinteresse, die Person, um die es bei einem Grundrecht doch wohl geht, spielt für die h.M. kaum eine Rolle, weshalb auf ihrer Basis der Unterschied zwischen modaler und relationaler Theorie gar nicht zwingend bewußt werden muß. Diese h.M. erscheint insofern als Versuch,

---

[568] BVerfGE 3, 58, 135 f; BVerfGE 6, 273, 280; *Starck*, in: v. Mangoldt/Klein/Starck, Art. 3 Abs. 1 Rz. 14; *Jarass/Pieroth*, Grundrechte, Rz. 486; *Bleckmann*, Staatsrecht II, Rz. 11.

[569] *Bryde/Kleindiek*, JURA 1999, 36, 37 f.; *Osterloh*, in: Sachs, Art. 3 Rz. 10.

[570] *Jarass*, NJW 1997, 2545, 2546.

[571] BVerfGE 2, 266, 281; zur Vielfalt der verwendeten Formeln *Starck*, in: v. Mangoldt/Klein/Starck, Art. 3 Abs. 1 Rz. 10.

[572] S. Fn. 560.

[573] S. Fn. 269.

[574] Das ist für das öffentliche Recht zwar nicht untypisch (s. oben S. 37), hat aber eben auch zur Folge, daß man das primär angebrachte Denken „vom Interesse her" als Störfakter empfindet, was die modale Theorie sicher begünstigt.

einen Gegenstand zu beschreiben, indem man die „Löcher" in seiner Umwelt benennt.

(1) Auf relationaler Basis kann man dagegen den Gegenstand des Rechts selbst benennen. Es dürfte unstrittig sein, daß der allgemeine Gleichheitssatz des Grundgesetzes mit Rücksicht auf den verfassungsrechtlichen Kontext konkretisiert werden muß und daher wegen der Folgen der Ungleichbehandlung für verfassungsrechtlich geschützte Rechtsgüter verschärfte Anforderungen zu stellen sein können.[575] Gerade dieser Gedanke ist es auch, dessen konsequente Durchführung oben[576] versucht wurde. Soweit die Verletzung von Art. 3 Abs. 1 GG geltend gemacht wird, handelt es sich nun in den allermeisten praktischen Fällen um die Behauptung, es liege eine relevante Diskriminierung vor. Denkt man den hier entwickelten Ansatz für die Diskriminierungswirkung weiter, so ist es nach dem relationalen Verständnis notwendig, daß dem Handeln objektiv eine persönlichkeitsbeeinträchtigende Wirkung zukommt. Genau hier können auch im Rahmen des oben vorgestellten Modells die funktionell-rechtlichen Überlegungen, die die h.M. dazu bewegen, den Schutzbereich des allgemeinen subjektiven Rechts auf Gleichbehandlung eng zu fassen,[577] verarbeitet werden.

(2) Als Ausgangspunkt des relationalen Verständnisses von Diskriminierungsverboten kann dabei die Analyse der wesentlich konkreteren Diskriminierungsverbote des Art. 3 Abs. 3 GG dienen; insofern dürften die folgenden Ausführungen auch der inzwischen h.Lit. entsprechen. Die in Art. 3 Abs. 3 GG aufgeführten Merkmale zeichnen sich überwiegend durch ihre „Unentrinnbarkeit" aus.[578] Da die Merkmalsträger keinen Einfluß auf die Merkmale haben, liegt der Verdacht besonders nahe, daß die Ungleichbehandlung ihre Wurzel in der persönlichen Sphäre hat. Derartige „suspect discriminations"[579] bedürfen einer intensivierten Kontrolle. Das gilt aber auch für andere „unentrinnbare" Merkmale, die nicht in Art. 3 Abs. 3 GG genannt sind.[580] Ebenso behandelt werden müssen schließlich die Differenzierungs-

[575] Richtungsweisend *Starck*, in: v. Mangoldt/Klein/Starck, Art. 3 Abs. 1 Rz. 17 (m.w.N. in Fn. 69); im Grundsatz ähnlich BVerfGE 93, 121, 133 f; BVerfGE 91, 346, 363; *Bryde/Kleindiek*, JURA 1999, 36, 41 ff; *Osterloh*, in: Sachs, Art. 3 Rz. 14 ff; *Heun*, in: Dreier, Art. 3 Rz. 29 mit Fn 162; s. auch *Jarass*, AöR 120 (1995), 345, 348 f.

[576] S. 66 ff.

[577] BVerfG 88, 87, 96 f; *Osterloh*, in: Sachs, Art. 3 Rz. 10; *Robbers*, DÖV 1988, 749, 754; *Heun*, in: Dreier, Art. 3 Rz. 40; ablehnend *Huster*, Rechte und Ziele, S, 48 ff, 120 f; *Sachs*, JuS 1997, 124, 125

[578] *Sachs*, JuS 1997, 124, 129.

[579] So die Benennung durch den US-amerikanischen Supreme Court, *Maaß*, NVwZ 1988, 14, 17 f; *Bryde/Kleindiek* JURA 1999, 36, 43; *Heun*, in: Dreier, Art. 3 Rz. 28.

[580] *Sachs*, JuS 1997, 124, 129; *Bryde/Kleindiek*, JURA 1999, 36, 42 f; *Heun*, in: Dreier, Art. 3 Rz. 28.

kriterien, die, da Resultat grundrechtsgetragener Selbstbestimmung, zu respektieren sind, als ob sie unverfügbar wären.[581] Dem entspricht in Art. 3 Abs. 3 GG das Verbot der Ungleichbehandlung wegen religiöser oder politischer Anschauungen. Das BVerfG erfaßt diese Fälle besonderer Prüfungsdichte mit der - nicht sehr eindeutigen[582] - Terminologie, daß „Differenzierungen von Personengruppen" schärfer zu kontrollieren sind als „Differenzierungen von Sachverhalten".[583]

(3) Dieser Verdacht der Diskriminierung rechtfertigt es, ein dem Verhältnismäßigkeitsprinzip vergleichbares Regel-Ausnahme-Prinzip zugrundezulegen. Hier ist die Unterscheidung von Schutzbereich und Rechtfertigung möglich. Die Anwendung des Vorbehaltes des Gesetzes[584] (formelle Indizwirkung) ist bei der Verwendung derartiger Kriterien durch die Verwaltung, die ja ausnahmsweise zulässig sein kann, ebenso sinnvoll wie eine Verhältnismäßigkeitsprüfung (materielle Indizwirkung) und schließlich die Vermutung der Geltendmachung eigener subjektiver Berechtigungen für die Klagebefugnis (prozessuale Indizwirkung). Das gilt nicht nur für die explizit in Art. 3 Abs. 3 GG genannten Kriterien, sondern allgemein bei der Verwendung solcher Differenzierungsmerkmale, über die infolge grundrechtlicher Wertungen ausschließlich die Grundrechtsträger selbst bestimmen sollen.[585] In diesem Bereich ist anerkanntermaßen die „neue Formel" anwendbar, d.h. es gibt eine Verhältnis-mäßigkeitsprüfung,[586] die die Unterscheidung von Schutzbereich und effektivem Garantiebereich voraussetzt.[587]

(4) Daraus folgt unmittelbar nichts für die Mehrzahl der Fälle, die nicht den Bereich der „neuen Formel" betrifft. Auch beim Willkürverbot wird jedoch zumeist die Verletzung eines Persönlichkeitsrechts durch Diskriminierung geltend gemacht.[588] In historischer Betrachtung ist die „Egalité" durchaus substanziell zu verstehen, nämlich als gegen Persönlichkeitsbeeinträchtigungen durch ständische Differenzierung gerichtet.[589] Auch ohne ständische Differenzierung ist gegebenenfalls das allgemeine Persönlichkeitsrecht

---

[581] *Sachs*, JuS 1997, 124, 129.
[582] *Heun*, in: Dreier, Art. 3 Rz. 19; *Osterloh*, in: Sachs, Art. 3 Rz. 27.
[583] BVerfGE 55, 72; BVerfG 88, 87, 96 f.
[584] Vgl. OVG Düsseldorf, NwVBl 1999, 66.
[585] *Bryde/Kleindiek*, JURA 1999, 36, 43.
[586] BVerfGE 88, 87, 96; *Hesse*, AöR 109 (1984), 174, 189; *Robbers*, DÖV 1988, 749, 751; *Gubelt*, in: v. Münch/Kunig, Art. 3 Rz. 14; *Bryde/Kleindiek*, JURA 1999, 36; kritisch *Starck*, in: v. Mangoldt/Klein/Starck, Art. 3 Rz. 11.
[587] Zu den verschiedenen Ansätzen *Bryde/Kleindieck*, JURA 1999, 36, 38 ff.
[588] *Sachs*, NWVBl 1988, 295, 299.
[589] *Starck*, in: v. Mangoldt/Klein/Starck, Art. 3 Rz. 1; *Sachs*, NWVBl 1988, 295, 296; *G. Jellinek*, System, S. 135; *E. Kaufmann*, VVDStRL 3 (1927), 2, 4.

betroffen, der „Urgrund“ aller subjektiven Rechte, der Anspruch, als Persönlichkeit geachtet zu werden.[590] Die Mißbilligung der Persönlichkeit kann sowohl dadurch zum Ausdruck kommen, daß das Gesetz selbst „mit Ansehen der Person“ differenziert oder dergestalt angewendet wird, als auch dadurch, daß für die Schlechterbehandlung keinerlei sachliche Gründe erkennbar sind.[591] Ob eine derartige Kundgabe von Mißachtung anfänglich gewollt ist, ist dagegen für negatorische Ansprüche spätestens mit der Fortsetzung einer willkürlichen Differenzierungspraxis in Kenntnis der die wesentliche Gleichheit begründenden Umstände irrelevant.

(5) *Das Verhältnis von Schutzbereich und Eingriff wird im Bereich des Willkürverbotes von den Besonderheiten des allgemeinen Persönlichkeitsrechts geprägt.* Einen unbegrenzten Schutzbereich hat dieses Recht nicht. Ganz selbstverständlich greift nicht jede Aussage über eine Person in das allgemeine Persönlichkeitsrecht ein, und ganz ebenso selbstverständlich ist nicht jede Differenzierung eine Diskriminierung. Das allgemeine Persönlichkeitsrecht schützt vor unsachlichen Aussagen über die Person, und dementsprechend schützt es auch nur vor unsachlichen Differenzierungen.

Effektiv hat ein solches Persönlichkeitsrecht ein „Recht auf sachliches Gehör“ zur Folge. Im Willkürverbot hier treffen sich Gerechtigkeit und Gleichheit im aristotelischen Sinne.[592] Sachliches Gehör - auch für ihre eigenen Belange - müssen sich Bürger dort, wo nicht besondere Rechte betroffen sind, in erster Linie auf demokratischem Wege verschaffen, also durch Teilnahme an Wahlen und sonstige Versuche der Einflußnahme auf politische Entscheidungsträger. Kann jemand auf diesem Wege seine Ansicht nicht durchsetzen, so liegt darin nun regelmäßig noch keine besondere Persönlichkeitsbeeinträchtigung, denn das ist Minderheiten in einem demokratisch verfaßten Staat zuzumuten. Ebensowenig genügt es, daß die Differenzierung irgendwie objektiv unsachlich ist. Es ist verschiedentlich festgestellt worden, daß nicht alles, was rechtsstaatlich unerträglich ist, gerade als Verstoß gegen Art. 3 Abs. 1 GG eingestuft werden kann.[593] Gerade das vermeidet die hier vertretene Ansicht. Nur

---

[590] Ob man Art. 3 Abs. 1 GG als selbständige Verbürgung eines eigenständigen Persönlichkeitsrechts (so *Sachs*, in: FS Friauf, 308, 319) oder Art. 2 Abs. 1 i.V.m. Art. 1 Abs. 1 GG als externen Maßstab ansieht (so vor allem der Grundgedanke der Kommentierungen von *Starck*, in: v. Mangoldt/Klein/Starck sowie von *Dürig*, in: Maunz/Dürig), der in die Auslegung des Art. 3 Abs. 1 GG einfließt, ist demgegenüber eine reine Konstruktionsfrage. Ein Bezug von Art. 3 Abs. 1 GG zur Menschenwürde wird im übrigen schon seit langem angenommen (z.B. BVerfGE 84, 90, 121; *Dürig*, in: Maunz/Dürig, Art. 3 Abs. 1 Rz. 2; *Heun*, in: Dreier, Art. 3 Rz. 14).

[591] S. 149 f.

[592] *Robbers*, DÖV 1988, 749, 752.

[593] Sondervotum *Geiger*, BVerfGE 42, 64, 79 f; ebenso *Sachs*, JuS 1997, 124, 125.

dort, wo unsachlich differenziert wird, indem gewichtige Belange bestimmter Gruppen offenkundig nicht ernst genommen werden, aber dieselben Belange anderer den Staat zu einer bestimmten Maßnahme veranlassen, liegt darin eine spezifische Persönlichkeitsbeeinträchtigung, also die relevante Diskriminierung durch Differenzierung, die die besondere Beziehung des Benachteiligten zu der Ungleichbehandlung herstellt. Ist die damit verbundene Ungerechtigkeit so groß, daß man eine Persönlichkeitsrechtsbeeinträchtigung annimmt, verbleibt in der Tat für eine Rechtfertigung kein Raum: Ein solches Recht auf sachliches Gehör läßt sich nicht in Schutzbereich und Rechtfertigung unterteilen. Man kann also zu der Lösung „Keine Unterscheidung von Schutzbereich und Rechtfertigung“ auch auf dem Bodern subjektiv-rechtlich orientierter Betrachtungsweise gelangen. Nur handelt es sich - dogmatisch betrachtet - bei dem Willkürverbot um die Ausnahme, nicht bei den Bereichen, in denen das jeweilige Gleichbehandlungsrecht dreigegliedert ist.

(6) Gerade dieses Problem einer unscharfen Abgrenzung zwischen Eingriff und Rechtfertigung tritt übrigens inhaltsgleich und ebenso ungelöst auch bei Abwehrrechten gegen isolierte Eingriffe auf: Zwar nicht beim „klassischen Eingriff“, wohl aber beim faktischen Eingriff in die allgemeine Handlungsfreiheit als freiheitsrechtliches Äquivalent des allgemeinen Anspruchs auf willkürfreie Behandlung.[594] Beide sind allgemeinste und undifferenzierteste Ausdrucksformen des allgemeinen Persönlichkeitsrechts. Auch dort wirft die Zuordnung der tatsächlichen Interessen zu dem Begriffspaar „Individualinteresse“ - „öffentliches Interesse“ ungelöste praktische Probleme auf.[595] Diese sprechen jedoch nicht gegen die hier vertretene Lösung. Zum einen ist die herrschende Erklärung des Willkürverbotes ebenso unpraktikabel. Zum anderen darf die fehlende Praktikabilität zur Zurückhaltung der Anerkennung des Schutzbereiches in zweifelhaften Fällen bewegen, ist jedoch im heteronomen, naturrechtlichen Kernbereich des geschützten Interesses kein Gegenargument gegen die Gewährleistung von Schutz

Dieser grobe Aufriß der Gründe, aus denen die Persönlichkeitsrechtsbeeinträchtigung durch Ungleichbehandlung auch nach der hier

---

[594] Auf die Parallele der fehlenden Indizfunktion auch der Beeinträchtigung der allgemeinen Handlungsfreiheit weist auch *Jarass*, NJW 1997, 2545, 2546; *ders.*, AöR 120 (1995), 345, 361 hin.

[595] Ein neuer viel diskutierter Lösungsansatz will eine Indizwirkung der Ungleichbehandlung in Bezug auf das geschützte persönlichkeitsrechtliche Interesse mit der Folge der Anwendbarkeit des Verhältnismäßigkeitsprinzips immer dann annehmen, wenn die Ungleichbehandlung nicht auf bereits vorgefundenen Umständen beruht (*Huster*, Rechte und Ziele, 225 ff und 351 ff); dazu skeptisch *Heun*, in: Dreier, Art. 3 Rz. 26 f; *Bryde/Kleindiek*, JURA 1999, 36, 38 f.

entwickelten Ansicht zumeist keinen Unterscheid zwischen Schutzbereich und Eingriff kennt, muß hier genügen. Zu zeigen war lediglich, daß die praktischen Unterschiede zur h.M. weitaus geringer und durchaus beherrschbarer sind als es auf den ersten Blick scheinen mag. Dogmatisch, nicht jedoch notwendigerweise praktisch liegt das Regel-Ausnahme-Verhältnis genau andersherum als von der herrschenden Meinung angenommen, wenn man nur von der objektiv-rechtlichen zur subjektiv-rechtlichen Perspektive wechselt. Was die Zahl der Fälle angeht, in denen eine Verletzung des Art. 3 Abs. 1 GG gerügt wird, ist der herrschenden Meinung zweifellos zuzustimmen. Das Verständnis des allgemeinen Gleichheitssatzes als Persönlichkeitsrecht harmoniert deswegen im Ergebnis durchaus mit dem zurückgezogenen Maßstab des Willkürverbotes.

d) Für den Beispielsfall zur Frühpensionierung eines Soldaten[596] bedeutet das im Ergebnis, daß nur die nicht offensichtlich sachwidrige Auswahl und damit die Pensionierung selbst nie verlangt werden konnte. Ein eigenständiges subjektives Recht vermittelt Art. 3 Abs. 1 GG hier aber dennoch, wenn und soweit die Ungleichbehandlung also solche rechtsbeeinträchtigend ist. Ob das der Fall ist, ist letztlich eine Tatfrage, zu deren Klärung die Umstände und Motive der Differenzierung erforscht werden müssen.

Über die Begründung selbständiger effektiver subjektiver Rechte und die Begründung einer anderen Rechtsfolge hinaus erlangt diese Auffassung deshalb praktische Bedeutung vor allem dadurch, daß die maßgeblichen Gründe von Verwaltungsentscheidungen offengelegt werden müssen. Es sei angemerkt, daß die objektiv versachlichende Wirkung, die davon im Ergebnis allgemein auf die Verwaltungspraxis ausgehen würde, zwar nicht Selbstzweck der gerichtlichen Kontrolle sein darf.[597] Versachlichung der Verwaltungspraxis als Reflex ist aber nicht deshalb, weil lediglich objektiv-rechtlich Selbstzweck, Argument gegen eine solche Lösung.[598]

e) Auch bei relationaler Betrachtung kommt man also im Bereich der Diskriminierungswirkung zu einem Willkürverbot. Das legt die Frage nahe, ob es einen Zusammenhang zwischen diesem Willkürverbot und dem Willkürverbot der modalen Theorie gibt.

(1) Wie oben gezeigt, trifft die modale Lehre als *alleinige* Erklärung des Willkürverbotes nicht zu, weil sie den personalen Bezug des Art. 3 Abs. 1 GG vom Ansatzpunkt her verfehlt. Dennoch hat die modale Theorie einen nun näher zu beleuchtenden zutreffenden Kern. Indem der jeweilige Hoheitsträger die Belastung, die er einer möglicherweise mißliebigen Gruppe auferlegen will, auch auf andere Gruppen ausdehnen muß, wird er sie unter Umständen eben

---

[596] Sachverhalt S. 126.

[597] S. oben S. 15 ff.

[598] *Pietzcker*, JZ 1989, 305, 308; *Rüfner*, BK Art. 3 Abs. 1 RZ. 157 (i. Erg. wie hier, jedoch mit anderer Begründung: Dies sei eben der Preis, der um der Rechtsstaatlichkeit willen zu zahlen sei).

deshalb gleichmäßig unterlassen. Andernfalls ist er jedenfalls gezwungen, diese Belastung gegenüber weiteren Bevölkerungsteilen politisch zu rechtfertigen. Ausnahmsweise kann das Erfordernis gleichheitsgerechter Eingriffe also doch eine formelle, eine modale Sicherung der Freiheitsposition bewirken.

Ein derartiges Mißtrauen gegenüber Gesetzgeber und Verwaltung ist aber nur selten angebracht, nämlich dann, wenn das Verhalten in einem etwas anderen Sinne als willkürlich erscheint. Willkür in diesem Sinne liegt vor, wenn sich angesichts der grundlosen Verschonung der einen Gruppe die Frage aufdrängt, ob nicht die isolierte Belastung der anderen Gruppe bloße Schikane für die Schlechtergestellten ist. Die willkürlich schwerere Belastung läßt die Unverhältnismäßigkeit der Regelung zumindest vermuten. Jedenfalls dann, wenn die Belastung im Vergleichsfall nicht erforderlich ist, so ist sie dies im Anlaßfall, der in Hinblick auf das verfolgte Ziel wesentlich gleich ist, ebensowenig. Daß im Unterschied zur Verfassungswidrigkeit wegen Unverhältnismäßigkeit dem Gesetzgeber bei einer Verletzung des Willkürverbotes für eine Neuregelung die Möglichkeit verbleibt, die Belastung auf beide Cruppen zu erstrecken,[599] erscheint demgegenüber eher als eine graduelle, auf dem Vermutungscharakter beruhende Abstufung des Unverhältnismäßigkeitsverdikts.

(2) Insofern nähert sich das Gebot der Willkürfreiheit also dem Verhältnismäßigkeitsprinzip an; beide haben ihre Wurzel im Gerechtigkeitsprinzip.[600] „Willkür" ist aber auch im persönlichkeitsrechtlichen Zusammenhang Paraphrase für „Ungerechtigkeit", Anzeichen dafür, daß man Schwierigkeiten hat, sich selbst über die genaueren Gründe des Urteils Rechenschaft abzulegen. Wiewohl auch das Verhältnismäßigkeitsprinzip letztlich dem Anspruch auf Achtung der Persönlichkeit entspringt, es ebenfalls als „Recht auf sachliches Gehör" angesehen werden kann, erscheint doch fraglich, ob sich das Willkürverbot als relationaler Anspruch auf Unterlassung des objektiven Ausdrucks persönlicher Mißachtung durch willkürliche Schlechterbehandlung und das Willkürverbot als modale Freiheitssicherung auf einen Nenner bringen lassen. Freiheits- und Gleichheitsinteresse an Willkürfreiheit können zweifellos gleichzeitig verletzt sein, müssen dies aber nicht. So ist insbesondere die Bedeutung der Vergleichsgruppe unterschiedlich: Während die unterschiedliche Behandlung in dem einen Fall konstitutiv für die Rechtsverletzung ist, ist der Freiheitseingriff im anderen Fall bereits für sich unzulässig;[601] die Inkonsequenz der Regelung führt hier nur zu einer Verringerung des Gewichts von Einschätzungsprärogativen. Außerdem stützt der modale Gedanke die Rechtsfolge „Aufhebung" dann nicht, wenn die Schlechterbehandlung für sich ganz zweifelsfrei verhältnismäßig ist (wie etwa in den Fällen der Gleichheit im Unrecht) noch ist er ohne Verrenkungen für die ungleiche Leistungsverteilung fruchtbar. Daher dürfte der maßgebliche Willkürbegriff auch inhaltlich jeweils unterschiedlich sein.

---

[599] Fn. 542.

[600] *Kirchhof*, in: FS Lerche, 133, 133 f. Allgemein zu Zusammenhängen zwischen Art. 3 Abs. 1 GG und dem „Gerechtigkeitsprinzip" *Starck*, in: v. Mangoldt/Klein/Starck, Art. 3 Abs. 1 Rz. 12 u. 14; *Robbers*, Gerechtigkeit als Rechtsprinzip, 98 ff.

[601] S. *Maurer*, in: FS Werner Weber, 345, 356 zu BVerfG NJW 1973, 1176: „Der Vergleich mit den übrigen Gruppen mag zur Ermittlung der tatsächlichen Belastung nützlich gewesen sein. Nachdem aber eine gegen Art. 12 I GG verstoßende Belastung festgestellt werden konnte, kam es auf Art. 3 I GG überhaupt nicht mehr an."

(3) Das modale Verständnis hat also durchaus einen zutreffenden Kern, wo es um dem Verhältnismäßigkeitsprinzip nahestehende Willkür geht. Als alleinige oder auch nur vorrangige Erklärung des Art. 3 Abs. 1 GG genügt es jedoch nicht. Darüber hinaus erscheint es zweifelhaft, ob es sich hier überhaupt um Art. 3 Abs. 1 GG zuzuordnende Anforderungen an belastende Gesetze handelt. Viel spricht dafür, das Willkürverbot als rechtsstaatliche Verhältnismäßigkeitssicherung in der Diskussion gänzlich von Art. 3 Abs. 1 GG zu trennen und - ebenso wie das Verhältnismäßigkeitsprinzip[602] - dem Rechtsstaatsprinzip zuzuordnen.[603] Diese fehlende Unterscheidung beider Willkürbegriffe dürfte ein maßgeblicher Grund für die dogmatischen Schwierigkeiten im Umgang mit Art. 3 Abs. 1 GG sein. Der Grundsatz der Willkürfreiheit im modalen Sinne wird im folgenden nicht mehr aufgegriffen; daß gegen eine unverhältnismäßig belastende Maßnahme Abwehrrechte bestehen, ist eine Selbstverständlichkeit.

f) Man darf schließlich die Frage stellen, ob das BVerfG an der Zuordnung des Willkürverbotes im modalen Sinne zu Art. 3 Abs. 1 GG nicht vor allem aus Gewohnheit festhält. Häufig genug wird die Verletzung des Willkürverbotes und daher auch von Art. 3 Abs. 1 GG festgestellt, ohne daß überhaupt ein Vergleichsobjekt genannt wird.[604] Soweit ein Vergleich vorgenommen wird, geht auch das BVerfG andererseits zunehmend dazu über, hinter Differenzierungsverboten des Grundgesetzes selbständige Interessen zu verorten, wobei sich der gleitende Übergang zu einem relationalen Verständnis des allgemeinen Gleichheitssatzes durch die gesamte Entwicklung der Rechtsprechung des BVerfG verfolgen läßt.[605] Sieht man von der Einführung der „neuen Formel" ab, die ein wichtiger Schritt in diese Richtung, keineswegs aber ein vollständiges Umschwenken in allen Konsequenzen war, läßt sich ein eindeutiger Wendepunkt dabei allerdings nicht ausmachen.

## C. „Keine Gleichheit im Unrecht"?

Der Satz, es könne keine „Gleichheit im Unrecht" geben, ist edukatorisch gemeint.[606] Die Formel ist für die h.M. ehern, gleichwohl seit langem

---

[602] Zur Verankerung im Rechtsstaatsprinzip *Stern*, in: FS Lerche, 165.

[603] *Ossenbühl*, DVBl 1981, 857, 860 m. Fn 3; *Robbers*, Gerechtigkeit als Rechtsprinzip, S. 40; *Eyermann/Fröhler*, § 86 Rz. 30, 30 a; *Sachs*, JuS 1997, 124, 125; wohl auch *Jarass*, NJW 1997, 2545, 2546. S. *Heun*, in: Dreier, Art. 3 Rz. 2 mit Fn. 8: Die Vermengung hänge damit zusammen, daß sprachlich nicht wie in der lateinischen und englischen Sprache zwischen *aequitas* bzw. *equity* einerseits und *aequalitas* bzw. *equality* unterschieden werde. Weiterhin verweist *G. Müller*, VVDStRL 47 (1989), 37, 43 darauf, daß in der Schweiz als dem Ursprungsland der Willkürtheorie diese Trennung längst als notwendig erkannt worden sei.

[604] Zunächst BVerfGE 42, 64, 72 ff; heute ständige Praxis (z.B. BVerfG NJW 2001, 1200), damals heftig umstritten (dazu *Gusy*, JuS 1982, 30, 34 f).

[605] *Schmidt-Bleibtreu*, in: Maunz/Schmidt-Bleibtreu, § 90 BVerfGG Rz. 96.

[606] *Dürig*, in: Maunz/Dürig, Art. 3 Abs. 1 Rz. 179; *Kirchhof*, in: Isensee/Kirchhof, HBStR V, § 125 Rz. 66.

umstritten.[607] Genauer lautet der dahinter stehende Rechtssatz, daß Art. 3 Abs. 1 GG dem Grundrechtsträger keinen Anspruch darauf geben könne, daß die Verwaltung rechtswidriges Verwaltungshandeln in seinem Fall wiederholt.[608] Die Begründung dieses Satzes beschränkt sich im wesentlichen auf ein Argument: Nähme man eine Bindung der Verwaltung auch an rechtswidriges Verwaltungshandeln an, so würde der Vorrang des Gesetzes (Art. 20 Abs. 3 GG) ausgehebelt; denn die Verwaltung könne sich ansonsten vom Gesetz abweichende Regeln setzen, an die sie rechtlich verbindlich gebunden wäre.[609] Nun kann Gleichheit ebenso durch Auch-Vollzug wie durch Auch-Verstoß bzw. Auch-Duldung hergestellt werden. Mit Fehlerwiederholung hat ein Anspruch auf Gleichbehandlung zunächst einmal gar nichts zu tun; die modale Lehre, der die Vorstellung des Interessenschutzes durch Sicherung von Gleichheit fremd ist, muß das jedoch von ihrem Ansatz her zwangsläufig verkennen.[610] Daß man trotz der Möglichkeit, ein Recht auf Auch-Vollzug einzuräumen, einen Anspruch schlechthin ablehnt, zeugt tatsächlich davon, daß das gerade genannte Argument gegen die „Gleichheit im Unrecht" nicht den eigentlichen Grund für die Ablehnung von Gleichbehandlungsansprüchen trifft. Zum Teil wird auch ganz offen zugegeben, daß man alleine auf die Einsichtigkeit der These vertraue.[611] Auf dem Boden der relationalen Theorie sollen nun zunächst für die Diskriminierungswirkung die Bedenken ausgeräumt werden, die im Grundsatz gegen Gleichbehandlungsansprüche bestehen, wenn und soweit nur der haftungsbegründende Tatbestand durch unrechtmäßige Behandlung im Vergleichsfall und daraus folgender relationale Rechtsbeeinträchtigung erfüllt ist. Unter 2. wird genauer präzisiert, wann Art. 20 Abs. 3 GG überhaupt maßgeblich betroffen ist; 3. wird allgemeine Überlegungen zu Gleichheit im Unrecht und Interventionswirkungen anstellen.

---

[607] Für einen Anspruch auf „Gleichheit im Unrecht" *Kirchhof*, in: Isensee/Kirchhof, HBStR V, § 125 Rz. 87 ff; *Sachs*, in: FS Friauf, 309, 322; *Osterloh*, in: Sachs, Art. 3 Rz. 46 ff; dagegen außer *Kirchhof* alle in Fn. 609 Genannten.

[608] Vgl. etwa *Götz*, in: FS 25 Jahre BVerwG, 245, 245; *Starck*, in: v. Mangoldt/Klein/Starck, Art. 3 Abs. 1 Rz. 251; *Kölbel*, Gleichheit „im Unrecht", Rz. 2 f.

[609] BVerwGE 34, 278; BVerwGE 92, 153, 157; *Starck*, in: v. Mangoldt/Klein/Starck Art. 3 Abs. 1 Rz. 251; *Dürig*, in: Maunz/Dürig, Art 3 Abs. 1 Rz. 164 ff; *Kirchhof*, Isensee/Kirchhof, HBStR V, § 125 Rz. 67 - 71; *Rüfner*, in: BK, Art. 3 Abs. 1 Rz. 181; *Heun*, in: Dreier, Art. 3 Rz. 52; *Gubelt*, in: v. Münch/Kunig, Art. 3 Rz. 42; *Ossenbühl*, in: Erichsen, Allg. VerwR, § 6 Rz. 47; *ders.*, DÖV 1970, 264, 266; *Randelzhofer*, JZ 1973, 536, 537; *Maurer*, Allg. VerwR, § 24 Rz. 30; *Rechenbach*, NVwZ 1987, 383, 386. Anders *Arndt*, FS Armbruster, 233, 239 f, der alleine auf den Wortlaut des Art. 3 Abs. 1 - „vor dem Gesetz" - abstellt. Die Formulierung ist jedoch ausschließlich historisch begründet, *Starck*, in: v. Mangoldt/Klein/Starck, Art. 3 Abs. 1 Rz. 1 f.

[610] Vgl. oben S. 127.

[611] *Randelzhofer*, JZ 1973, 536, 537.

### 1. Tatbestandliche Voraussetzungen der Anwendung des Satzes „Keine Gleichheit im Unrecht" bei Diskriminierungswirkung

Gleichbehandlungsansprüche wegen Diskriminierungswirkung sind selbst, wenn man, insofern mit der h.M., den Satz „Keine Gleichheit im Unrecht" anerkennt, nur selten gerade durch diesen Rechtssatz ausgeschlossen. Damit es auf den Streit im Ergebnis ankommt, muß erstens das maßgebliche Verwaltungshandeln im Vergleichsfall isoliert rechtswidrig sein (sonst nicht „im Unrecht");[612] zweitens muß die Differenzierung damit gegen ein Differenzierungsverbot verstoßen,[613] das nach dem oben Ausgeführten auch drittens seinen Grund in einer spezifisch gleichheitsrechtlichen, relationalen Interessenbeeinträchtigung hat (sonst nicht „Gleichheit").

a) Bereits am ersten Erfordernis (isolierte Rechtswidrigkeit des Handelns) kann es nicht nur bei Ungleichbehandlungen bei regelndem Handeln, sondern auch bei der praktisch im Vordergrund stehenden Vollzugsgleichheit fehlen. Soweit die Verwaltung Vollzugsermessen hat und aufgrund ihrer ordnungsgemäßen Ermessensausübung im Anlaß- und in Vergleichsfällen zu unterschiedlichen Ergebnissen gekommen ist, ist das Handeln der Verwaltung im Vergleichsfall schon nicht in diesem Sinne isoliert rechtswidrig, steht der Vorrang des Gesetzes der Berufung auf Art. 3 Abs. 1 GG nicht entgegen.[614]

b) Häufig liegt auch bereits kein Verstoß gegen ein wenigstens objektivrechtliches Differenzierungsverbot vor. Eine unterschiedliche rechtliche Behandlung[615] ist zwar noch zumeist gegeben. Die Differenzierung als solche ist jedoch in vielen Fällen sachlich gerechtfertigt. Das gilt etwa im Anwendungsbereich des Opportunitätsprinzips, wenn die Verwaltung nur Stichproben macht und andere Fälle nicht sanktioniert. Damit fällt von den verbleibenden Fällen wiederum der praktisch bei weitem überwiegende Teil aus dem Bereich heraus, in dem die „Gleichheit im Unrecht" streitentscheidend ist: Es fehlt schon an der Rechtswidrigkeit der Ungleichbehandlung als solcher.

c) Wenn die Differenzierung nun rechtswidrig ist, muß es immer noch nicht auf die „Gleichheit im Unrecht" ankommen. Die Verletzung eines objektiv-

---

[612] *Dicke*, VerwArch 1960 (1968), 293, 308 f.; *Mertens*, Selbstbindung, S. 97 f; *Randelzhofer*, JZ 1973, 536, 537 f.

[613] Ausführlicher zu den Voraussetzungen einer wegen Verstoßes gegen die objektivrechtlichen Gehalte des allgemeinen Gleichheitssatzes unzulässigen Ungleichbehandlung durch Ungleichheit im Unrecht *Pauly*, JZ 1997, 647.

[614] VGH Kassel, NJW 1984, 318, 319; *Berg*, JuS 1980, 418, 419; *Bohnert*, in: Karlsruher Kommentar zum OWiG, Einl. Rz. 156; *Rechenbach*, NVwZ 1987, 383.

[615] S. 68 f.

rechtlichen Differenzierungsverbotes alleine kann die subjektiv-rechtliche Betroffenheit nicht ersetzen.[616] Andersherum wird man dem Inhaber eines rechtlich geschützten Interesses aber wenigstens eine Begründung dort nicht versagen können, wo dieses rechtlich geschützte Interesse durch die relationalen Folgen der Ungleichbehandlung betroffen sind.

Genau hier liegt das eigentliche Problem der „Gleichheit im Unrecht", das auf dem Boden der modalen Lehre nicht gelöst werden kann. Für die modale Theorie wird durch den Ausschluß der „Gleichheit im Unrecht" nichts geopfert, denn die isolierte Behandlung des Anlaßfalles ist für sich immer gerade rechtmäßig; umgekehrt kann sie aber auch nicht die relevanten von den irrelevanten Fällen unterscheiden. Für die modale Theorie besteht bloß wegen der rechtswidrigen Behandlung eines ganz anderen Falles kein Anlaß, die Unverhältnismäßigkeit des Eingriffs zu vermuten.[617] Aus relationaler Perspektive kann dagegen durchaus auch in solchen Fällen eine relevante Beeinträchtigung vorliegen. Gerade bei der „Gleichheit im Unrecht" zeigt sich aber, daß der Schutzbereich des mittels Art. 3 Abs. 1 GG auch geschützten allgemeinen Persönlichkeitsrechts in vordergründig einschlägigen Fällen zumeist gar nicht berührt ist. Ungleiches Verwaltungshandeln hat hier - am gleichen Maßstab gemessen[618] - nur unter wesentlich engeren Voraussetzungen die spezifisch persönlichkeitsrechtsbeeinträchtigende Wirkung als die Ungleichbehandlung durch den Gesetzgeber:

(1) Wenn der Gesetzgeber (oder ein anderer Normgeber) in einem allgemeingültigen Gesetz willkürlich differenziert, kann es auf zahlenmäßige Verhältnisse nicht weiter ankommen. Das Gesetz erhebt bereits qua Handlungsform den Anspruch der Vernunft und der Gerechtigkeit.[619] Die allgemeingültige Norm muß korrespondierend auch allgemein gerecht und vorurteilsfrei sein. Die verwendeten Differenzierungsmerkmale sollen den Maßstab bilden, der jedem Gesetzesbetroffenen als Person gerecht wird. Dem Gesetzgeber gegenüber kann daher jedermann in jeder plausiblen Hinsicht den Gleichheitssatz geltend machen.[620]

---

[616] S. 69 ff.

[617] Vgl. dazu, daß dies nach der modalen Theorie der plausibelste Grund für das Willkürverbot ist, oben S. 144 ff.

[618] Zur Bindungsintensität des Gleichheitssatzes gegenüber den verschiedenen Gewalten *Heun*, in: Dreier, Art. 3 Rz. 39 f; *Starck*, in: v. Mangoldt/Klein/Starck, Art. 3 Abs. 1 Rz. 224 f. Der hier an Gesetzgebung und Verwaltung im folgenden angelegte Maßstab ist derselbe, nur die Bedeutung der Handlung ist jeweils eine andere.

[619] Starck, in: v. Mangoldt/Klein/Starck, Art. 3 Abs. 1 Rz. 1; *Heun*, in: Dreier, Art. 3 Rz. 6; Kirchhof, in: HBStR V § 125 Rz. 9; *ders*, in: HBStR V § 124 Rz. 153.

[620] *Pietzcker*, JZ 1989, 305, 306 f.

(2) Das ist bei Verwaltungsentscheidungen, bei der konkreten Rechtsanwendung, um die es bei der Gleichheit im Unrecht geht,[621] anders.[622] An der *Rechtsbetroffenheit* fehlt es regelmäßig, wenn die Verwaltung nur in wenigen anderen Fällen das Gesetz nicht ordnungsgemäß anwendet. Denn Fehler bei der Gesetzesanwendung sind zwar nicht die Regel; aber vereinzelte Fehler sind insgesamt unvermeidlich. Selbst wenn etwa die begünstigende Nichtanwendung im Einzelfall einen persönlichen Bezug hat, wenn also z.B. der Polizist die evidente Alkoholfahne seines autofahrenden Kegelbruders anders als die des Klägers ignoriert hat, kommt darin noch keine persönliche Geringschätzung *gerade des Klägers*, noch nicht ein Urteil über den Kläger anhand eines allgemeinen Maßstabes zum Ausdruck. Solche Dinge sind ein Ärgernis, zweifellos auch objektiv rechtswidrig, kommen aber in einem Staat, dessen Organe durch Menschen gebildet werden, unabwendbar vor und müssen vom Bürger daher in gewissem Maße hingenommen werden. Abhilfe ist dem politischen Weg vorbehalten. Das gilt nur dann nicht mehr, wenn von einer verbreiteten rechtswidrigen Praxis ohne erkennbaren legitimen Grund (wie z.B. der allgemeinen Rückkehr in die Legalität, die im Einzelfall auch einmal das Führen eines Musterprozesses erfordern mag)[623] nur in Einzelfällen abgewichen wird oder in Art. 3 Abs. 3 GG genannte oder dem nahestehende Kriterien[624] verwendet werden. Dann - und nur dann - kann auch die Differenzierung bei der Gesetzesanwendung persönlichkeitsbeeinträchtigende Qualität erreichen. Genau dies hat auch *Dürig*, der Urheber des Satzes „Keine Gleichheit im Unrecht", nicht übersehen: „Wenn die Rechtsordnung bewußt oder naiv bloß zusieht, wenn sie wiederholt verletzt wird, greift der Satz ‚keine Gleichheit im Unrecht' von einem bestimmten Zeitpunkt an nicht mehr. Die Quantität der Rechtsverletzung schlägt mit Hilfe des Gleichheitssatzes (‚das habt Ihr Euch bisher und dort und dort stets gefallen lassen') dann um in Qualität - leider in die eines rechtsfreien Raumes, in dem es weder Freiheit noch Gleichheit in optimaler Zuordnung für alle gibt."[625] Eine „Popularklage des Neides",[626] also des bloß *allgemeinen* Gefühls unsachlicher Benachteiligung,[627] wird so nicht geschaffen. Die gerade individuell persönlichkeitsbeeinträchtigende Wirkung durch willkürlich schlechtere Behandlung wird man erst dann annehmen können, wenn sich der wertungsmäßige Schwerpunkt von der willkürlichen

---

[621] *Kölbel*, Gleichheit „im Unrecht", S. 2.
[622] Im Ergebnis ähnlich *Kirchhof*, HBStR V, § 125 Rz. 39.
[623] *Kölbel*, Gleichheit „im Unrecht", S. 90 f; s. auch die in Fn. 642 Genannten.
[624] S. 141.
[625] *Dürig*, in: Maunz/Dürig, Art. 3 Abs. 1 Rz. 193; ähnlich *Sendler*, in: FS Stern, 297, 315.
[626] So *Dürig*, in: Maunz/Dürig, Art. 3 Abs. 1 Rz. 468; ähnlich *Bleckmann*, Struktur, S. 50. Zur Formulierung *Dürigs* kritisch und ausführlich *Sachs*, in: FS Friauf, 309, 325 ff.
[627] Brockhaus, Enyklopädie, 20. Auflage 1998, Stichwort „Neid".

Besserbehandlung[628] anderer zur willkürlichen Schlechterbehandlung verschiebt.[629] *Nur unter diesen engen Voraussetzungen ist auf Grundlage der relationalen Theorie die Rechtsbetroffenheit wegen Diskriminierungswirkung gegeben, ist ein Anspruch auf „Gleichheit im Unrecht" aus Art. 3 Abs. 1 GG zu bejahen,* der - wie anschließend auszuführen - auch innerhalb seines äußerst engen Anwendungsbereiches nicht zu unauflösbaren Kollisionen mit dem Vorrang des Gesetzes führt.

d) Die Thematik der Außenwirkung von Verwaltungsvorschriften gehört nicht unmittelbar in diesen Kontext,[630] bestätigt aber, daß mit dem Modell des Art. 3 Abs. 1 GG als Verbot des faktischen Eingriffs durch Ungleichbehandlung das dogmatische Gerüst der wesentlichen Wertungen der Praxis gefunden ist. Verwaltungsvorschriften stellen zwar nach stark umstrittener, aber h.M. nur Innenrecht dar.[631] Auch sie sind jedoch nicht Entscheidungen im Einzelfall, sondern stellen abstrakt-generelle Maßstäbe auf. Daraus folgt, daß Verwaltungsvorschriften eher eine als allgemeingültig zu verstehende Aussage treffen und daher viel einfacher ein subjektives Recht auf Anwendung der Verwaltungsvorschriften entstehen kann.[632] Insofern gilt ebenso wie bei Ermessensnormen, die das Ermessen lediglich zu objektiv-rechtlichen Zwecken einräumen, daß es auf die Absicht, ein isoliertes subjektives Recht zu verschaffen, nicht in jedem Fall ankommt; entscheidend ist die faktische Wirkung innerhalb der jeweiligen Relation. Deshalb können subjektive Rechte aus Verwaltungsvorschriften - wie vor allem im Subventionsrecht - auch bei im übrigen gesetzesfreier Verwaltung bestehen.[633] Auf modaler Basis läßt sich das wiederum nicht erklären, denn die modale Theorie setzt gerade die Verletzung eines isolierten subjektiven Rechts voraus.

e) Die hier vertretene Auffassung liegt von den praktischen Ergebnissen her durchaus auf einer Linie mit der Rechtsprechung.

---

628 *Heun*, in: Dreier, Art. 3 Rz. 38 geht davon aus, daß die Grundrechtsbetroffenheit bei Gleichheitssätzen nur bei Begünstigungen ein Problem sei, bei Belastungen sei sie ohne Zweifel zu bejahen. Das stimmt eher für die Rechtsetzung; das Ergebnis ist für die Rechtsanwendung ähnlich wie hier, wenn man in der Nichtanwendung belastender Gesetze zutreffenderweise eine Begünstigung sieht.

629 *Kölbel*, Gleichheit „im Unrecht", S. 44 ff spricht davon, daß die Praxis das Entscheidungssystem modifiziert haben müsse, was bei abweichenden Einzelfallentscheidungen nicht der Fall sei.

630 Zu Zusammenhängen *Kölbel*, Gleichheit „im Unrecht", S. 44 ff.

631 *Maurer*, Allg. VerwR, § 24 Rz. 2 ff; ausführlich *Ossenbühl*, in: Erichsen, Allg. VerwR, § 6 Rz. 41 ff.

632 Richtige Benennung dieses Grundes der Selbstbindung bei *Dicke*, VerwArch 60 (1968), 293, 295.

633 BVerwGE 55, 349, 351 f; a.A. allerdings noch BVerwGE 39, 235, 238 f.

(1) Das BVerfG hat, wenn auch in etwas anderem Zusammenhang,[634] trotz seiner grundsätzlichen Ablehnung von Ansprüchen auf „Gleichheit im Unrecht" darauf hingewiesen, daß eine Grenze dort liegen mag, „wo willkürlich nur eine Minderheit des strafwürdigen Verhaltens herausgegriffen und mit Strafe bedroht wird."[635] Der Sache nach erkennt aber entgegen der dortigen Beteuerungen des BVerfG[636] durchaus auch die Entscheidung, die die Besteuerung privater Kapitaleinkünfte nach § 20 Abs. 1 Nr. 8 EStG verwarf, die „Gleichheit im Unrecht" an.[637] Die Vorschrift verstieß gegen Art. 3 Abs. 1 GG, weil die tatsächliche Steuerbelastung nahezu alleine auf der Erklärungsbereitschaft des Steuerpflichtigen beruhte. Sie verfehlte damit die Anforderung, „daß das materielle Steuergesetz in ein normatives Umfeld eingebettet sein muß, welches die Gleichheit der Belastung auch hinsichtlich des tatsächlichen Erfolges prinzipiell gewährleistet".[638] Die Verfassungswidrigkeit lag hier sicherlich auch daran, daß im modalen Sinne Grund zu Zweifeln an der isolierten Verhältnismäßigkeit bestanden, weil die Norm nicht wirklich vom Gesetzgeber gewollt worden war.[639] Ebenso bestraft eine solche Norm aber auch diejenigen, die - in Art. 3 Abs. 3 GG vergleichbarer Weise - die dem Gesetzgeber grundsätzlich nicht zugängliche persönliche Entscheidung treffen, sich nicht strafbar verhalten zu wollen. Im Ergebnis führte also auch hier die Tatsache, daß gegenüber Dritten eine Norm regelmäßig nicht vollzogen wurde, zur Aufhebung der Belastung und damit dazu, daß im Ergebnis „Gleichheit im Unrecht" gewährt wurde.

(2) Vergleichbare Fälle kommen im Verwaltungsrecht vor, sind aber die seltene Ausnahme,[640] weil es fast immer an der Rechtsbetroffenheit fehlt. Im VGH

---

[634] Namentlich der Abgrenzung strafwürdiger Tatbestände durch den Gesetzgeber. Die Vergleichsfälle erfüllten also bereits gar keine Straftatbestände, so daß kein Konflikt mit dem Vorrang des Gesetzes bestand; s. *Kölbel*, Gleichheit „im Unrecht", S. 4 f.

[635] BVerfGE 50, 142, 166.

[636] JZ 1991, 1133, 1138. Der Verfassungsbeschwerde blieb allerdings der Erfolg versagt, weil das BVerfG dem Gesetzgeber eine Übergangszeit beließ.

[637] *Goehrlich*, JZ 1991, 1139, 1139 f; *Pauly*, JZ 1997, 647, 649; s. dazu auch *Kölbel*, Gleichheit „im Unrecht", S. 87.

[638] BVerfG JZ 1991, 1133, 1135.

[639] Vgl. hierzu oben S. 145. *Goehrlich*, JZ 1991, 1139, 1140 weist darauf hin, daß es offenbar auch politisch gewollt war, daß die Norm nicht durchgesetzt wurde. Diese Entscheidung hat außerdem auch noch starke Bezüge zur Lenkungswirkung.

[640] Auch der Fall VGH Mannheim, NJW 1971, 954, dessen Entscheidung damals zu lebhaften Diskussionen führte (Nachweise bei *Arndt*, in: FS Armbruster, 233, 237 Fn 17), berührt dieses Thema. Er wurde jedoch von anderen Problemen überlagert. In dem zugrunde liegenden Lebenssachverhalt wurde ein Gesetz zumeist nicht mehr angewendet, nachdem bereits politisch sicher feststand, daß es bald aufgehoben würde. Dazu, daß auch das Schweizerische

Kassel, NuR 1986, 126 zugrundeliegenden Sachverhalt wendete sich ein Angelverein gegen ein Nutzungsverbot für eine illegal in einem Landschaftsschutzgebiet aufgestellte Holzbaracke. Wiewohl der Naturschutzbehörde kein Vollzugsermessen zustand,[641] war sie in vergleichbaren ihr bekannten Fällen nicht dagegen eingeschritten und beabsichtigte dies auch nicht. Hier lag der Verdacht doch recht nahe, daß persönliche Gründe eine Rolle spielten. Rechtsbetroffenheit im Sinne einer Diskriminierungswirkung lag also vor.

Das unterscheidet diesen Fall, in dem der VGH Kassel zutreffend einen Anspruch auf Gleichbehandlung im Unrecht bejahte, z.B. von der Grundsatzentscheidung BVerwGE 34, 278. Wehrpflichtige sollen nach § 12 Abs. 4 Satz 2 Nr. 3 a) WPflG zurückgestellt werden, wenn die Einberufung einen bereits weitgehend geförderten Ausbildungsabschnitt unterbrechen würde, da dann ein Regelfall besonderer Härte vorliegt. Für Ingenieurstudenten wurde dies in langjähriger und ständiger Verwaltungspraxis aufgrund einer Verwaltungsvorschrift so ausgelegt, daß die Voraussetzungen schon ab Beginn der Ausbildung als gegeben anzusehen waren. Der Kläger, der ein Ingenieurstudium aufnehmen wollte, wurde dennoch einberufen. In den neun Monaten vom Einberufungsbescheid bis zum Urteil des BVerwG wurde weiterhin wie bisher verfahren. Im Unterschied zum „Normalfall" hatte der Kläger vorher eine Berufsaufbauschule für Mechanik und Elektrotechnik besucht und war schon dafür zurückgestellt worden.

Dieser letzte Gesichtspunkt war zwar weder ausdrücklich zum Grund der Ungleichbehandlung gemacht worden noch spielt er eine besondere Rolle in den Entscheidungsgründen. Dennoch ist nicht davon auszugehen, daß das BVerwG einen Gesichtspunkt in den Urteilstatbestand aufnimmt, dem es keinerlei Relevanz beimißt. Läßt man einmal das Problem beiseite, ob das offenbar durch die Verwaltungsvorschrift verfolgte Ziel, sich unter Marktpreis mit ausgebildeten Ingenieuren einzudecken, nicht schlichtweg unzulässig ist, so bestand also durchaus in Hinblick auf das verfolgte Ziel ein Unterschied zwischen dem Anlaßfall und den Vergleichsfällen. Dieser Unterschied schloß persönliche Geringschätzung als objektiven Erklärungswert der Ungleichbehandlung aus. In anderen Fällen hat auch das BVerwG der Sache nach einen Anspruch auf „Gleichheit im Unrecht" anerkannt, wenn es festgestellt hat, daß die Beseitigung massenhafter baurechtswidriger Zustände nicht willkürlich

---

Bundesgericht in bestimmten Fällen einen Anspruch auf Fehlerwiederholung bejaht, *Pauly*, JZ 1997, 647, 652.

[641] Die Begründung des VGH bemüht sich allerdings um Annäherung an die Fälle, in denen Ermessensvorschriften das Einfallstor für Art. 3 Abs. 1 GG sind; dazu zu Recht kritisch *Rechenbach*, NVwZ 1987, 383, 383 f.

erfolgen dürfe.[642] Obwohl dort Ermessen der Verwaltung besteht, handelt es sich um sog. „intendiertes Ermessen“,[643] weshalb Untätigkeit als Regelreaktion rechtswidrig ist.

f) Praktisch kommt die Berufung auf diesen Satz sehr häufig vor. Behörden machen von diesem Grundsatz für ihre Prozeßführung als kürzeste Rechtsverteidigung auch da Gebrauch, wo die Differenzierung möglicherweise zulässig ist.[644] Hier scheint auch für die herrschende Meinung der Hauptwert dieser Formel zu sein: Man schafft sich unangenehme Verfahren vom Hals. Meistens treffen die Ergebnisse zwar zu. Viele dieser „Problemfälle“, deren Lösung also nicht nur wegen der Unbequemlichkeit der Einlassung auf die Argumente der Gegenseite Schwierigkeiten bereiten, müssen nach hier vertretener Ansicht vom Lösungsweg her jedoch anders – über die fehlende Rechtsbetroffenheit oder die fehlende isolierte Rechtswidrigkeit – gelöst werden. Man sollte sich jedenfalls selbst dann, wenn man den Satz „Keine Gleichheit im Unrecht“ für zutreffend hält, vorrangig der Mühe der Begründung stellen, warum die Differenzierung nicht rechtswidrig ist, und nicht die bekannte Formel vorschieben; dem Rechtsfrieden wäre das allemal zuträglich.[645]

## 2. Kollisionen mit dem Vorrang des Gesetzes (?)

### a) Die drei betroffenen Rechtssätze

(1) (a) Die h.M. lehnt Gleichbehandlungsansprüche allerdings vordergründig aus dem ganz anderen Grund ab, hier drohe eine Kollision mit dem Vorrang des Gesetzes. Das Argument trägt jedoch dann nicht, wenn man richtigerweise in Gleichbehandlungsrechten selbständig, d.h. nicht nur modal geschützte Interessen verortet. Selbst wenn tatsächlich ein Konflikt zwischen allgemeinem Gleichheitssatz und einfachem Gesetzesrecht bestünde,[646] folgte dann aus dem Vorrang des Gesetzes nicht, daß dieser Konflikt zu Lasten des Individualrechts aufgelöst werden muß.[647] Der Vorrang des Gesetzes verlangt von der Verwaltung nämlich ebenso, die Verletzung von Grundrechten zu unterlassen.[648] Man kann daher das Argument, die Verwaltung könne sich ansonsten über

---

642 BVerwG NVwZ-RR 1992, 360; VGH Mannheim, NJW 1989, 603; VGH Kassel, NJW 1984, 318, 318 f; *Würtenberger/Heckmann/Riggert*, Polizeirecht in Baden-Württemberg, Rz. 326 m.w.N; vgl. auch BVerwGE 46, 89. Auch diese Konstellation ist ein Fall der Gleichheit im Unrecht, *Arndt*, in: FS Armbruster, 233, 234. Ablehnend *Kölbel*, Gleichheit „im Unrecht“, S. 64.

643 Das ist anscheinend nichts anderes als eine ungeschriebene Soll-Vorschrift, s. noch S. 219.

644 *Götz*, in: FS 25 Jahre BVerwG, 245, 249; ähnlich *Rechenbach*, NVwZ 1987, 383.

645 *Götz*, in: FS 25 Jahre BVerwG, 245, 248 f.

646 Dieser Einwand ist (allerdings mit anderer Folge) in Ausnahmefällen erheblich, S. 160 ff.

647 *Eyermann/Fröhler*, § 114 Rz. 23; *Arndt*, in: FS Armbruster, 233, 238.

648 Vgl. *Schnapp*, in: v. Münch/Kunig, Art. 20 Rz. 39.

Art. 3 Abs. 1 GG ihr eigenes Recht am einfachen Gesetzgeber vorbei schaffen, genauso gut umkehren: Wenn der Satz „Keine Gleichheit im Unrecht" stimmen würde, müßte die Verwaltung nur in den Vergleichsfällen gegen einfaches objektives Recht verstoßen, um sich ihrer verfassungsrechtlichen Bindung an den Gleichheitssatz zu entziehen. Wegen „Keine Gleichheit im Unrecht" dürfte die Verwaltung also ihr eigenes Recht an der Verfassung vorbei schaffen. Nicht Vorrang des Gesetzes und Art. 3 Abs. 1 GG, sondern Verfassung und einfaches Recht stellen unterschiedliche Verhaltensanforderungen an die rechtsanwendende Verwaltung.[649] Daraus folgt, daß das maßgebliche entgegenstehende Prinzip nicht der Vorrang des Gesetzes, sondern die Befugnis des einfachen Gesetzgebers ist, das Verhalten der Verwaltung durch Recht zu steuern. Diese Befugnis wird aber durch die Grundrechte begrenzt: Umstritten ist jedenfalls bei der Verletzung anderer Grundrechte nur, ob die Verwaltung, wenn ein Gesetz selbst unzulässig in Grundrechte eingreift, überhaupt zur vorläufigen Gesetzesanwendung befugt ist oder wegen des Kassationsmonopols des BVerfG zunächst von Wirksamkeit ausgehen muß.[650] Der Konflikt wird unbestritten jedenfalls nicht auf Dauer zu Lasten der Grundrechte gelöst. Warum ausgerechnet die Gleichheit sich darüber hinaus eine dauerhafte teleologische Reduktion gefallen lassen soll, ist nicht ersichtlich.

(b) Auch diese Betrachtung greift allerdings noch etwas zu kurz. Wenn tatsächlich eine *fortdauernde* Verpflichtung der Verwaltung zur Fortführung ihrer rechtswidrigen Verwaltungspraxis eintreten würde, so würden diese rechtswidrigen selbstgesetzen Regeln allgemeine und damit gesetzesgleiche Geltung erlangen. Die Gesetzesbindung würde nicht nur im Einzelfall, sondern generell aufgehoben. Das *verlangt die Herstellung von „Gleichheit im Unrecht" aber nicht.* Erstens ergibt sich eine solche Rechtsfolge, ein Anspruch auf Fehlerwiederholung, nicht aus Differenzierungsverboten.[651] Differenzierungsverbote sind relational. Verboten wird lediglich die Differenzierung; wie die Verwaltung Gleichheit herstellen muß, ist nicht Gegenstand des Gleichbehandlungsanspruchs. Zweitens ist aber auch zu bedenken, daß hier auch die im Wettbewerbsrecht genutzte Auflösungsmöglichkeit zur Verfügung steht, einen Anspruch auf Gesetzesvollzug einzuräumen.

---

649 *Eyermann/Fröhler*, § 114 Rz. 23.

650 Dazu jeweils m.w.N. *Sachs*, in: Stelkens/Bonk/Sachs, § 44 Rz. 86; *Maurer*, Allg. VerwR, § 4 Rz. 46; *Schmidt-Aßmann*, in: FS Stern, 745, 758 ff; *Gril*, JuS 2000, 1080; dazu, daß dieses Problem sich aus Sicht der Praxis nicht stellt, weil hier die politische Steuerung der Verwaltung bereits zur Problemlösung führt, *Engelken*, VBlBW 2000, 101. Der BGH sieht jedenfalls bei erkannter Unwirksamkeit in der Anwendung rechtswidriger Normen eine Amtspflichtverletzung, BGH NVwZ 1987, 168, 169.

651 Vgl. S. 66 f; explizit in diesem Zusammenhang *Eyermann/Fröhler*, § 114 VwGO Rz. 23; *Kölbel*, Gleichheit „im Unrecht", S. 39 ff.

Weil damit das Prinzip der begrenzten Sanktionsbefugnis übermäßig eingeschränkt würde, kommt allerdings ein Anspruch auf Herstellung objektiver Rechtmäßigkeit in den Vergleichsfällen nicht als Regellösung in Betracht.[652] Damit wird deutlich, daß hier nicht nur zwei, sondern *drei Rechtssätze beteiligt sind*: Steuerungsbefugnis des Gesetzgebers, allgemeiner Gleichheitssatz und Grundsatz der begrenzten Sanktionsbefugnis.[653] Die verletzte Rechtsnorm enthält zwar eine objektiv-rechtliche Verpflichtung der Verwaltung, in diesen Fällen Gleichheit durch Rückkehr in die Legalität herzustellen. Tut sie es nicht, handelt sie objektiv rechtswidrig. Dem korrespondiert aber kein entsprechendes subjektives Recht auf Herstellung von Gleichheit gerade auf diesem Weg; denn die Abwehr der Interessenbeeinträchtigung durch Ungleichbehandlung verlangt nur das negatorische Gegenteil, die Gleichbehandlung.[654] Selbst, wenn nun aber tatsächlich die Bedenken durchgreifen würden, die wegen der Steuerungsbefugnis des Gesetzgebers gegen die „Gleichheit im Unrecht" sprechen, kann man indes das Prinzip der begrenzten Sanktionsbefugnis m.E. eher einschränken als das relational betroffene allgemeine Persönlichkeitsrecht. Das Prinzip der begrenzten Sanktionsbefugnis gilt eben nur bis zu dem Punkt, an dem rechtlich geschützte Individualinteressen beteiligt sind.

(c) Wie weit diese Einschränkung des Prinzips der begrenzten Sanktionsbefugnis gerechtfertigt ist, soll nun näher geklärt werden. Dazu ist es primär notwendig, etwas detaillierter zu überlegen, was die „Steuerungsbefugnis des Gesetzgebers" eigentlich inhaltlich verlangt, mit anderen Worten festzustellen, unter welchen Voraussetzungen überhaupt eine maßgebliche Beeinträchtigung vorläge. Hier ist zwischen der Bindung der Verwaltung bei der Entscheidung des *gleichzeitig* mit dem rechtswidrig behandelten Vergleichsfall zur Entscheidung anstehenden Anlaßfalls (b) und der Bindung der Verwaltung für *zukünftig* zu entscheidende Fälle (c) zu differenzieren. Nur im letzteren Fall besteht tatsächlich ein ernst zu nehmender Konflikt mit der Steuerungsbefugnis des Gesetzgebers.

### b) Bewertung der Folgen eines Rechts auf Gleichheit im Unrecht im konkreten Anlaßfall

(1) Ein Anspruch auf *Fehlerwiederholung im konkreten Anlaßfall* ergibt sich sowohl bei Nichtanwendung belastender Vorschriften als auch bei sonstigem

---

[652] *Götz*, NJW 1979, 1478, 1480; *ders.*, DVBl 1968, 93, 95. A.A. *Sachs*, NWVBl 1988, 295, 300 (für rechtswidrige Begünstigungen); zweifelnd *Rechenbach*, NVwZ 1987, 383, 385.
[653] *Dicke*, VerwArch 60 (1968), 293, 310.
[654] S. 66 f.

rechtswidrig begünstigendem Verwaltungshandeln nur dann, wenn erkennbar ist, daß die Verwaltung *Gleichheit gerade durch gleich rechtswidriges Verhalten herstellen will.* Dann liegt mit dem entsprechenden Willen der Verwaltung eine Randbedingung vor, die eine entsprechende Verengung des Gleichbehandlungsanspruchs trägt. Das ist jedenfalls bei Fortsetzung der rechtswidrigen Praxis *nach Verurteilung* zur Gleichbehandlung der Fall. Ein entsprechender Wille dürfte aber auch im übrigen anzunehmen sein, wenn die Verwaltung ihre rechtswidrige Praxis während des Verfahrens über den rechtmäßig entschiedenen Einzelfall breitflächig fortsetzt[655] und es sich nicht um einen Musterprozeß handelt. Dann besteht tatsächlich derzeit ein Anspruch auf eine rechtswidrige Entscheidung.[656] Das liegt aber alleine im Verantwortungsbereich der Verwaltung.[657] Bei einem inhaltlich offenen, relationalen Anspruch beläßt das Gericht der Verwaltung eben auch die Möglichkeit, bei dieser Gelegenheit gegen objektive Rechtsnormen zu verstoßen.

M.E. ist dieses Ergebnis – in seltenen Einzelfällen in der Tat Verurteilung zum Rechtsverstoß im zeitgleich entschiedenen Anlaßfall – rechtlich unproblematisch. Die Möglichkeit der Verletzung objektiven Rechts steht der Verwaltung allgemein und insbesondere auch bei Ablehnung der „Gleichheit im Unrecht" für sämtliche Vergleichsfälle zur Verfügung, wenn und soweit die höherrangige parlamentsnähere Stelle dies toleriert. Warum sollte ein Gericht aus einer Vielzahl von Verstößen einen herausgreifen und diesen *einzigen* Gesetzesverstoß verhindern müssen, während ansonsten auch notorischste und schwerste Verletzungen objektiven Rechts die Rechtsprechung schlicht „nichts angehen" [658] - weil daraus auch noch zusätzlich eine Persönlichkeitsverletzung resultiert? Das isoliert rechtswidrige Verhalten der Verwaltung darf nicht zur Vernichtung relationaler subjektiver Rechte führen, die inhaltlich nichts mit der definiten Auflösung der Ungleichbehandlung zu tun haben. Dieser Konflikt mit der Steuerungsbefugnis des Gesetzgebers ist in Wirklichkeit meist ein Scheinproblem.

(2) Nicht stichhaltig ist das Gegenargument, daß hier angesichts der Bestandskraft immerhin für den *jeweiligen entschiedenen Fall* der Verwaltung

---

[655] *Kirchhof*, in: Isensee/Kirchhof, HBStR V, § 124 Rz. 74; *Wolny*, UPR 1987, 121, 124 f; *Eyermann/Fröhler*, § 114 Rz. 23.
[656] VGH Kassel, NJW 1984, 318, 319.
[657] *Dicke*, VerwArch 60 (1968), 293, 310.
[658] S. oben S. 15 ff. Vgl. auch *Sendler*, in: FS Stern, 297, 315: „Soll das wirklich bedeuten, daß - wenn Hunderttausenden rechtswidrig ein Vorteil bewilligt wird - zehn, denen dieser Vorteil verweigert wird, sich damit zufrieden geben müssen und nichts dagegen tun können? Ob das der Rechtsstaat wirklich verlangt?"

die Chance genommen würde, jemals wieder in die Legalität zurückzukehren.[659] Dieses Argument betrifft schon generell nicht den Fall des Unterlassens,[660] weil es dann keine Bestandskraft gibt, kann aber auch bei Verwaltungsakten nicht durchgreifen. Keineswegs wird hier gefordert, daß die Verwaltung rechtswidrig entscheiden soll. Voraussetzung dafür, daß ein Gericht schließlich zu rechtswidrigem Verwaltungshandeln verurteilt, ist jedoch, daß die Verwaltungsbehörde sich im Vergleichsfall *bewußt für die Rechtswidrigkeit entscheidet*, also als Randbedingung „Rechtswidrigkeit" festgesetzt hat. An der rechtswidrigen Entscheidung im Vergleichsfall - das ist, soweit ersichtlich, völlig unstreitig - hindert man die Verwaltung nie. Auch dort haben rechtswidrige Entscheidungen Bestandskraft, wenn auch nur beschränkt. Folge der Anerkennung von „Gleichheit im Unrecht" ist daher einzig, daß das Gesetz eben auch für die wegen Art. 3 Abs. 1 GG daraus zwingend folgende weitere Entscheidung,[661] auch im Anlaßfall rechtswidrig zu behandeln, z.B. in den Grenzen des § 121 VwGO Bestandskraft anordnet. Diese Bestandskraft kann die Rückkehr in die Legalität für diesen Fall tatsächlich verhindern. Warum *dadurch* - also durch den hundertersten Fall, nachdem hundert Fälle der Bestandskraft rechtswidriger Entscheidungen *kein* Problem dargestellt haben - der Konflikt mit der Steuerungsbefugnis des Gesetzgebers maßgeblich verschärft wird, möge man doch bitte substantiieren. Die Steuerungsbefugnis des Gesetzgebers spricht höchstens generell gegen § 48 VwVfG bzw. § 121 VwGO und ähnliche Regelungen, die allgemein unter bestimmten Voraussetzungen auch rechtswidrigen Verwaltungsakten entgegen dem Vorrang des Gesetzes bzw. der Steuerungsbefugnis des Gesetzgebers Bestandskraft zusprechen. Das hat aber mit Art. 3 Abs. 1 GG nichts zu tun,[662] sondern ist allgemeines Merkmal der Bestandskraft.

(3) Viel schwerwiegendere Bedenken sind dagegen gerade in die gegenteilige Richtung angebracht. Die Bestandskraft von - ja immer *möglicherweise* rechtswidrigen - Verwaltungsakten scheint durch den Anspruch auf „Gleichbehandlung im Unrecht" prima facie in erheblichem Maße relativiert zu werden. Der inhaltlich offene Gleichbehandlungsanspruch hindert, wenn man ihn als Recht anerkennt, auch grundsätzlich die Bestandskraft rechtswidriger Entscheidungen im Vergleichsfall. Der Betrachtungsweise „Differenzierung" entspricht ein dreiteiliger Verfahrensgegenstand, der beide isolierte Entscheidungen und die gleichheitsrechtliche Beziehung einschließt.[663] Setzt

---

659 So aber *Pauly*, JZ 1997, 647, 652 f.; *Wolny*, JZ 1987, 121, 122.

660 Vgl. *Kölbel*, Gleichheit „im Unrecht", S. 80 ff, der von einer „einstweiligen Gleichstellung" spricht.

661 A.A. *Kölbel*, Gleichheit „im Unrecht", S. 49 f, 54, 61 f, 64, 77, 92 ff.

662 *Eyermann/Fröhler*, § 114 Rz. 23.

663 Vgl. schon oben S. 135 f

man voraus, daß hier die für isolierte Behandlungen geltenden Rechtssätze unmodifiziert anwendbar sind,[664] so müssen nach den allgemeinen Regeln sowohl Anlaß- als auch Vergleichsperson innerhalb der subjektiven Grenzen der Bestandskraft beider Entscheidungen liegen. Das setzt im Regelfall Bekanntgabe und Fristablauf aller Entscheidungen gegenüber jedem Beteiligten voraus.[665] Ist das nicht der Fall, so schwebt das Damoklesschwert des § 50 VwVfG über der Begünstigung, Rechtssicherheit ist nur eingeschränkt gegeben.

Das Problem entschärft sich jedoch bei näherer Betrachtung für die Diskriminierungswirkung weitestgehend. Hat der „Erste“ Bedenken, ob die Verwaltungsentscheidung wegen möglicherweise diskriminierender Rechtswidrigkeit in die Gleichbehandlungsrechte des Dritten eingreift, kann er Bekanntgabe auch gegenüber dem Dritten verlangen.[666] Zweitens liegt bei breitflächigen rechtswidrigen Begünstigungen auf längere Sicht meist Kenntnis und damit die wichtigste Voraussetzung einer Verwirkung vor (i.d.R. ein Jahr nach dem Zeitpunkt, in dem der Dritte sichere Kenntnis erlangt hat oder hätte haben können und müssen;[667] der Dritte kann auch ohne Bekanntgabe direkt gegen den Verwaltungsakt vorgehen[668]). Im Verhältnis zu denjenigen Fällen, die zu einem späteren Zeitpunkt im übrigen vergleichbar werden, ist schließlich schon der Zeitablauf regelmäßig ein Unterschied, der eine unterschiedliche Behandlung rechtfertigt.[669] Selbst die Tatsache der nochmaligen Entscheidung nach Widerspruch bzw. Verurteilung zu Gleichbescheidung mag in Ausnahmefällen einen die Differenzierung rechtfertigenden Unterschied darstellen können,[670] wobei man mit einem solchen Argument wegen der Mißbrauchsgefahren höchst zurückhaltend sein sollte.

---

[664] Daran bestehen allerdings in mancher Hinsicht Zweifel, vgl. S. 236 f.

[665] *Badura*, in: Erichsen, Allg. VerwR, § 38 Rz. 20

[666] Nachweise in Fn. 430.

[667] BVerwGE 44, 294, 300 f; BVerwG NJW 1974, 1260; *Kopp/Ramsauer*, § 41 Rz. 36; *Ammelburger*, Bestandskraftlehre, S. 29; *Erichsen/Knoke*, NVwZ 1983, 185, 186; *Sachs*, in: Stelkens/Bonk/Sachs § 41 Rz. 41.

[668] *Erichsen/Hörster*, JURA 1997, 659, 660; *Henneke*, in: Knack, § 41 Rz. 6; *Sachs*, in: Stelkens/Bonk/Sachs, § 41 Rz. 40 f.

[669] S. 159.

[670] Wegen Erledigung hätte dann nur noch eine Fortsetzungsfeststellungsklage Aussicht auf Erfolg. Vergleichbar ist z.B. die im Bereich des § 50 VwVfG herrschende Meinung, daß trotz Nichtanwendbarkeit der Vertrauensschutzregelungen der §§ 48, 49 VwVfG der Gedanke des Vertrauensschutzes in eine nun anstehende erneute Ermessensentscheidung einfließen darf, BVerwG BayVBl 1994, 374, 375; *Kopp/Ramsauer*, § 50 Rz. 9; *Lange*, JURA 1980, 456, 464 f; *Knack*, § 50 Rz. 11 a.A. *Erichsen*, in: Erichsen, Allg. VerwR, § 19 Rz. 6; *Remmert*, VerwArch 91 (2000), 209, 221 f.

Soweit darüber hinausgehend noch Fälle übrig bleiben, die tatsächlich in den Schutzbereich des Art. 3 Abs. 1 GG fallen, kann das Problem dagegen nicht zu Lasten des Anspruchs auf Gleichbehandlung gelöst werden. Eingeschränkte Bestandskraft ist die allgemeine Folge der Anerkennung subjektiver Rechte an Drittbeziehungen. Diese Einschränkung durch Art. 3 Abs. 1 GG scheint sich jedoch in einem akzeptablen Rahmen zu halten, wenn man bedenkt, unter welchen engen Voraussetzungen überhaupt nur ein Anspruch auf Gleichbehandlung im Unrecht bestehen kann und daß zusätzlich auch die Einschränkung der Bestandskraft nur mit Grenzen stattfindet. In Ausnahmefällen käme schließlich als letzter Ausweg noch eine finanzielle Kompensation der Diskriminierung statt Aufhebung in Betracht.

c) Bewertung der Folgen eines Rechts auf Gleichheit im Unrecht für zukünftige Fälle

Problematisch in Hinblick auf die Steuerungsbefugnis des Gesetzgebers, auf die Gefahr, daß die Verwaltung sich eigenes Recht schafft, ist alleine eine Bindung durch rechtswidrige Verwaltungspraxis für *zukünftig zu entscheidende* Fälle. Mit einer solchen Bindung würde die Rückkehr zu einer legalen Praxis unmöglich gemacht oder wesentlich erschwert.[671] Für den Bereich der Diskriminierungswirkung soll hier nicht schlechthin ausgeschlossen werden, daß es in einer extremen Konstellation dazu kommen könnte. Derartige Fälle sind allerdings nur schwer vorstellbar, weil die „Rückkehr in die Legalität" als sachlicher Grund par excellence eben meist bereits dazu führt, daß der Schutzbereich von Art. 3 Abs. 1 GG durch eine Änderung der Verwaltungspraxis gar nicht betroffen ist.[672] Indirekte besondere Persönlichkeitsmißachtung wird ohnehin durch einen allgemeinen Politikwechsel gerade nicht zum Ausdruck gebracht, der deshalb auch keine relevante Diskriminierungswirkung entfaltet. Die Verwaltung muß, um den „allgemeinen Rückkehrwillen" zum Ausdruck zu bringen, z.B. auch nicht gegen eine große Zahl andauernder rechtswidriger Zustände gleichzeitig eingreifen, sondern kann die Fälle „Stück für Stück" abarbeiten, solange sie dies nur nach

---

[671] *Götz*, DVBl 1968, 93, 96.

[672] Unstrittig, *Pauly*, JZ 1997, 647,650; *Götz*, in: FS 25 Jahre BVerwG, 245, 247; *Kirchhof*, in: Isensee/Kirchhof, HBStR V, § 125 Rz. 87; *Erichsen/Klüsche*, JURA 2000, 540, 545; *Kölbel*, Gleichheit „im Unrecht", S. 36 f. Die Polemik von *Dürig* (in: Maunz/Dürig, Art. 3 Rz. 180, 437 u. passim) geht also ins Leere. Zu den Anforderungen an die Änderung der Verwaltungspraxis *Tettinger*, GewArch 1981, 105, 110 ff; *Dürig*, in: Maunz/Dürig, Art. 3 Abs. 1 Rz. 457-459; *Pauly*, JZ 1997, 647, 651 f.

einem objektiv nachvollziehbaren Plan tut.[673] Auch dann, wenn eine der vorher besprochenen Konstellationen vorliegt, daß wegen Ungleichheit im Unrecht ein weiter zurückliegendes Vergleichspaar neu entschieden werden muß und dort die Verwaltung sich aus irgendwelchen Sachgründen - z.B. der Vermeidung von Amtshaftunganspüchen - für gleichmäßige Fehlerwiederholung entscheidet, wird dadurch kein relevanter Vergleichsfall für die Gegenwart geschaffen. Diese Fälle unterscheiden sich maßgeblich von nun anstehenden Neufällen,[674] weil sie zeitlich zurückliegend bereits einmal entschieden wurden.

Setzt man nun doch voraus, daß es derartige Fälle geben kann, in denen wegen Diskriminierungswirkung eine *dauerhafte* Bindung eintritt, so würde *das* in der Tat den Bereich des Vollzugs verlassen und zu einem Recht nach eigenem Gutdünken der Verwaltung führen. In solchen Fällen - und nur in solchen - besteht tatsächlich ein ernstzunehmender Konflikt zwischen der Steuerungsbefugnis des Parlaments, dem Recht auf Gleichbehandlung und dem Grundsatz der begrenzten Sanktionsbefugnis, der auch für das entscheidende Gericht von Bedeutung ist. Daraus folgt jedoch nicht, daß der Anspruch auf Gleichbehandlung ausgeschlossen ist. Die Schlußfolgerung ist vielmehr, daß dann die *wettbewerbsrechtliche Lösung zutrifft, der Anspruch auf „Auch-Vollzug"*. Der Konflikt muß dann zu Lasten des Grundsatzes der begrenzten Sanktionsbefugnis aufgelöst werden. Das *objektive Recht erstarkt aus übergeordneten Gründen zur bindenden Randbedingung des Gleichbehandlungsanspruchs.*

Aus der Möglichkeit der dauerhaften Beeinträchtigung der Steuerungsbefugnis des Parlaments folgt zugleich, daß die Prüfung, ob eine derartige Bindung über den derzeitigen Entscheidungszeitraum hinaus eintritt, bereits im Zeitpunkt der nun anstehenden Entscheidung zu treffen ist, denn nur dann kann eine derartige Bindung ohne Verstoß gegen Gleichbehandlungsrechte verhindert werden. Da solche Fälle im Rahmen der Diskriminierungswirkung praktisch kaum denkbar sind und schlimmstenfalls immer noch eine finanzielle Kompensation als letzter Ausweg die Rückkehr in die Legalität eröffnen könnte, mag man die Gefahr einer dauerhaften Bindung in diesem Bereich sogar vernachlässigen. Jedenfalls erscheinen in den wenigen Fällen, in denen wegen Diskriminierungswirkung tatsächlich ein derartiger Gesetzesvollzugsanspruch bestehen mag, die damit einhergehenden praktischen Schwierigkeiten hinnehmbar.[675] Der Konflikt mit

[673] BVerwG NVwZ-RR 1992, 360; s. S. 194; a.A. *Rennert*, in: Eyermann, § 114 Rz. 27, jeweils m.w.N.

[674] *Kölbel*, Gleichheit „im Unrecht", S. 38.

[675] A.A. allgemein *Götz*, NJW 1979, 1478, 1480. In den dort genannten Beispielsfällen würde jedoch auch nach hier entwickelter Ansicht (abgesehen vom Konkurrentenschutz, dazu noch S. 209 ff) - wenn überhaupt - nur ein Gleichbescheidungsanspruch bestehen.

dem Vorrang des Gesetzes kann also bei der Diskriminierungswirkung in allen Fällen bewältigt werden. Er rechtfertigt es nicht, Gleichbehandlungsansprüche bei Konstellationen der „Gleichheit im Unrecht" auszuschließen.

#### d) Zusammenfassung

Man kann den Gerichten in Hinblick auf „Gleichheit im Unrecht" wegen Diskriminierungswirkung der Ungleichbehandlung wohl dogmatische Unklarheiten, kaum aber falsche Ergebnisse vorwerfen. Ansprüche auf „Gleichheit im Unrecht" scheitern namentlich meist daran, daß es für die Diskriminierungswirkung schon an der Rechtsbetroffenheit fehlt. Liegt dagegen eine einschlägige rechtswidrige Verwaltungspraxis vor, von der willkürlich in wenigen Einzelfällen abgewichen wird, so bestehen auch Ansprüche auf Gleichbehandlung trotz Fehlerhaftigkeit der Entscheidung im Vergleichsfall. Diese Ansprüche sind aber regelmäßig inhaltlich offen. Nennenswerte Beeinträchtigungen der Steuerungsbefugnis des Gesetzgebers sind in Fällen der Diskriminierungswirkung regelmäßig nicht zu befürchten. Die Verwaltung kann in zukünftigen Fälle ohne weiteres in die Legalität zurückkehren. Die Bestandskraft einer rechtswidrigen Entscheidung im derzeit anstehenden Fall ist dagegen rechtsstaatlich ohne weiteres hinnehmbar.

### 3. Überblick und Grundsatz: „Gleichheit im Unrecht" bei Interventionswirkung

Ebenso wie in den Fällen, in denen ein Gleichbehandlungsrecht zur Abwehr einer Diskriminierungswirkung besteht, kommen auch bei Gleichbehandlungsrechten auf Abwehr einer Interventionswirkung Ansprüche trotz „Gleichheit im Unrecht" in Betracht. Voraussetzung ist lediglich die Rechtsbetroffenheit, und zwar nach dem hier entwickelten Modell die Rechtsbetroffenheit in dem in § 1 UWG geregelten „Recht auf gleiche Wettbewerbsbedingungen".

a) Die Bedenken, die in Hinblick auf die Steuerungsbefugnis des Gesetzgebers bestehen, sind hier allerdings gravierender. Der andere Grund des Differenzierungsverbotes hat in solchen Situationen insbesondere zur Folge, daß bei *„Rückkehr in die Legalität" das geschützte Interesse dennoch betroffen* ist; z.B. neu in den Markt eintretende Wettbewerber werden durchaus in dem genannten Interesse betroffen, wenn etwa eine rechtswidrige, Wettbewerb unter ungleichen Bedingungen erlaubende Genehmigung früher erteilt wurde, die Verwaltungsbehörde nun jedoch in die Legalität zurückkehrt. Darin liegt ein wesentlicher Unterschied zwischen Interventions- und

Diskriminierungswirkung: Diskriminierend wirkt die Differenzierung zwischen rechtswidrig entschiedenen Altfällen und rechtmäßiger neuer Verwaltungspraxis nicht, wohl aber wettbewerbsverzerrend. Das genügt für die Rechtsbetroffenheit, die sich bei der Interventionswirkung alleine nach der Schwere der Auswirkung auf die Wettbewerbsposition richtet.

Folglich ist es hier auch praktisch ernsthaft zu befürchten, daß das geschützte Interesse eine Bindung an Gleichheit im Unrecht für zukünftige Fälle verlangt. Der Kreis der Fälle, in dem die Gefahr einer dauerhaften Beeinträchtigung der gesetzgeberischen Steuerungsbefugnis durch „Gleichheit im Unrecht“ von Bedeutung ist, ist somit bei der Interventionswirkung wesentlich größer. Hier ist die Befürchtung auch praktisch nicht gänzlich von der Hand zu weisen, es könnte wegen eines solchen Rechts auf „Gleichheit im Unrecht“ deshalb zu einer dauerhaften Perpetuierung einer rechtswidrigen Verwaltungspraxis kommen, weil die Verwaltung die rechtswidrige Behandlung der Vergleichsfälle nicht mehr beseitigen kann.

Dennoch kann der Anspruch auf Gleichbehandlung nicht bloß deshalb ausgeschlossen sein, weil die Verwaltung in Vergleichsfällen rechtswidrig entschieden hat. Unrecht plus Unrecht ergibt auch hier nicht Recht: Unrechtmäßiges Verhalten der Verwaltung im einen Fall berechtigt nicht zur Verletzung anderer subjektiver Rechte. Die grundsätzliche Berechtigung der Aussage, daß auch bei Interessenbeeinträchtigung wegen Interventionswirkung Ansprüche auf „Gleichheit im Unrecht“ bestehen, läßt sich angesichts der Skepsis der Verwaltungsgerichte bezüglich subjektiver Rechte von Gewerbetreibenden besser am Beispiel der Intervention in den Wettbewerb der Parteien nachweisen.

Zur Wiederholung: Der Begriff „Interventionswirkung“ wurde im Verlaufe dieses Textes zwar vorrangig zur Kennzeichnung der Wirtschaftswettbewerbsverzerrung verwendet. Er wurde aber eigentlich als ein Oberbegriff für Beeinträchtigungen in allen rechtlich relevanten Wettbewerbssituationen durch Verschiebung der Wettbewerbspositionen definiert;[676] auf diesen allgemeinen Inhalt soll an dieser Stelle kurz zurückgegriffen werden.

Interventionswirkung kann etwa vorliegen, wenn einer Partei von der Bundestagsverwaltung unzulässig hohe Zuschüsse gezahlt werden. In diesen Fällen kann man sich von den Rechtsfolgen her immerhin noch damit behelfen, die entsprechenden Rechtsnormen als Schutznormen anzusehen.[677] Dieser

---

[676] S. 72.

[677] Die Schutznormeigenschaft zugunsten des Interesses an Interventionsfreiheit muß allerdings genau genommen von der Frage getrennt werden, ob es einen inhaltlich vollständig bestimmten Anspruch auf Unterlassung der Finanzierung politischer Konkurrenten gibt.

Ausweg, einen inhaltlich vollständig definiten Anspruch auf Auch-Vollzug aus „isolierten Gründen" zu erreichen, besteht aber nicht, wenn z.B. Mietgebühren für Veranstaltungsräume ungleichmäßig festgesetzt werden, bei der Erhebung von Steuern auf die einer Partei zufließenden Vermögenserträge oder bei der Durchsetzung arbeitsschutzrechtlicher Anforderungen zwischen den Parteien differenziert wird. Evidentermaßen muß ab einer bestimmten Schwere der Beeinträchtigung ein Anspruch auf Gleichbehandlung gegeben sein, obwohl die Behandlung im Vergleichsfall rechtswidrig ist, ohne daß die isolierte Norm Schutznorm ist. Nichts anderes kann aber bei Interventionen in den Wirtschaftswettbewerb gelten. Überschreitet die Interventionswirkung die Relevanzschwelle zur Betroffenheit, darf die mittelbar betroffene Wettbewerbsfreiheit nicht ausgehebelt werden. Die Frage ist lediglich, wie die Relevanzschwelle jeweils zu konkretisieren ist. Ist die Relevanzschwelle aber erst einmal überschritten, kann die Rechtsbeeinträchtigung nicht mit der Parole „Keine Gleichheit im Unrecht" abgetan werden.

b) Der Konflikt mit dem Vorrang des Gesetzes führt - ebenso wie bei der Diskriminierungswirkung - nicht zu schlechthin unlösbaren Problemen. Die Interventionswirkungen, die durch das „Unrecht" hervorgerufen werden, können schon *zeitlich begrenzt* sein.[678] Wird etwa allen Parteien gleich unzulässige Wahlwerbung erlaubt, so besteht immer noch die Möglichkeit, zum nächsten Wahlkampf zu einer legalen Praxis zurückzukehren. Auch potentielle Newcomer im nächsten Wahlkampf werden dadurch nicht relevant beeinträchtigt, weil die Fortwirkungen sich nach einigen Jahren verflüchtigt haben dürften. Im einzelnen ist das allerdings eine Frage der Abgrenzung des Schutzbereiches. In den Fällen, in denen nicht absehbar ist, daß die Fortwirkungen begrenzt sind (Beispiele: Aufbau von Parteivermögen), sind ebenfalls Ansprüche auf Gleichbehandlung nicht ausgeschlossen. Ebenso, wie bei der Diskriminierungswirkung (dort aber nur als eher hypothetischer Fall) dargelegt,[679] ist die Konsequenz vielmehr umgekehrt, daß *aus objektiv-rechtlichen Gründen die Randbedingung dahingehend feststeht, daß der Gleichbehandlungsanspruch sich zu einem Gesetzesvollzugsanspruch, zu einem Anspruch auf Gleichheit im Recht verengt.*

Auch in Fällen der Interventionswirkung können ein solcher Anspruch auf Abwehr des Eingriffs durch Ungleichbehandlung und ein aus einer Schutznormeigenschaft folgender Anspruch darauf, daß die Verwaltung die Norm befolge, *äußerlich* nicht unterschieden

---

Richtigerweise wird man eben auch relationale „Verhaltensschutznormen" anerkennen müssen.

678 Das damit durchaus parallele Problem der zeitlichen Abgrenzung des kartellrechtlich relevanten Marktes gilt allgemein als besonders schwierig, s. *Rittner*, WettbR, § 6 Rz. 53.

679 S. 163.

werden;[680] auch hier besteht eine privatrechtliche Sanktionsnorm an einem öffentlichrechtlichen Verbot. Der Zusammenhang zwischen beidem ist aber bei Durchsetzungsbefugnissen auf Grundlagen des – isolierter Betrachtung entsprechenden – Normzweckgedanken ganz anders als bei der direkten Durchsetzung eines Anspruchs auf Gleichbehandlung.

## D. Anwendungsbereiche der verschiedenen „Richtungen der Gleichheit“

### 1. Die verschiedenen Ausprägungen des wettbewerbsrechtlichen Gleichbehandlungsanspruchs

Der wettbewerbsrechtliche Gleichbehandlungsanspruch ist nichts anderes als eine einfach-rechtliche Regelung eines Interventionsabwehrrechts. Auch dieser Anspruch ist relational. Da, wie gezeigt, auch der Satz „Keine Gleichheit im Unrecht“ nicht zu einer Per-Se-Verengung des Gleichbehandlungsanspruchs auf Gleichheit im Recht führt, kommen auch im Ergebnis verschiedene Möglichkeiten der Herstellung von Gleichheit in Betracht.

a) Der wettbewerbsrechtliche Gleichbehandlungsanspruch kann sich bei *materiellrechtlicher* Betrachtung inhaltlich in drei Grundformen, in drei „Richtungen der Gleichheit“[681] äußern: Erstens der inhaltlich offene, immer verwaltungsprozeßrechtlich als Gleichbehandlungsklage zu verfolgende Gleichbehandlungsanspruch; zweitens der verengte „Anspruch“ auf gleichen Auch-Verstoß; drittens der verengte Anspruch auf Gleichheit durch Auch-Vollzug.

Die erste Form ist immer dann einschlägig, wenn keine besonderen Gesichtspunkte vorliegen, die eine Verengung des Gleichbehandlungsanspruchs auf einen bestimmten Anspruch erzwingen. Ein solch offener Anspruch beläßt der Verwaltung einen wesentlichen Entscheidungsspielraum. Der wettbewerbsrechtliche Anspruch rechtfertigt es regelmäßig nicht, den Entscheidungsspielraum stärker einzuschränken, als es der offene Anspruch tut; es handelt sich deshalb dogmatisch um den Regelfall. Wegen des Prinzips der

---

[680] *Gersdorf*, JuS 1994, 955.
[681] *Dürig*, in: Maunz/Dürig, Art. 3 I Rz. 36 u. 71.

begrenzten Sanktionsbefugnis ist der offene Anspruch also dogmatisch die Regel.[682]

Die zweite Form, die Befugnis zum „Auch-Verstoß" kann zwar nicht regelmäßig verlangt werden. Dem Gleichbehandlungsinteresse wird sie aber sehr wohl gerecht. Wenn dieser „Auch-Verstoß" zumutbar ist, besteht die oben genannte Dilemmasituation nicht. Wettbewerbsrechtliche Unterlassungsansprüche sind deshalb ebenfalls ausgeschlossen; allenfalls das Gleichbehandlungsrecht flankierende Klagen (etwa auf Feststellung etc.) sind denkbar.

In der dritten Konstellation – Verengung auf Auch-Vollzug – ist dagegen grundsätzlich an die Möglichkeit direkter Rechtsdurchsetzung zu denken. Sie erfolgt per § 1 UWG durch die Durchsetzung des wettbewerbsrechtlichen Unterlassungsanspruchs gegenüber dem Konkurrenten.

b) Weiter kann festgestellt werden, daß eine solche Richtung des Gleichbehandlungsanspruchs - Gleichheit durch Auch-Vollzug - nur notwendige, keineswegs aber hinreichende Bedingung für die wettbewerbsrechtliche Durchsetzung des Unterlassungsanspruch ist. Selbst wenn eindeutig ist, daß nur diese dritte Möglichkeit zur Gewährung von Gleichheit im Wettbewerb in Betracht kommt, ist ein wettbewerbsrechtlicher Anspruch nämlich aus *verfahrensrechtlichen Gründen ausgeschlossen*, wenn die Verwaltung rechtswidrig durch ein nur mit verwaltungsprozeßrechtlichen Mitteln zu beseitigender Bestandskraft versehenes Mittel, insbesondere durch Verwaltungsakt, ungleich behandelt hat. Die Beseitigung eines Verwaltungsakts und die dadurch bewirkte Wiederherstellung muß auf dem Verwaltungsrechtsweg bewirkt werden.[683] Auf die materiellrechtliche Richtung des Gleichbehandlungsanspruchs kommt es für die Frage nach dem Rechtsweg daher gar nicht mehr an. Die Frage nach der Richtung des Gleichbehandlungsanspruchs ist dennoch noch von Interesse, und zwar für den Verwaltungsprozeß. Wenn nämlich durch Verwaltungsakt ungleich behandelt wurde, ist bei einer nicht gerechtfertigen Ungleichbehandlung je nach Richtung des Anspruchs eine Gleichbescheidungsklage oder eine Verpflichtungs- bzw. eine Anfechtungsklage erfolgreich.

c) Im Zusammenhang der Beeinflussung der Richtung der Gleichheit erlangt das Verhalten der Verwaltung ebenfalls Relevanz, wie noch detaillierter auszuführen sein wird. Diese ist allerdings andersartig als bei dem bereits behandelten Eingriff durch gerechtfertigte Ungleichbehandlung. Wenn die Verwaltungsbehörde die „Richtung der Gleichheit" beeinflußt, greift sie nicht in

---

682 Praktisch aber nicht, S. 218 ff.

683 Allgemein *Zöller/Gummer*, § 13 GVG Rz. 23.

das Recht auf Gleichheit ein. Sie bestimmt nur die Art und Weise[684] der Gleichbehandlung, die für das Interventionsfreiheitsinteresse gleichgültig ist. Das soll im folgenden *Gestaltung ohne Eingriff* - Eingriff in das Interventionsfreiheitsinteresse - genannt werden. Diese Beeinflussung löst insbesondere nicht wegen eines Eingriffs in das Recht auf gleiche Wettbewerbsbedingungen die verwaltungsprozeßrechtliche Klagebefugnis aus. Ein rechtlich schutzwürdiges Interesse kann im Einzelfall allenfalls daran bestehen, daß die Verwaltung sich überhaupt auf eine bestimmte gleichmäßige Entscheidungspraxis festlegt, jedoch nicht an einer Entscheidung in eine bestimmte Richtung. Eine dieses „Entscheidungsinteresse" verfolgende, das Recht flankierende Klage ist aber nicht Eingriffsabwehrklage. Gleiches gilt, wenn wegen Zumutbarkeit des Auch-Verstoßes wettbewerbsrechtliche Ansprüche ausgeschlossen sind. Soweit ein Feststellungsinteresse besteht, mag eine Feststellungsklage statthaft sein; auch diese Klage ist nicht Eingriffsabwehrklage.

d) Zusammenfassend lassen sich im Ergebnis folgende Erscheinungsformen des Gleichbehandlungsanspruchs festhalten:

- Ist die Durchsetzung eines Gleichbehandlungsanspruchs durch direkte Rechtsdurchsetzung bereits aus verfahrensrechtlichen Gründen ausgeschlossen,[685] so ist im Falle einer Verengung des Anspruchs Anfechtungs- bzw. Verpflichtungsklage zu erheben, andernfalls Gleichbescheidungsklage.

- Hat die Verwaltungsbehörde die Ungleichbehandlung nicht mittels einer nur auf dem Verwaltungsrechtsweg angreifbaren Maßnahme verursacht, so kommt im Falle einer Verengung auf den Auch-Vollzug ein auf dem Zivilrechtsweg durchsetzbarer wettbewerbsrechtlicher Unterlassungsanspruch in Betracht (direkte Rechtsdurchsetzung); bei Offenheit – je nach Handlungsform – eine öffentlich-rechtliche Gleichbescheidungsklage bzw. Gleichbehandlungsklage in Form der Leistungsklage; soweit Gleichheit in Form der Zulässigkeit und Zumutbarkeit des Auch-Verstoßes hergestellt ist, allenfalls flankierend eine Feststellungsklage bzw. eine „Entscheidungsklage".

---

[684] Vom relationalen Interesse her gesehen ist tatsächlich gerade die isolierte Behandlung modal; selbstverständlich soll hier damit nicht bestritten werden, daß auch isolierte Freiheitsinteressen für sich genommen einen Eigenwert haben.

[685] Zur Statthaftigkeit des Verwaltungsrechtswegs S. 176 ff.

## 2. Einschränkungen der Relationalität

Als Leitlinie bei der konkreten Bestimmung der Richtung der Gleichheit läßt sich die Aussage treffen, daß der Anspruch immer dann vollständig definit ist, wenn hinreichende Gründe dafür sprechen, die Randbedingung des Gleichbehandlungsanspruchs als feststehend zu behandeln. Zu einer Verengung auf den Auch-Vollzug kann einerseits die Unzumutbarkeit des Auch-Verstoßes führen. Als zweiter Grund für eine Verengung dieses Inhaltes sind Ansprüche Dritter mit vollständig definitem Inhalt zu nennen. Darüber hinaus kann im Einzelfall auch aus verfahrensökonomischen Gründen die voraussichtliche Verwaltungsentscheidung vorweggenommen werden; in diesem Fall kann dies aber auch zu einer Verengung des Anspruchs in Richtung Auch-Verstoß führen.

Wie weit die Steuerungsbefugnis des Gesetzgebers eine Verengung auf Auch-Vollzug verlangt, wurde bereits erörtert: Ein solcher Inhalt des Gleichbehandlungsanspruchs ist immer dann geboten, wenn zukünftige Ansprüche Dritter auf Fortsetzung einer Ungleichbehandlung zu befürchten sind. Aus Perspektive des Klägers handelt es sich hierbei je nachdem um ein Risiko späterer Sanktionen, das zu Unzumutbarkeit des Auch-Verstoßes führen kann, oder um zu unterstellende Ansprüche Dritter.

### a) Nur Auch-Vollzug: Unzumutbarkeit des Auch-Verstoßes

Die erste hier zu nennende Fallgruppe, in der der Auch-Verstoß keine relevante Alternative ist und daher ein definiter Anspruch auf Auch-Vollzug besteht, ist die fehlende Zumutbarkeit des Auch-Verstoßes. Diese Unzumutbarkeit kann z.B. *ethische Gründe* haben. Kriminelles Verhalten ist etwa ethisch unzumutbar, auch wenn möglicherweise mit Duldung durch die Staatsanwaltschaft zu rechnen ist. Dieser Gedanke und seine Beziehung zum Begriff der Sittenwidrigkeit in § 1 UWG wird später noch konkretisiert.[686]

Darüber hinaus ist das „Angebot" des Auch-Verstoßes auch dann unzumutbar, wenn die *Gefahr von Sanktionen* besteht. Letztlich ist dieser Gesichtspunkt auch in dem hier als gesonderte Fallgruppe behandelten Fall „Sanktionsbefugnisse Dritter" das maßgebliche Scharnier zur Verengung des Individualanspruchs, d.h. die entscheidende Randbedingung. Hier soll jedoch zunächst untersucht werden, ob bzw. mit welchen Mitteln die Verwaltungsbehörde die Gefahr von ihr selbst initiierter Sanktionen so weit ausschließen kann, daß der Auch-Verstoß zumutbar wird. Zugrundezulegen ist, wie bereits begründet, immer, daß die Verwaltung in zukünftigen Fällen in die Legalität zurückkehren wird; denn die Steuerungsbefugnis des Gesetzgebers verlangt, daß diese Möglichkeit der Verwaltung offenbleibt.

---

[686] S. 215 ff.

(1) Ein *dauerhafter* Ausschluß der verwaltungsrechtlichen Sanktion kommt sicherlich nur bei einer materiell-rechtlichen Genehmigung in Betracht. Hier muß je nach Einzelfall untersucht werden, ob der Schutz im Fall einer Rücknahme durch § 48 Abs. 3 VwVfG hinreichend ist, um den Auch-Verstoß zumutbar zu machen. Das wird allerdings im Ergebnis kaum je der Fall sein, weil § 48 Abs. 3 S. 2, Abs. 2 S. 3 Nr. 3 VwVfG bei Kenntnis oder Unkenntnis infolge grober Fahrlässigkeit selbst den Anspruch auf Ausgleich des Vermögensnachteils ausschließt. Bestandsschutz gibt es ohnehin nach der Rechtsprechnung nicht.[687] Dauerhaft hinreichender, die Zumutbarkeit des Auch-Verstoßes begründender Bestandsschutz kommt also schon aus formellrechtlichen Gründen lediglich dann in Betracht, wenn ein rechtswidriges Urteil ergeht. Dennoch führt auch das nicht zur dauerhaften Zumutbarkeit des Auch-Verstoßes: Dritte, die neu in das Wettbewerbsverhältnis eintreten, und gegenüber denen die Verwaltungsbehörde – wie stets aus übergeordneten normativen Gründen zu unterstellen – dann das objektive Recht durchsetzt, werden nicht von den subjektiven Grenzen der Bestandskraft umfaßt. Eher nur theoretisch denkbar ist schließlich der Ausnahmefall, daß bereits jetzt erkennbar ist, daß eine Rechtfertigung der Ungleichbehandlung gegenüber diesen Dritten in Zukunft mit hoher Wahrscheinlichkeit möglich sein wird.

(2) Immerhin mag aber *vorübergehend* der Auch-Verstoß zumutbar sein, wenn Sanktionen zumindest für einen vorübergehenden Zeitraum ausgeschlossen werden können. Voraussetzung dafür, daß dieser Gedanke trägt, ist stets, daß die Wettbewerber auf Änderungen im faktischen Verbotsbestand hinreichend flexibel reagieren können.

(a) Soweit es um rechtswidrige, aber wirksame Genehmigungen geht, ist das Verhalten jedenfalls bis zur Rücknahme durch entsprechenden rücknehmenden Verwaltungsakt nicht sanktionierbar. Daher besteht insofern ohne weiteres für die Verwaltungsbehörde die Möglichkeit, die *temporäre Unzulässigkeit* einer verwaltungsrechtlichen Sanktion herbeizuführen. Die Möglichkeit, einen Zustand der zumindest vorübergehenden Zumutbarkeit des Auch-Verstoßes herzustellen, genügt aber, um von der Offenheit des Anspruchs auszugehen.

Außerhalb des Bereiches rechtsgestaltender Genehmigungen muß es für das gleiche Ergebnis genügen, daß die Verwaltungsbehörde selbst erklärt, sie werde - zunächst - keine Sanktionen ergreifen. Eine derartige Erklärung muß zur Folge haben, daß Sanktionen unmittelbar in *diesem* Augenblick rechtswidrig sind. Ob die Verwaltungsbehörde einer solchen Erklärung die Form einer besonderen rechtlichen Regelung gibt, kann dagegen keine ausschlaggebende Bedeutung

[687] So die Rspr., a.A. – Abwägung auch des Bestandsschutzinteresses – die h.Lit, vgl. *Kopp/Ramsauer*, § 48 Fnr. 128 m.w.N.

haben. Das Verbot selbstwidersprüchlichen Verhaltens muß insofern für die Verwaltung gelten, als sie wenigstens *eine Mitteilung* davon machen muß, gegen zukünftige Verstöße wieder einschreiten zu wollen;[688] es wäre materiell rechtsstaatswidrig, wenn die Verwaltung Entwarnung signalisiert und anschließend ohne weitere Vorwarnung „zuschlägt". Das gilt selbst dann, wenn die Verwaltung kein Vollzugsermessen hat. Die Möglichkeit gesetzgeberischer Steuerung der Verwaltung verlangt lediglich, daß eine derartige Bindung nicht zu einer dauerhaften Perpetuierung einer rechtswidrigen Verwaltungspraxis führen darf. Die Verwaltung muß also nur die Möglichkeit haben, gegebenenfalls nach Ankündigung eines Politikwechsels in Zukunft gegen Rechtsverstöße einzuschreiten. Diese Möglichkeit wird durch eine derartige Bindung, durch die Anforderung einer Ankündigung nicht eingeschränkt.

(b) Wenn die Umstellung auf den Auch-Verstoß und die Rückkehr zur Einhaltung des Rechts für den jetzt klagenden Wettbewerber keinen besonderen Aufwand erfordert, ist bloß wegen dieser möglichen zukünftigen Entwicklung der jetzige Verstoß nicht unzumutbar (Beispielsfall: Segel- und Surfausrüstungen). Ist jedoch der Umstellungsaufwand so hoch, daß er sich bei einer alsbald initiierten Rückkehr in die Legalität (gegebenenfalls unter Gewährung einer mit dem objektiv-rechtlichen Prinzip der Steuerungsbefugnis des Gesetzgebers zu vereinbarenden Übergangszeit) voraussichtlich nicht hinreichend amortisieren wird, so ist auch der jetzige Verstoß unzumutbar.

Ein Beispiel: In der Nachbarschaft des freien Tankstellenbetreibers K baut die E-AG ihre Tankstelle zu einem kleinen Supermarkt (Verkauf z.B. von Tiefkühlkost, kistenweise Bier, Spirituosen etc.) mit angeschlossener Tankmöglichkeit um. Die Kunden, die außerhalb der Ladenschlußzeiten ihre Einkäufe dort erledigen, tanken bei dieser Gelegenheit ebenfalls bei E (und nicht, wie vorher, bei K). Konstellation 1: Die Verwaltungsbehörde hat das Verhalten der E-AG toleriert, aber bisher keinen Verwaltungsakt erlassen. K

---

[688] *Arndt*, in: FS Armbruster, 233, 239; vgl. OLG Hamm, VRS 54, 447; wohl auch vorausgesetzt von *Hoffmann-Riem*, VVDStRL 40 (1982), 187, 203. Zum Verbot widersprüchlicher Lenkungsentscheidungen BVerfGE 98, 106, 130 ff. Meist wird die rechtliche Durchdringung des informalen Verwaltungshandelns auf Treu und Glauben bzw. auf eine Parallele zur culpa in contrahendo gestützt, z.B. von *Erichsen*, in: Erichsen, Allg. VerwR, § 32 Rz. 6; *Kunig/Rublack*, JURA 1990, 1, 6; *Fluck*, NuR 1990, 197, 200; *Hermes/Wieland*, Staatliche Duldung, S. 35 ff. Vgl. die Zusammenstellung der verschiedenen Ansatzpunkte bei *Bauer*, VerwArch 78 (1987), 241, 256 f; *Dreier*, Staatswissenschaft und Staatspraxis 4 (1993), 647, 648. Ohne Ausnahmen zunächst gegen derartige Bindungen aus dem Grundsatz des Vertrauensschutzes, des Grundsatzes von Treu und Glauben etc. *Maurer*, Allg. VerwR, § 15 Rz. 20, der aber dann doch eine dahingehende Ausnahme macht, „daß nach den Grundsätzen der culpa in contrahendo, die auch auf die Entstehung behördlicher Entscheidungen in vorsichtiger Weise entsprechend anwendbar sind, gehaftet wird."

kann von der zuständigen Verwaltungsbehörde nicht auf die Möglichkeit verwiesen werden, auch ihm gegenüber werde man den Auch-Verstoßes dulden. Die Verwaltung muß nämlich innerhalb einer angemessenen, aber kurzen Frist zur Durchsetzung der Ladenschlußzeiten zurückkehren können. In einem solchen Zeitraum können sich die erheblichen Investitionen, die zur Bereitstellung eines vergleichbaren Angebotes notwendig wären, aber nicht amortisieren. Dieses Risiko mag die E-AG in Kauf nehmen. Das kann dem K jedoch nicht schon deshalb zugemutet werden. Folglich hat K einen vollständig bestimmten Anspruch auf gleiche Durchsetzung des Verbots des Verkaufs aller Waren, die kein Reisebedarf sind, den er per direkter Rechtsdurchsetzung mittels § 1 UWG geltend machen kann. Konstellation 2: Selbst wenn die Verwaltungsbehörde wie im Klett-Passagen-Fall - und sogar in einem weiteren Verstoß gegen das LadenSchlG für eine Zeit von 48 Monaten - durch Verwaltungsakt genehmigt hat und K anbietet, auch ihm eine entsprechende Genehmigung zu erteilen, muß K sich nicht darauf einlassen. Wenn zukünftig auf dem räumlichen Markt ein weiterer Tankstellenbetrieb eröffnet und – wie stets zu unterstellen - die Verwaltung dem „Newcomer" gegenüber in die Legalität zurückkehrt, schützt die Bestandskraft ihn nicht davor, daß der zukünftige Konkurrent wegen § 50 VwVfG dennoch einen Gesetzesvollzugsanspruch geltend macht. Dann hat er jedoch seine Investitionen verloren. Dieses Risiko ist dem K nicht zumutbar.

(c) Soweit ein derartiger Ausschluß der Sanktionsmöglichkeiten nicht in Betracht kommt, muß für die Unzumutbarkeit wegen Sanktionsgefahr jede Verbotssanktion genügen, selbst wenn die Sanktion nicht zur Unrentabilität der Handlung führt. Hier läge ein Selbstwiderspruch der Rechtsordnung vor, würde zudem die Grenze zwischen Steuer und indirekter Verhaltenssteuerung einerseits, Verbot andererseits verwischen, wenn man die Gefahr einer Sanktion wegen Verbotsübertretung nicht für die Unzumutbarkeit genügen lassen wollte.

(d) Hat ein Wettbewerber berechtigten Anlaß zu Zweifeln, ob auch er von einer solchen „Duldungspraxis" erfaßt wird, muß ihm die Möglichkeit gegeben werden, eine verbindliche Feststellung für die Zeit *bis zur Änderung* der Verwaltungspraxis (Tenorierung: „derzeit") erreichen zu können. Soweit damit ein Feststellungsinteresse besteht, gibt es im übrigen keine Bedenken gegen die Zulässigkeit der Feststellungsklage.[689]

Zusammenfassend kann die Gefahr, daß die Verwaltung selbständig Sanktionen einleiten wird, in kaum einem Fall die grundsätzliche Möglichkeit ausschließen, daß zeitweise ein Auch-Verstoß in Betracht kommt; denn die Verwaltung kann

---

[689] Zu den Zulässigkeitsfragen BVerwGE 89, 327, 331; VG Braunschweig, NJW-RR 1989, 1063; *Happ*, in: Eyermann, § 43 RZ. 33.

einen Zustand der Zumutbarkeit herstellen. Unzumutbar ist der derzeitige Auch-Verstoß dagegen in Fällen fehlender „Verhaltenselastizität“, weil stets die zukünftige Rückkehr in die Legalität zu unterstellen ist.

### b) Nur Auch-Vollzug: Derzeitige Sanktionsbefugnisse Dritter

Sehr komplex ist der Fall, daß die Rechtswidrigkeit in der Verletzung isoliert drittschützender Normen liegt oder – gleichwertig – sonstige Sanktionsbefugnisse Dritter bestehen (z.B. aus § 13 Abs. 2 UWG). Hier wird der Anspruch, wie sogleich zu zeigen, regelmäßig, aber nicht zwingend inhaltlich vollständig bestimmt sein.

(1) Zu denken ist zunächst an Wettbewerber bzw. an andere wettbewerbrechtlich Klagebefugte. Stellt der Normverstoß zugleich einen Verstoß gegen „isolierte“ wettbewerbsrechtliche Verbote (also unternehmens-, verbraucher- oder institutionsbezogene Unlauterkeitsgründe) dar, so kann die Verwaltung die Sanktionsgefahr nicht ausschließen, wenn sie nicht - wie etwa möglicherweise bei der Verletzung wertbezogener Normen - das Verbot durch Genehmigung beseitigen kann. Weil feststeht, daß jedenfalls nur ein zumutbarer Ausweg aus der Dilemmasituation besteht, kann innerhalb des Schutzbereiches der Gleichbehandlungsanspruch immer per Auch-Vollzug durchgesetzt werden. Eine eigenständige Bedeutung hat dieser Anspruch auf Auch-Vollzug aus § 1 UWG trotz der Möglichkeit der unmittelbaren Durchsetzung des wettbewerbsrechtlichen isolierten Verbotes deshalb, weil er unter Umständen erst den subjektiv-rechtlichen Bezug herstellen kann, der für die verwaltungsrechtliche Klagebefugnis notwendig ist.

(2) Weiterhin müssen Sanktionen durch sonstige Dritte in Betracht gezogen werden (Vorsprung durch Verletzung „normal-drittschützender“ Normen, Bsp: Vorsprung durch Überschreitung von Biergärtenöffnungszeiten). Die hierbei möglichen Konstellationen sind verfahrensrechtlich in jeder Hinsicht zu vielfältig,[690] als daß sie an dieser Stelle vollständig behandelt werden könnten. Lediglich im Überblick läßt sich sagen: Ist die verletzte Norm „normal-drittschützend“, hat der Mitbewerber regelmäßig unabhängig von dem Willen der Verwaltung einen vollständig bestimmten Anspruch.[691] Denn ansonsten ist er

[690] Vgl. z.B. zu dem verfahrensrechtlichen Problem der weiteren Beiladung eines Vierten wegen Beeinträchtigung durch die Wirkungen der Beiladung des Dritten *Mußgnug*, NVwZ 1988, 33.

[691] Ein Ausnahmefall mag aber z.B. bei OLG Celle, GRUR 1984, 289 - Segel- und Surfausrüstung vorgelegen haben. Der mitgeteiligte Sachverhalt genügt jedoch nicht, um das beurteilen zu können.

der Gefahr ausgesetzt, von den Dritten (eigentlich: Vierten bzw. Fünften) mit Sanktionen belegt zu werden.

Da der Begriff des „Dritten" im Rahmen dieser Untersuchung sprachlich bereits mit dem Wettbewerber besetzt ist, bietet es sich an, im hiesigen Zusammenhang von „viertschützenden" (bzw. „fünftschützenden") Normen zu sprechen. Vierter sei hier der im Vergleichsfall in seinen Rechten Verletzte genannt, Fünfter der potentiell im Anlaßfall in seinen Rechten Verletzte. „Viert-/fünftschützend" heißt also nichts anderes als das, was man in unkomplizierter gelagerten Konstellationen üblicherweise mit drittschützenden Normen zu bezeichnen pflegt. Der Fall, daß in erheblichem Umfang viertschützende Normen verletzt werden und die Vierten dies hinnehmen, kommt durchaus vor; Beispiel: die Handhabung des Arbeitszeitgesetzes durch viele Großkanzleien.

Auch hier müssen wieder wenigstens zwei Konstellationen unterschieden werden. Hat der Vierte im Vergleichsfall auf die Einhaltung der Norm wirksam verzichtet und steht ein Verzicht durch den Fünften nicht in Aussicht, so besteht bereits darin ein die Ungleichbehandlung rechtfertigender Unterschied zwischen Anlaß- und Vergleichsfall. Verhalten sich der Vierte und der Fünfte gleich, besteht zwar immer noch kein Rechtswidrigkeitszusammenhang zwischen der Verletzung der viert- resp. fünftschützenden Norm und der Verletzung des Rechts auf Gleichbehandlung. Dennoch erscheint es hier jedenfalls vorzugswürdig, in den Ansprüchen des Fünften eine maßgebliche Randbedingung zu sehen und so das Prinzip der begrenzten Sanktionsbefugnis einzuschränken. Denn die Durchsetzung dieser Rechtsnorm ist ohnehin bereits wegen der Klagemöglichkeit der Vierten/Fünften nicht der Jurisdiktionskompetenz entzogen. Das bedeutet: Keinen Anspruch auf Fehlerwiederholung,[692] der angesichts der Rechte des Fünften in der Tat nicht Betracht kommt,[693] sondern auch hier ein Anspruch auf gleichmäßige Rückkehr in die Legalität.

### c) Auch-Vollzug oder Auch-Verstoß je nach Einzelfall: Erkennbarkeit der voraussichtlichen Verwaltungsentscheidung

In der letzten Fallgruppe des inhaltlich vollständig bestimmten Anspruchs, der Vorwegnahme der voraussichtlichen Verwaltungsentscheidung, wird der Anspruch zwar inhaltlich vollständig definit. Der hier tragende Gesichtspunkt kann jedoch sowohl die Verengung auf den Auch-Vollzug rechtfertigen als auch die Verengung auf den Auch-Verstoß. Letzteres kommt selbstredend nur dann in Betracht, wenn keine der vorgenannten zwei Fallgruppen zwingenden Auch-Vollzugs greift.

(1) Es handelt sich hier um einen aus dem Verfassungsrecht wohl bekannten Topos. Auch dort wird ein inhaltlich vollständig bestimmter Anspruch aus Art. 3 Abs. 1 GG auf Begünstigung bejaht, wenn bereits mit an Sicherheit grenzender Wahrscheinlichkeit erkennbar ist, welche Lösung der zuständige Hoheitsträger

---

[692] So aber das Schweizerische Bundesgericht, EuGRZ 1983, 151; *Pauly*, JZ 1997, 647, 652.
[693] *Sachs*, in: FS Friauf, 309, 324 (Fn. 51): Das sei eine Selbstverständlichkeit.

zur Herstellung des gleichheitsgemäßen Zustandes wählen wird.[694] So kann erkennbar sein, daß der Gesetzgeber an einem komplexen Regelungssystem dem Grund nach festhalten will und Stimmigkeit des Regelungssystems nur durch Ausdehnung einer Begünstigung erreicht werden kann.[695] In diese Fallgruppe fällt auch die Außenwirkung von Verwaltungsvorschriften durch Selbstbindung der Verwaltung, wiewohl dieses Rechtsinstitut inzwischen nicht mehr ausschließlich aus Art. 3 Abs. 1 GG erklärbar sein dürfte. Der vollständig bestimmte Anspruch als solcher beruht zwar jeweils nicht auf Art. 3 Abs. 1 GG. Der zuständige Hoheitsträger ist ohne weiteres befugt, in Zukunft das System in anderer gleichheitskonformer Art und Weise zu verändern. An der hier nur vorweggenommenen und für den definiten Anspruch maßgeblichen Entscheidung des Hoheitsträgers, die Begünstigung auszuweiten, begründet Art. 3 Abs. 1 GG kein subjektives Recht. Dennoch kann aus dem *Gedanken der Verfahrensökonomie* heraus bereits die Entscheidung des Hoheitsträgers, was letztlich gewährt wird, vorweggenommen werden. Dieser Gedanke wird noch präzisiert werden.[696]

(2) Zwei weitere Gründe, aus denen im Verfassungsrecht eine Anspruchsverengung bejaht wird, führen hier nicht weiter. Das BVerfG dehnt *erstens* die einer bestimmten Gruppe gleichheitswidrig vorenthaltene Begünstigung ausnahmsweise dort auf die andere Gruppe aus, wo ein Verfassungsauftrag genau diese Begünstigung verlangt.[697] In diesem Fall ergibt sich der Anspruch auf Begünstigung allerdings bereits isoliert, d.h. unmittelbar aus dem Verfassungsauftrag, so daß dies kein normativer Gehalt gerade eines Gleichheitssatzes ist.[698] Nach einer häufig vertretenen Ansicht ist *zweitens* bei gleichheitswidrigen Eingriffen in Freiheitsrechte Gleichheit durch Eingriffsabwehr herzustellen.[699] Diese Rechtsfolge soll sich aus dem Freiheitsrecht ergeben, das deshalb verletzt ist, weil der Eingriff nicht in jeder Hinsicht objektiv rechtmäßig ist. Es wurde schon gezeigt,[700] daß diese Ansicht Ausprägung des überholten modalen Verständnisses ist: Zumeist fehlt der Rechtswidrigkeitszusammenhang zwischen Ungleichbehandlung und Eingriff. Soweit dagegen der modale Gedanken der vermuteten Unverhältnismäßigkeit trägt, braucht man die par condicio concurrentium nicht, um zum definiten Aufhebungsanspruch zu gelangen.

(3) Keinen Bezug zu Art. 3 Abs. 1 GG haben verschiedentlich diskutierte Ansprüche darauf, daß im Einzelfall aus Gründen des Vertrauensschutzes eine begrenzte Fortsetzung der rechtswidrigen Verwaltungspraxis verlangt werden könne.[701] Die Behandlung anderer Fälle

---

[694] BVerfGE 22, 163, 174 f.

[695] *Pieroth/Schlink*, StaatsR II, Rz. 486.

[696] S. 218 ff.

[697] BVerfGE 22, 349, 361; *Dürig*, in: Maunz/Dürig, Art. 3 Abs. 1 Rz. 374; *Rüfner*, in: BK, Art. 3 Rz. 126.

[698] *Pieroth/Schlink*, StaatsR II, Rz. 485; *Heun*, in: Dreier, Art. 3 Fn. 259.

[699] Fn. 249.

[700] S. 133 ff.

[701] So grundsätzlich, wenn auch im einzelnen unterschiedlich, *Götz*, DVBl 1968, 93; *ders*, in: FS 25 Jahre BVerwG, 245, 254 ff; *ders.*, NJW 1979, 1478; *Starck*, in: v.

wirkt dort nur als vertrauensbegründendes Moment. Der jedenfalls andersartige, nämlich immer vollständig bestimmte Anspruch hat daher auch andere Voraussetzungen wie etwa Kenntnis von der ursprünglichen Verwaltungspraxis bereits vor der Änderung.[702] Dieses Problem hat keinen besonderen Bezug zu dem vorliegend behandelten Thema.

Mangoldt/Klein/Starck, Art. 3 Abs. 1 Rz. 252; *Osterloh*, in: Sachs, Art. 3 Rz. 52; *Rüfner*, in: BK, Art. 3 Rz. 182; *Randelzhofer*, JZ 1973, 536, 542 f; *Pauly*, JZ 1997, 647, 653; *Heun*, in: Dreier, Art. 3 Rz. 52; dagegen aber BVerwGE 34, 278, 284; *Maurer*, Allg. Verwaltungsrecht, § 24 Rz. 30; *Obermayer*, § 40 VwVfG Rz. 41; *Kölbel*, Gleichheit „im Unrecht", S. 114 f.

[702] Ausführlicher *Pauly*, JZ 1997, 647, 653.

# V. Praktische Fragen des wettbewerbsrechtlichen Gleichbehandlungsanspruchs

Die notwendigen Voraussetzungen eines wettbewerbsrechtlichen Unterlassungsanspruchs des unmittelbar Verletzten aus § 1 UWG, Sittenwidrigkeit wegen „Vorsprung durch Rechtsbruch" sind nach den bisherigen Ausführungen ein *Anspruch auf Gleichbehandlung* (haftungsbegründender Tatbestand) und die *definite Auflösung* dieses Gleichbehandlungsanspruchs in Richtung des gleichmäßigen *Vollzugs* (haftungsausfüllender Tatbestand). Der Anspruch auf Gleichbehandlung bzw. der haftungsbegründende Tatbestand läßt sich wiederum aufgliedern in die Voraussetzungen „gleichbehandlungspflichtiges *Subjekt*"; „relevante *Interessenbeeinträchtigung*"; „*kein gerechtfertigter Eingriff* durch Verwaltungshandeln".

Der folgende Teil widmet sich zum einen einigen eher praktischen Abgrenzungs- und Durchführungsproblemen, die sich im Rahmen der hier entwickelten Konzeption ergeben. Zum anderen soll auch der letzten offenen der vier Einangsfragen nachgegangen werden, der Frage nach Rechtfertigungsmaßstäben für Eingriffe. Zur Vermeidung längerer Inzidenterörterungen wird dieses Thema – Rechtfertigung eines Eingriffs durch Verwaltungshandeln und Folgen eines nicht gerechtfertigen Eingriffs (dazu unter E) allerdings erst am Ende dieses Teils erörtert.

## A. Rechtswegfragen

Die Frage nach dem Rechtsweg stellt sich nicht ernsthaft, soweit direkte Rechtsdurchsetzung möglich ist. Ebenso wie für die Durchsetzung öffentlich-rechtlicher Schutznormen über § 823 Abs. 2 BGB[703] ist für diesen Streit zwischen Privaten trotz seiner Grundlage im öffentlichen Recht der Zivilrechtsweg einschlägig.[704]

---

[703] Die Auffassung von *Ortloff*, NVwZ 1998, 932, 933 f, Rechtsstreitigkeiten um die Durchsetzung drittschützender Normen zwischen Privatrechtssubjekten sollten auf dem Verwaltungsrechtsweg entschieden werden, hat bisher keine Gefolgschaft gefunden.

[704] Zur Koordination von Verfahren bei Prozeßführung auf verschiedenen Rechtswegen *Vollkommer/Vollkommer*, in: 2. Erlanger FS Schwab, 135.

Ob gegen hoheitliche Eingriffe in Form des Verwaltungsakts der Verwaltungsrechtsweg oder der Zivilrechtsweg einschlägig ist, ist dagegen eine durchaus klärungsbedürftige Frage. Auf den ersten Blick erscheint es zwar als eine Selbstverständlichkeit, daß sowohl der Anspruch auf Herbeiführung einer gleichen Verbotslage durch hoheitliche Entscheidung als auch die Anfechtung von ungleich behandelnden hoheitlichen Maßnahmen wie etwa die Ausnahmebewilligung in dem Klett-Passage-Fall nur auf dem Verwaltungsrechtsweg stattfinden können. Die Möglichkeit der Zuständigkeit der Zivilgerichte muß hier dennoch erörtert werden, da im Zusammenhang mit der wettbewerbsrechtlichen Beurteilung der Wirtschaftstätigkeit der öffentlichen Hand erhebliche Ungereimtheiten bestehen.

### 1. Die Doppelnatur-These

a) Unstrittig ist, daß staatliche Wirtschaftstätigkeit in Privatrechtsform nach dem UWG zu beurteilen ist. Die Zivilgerichte neigen aber mit Zustimmung der wettbewerbsrechtlichen Literatur dazu, ihre eigene Zuständigkeit auch für wirtschaftlich relevante unmittelbar hoheitliche Tätigkeit zu bejahen.[705] Grundlage ist die Behauptung, es gebe zwei Rechtsverhältnisse, das horizontale Wettbewerbsverhältnis und das vertikale Verhältnis zwischen Einrichtungsnutzer und öffentlicher Hand. Die Rechtsnatur des Wettbewerbsverhältnisses sei unabhängig von der Rechtsnatur des vertikalen Verhältnisses zu beurteilen und regelmäßig zivilrechtlicher Natur; bis in dieses vertikale Verhältnis reiche die Wirkung der öffentlich-rechtlichen Natur der Handlung nicht. Auch an der Verwendung des Wortes „Wer" in § 1 UWG lasse sich ablesen, daß § 1 UWG ganz allgemein eine zivilrechtliche Unterlassungshaftung aller wettbewerblich tätigen Subjekte beinhalte.[706] Das UWG entscheide daher zwar nicht über das „Ob", wohl aber das „Wie" staatlicher Wirtschaftstätigkeit. So wurde etwa Krankenkassen wettbewerbsrechtlich die Abgabe von Brillen[707] und den

---

[705] GmS-OBG NJW 1988, 2295 ff; GmS-OBG NJW 1988, 2297; BGHZ 82, 375, 383 f - Brillen-Selbstabgabestelle; BGH WRP 1995, 475 - Sterbegeldversicherung; *Baumbach/Hefermehl*, § 1 Rz. 919 f; *Mestmäcker*, NJW 1969, 1, 3; *Piper*, GRUR 1986, 574, 577; *Köhler*, in: GroßKommUWG, § 1 Rz. E 7 ff; *ders.*, in: Köhler/Piper, vor § 13 Rz. 250; *Harms*, BB 1986, Beilage 17, 4 ff; *Hubmann*, WiVerw 1982, 41, 42 ff; *v. Gamm*, WPR 1984, 303, 305 f; *Scholz*, NJW 1978, 16.

[706] *Piper*, GRUR 1986, 574, 574 f; *Schünemann*, in: GroßKommUWG, Einl Rz. D. 185.

[707] BGH GRUR 1982, 425- Brillen-Selbstabgabestelle. Für diesen praktisch wichtigen Bereich ist das Problem allerdings mit § 51 Abs. 2 S. 1 Nr. 3 SGG zugunsten des Sozialrechtswegs entschieden. Kritik an der Rechtsprechung der Sozialgerichte durch *v. Gamm*, GRUR 1990, 313; *Jacobs*, in: GroßKommUWG, vor § 13 Rz. 36 f. Die Berufung der Kritik auf die Gesetzgebungsmaterialien (insbesondere BT-Drs. 11/3480, S. 77) ist m.E. nicht

Berufsgenossenschaftsverbänden die Durchführung von zusätzlichen Lärmprüfungen im Rahmen ihrer hoheitlichen Tätigkeit verboten, soweit dafür Migliedsbeiträge verwendet werden.[708]

Würde diese Konstruktion zutreffen, müßte man auch in den hier behandelten Fällen der Interventionswirkung zwischen zwei Verhältnissen unterscheiden: Es gäbe einerseits das Verhältnis zwischen Verwaltung und begünstigtem Wettbewerber (das isolierte Rechtsverhältnis: hoheitlich), das relationale Wettbewerbsverhältnis andererseits (möglicherweise zivilrechtlich).[709] Damit käme eine zivilrechtliche Störerhaftung[710] der Verwaltung wegen der Beeinflussung des horizontalen Wettbewerbsverhältnisses als Folge der hoheitlichen Handlung in Betracht.

Am fehlenden Handeln im geschäftlichen Verkehr, dessen Zweck darin besteht, rein private und rein hoheitliche Betätigung auszuscheiden,[711] scheitert die Haftung jedenfalls nicht, wenn die Verwaltung - wie bei laxer Anwendung von Wirtschaftsverwaltungsrecht nicht selten - bewußt zu Wirtschaftsförderungszwecken rechtswidrig handelt und ihr Handeln damit nicht mehr von der Rechtsgrundlage für das Verwaltungshandeln gedeckt ist.[712] So bejahen die

zwingend. Die dort zum Ausdruck gebrachte Zielsetzung rechtfertigt ebenso den Erst-Recht-Schluß.

[708] BGH NJW-RR 1993, 225 - EWG-Baumusterprüfung.

[709] Zur Unmöglichkeit der Abgrenzung von eigener wirtschaftlicher Betätigung und Wirtschaftslenkung *Schliesky*, Öffentliches Wettbewerbsrecht, S. 44 ff.

[710] Störer ist neben dem Beteiligten i.S.d. § 830 BGB auch der unmittelbar Wettbewerbstätige (*Köhler*, in: Köhler/Piper, vor § 13 Rz. 66; *Baumbach/Hefermehl*, Einl UWG Rz. 325; *Emmerich*, WettbR, S. 330 f). Mit „Störerhaftung" wird freilich in der Rechtsprechung zunehmend nur die Haftung derjenigen Personen bezeichnet, die lediglich an einem fremden Wettbewerbsverstoß mitwirken (z.B. BGH WRP 99, 501, 504 f - Implantatbehandlungen; dazu *Köhler*, in: Köhler/Piper, vor § 13 Rz. 66).

[711] Das Verhältnis dieses Merkmals zur Rechtswegabgrenzung ist durchaus ungeklärt, *Schünemann*, WRP 2000, 1001, 1004 m.w.N.

[712] BGH WRP 1987, 310, 311 - Guten Tag-Apotheke II; BGH WRP 1991, 393, 397 - Warenproben in Apotheken; enger BayObLG GRUR 1982, 500, 503 (wettbewerbsrechtliche Haftung nur, wenn der Rahmen der Ermächtigung gänzlich verlassen wird); noch enger OLG Stuttgart, WRP 1991, 531, 533; wie der BGH *Kramm*, WRP 1992, 365; *Hubmann*, WiVerw 1982, 41, 44 ff. *Köhler*, in: Köhler/Piper, § 1 Rz. 446; *ders.*, in: GroßKommUWG, § 1 Rz. E 20 möchte „Handeln im geschäftlichen Verkehr" nur ausschließt, wenn der hoheitliche Eingriff „streng sachlich, unparteiisch und unter Wahrung anerkannter Verwaltungsprinzipien" erfolgt; ähnlich *H. Schricker*, Öffentliche Hand, S. 79; s. auch *Baumbach/Hefermehl*, Einl UWG Rz. 208/211.

Wettbewerbsgerichte zum Teil Handeln im geschäftlichen Verkehr selbst dann, wenn Apothekerkammern berufsgerichtliche Verfahren durchführen.[713]

b) Die Interessenlage ist, wie bereits dargelegt wurde,[714] bei rein dogmatischer Betrachtung eng mit der hoheitlich verursachten Immission verwandt. Auch dort bereitet die Zuordnung Schwierigkeiten, wann nicht normgeleitete[715] staatlich verursachte Imissionen nach öffentlichem Recht und wann nach Zivilrecht zu beurteilen sind. Die herkömmlichen Theorien zur Abgrenzung von Privatrecht und öffentlichem Recht[716] - Interessentheorie, Subordinationstheorie, modifzierte Subjektstheorie - helfen in beiden Fällen wenig weiter,[717] denn es geht um die Zuordnung von Verhalten zu einem Normregime, nicht um die Zuordnung einer Norm zu einem Rechtsgebiet.[718] Das gilt zunächst für die modifizierte Subjektstheorie oder Sonderrechtstheorie, da anders als bei Rechtsakten der Staat nicht darauf zielt, unter Heranziehung eines Rechtssatzes Rechtsfolgen auszulösen;[719] auf die Frage, welcher Teilrechtsordnung ein Realakt untersteht, gibt diese Theorie unmittelbar keine Antwort. Ebensowenig hilft die Subordinationstheorie, denn die Beurteilung der Handlung nach den Regeln eines öffentlich-rechtlich begründeten Subordinationsverhältnis ist nicht Voraussetzung, sondern Folge der Zuordnung zum öffentlichen Recht.[720] Schließlich bietet auch die Interessentheorie keine Lösung. Einerseits ist alles Handeln der Verwaltung letztlich dem öffentlichen Interesse verpflichtet,[721] andererseits hat die Verwaltung anerkanntermaßen auch die Möglichkeit, zur Verfolgung öffentlicher Aufgaben privatrechtliche Mittel einzusetzen.[722]

In Anbetracht dieser Schwierigkeiten sucht die Rechtsprechung - allerdings auch außerhalb des Wettbewerbsrechts nicht immer konsequent[723] - bei hoheitlich

---

[713] Z.B. BGH WRP 1987, 310 - Guten-Tag-Apotheke II; *Kramm*, WRP 1992, 365.

[714] S. 114.

[715] Normgeleitetes Realhandeln nimmt an der Rechtsnatur der Norm teil, *Scherer*, NJW 1989, 2724, 2726 f.

[716] Zusammenfassung der Inhalte und Argumenationen etwa bei MünchKomm³/*Papier*, § 839 Rz. 144 f; *Medicus*, AT, Rz. 7 ff; *Larenz/Wolf*, AT, § 1 Rz. 18 ff; *Rennert*, in: Fröhler, § 40 Rz. 41 ff.

[717] A.A. *Jacobs*, in: GroßKommUWG, vor § 13 Rz. 19 ff. insbes. Rz. 39.

[718] *Erichsen*, in: Erichsen, Allg. VerwR, § 31 Rz. 3; *Engler*, Immissionsabwehranspruch, S. 44; *Scherer*, NJW 1989, 2724, 2726.

[719] *Engler*, Immissionsabwehranspruch, S. 44; *Scherer*, NJW 1989, 2724, 2726.

[720] *Ehlers*, in: Schoch/Schmidt-Aßmann/Pietzner, § 40 Rz. 223.

[721] *Erichsen*, in: Erichsen, Allg. VerwR, § 31 Rz. 4.

[722] BVerwG MDR 1976, 874; BVerwG NJW 1994, 1169; *Maurer*, Allg. VerwR, § 3 Rz. 9; *Kopp/Ramsauer*, § 1 Rz. 7.

[723] Inkonsequent z.B. die Behandlung des Unterlassungs- und Widerrufsanspruchs gegen Persönlichkeitsrechtsverletzungen durch öffentlich-rechtliche Rundfunkanstalten auf dem ordentlichen Rechtsweg (BGHZ 66, 182, 185 ff; BVerwG JZ 1995, 401), allerdings mit dem

verursachten Immissionen das Abgrenzungskriterium bei der Rechtsnatur der Handlung, deren Unterlassung als Kehrseite dem gleichen Rechtsgebiet zuzuordnen sei. Eine Handlung ist mithin nach öffentlichem Recht zu beurteilen, wenn sie in einem öffentlich-rechtlichen Planungs- und Funktionszusammenhang geschieht.[724] Im Zweifel ist das der Fall, wenn die emittierende Einrichtung unmittelbar der Erfüllung der öffentlichen Aufgaben eines öffentlich-rechtlich organisierten Subjekts gewidmet ist, [725] insbesondere bei öffentlich-rechtlicher Gestaltung des Benutzungsverhältnisses.[726]

c) Soweit ersichtlich, ist im Zusammenhang mit Immissionen noch niemand auf die Idee gekommten, von einer „Doppelnatur" des hoheitlichen Handelns auszugehen. Sie wäre für hoheitlich verursachte Immissionen ganz genauso berechtigt wie bei der Beurteilung der wettbewerblichen Folgen der wirtschaftlichen Tätigkeit der öffentlichen Hand. Auch hier gibt es das „Vertikalverhältnis" (z.B. zu dem Freibadbenutzer) und das „Horizontalverhältnis" (zum Nachbarn). Überhaupt jede Handlung des Staates bzw. seiner Organe ist auch Realhandlung und kann insofern jenseits des Verhältnisses, innerhalb dessen sie möglicherweise gezielt öffentlich-rechtliche Rechtsfolgen herbeiführen will, nachteilige Auswirkungen auf privatrechtlich geschützte Rechtsgüter haben. Das wettbewerbsrechtliche Zwiedenken geht indes allgemein ebenso wie bei wirtschaftlicher Betätigung der öffentlichen Hand nach in der Literatur zum öffentlichen Recht ganz herrschender, zutreffender und im Wettbewerbsrecht beharrlich schlicht ignorierter[727] Ansicht generell fehl.[728]

---

Argument, im Rundfunkbereich bestehe gerade ein verfassungsrechtliches Distanzgebot zum Staat.

[724] BVerwGE 50, 282, 286; BVerwG NJW 1972, 269; BVerwG NJW 1994, 956; VGH München, NVwZ 1989, 269, 270; Laubinger, VerwARch 80 1(1989), 261; *Rennert*, in: Eyermann, § 40 Rz. 80; *Zöller/Gummer*, § 13 GVG Rz. 28. A.A. entsprechend der bevorzugten Sonderrechtstheorie etwa *Kopp/Schenke*, § 40 Rz. 8 a: Entscheidend sei die Natur des Rechtsverhältnisses. Zum Meinungsstand zusammenfassend *Ehlers*, in: Schoch/Schmidt-Aßmann/Pietzner, § 40 Rz. 395 f.

[725] BVerwGE 81, 197, 199; BVerwG NJW 1972, 269; *Engler*, Immissionsabwehranspruch, S. 46 ff; *Rennert*, in: Eymermann, § 40 Rz. 82; *Martens*, in: FS Friedrich Schack, 85, 89.

[726] MünchKomm[3]/*Papier*, § 839 Rz. 168; *Ehlers*, in: Schoch/Schmidt-Aßmann/Pietzner, § 40 Rz. 398. Für öffentlich-rechtliche Natur sogar bei privatrechtlicher Ausgestaltung des Benutzungsverhältnisses BGH NVwZ 1983, 763, 764; *Engler*, Immissionsabwehranspruch, S. 48 f.

[727] Siehe etwa die Einschätzung der Gewichte durch *Emmerich*, AG 1985, 293, 297, der von „einhelliger Zustimmung" auch in der Literatur zum öffentlichen Recht spricht; diese Einschätzung schon der damaligen Lage kann jedoch nur verwunderlich genannt werden (vgl. die Nachweise bei *Schmittat*, ZHR 148 (1984), 428, 460). Kaum erklärlich auch die Ansicht von *Köhler*, GRUR 2001, 777, die im Wettbewerbsrecht bevorzugte Ansicht sei „so gut wie

(1) Einfach zu widerlegen, aber für die wettbewerbsrechtliche Ansicht auch nicht tragend ist das Wortlautargument, in § 1 UWG werde durch Verwendung des Begriffs „Wer“ geregelt, daß jedes den Wettbewerb beeinflussende Subjekt hafte. Diese Formulierung findet sich ganz häufig in privatrechtlichen Normen (z.B. in § 823 Abs. 1 BGB) und ist dort nie Argument dafür, daß eine etwaige Haftung des hoheitlich handelnden Staates (z.B. ein öffentlich-rechtlicher Unterlassungsanspruch) wegen dieser Normen auf dem Zivilrechtsweg durchgesetzt werden könnte. Das allgemeinere Recht, das Privatrecht, regelt eben gerade nicht, wann vorrangiges Sonderrecht einschlägig ist.

(2) Zentral ist vielmehr das Argument, eine Doppelnatur hoheitlichen Handelns sei überhaupt möglich. Um zu diesem Punkt vorzustoßen, muß man sich allerdings in aller Regel durch ein Konvolut von Leerformeln durchkämpfen. So heißt es zumeist, die Frage des Rechtsweges hänge von der Natur des Anspruchs ab,[729] eine bürgerlich-rechtliche Streitigkeit liege vor, wenn sich das Klagebegehren als Folge eines Sachverhaltes darstelle, der nach bürgerlichem Recht zu beurteilen ist,[730] und die Beurteilung müsse von der Sache her getroffen werden.[731] Das ist richtig, nur die Frage ist eben, wovon die Natur des Anspruchs abhängt, welche Sachverhalte nach bürgerlichem Recht zu beurteilen sind und für welche Entscheidung eine Betrachtung „der Sache nach“ denn spricht. Ganz entschieden widersprechen muß man nun der Aussage, das hänge alles nicht von der Stellung der an dem Rechtsverhältnis beteiligten Rechtssubjekte ab: Die Natur des Rechtsverhältnisses etc. und damit der Rechtsweg kann von nichts anderem als *ausschließlich* von der Stellung der an dem Rechtsverhältnis beteiligten Rechtssubjekte abhängen, weil der hoheitlich handelnde Staat jenseits von Sonderzuweisungen nicht der Jurisdiktionskompetenz der Zivilgerichte unterliegt.

---

unstreitig“ (mit *Schliesky* als einzigem genanntem Vertreter der Gegenansicht). Einläßlich etwa *Schünemann*, WRP 2000, 1001.

[728] BVerfGE 61, 149, 174 (allerdings mit kompetenzrechtlicher Argumentation); *Bettermann*, DVBl 1977, 180; *Bachof*, in: FS 25 Jahre BVerwG, 1, 12 (Fn. 56); *Püttner*, in: FS Maurer, 713, 720; *Schenke*, JZ 1996, 998, 999; *ders.*, in: FS 50 Jahre BGH, Bd. III, 45, 55 ff; *Ehlers*, in: Schoch/Schmidt-Aßmann/Pietzner, § 40 Rz. 209 u. 286; *Brohm*, NJW 1994, 281; *Pagenkopf*, GewArch 2000, 177, 182 f; *Würtenberger*, VerwPrR, Rz. 157; *Scherer*, NJW 1989, 2724; *Schliesky*, DÖV 1994, 114; *ders.*, DVBl 1999, 78, 85 f; *ders.*, Öffentliches Wettbewerbsrecht, S. 290 ff u. 471 ff; *H. Schricker*, Öffentliche Hand, S. 102 ff; *Gaa*, WRP 1997, 837; wohl auch *Kopp/Schenke*, § 40 Rz. 30; ebenso auch die ältere BGH-Rechtsprechung zur Wettbewerbstätigkeit der öffentlichen Hand, etwa BGH GRUR 1962, 159, 160 f - Blockeis I; vgl. dazu *Baumbach/Hefermehl*, § 1 UWG Rz. 923 m.w.N.

[729] BGH WRP 1998, 55 - Diplom-Wirtschaftsjurist/in (FH)

[730] BGH GRUR 1982, 425, 427 - Brillen-Selbstabgabestelle; BGHZ 67, 81, 84 - Auto-Analyzer.

[731] *Jacobs*, in: GroßKommUWG, vor § 13 Rz. 28.

(3) Dazu muß zunächst explizit ausgesprochen werden, daß die Verwaltung den Gerichten jedenfalls im Grundsätzlichen nicht untergeordnet ist. Die dritte Gewalt steht nicht über, sondern neben der zweiten Gewalt. Die These, eine zivilrechtliche Haftung des hoheitlich handelnden Staates sei möglich, ignoriert den Unterschied zwischen der Rechtsunterworfenheit der Verwaltung und der Rechtsunterworfenheit des Bürgers.

(a) Schon der Einwand daß, wenn man den hoheitlich handelnden Staat nicht alleine nach dem öffentlichen Sonderrecht beurteilen will, auch die Notwendigkeit der Unterwerfung des Staates unter die Sonderbindungen des öffentlichen Rechts brüchig wird, ist durchaus erheblich, wenn auch sehr abstrakt. Die These von der Möglichkeit einer Doppelnatur staatlicher Tätigkeit untergräbt die freiheitskonstutierende[732] Unterscheidung von Staat und Gesellschaft, die durch die Unterscheidung von öffentlichem Recht und Privatrecht einfach-rechtlich abgebildet wird.[733]

(b) Vor allem sprechen Sinn und Zweck des § 40 VwGO für die Exklusivität des Verwaltungsrechtswegs bei hoheitlichem Handeln. Denn die Einrichtung Verwaltungsgerichtsbarkeit dient vor allem dem Interesse des Staates, bei der Erfüllung öffentlicher Aufgaben nur besonders fachkundiger rechtlicher Kontrolle unterworfen zu sein, ohne daß alle Prozesse, in denen staatliche Interessen betroffen sind,[734] abschließend den Verwaltungsgerichten zugewiesen werden könnten. Die Zuweisung der Kontrolle öffentlicher Gewaltausübung zu einer besonderen Gerichtsbarkeit kann insbesondere nicht nur den Grund haben, daß die Bürgerinteressen, die gegenüber öffentlichen Interessen politisch tendentiell durchsetzungsschwächer sind, besonders geschützt werden sollen.[735] Damit lassen sich weder die Zurückverweisungen in Artt. 14 Abs. 3 S. 3, 34 S. 3 GG noch die Zuständigkeit der Verwaltungsgerichte für Streitigkeiten zwischen Hoheitsträgern erklären. Mit einem hohen Maß an Überspitzung kann man daher auch formulieren: Das demokratische Gemeinwesen soll vor der ordentlichen Gerichtsbarkeit geschützt werden, die das Gebot richterlicher Zurückhaltung als Grundregel richterlicher Tätigkeit, für die Bedeutung der Gewaltenteilung als positiver und als negativer Ordnung seit jeher eher vernachlässigt. Bei

---

[732] *Böckenförde*, Die verfassungstheoretische Unterscheidung von Staat und Gesellschaft als Bedingung der individuellen Freiheit, passim; *Schmidt-Aßmann*, DVBl 1989, 533, 539. Wegen der Übervereinfachungstendenz kritisch *Hesse*, DÖV 1975, 437; *ders.*, VerfassungsR, Rz. 11; *H.-P. Schneider*, NJW 1999, 1497, 1499 f.

[733] *Bettermann*, DVBl 1977, 180, 181; *Erichsen*, Gemeinde und Private im wirtschaftlichen Wettbewerb, S. 39; *Ehlers*, in: Schoch/Schmidt-Aßmann/Pietzner, § 40 Rz. 287 m. Fn. 924.

[734] *Zöller/Gummer*, § 13 GVG Rz. 23.

[735] Alleine daraus erklärt jedoch *Degenhart*, in: Isensee/Kirchhof, HBStR III, § 75 Rz. 8 die Existenz der Verwaltungsgerichtsbarkeit.

hoheitlichem Handeln sind öffentlichen Interessen aber bei Herleitung der Initiativbefugnis aus dem horizontalen Verhältnis in identischem Maße betroffen wie bei Herleitung aus dem vertikalen Verhältnis.

## 2. Hintergründe der Doppelnatur-These: Die Institutionenlehre

Das wettbewerbsrechtliche Dogma von der Doppelnatur hat seinen Ausgang bezeichnenderweise in der Aussage, daß es nicht von der „zufälligen Qualifikation" der Leistungsbeziehungen für die Rechtswegzuordnung ankommen dürfe.[736] Freilich: Für den Wettbewerb ist diese Qualifikation tatsächlich ebenso zufällig, wie es für den Bürger gleichgültig ist, ob ihn die Sirene eines Feuerwehrautos oder die Hupe eines betrunkenen Kneipengastes aus dem Schlaf reißt. Das zeigt nur, daß man mit den wettbewerblichen Auswirkungen gerade einen Ansatz gewählt hat, der für diese Frage keine Relevanz hat.

a) Dogmatische Basis der Zivilrechtsprechung ist ohnehin eher die – erst unten behandelte - Klagebefugnis nach § 13 Abs. 2 UWG in ihrer Schutzrichtung des Institutionenschutzes als die Klagebefugnis des unmittelbar Verletzten. Der dahinterstehende Gedankengang scheint in etwa zu lauten, daß man es dem Staat sicherlich nicht verwehren will, auf gesetzlicher Basis auch den Wettbewerb einzuschränken. Der Gesetzgeber hat mit UWG und GWB jedoch zum Ausdruck gebracht, daß die Marktordnung im Grundsatz marktwirtschaftlich sein soll. Die Wirtschaftstätigkeit der öffentlichen Hand unter Verwendung von Mitteln, die privaten Wettbewerbern nicht zur Verfügung stehen, ist aber mit marktwirtschaftlichen Prinzipien nicht vereinbar. Abweichungen sind möglich, aber nur auf gesetzlicher Basis, die eben eine konkrete Ausnahme gerade für diese Betätigung machen müssen. Ansonsten muß der Staat sich - im Sinne einer „guten policey" - wenigstens an die Regeln halten, die für alle Wettbewerber gelten. Zu dem Schutz dieser Ordnung seien aber die Zivilgerichte berufen, wie sich ja auch an § 130 Abs. 1 GWB zeige.

Es ist also genau der Gedanke des Schutzes der Institution Wettbewerb als *Selbstzweck*,[737] der sich mit der Frage nach einer Kompetenz nicht verträgt: Eine solche Lehre kann nicht

---

[736] *Mestmäcker*, NJW 1969, 1, 2.

[737] Präzise sowohl in seiner Analyse als auch im letzten Satz ganz deutlich mit dem unzulässigen, für die Institutionenlehre jedoch typischen Schluß aus der Funktion auf die Befugnis *Scholz*, NJW 1978, 16, 17: „Denn der an sich mit Recht konstatierte Tatbestand der Koordination von wettbewerbendem Hoheitsträger und privatem Mitbewerber verkörpert - zumindest zunächst - keinen Tatbestand *rechtlicher* Gleichordnung, wie ihn die Subjektionstheorie voraussetzt. Der Wettbewerb „koordiniert" zwar; er tut dies aber nicht rechtlich, sondern allein faktisch. Die soziologisch-ökonomische Verhaltens- oder (institutionelle) Marktform „Wettbewerb" impliziert die tatsächliche Koordination kraft realer (wettbewerblicher) Marktteilhabe einzelner Wirtschaftssubjekte (Unternehmen). Als objektives Verhaltensrecht fragt

zwischen Kompetenz und Prüfungsmaßstab unterscheiden, wie es jedoch denknotwendige Voraussetzung der Unterscheidung zwischen Zuständigkeit und Begründetheit ist. Das formelle Rechtsstaatsprinzip verlangt jedoch, daß die Kompetenzen in einer Art und Weise begrenzt sind, die genau diametral dem Institutionendenken entgegensetzt ist. Nur dann, wenn man nicht den Schutz der Institution als Selbstzweck (der konkreten Ordnung Wettbewerb) als Aufgabe des Wettbewerbsrechts ansieht, sondern den Schutz menschlicher Interessen (durchaus auch: an einer bestimmten Ordnung), nur dann kann mit den für das formelle Rechtsstaatsprinzip lebensnotwendigen Regel-Ausnahme-Verhältnissen operiert werden. Dann zeigt sich aber auch zwanglos: Der Rechtsprechung mag mit § 13 Abs. 2 UWG eine ergänzende Kompetenz zum Schutz der menschlichen Interessen am Wettbewerb vor Beeinträchtigung durch einzelne Bürger haben. Damit hat sie aber noch keine Kompetenz dafür, die diversen öffentlichen Interessen an Wettbewerb vor der demokratisch gesteuerten Verwaltung zu schützen. Das dürfen sie ausschließlich nach der Sonderzuweisung des § 130 Abs. 1 GWB. Im übrigen ist es aber - jenseits des Schutzes subjektiver Rechte - nicht Sache der Rechtsprechung, zu konkretisieren, ob im Einzelfall dem öffentlichen Interesse besser gedient ist, wenn marktwirtschaftliche Prinzipien zurückweichen müssen. Institutionendenken trägt die Gefahr in sich, das eigene Verständnis des „richtigen Zustands" der Institution, der „guten policey" des Wettbewerbs zu verabsolutieren und demgegenüber Rechtsfiguren, die an gegenläufige Interessen anknüpfen, zu leugnen. Die Gründe, die das BVerfG zur Ablehnung der „Institution Marktwirtschaft" im Grundgesetz bewogen haben,[738] erheischen im Verhältnis Rechtsprechung-Verwaltung ganz genauso Geltung wie im Verhältnis Rechtsprechung - Gesetzgeber.

b) Diese Erkenntnis läßt sich nicht nur negativ, sondern unter Zuhilfenahme des bereits genannten Zwecks von § 40 VwGO auch positiv formulieren. Die Verwaltung ist in der deutschen Rechtsordnung mit ihrem System der Gewaltenverschränkung zwar nicht gänzlich von gerichtlicher Kontrolle freigestellt. Nur, weil es in der deutschen Rechtsordnung Ausnahmen von der Gerichtsfreiheit der Verwaltung gibt (nämlich immer bei subjektiver Rechtsbetroffenheit), heißt das jedoch nicht, daß *jedes* Gericht zur Beurteilung hoheitlicher Tätigkeit befugt ist. Auch bei der Beurteilung der wettbewerblichen Tätigkeit der öffentlichen Hand greift das Telos der Rechtswegzuweisung an die Verwaltungsgerichte. Soweit hoheitliche Tätigkeit gerichtlich überprüft wird, soll als Bestandteil der Gewaltenteilung als positiver Ordnung in ihrer konkreten Ausprägung auch durch einfaches Recht durch die besondere Fachkunde[739] von Verwaltungsrichtern und dem besonderen Verfahren des Verwaltungsprozeßrechts (etwa im Bereich des vorläufigen Rechtsschutzes der Vollstreckung oder durch das Amtsermittlungsprinzip) den Interessen des Staates an adäquatem Schutz der von ihm vertretenen Belangen genüge getan werden.[740] Das zusätzliche Argument der Zivilgerichte, in Randgebieten komme es auch auf die

das Wettbewerbsrecht begriffsnotwendig nicht nach der privat- oder öffentlichrechtlichen Qualität von Wirtschaftssubjekten, die am Markt wettbewerblich agieren."

[738] S. Fn. S. 159 f.

[739] Vgl. *Zöller/Gummer*, § 13 GVG Rz. 21.

[740] S. 182 f.

besondere Sachkunde und Sachnähe an,[741] trifft durchaus, nur gerade umgekehrt: Eben über die Sachkunde, auf die es bei Beurteilung in irgendeiner Hinsicht hoheitlicher Tätigkeit für die Rechtswegabgrenzung ankommt, nämlich die öffentlich-rechtliche, verfügen die Zivilgerichte in geringerem Maße.

c) Ob das Handeln der Verwaltung von einer Rechtsgrundlage gedeckt wird, und ob diese Rechtsgrundlage auch gegenüber dem Kläger rechtfertigt, sind im übrigen keine Fragen der Rechtswegzuordnung, sondern der Begründetheit einer Klage.[742] Ansonsten wäre in den meisten Fällen der Eingriffsverwaltung der ordentliche Rechtsweg gegeben. Greift hoheitliches Handeln in private Rechtsgüter ein und genügt die Rechtsgrundlage nicht, um diesen Eingriff zu rechtfertigen, so verliert das Handeln damit nicht seinen hoheitlichen Charakter, sondern es besteht ein öffentlich-rechtlicher Unterlassungsanspruch.[743] Das Recht mag diese Ausübung öffentlicher Gewalt nicht rechtfertigen, nur wird sie doch ganz konkret verwendet und ist auch - abgesehen von ganz extremen Fällen, in denen (dann als ganzes) der inhaltliche Bezug zur hoheitlichen Tätigkeit verloren geht[744] - als solche zu behandeln. Auch Verwaltungshandeln, zu dem der Gesetzgeber nicht ermächtigt hat, bleibt öffentlich-rechtlich.

Die wettbewerbsrechtliche Lehre von der Doppelnatur führt schließlich zu überaus merkwürdigen Ergebnissen. Daß man, wenn es für den Rechtsweg darauf ankäme, ob das Verhalten vom öffentlichen Recht gedeckt ist, bei Rechtswidrigkeit nicht nur die im Wettbewerb handelnde Verwaltungsbehörde, sondern ebenfalls die handelnden Verwaltungsbeamten persönlich haftbar machen könnte,[745] ist noch eine harmlose Folge. Konsequent zu Ende gedacht, müßte nämlich auf Basis der These von der Doppelnatur jede rechtswidrige Förderung fremder Wettbewerbstätigkeit auf dem Zivilrechtsweg behandelt werden, insbesondere auch die Förderung durch rechtsförmliches hoheitliches Handeln.[746]

---

[741] BGHZ 67, 81, 87 - Auto-Analyzer.

[742] A.A. *Kraft*, GRUR 1976, 660, 662.

[743] A.A. *Schünemann*, WRP 2000, 1001, 1007.

[744] Das kommt vor allem bei Ehrverletzungen vor, wenn der persönliche Bezug so eindeutig wird, daß der inhaltliche Bezug zum Amt offenkundig verloren geht.

[745] Das läuft auf die frühere Lehre vom Mandatskontrakt zur Eigenhaftung des rechtswidrig und deshalb nicht mehr hoheitlich handelnden Beamten hinaus, dazu *Ossenbühl*, StaatshaftungsR, S. 7 ff.

[746] So tatsächlich etwa BGHZ 67, 81, 85 - Auto-Analyzer: „Hieraus folgt jedoch nicht, daß der Zivilrechtsweg immer dann ausgeschlossen ist, wenn die Aufhebung eines Verwaltungsakts begehrt oder in sonstiger Weise auf das hoheitliche Handeln eines Verwaltungsträgers Einfluß genommen werden soll." Ebenso *Köhler*, in: GroßKommUWG, § 1 Rz. E 9 u. E 18. A.A. BGHZ 37, 160, 163 - Prüfungsverband; *Baumbach/Hefermehl*, § 1 UWG Rz. 917. Durchaus auf Grundlage der h.M. folgerichtig daher auch für einen wettbewerbsrechtlichen Abwehranspruch auf Subventionsabwehr *Bösmeier*, Staatlich verursachte Wettbewerbsverzerrungen durch die Subventionierung privater Unternehmen S. 194 ff; wohl auch OLG Stuttgart, WRP 1980, 101; *Köhler*, in: GroßKommUWG, § 1 Rz. E 28; unklar *Baumbach/Hefermehl*, § 1 Rz. 946.

„Leider findet man für diese weittragende These [der Doppelnatur] keine Begründung, obwohl damit praktisch jede Kompetenzausübung hinsichtlich ihrer wirtschaftsrelevanten Auswirkungen per se der hoheitliche Charakter abgesprochen wird.“[747] Rein theoretisch kennt dieser Ansatz keine Grenzen: Jede Absurdität von einer Klage gegen den BGH vor dem LG Karlsruhe auf Unterlassung solcher Urteile, die nicht von den Rechtsgrundlagen (UWG) gedeckt sind, bis hin zur Klage des Herstellers von elektrischen Stühlen vor dem LG Berlin auf Einführung der Todesstrafe gegen den verfassungsändernden Gesetzgeber wäre denkbar. Wo der Hüter der Institution die Grenzen des Schutzes der Institution zieht, ist alleine ihm überlassen. Bei aller – völlig unzweifelhaften – Gutwilligkeit des BGH ist das kein akzeptabler Ansatz, um die wegen des Gewaltenteilungsprinzip zwingend zu ziehenden klaren Grenzen der eigenen Machtbefugnisse zu bestimmen.

d) Tatsächlich kann die Rechtsprechung auch innerhalb der Grenzen, die sie im Rahmen der durch den institutionellen Ansatz eröffneten Möglichkeitenen zugegebenermaßen recht eng zieht (nur „Wie“, nicht „Ob“), ihren Ausgangspunkt selbst nicht durchhalten. So hatte z.B. in der Entscheidung „Diplom-Wirtschaftsjurist/in (FH)“[748] ein Rechtsanwalt ganz konsequent aus § 1 UWG von einer Fachhochschule die Unterlassung der Verleihung von Diplomen verlangt. Hier bestehen vom Ausgangspunkt der Rechtsprechung ebenso zwei Rechtsbeziehungen, die vertikale zwischen Fachhochschule und Absolventen, die horizontale zwischen Absolventen und belastetem Wettbewerber. Die Fachhochschule fördert den Absolventen in seinem Wettbewerb mit dem Rechtsanwalt, so daß mit Hilfe der Konstruktion der „Doppelnatur“ auch hier § 1 UWG jedenfalls dann zu einer Störerhaftung der Fachhochschule (und konsequenterweise sogar des Landesgesetzgebers) führt, wenn die Verleihung rechtswidrig ist. Das Argument, mit dem der BGH meinte, sich retten zu können, gilt in Hinblick auf den Rechtsweg jedoch nicht wegen eines bestimmten Gesetzes, sondern allgemein für Handeln auf der Grundlage von öffentlichem Sonderrecht: Die Satzung der Fachhochschule verleihe der Beklagten die auch gegenüber Dritten wirkende Berechtigung, die Berufsbezeichnung zur Führung im Rechtsverkehr zu verleihen. Dergestalt ist das richtigerweise eine Frage der Rechtfertigung des (möglicherweise eingreifenden) Handelns, nicht des Rechtsweges, auf dem die Rechtfertigung überprüft werden kann. Denn nicht, ob das Handeln gerechtfertigt ist, sondern *von wem* geprüft werden soll, ob es sich um einen Eingriff handelt und ob das Handeln gegebenenfalls gerechtfertigt ist, wird durch die Rechtswegabgrenzung entschieden. Selbst vorausgesetzt, etwa die Befugnis zur Verleihung eines Titels würde nicht gegenüber jedermann rechtfertigend wirken, oder (bei der Selbstabgabe von Brillen) die „den Trägern der gesetzlichen Krankenkassen übertragenen hoheitlichen Befugnisse“ bestünden „nicht gegenüber jedermann,

---

[747] *Brohm*, NJW 1994, 281, 288; zustimmend *Schliesky*, Öffentliches Wettbewerbsrecht, S. 301 f.

[748] BGH WRP 1998, 55.

sondern nur gegenüber einem beschränkten Personenkreis, in erster Linie gegenüber ihren Mitgliedern",[749] bliebe also zu begründen, warum deshalb der für diesen Fall bestehende Unterlassungsanspruch auf dem Zivilrechtsweg durchgesetzt werden können soll.

e) Der eine Grund für diese Rechtsprechung wurde schon genannt, nämlich die Unmöglichkeit der Unterscheidung von Allgemeinpolitik und Rechtsanwendung einer Generalklausel auf dem Boden einer ernstgemeinten Institutionenlehre. Im übrigen läßt sich die These von der Doppelnatur nur durch das pragmatische Motiv erklären, die fehlende Bereitschaft der Verwaltungsgerichte zur Anerkennung subjektiver Rechte[750] kompensieren zu wollen, gepaart mit einem grundsätzlichen Mißtrauen gegenüber der grundgesetzlichen Regelung des Verhältnisses von Verwaltung und Gerichtsbarkeit.[751] Die Ausübung der Zivilgerichtsbarkeit wird jedoch nicht dadurch gerechtfertigt, daß die Verwaltungsgerichte zu Unrecht[752] nicht § 1 UWG als betroffenes Recht des unmittelbar Verletzten anerkennen. Es ist zugestandermaßen wirklich unerfindlich, warum etwa die Einrichtung von Brillen-Selbstabgabestellen durch die gesetzlichen Krankenkassen, die offenkundig zur Vernichtung der beruflichen Existenz der meisten Optiker führen muß, nicht bereits einen Eingriff in die Berufsfreiheit und erst recht einen Eingriff in § 1 UWG darstellen sollte. Gleiches gilt für die kostenlose Durchführung von Messungen unter Verwendung von Zwangsmitgliedschaftsbeiträgen in Hinblick auf diejenigen freie Ingenieure, für die solche Messungen ein wesentliches Standbein darstellen. Der nicht gerechtfertigte Eingriff in ein privates subjektiven Rechts durch hoheitliche Tätigkeit führt gewiß zu Abwehransprüchen,[753] diese sind jedoch auf dem Verwaltungsrechtsweg zu verfolgen. Rechtsschutzverweigerung

---

[749] BGH, WRP 1998, 55, 56 - Diplom-Wirtschaftsjurist/in (FH).

[750] Nachweise in Fn. 760.

[751] Vgl. den Diskussionsbeitrag von *Bullinger*, VVDStRL 50 (1991), 296 f: „Denn das Zivilrecht wird, anders als das Strafrecht, immer noch weitgehend als eine dem Öffentlichen Recht gegebenüber nicht nur autonome, sondern antinomische Ordnung verstanden. Das Zivilrecht lebt modellhaft von der Vorstellung, die eigentlich mehr vom Schuldrecht herkommt, es handele sich um eine nicht national gebundene, weltrechtsfähige Ordnung einer als autonom gedachten Erwerbs- und Verkehrsgesellschaft. Für sie sind Interventionen eines Staates in Form seines nationalen Verwaltungsrechts nicht eine Vorgabe, sondern eine Störgabe, etwas Fremdes, das man möglichst restriktiv handhabt und als Zivilrichter oder Zivilrechtslehrer, wenn es irgend geht, gar nicht erwähnt. Nicht Unkenntnis, sondern innere Ablehnung bestimmt also hier das Verständnis."

[752] Wer Ernst damit macht, daß auch mit den Ansprüchen des unmittelbar Verletzten in § 1 UWG Institutionenschutz und nicht Individualschutz bezweckt wird, kann allerdings die Klagebefugnis i.S.d. § 42 Abs. 2 VwGO nicht mit § 1 UWG begründen; dann ist gegen die restriktive Verwaltungsrechtsprechung wettbewerbsrechtlich nichts einzuwenden.

[753] Dazu S. 34 ff.

durch die Verwaltungsgerichte[754] führt weder zu einer „Notkompetenz" der Zivilgerichte[755] noch berechtigt sie zu dogmatischer Geiselnahme, um die Verwaltungsgerichte zu einer genehmeren - und richtigeren - Lösung zu zwingen.[756] Grundlegende Verstöße gegen die Justizgewährungspflicht müssen durch das BVerfG behoben werden (Art. 19 IV, 101 I S. 2, 93 Nr. 4 a GG);[757] das BVerfG ist immer noch besser als Superrevisionsinstanz legitimiert als der BGH.

Für die vorliegende Arbeit kann damit als Ergebnis festgehalten werden: Zuständig sind für die Gleichbehandlungsansprüche außerhalb der Bereiche direkter Rechtsdurchsetzung die Verwaltungsgericht auch dann, wenn die Kläger sich auf das in § 1 UWG rechtlich geschützte Interesse als verletztes Recht stützen.

## B. Gleichbehandlungspflichtiges Subjekt

Da vorliegend der Versuch unternommen wird, eine allgemeine Erklärung des Grundsatzes der par condicio concurrentium zu geben, muß sich das vorliegende Modell auch über das Problem des Vorsprung durch Rechtsbruch hinaus bewähren. Nur bei Verletzung öffentlich-rechtlicher Normen gibt es mit der Verwaltung ein Subjekt, das zweifellos als Pflichtsubjekt einer Gleichbehandlungpflicht tauglich ist. Auch in anderen Bereichen, in denen der Grundsatz der par condicio concurrentium angewendet wird, zeigt sich an diesem Erfordernis eines gleichbehandlungspflichtigen Subjekts, daß bisher ein zutreffender Ansatz gewählt wurde.

---

754 Im Ergebnis zutreffend die Kennzeichnung durch *R. Schmidt*, Öffentliches WirtschaftsR AT, S. 534; zustimmend oder ähnlich *Köhler*, in: GroßKommUWG, § 1 Rz. E 8; *ders*, GRUR 2001, 777, 782 *Schliesky*, Öffentliches Wettbewerbsrecht, S. 285 f; *Schünemann*, WRP 2000, 1001, 1002.

755 So freilich *Emmerich*, AG 1985, 293, der „energischen Widerstand" der Rechtsordnung gegen Wirtschaftstätigkeit des Staates verlangt.

756 Anders offenbar *Mertens*, AcP 178 (1978), 227, 259, der in verwandtem Zusammenhang bezweifelt, daß „der Dogmatiker als reiner Tor sich selbst die Waffen aus der Hand schlagen sollte, mit denen er seinen Vorschlägen praktisches Gewicht verleihen könnte."

757 Man wird freilich nicht zu einer Entscheidung des BVerfG kommen, da die jetzige Lösung der Zivilgerichtsbarkeit den privaten Wettbewerbern höchst vorteilhaft ist und diese gewiß nicht Verfassungsbeschwerde erheben werden.

### 1. Die Verbände als „Vollzugshelfer"

Das in den vorigen Kapiteln vorgestellte Modell, den Grundsatz der par condicio concurrentium als Folge eines gegen ein gleichbehandlungspflichtiges Subjekt gerichteten Gleichbehandlungsanspruchs zu verstehen, scheint auf den ersten Blick nicht geeignet, die Klagebefugnis der in einem konkreten Wettbewerbsverhältnis stehenden Mitbewerber bei Übertretung der *originären wettbewerbsrechtlichen* Verbotstatbestände zu erklären. Auch diese Klagebefugnis bzw. die dieser Klagebefugnis zugrundeliegenden Ansprüche beruhen zumeist auf dem Rechtssatz der par condicio concurrentium. Ein der Verwaltung vergleichbares gleichbehandlungspflichtiges Subjektiv scheint nicht vorhanden zu sein: Subjekte des Privatrechts sind im allgemeinen nicht verpflichtet, Verhaltensnormen, an denen sie berechtigt sind, auch gleichmäßig durchzusetzen.[758] Man darf durchaus ganz nach eigener Willkür dem einen Grundstücksnachbarn die allabendliche Grillparty gestatten und dem anderen gegenüber sein Recht durchsetzen.

Das gilt zwar auch im Bereich originärer wettbewerbsrechtlicher Verbotsnormen, die nicht verwaltungsrechtlich sanktioniert werden, also z.B. bei § 3 UWG oder den meisten Fallgruppen der wettbewerbsrechtlichen Sittenwidrigkeit in § 1 UWG. Auch dort ist keiner der Klagebefugten zur Durchsetzung verpflichtet. Der Grund dafür liegt jedoch nicht darin, daß es sich um Normen zum Schutz eigener Interessen der Klagebefugten handelt. Hier soll nicht ein Verhandlungsraum gesichert werden. Zur Durchsetzung verpflichtet sind die in § 13 Abs. 2 UWG Genannten Subjekte nur deshalb nicht, weil sie nicht Beliehene oder ähnliches sind. Der Gesetzgeber wollte das private Interesse zwar in Dienst nehmen, die Sanktionstätigkeit als solche aber in zivilistischen Bahnen belassen.[759] Hier ist zwar kein Hoheitsträger zur Durchsetzung verpflichtet; statt dieser Verpflichtung *eines* Hoheitsträgers zur Durchsetzung der wettbewerbsrechtlichen Verbote gibt es jedoch neben dem unmittelbar Verletzten eine *Vielzahl* privater Sanktionsbefugter nach § 13 Abs. 2 UWG, die ihrerseits die Sanktionsbefugnisse anderer nicht beeinflussen können, weil ihnen die Verfügungsbefugnis über die geschützten öffentlichen Interessen fehlt. Sie haben nur eine „positive", nicht aber eine „negative" Sanktionsbefugnis. Damit kann *gleichmäßige* Normdurchsetzung wenigstens ebenso effektiv bewirkt werden wie durch die Verpflichtung einer Verwaltungsbehörde zum Einschreiten. Die Entscheidung über das „*Ob*" der Sanktionierung steht im Bereich originärer wettbewerbsrechtlicher Rechtswidrigkeit also im Gegensatz zu dem „Ob *von mir*" nicht einem Privatrechtssubjekt zu; sie ist bereits vom

---

[758] Statt vieler *Heun*, in: Dreier, Art. 3 Rz. 61 f.

[759] *Lindacher*, ZZP 103 (1990), 397, passim.

Gesetzgeber im Grundsatz wegen der beteiligten öffentlichen Interessen bejaht. Deshalb scheitern auch Ansprüche der Mitbewerber, wegen Interventionswirkung die wettbewerbsrechtliche Verhaltensnorm auch gegenüber den Konkurrenten durchsetzen und somit effektive Gleichbehandlung sicherstellen zu können, nicht am Erfordernis eines gleichbehandlungspflichtigen Subjekts. Ob man im übrigen den Gesetzgeber als dieses Subjekt ansieht oder eher § 13 Abs. 2 UWG als Grundlage dafür ansehen will, ein „fiktives gleichbehandlungspflichtiges Subjekt" zu konstruieren, kann man dagegen offenlassen. Hinter dem Anspruch auf par condicio concurrentium steht jedenfalls auch hier der Anspruch, bei der Durchsetzung von im öffentlichen Interesse liegenden Rechtssätzen nicht ungleich behandelt zu werden.

## 2. Die Verletzung privaten Deliktsrechts

Nicht ausreichend ist umgekehrt, daß die Entscheidung über die Durchsetzung einer Verhaltensnorm *ausschließlich* Privaten zur Wahrung *eigener* Interessen zusteht.[760] Damit entfällt das für einen Anspruch wegen Verletzung der par condicio concurrentium notwendige Differenzierungsverbot. Das zeigt sich etwa darin, daß der BGH zu Recht entgegen der in der Literatur wohl vorherrschenden Ansicht[761] im Grundsatz keine Ansprüche auf Unterlassung der Verletzung von Immaterialgüterrechten wegen unlauterer Vorteilsverschaffung anerkennt,[762] soweit dem Inhaber nicht kraft öffentlichen Kartellrechts diskrimierendes[763] Verhalten verboten ist. Der Inhaber des jeweils verletzten Individualrechts ist ebensowenig verpflichtet, gegen Verstöße gleichmäßig einzuschreiten, wie er als Investor etwa zwischen allen auf einem Markt tätigen Wettbewerbern sein Kapital nach sachgerechten Kriterien verteilen müßte. Da es schon an einer tatbestandlichen Voraussetzung des Anspruchs auf

---

760 *Teplitzky*, in: GroßKommUWG, § 1 Rz. G 204. Vgl. zu einem Parallelproblem bei der Abgrenzung des europarechtlichen Beihilfebegriffs *Mederer*, in: v.d. Groeben/Thiesing/Ehlermann, Art. 92 Rz. 14 f.

761 *E. Ulmer*, Sinnzusammenhänge, S. 20 f. (Fn. 21); *Hefermehl*, in: FS Kummer, 345, 352; *Baumbach/Hefermehl*, § 1 Rz. 666; *Mees*, WRP 1999, 62, 63 f; *Merkel*, Vorsprunggedanke, S. 81 ff; anders als hier differenzierend *Eichmann*, GRUR 1967, 564, 569 f.

762 BGH JZ 1999, 632, 633 - Elektronische Pressearchive; BGH GRUR 1994, 630, 634 - Cartier-Armreif; OLG Köln, GRUR 1981, 133 - Schallplatten; OLG Köln, GRUR 1983, 517 - Video-Filme in Discothek; *Traub*, in: FS Quack, 119, 129 ff; *Dirschl*, Individualrechtsverletzungen, S. 209 f.

763 Diskriminierung bedeutet in kartellrechtlichem Zusammenhang allerdings die grundlose Ungleichbehandlung, wobei dieser Begriff weiter als die Persönlichkeitsrechtsbeeinträchtigung zu verstehen ist. Häufig steht gerade der Mißbrauchs des Druckmittels, Interventionswirkung herbeiführen zu können, im Vordergrund.

Unversehrtheit der par condicio concurrentium fehlt, nämlich die Pflicht zur Gleichbehandlung, kommt es nicht mehr darauf an, daß mit einer „Pardonnierung" und damit mit der Ungleichbehandlung aufgrund eines bewußten Willensaktes durch den Rechtsinhaber regelmäßig nicht zu rechnen ist.[764] Wettbewerbsverzerrungen durch Privatentscheidungen sind grundsätzlich hinzunehmen, gleich, ob sie nun gewollt sind oder auf Mißachtung der Sorgfalt in eigenen Angelegenheiten beruhen. Gleiches gilt - soweit man dem Deliktsrecht mit seiner stellenweisen Annäherung an die Gefährdungshaftung einerseits, mit der Aufnahme punitiver und der Verstärkung präventiver Gedanken andererseits nicht inzwischen öffentlich-rechtliche Züge beimessen will - entgegen der h.L.[765] für die Verletzung von deliktischen Verhaltenspflichten. Sonderprobleme ergeben sich allerdings daraus, daß die Verletzung derartiger Verhaltenspflichten zugleich *strafrechtlich* sanktioniert sein kann. Dieses Problem, bei dem es zunächst um die Eigenschaft als Antragsdelikt, des weiteren um die Abstimmung des § 1 UWG mit den §§ 152 ff, 170 ff, 374 ff StPO ginge, kann hier ebensowenig angegangen werden wie dasjenige der Bedeutung der Verwertungsgesellschaften im Urheberrecht.

## 3. Der Schutz von Ausschließlichkeitsbindungen

Bestätigt wird die hier vertretene Auffassung durch die neuere Rechtsprechung zu dem Bereich, in dem die Figur der par condicio concurrentium zuerst praktisch angewendet wurde:[766] Dem Schutz von Ausschließlichkeitsbindungen vor Außenseitern. Mit Ausschließlichkeitsbindungen werden Preis- und Vertriebsbindungssysteme bezeichnet. Auch hier setzt, wie jetzt zu zeigen, der Anspruch auf Einhaltung gleicher Wettbewerbsbedingungen die Verletzung einer Gleichbehandlungspflicht voraus, die als solche nicht inhaltlich vollständig bestimmt ist. Zur Gleichbehandlung verpflichtet ist der Preis- bzw. Vertriebsbinder; die gebundenen Unternehmen sind verpflichtet, sich gleich behandeln zu lassen; und auch hier ist der Anspruch des vertragstreuen gebundenen Unternehmens gegen das vertragsbrüchige gebundene Unternehmen vereinfachende direkte Rechtsdurchsetzung eines materiell gegen das bindende Unternehmen bestehenden Gleichbehandlungsanspruchs.

---

[764] Wie hier vor allem die Rechtsprechung, Fn. 546; a.A. *Schricker*, JZ 1999, 635, 636; *ders.*, in: Schricker, UrhR, Einl Rz. 39; *Baumbach/Hefermehl*, § 1 Rz. 666; *Seifert*, ZUM 1985, 81; *Merkel*, Vorsprunggedanke, S. 87.

[765] *Lindacher*, BB 1981, 144; *Jacobs/Hasselblatt*, in: Gloy, HBWbR § 47 Rz. 16; *Sack*, GRUR Int. 1983, 565; *Merkel*, Vorsprunggedanke, S. 106 ff.

[766] RGZ 88, 9, 11 f. Allgemein tritt der Vorsprunggedanke zuerst bei *Lobe*, Unlauterer Wettbewerb, S. 63 ff auf.

a) Grundlage für den Gleichbehandlungsanspruch sind die zwischen dem Preis- bzw. Vertriebsbindern und dem gebundenen Unternehmen geschlossenen Verträge. *Preisbindungssysteme* funktionieren dergestalt, daß ein bindendes Unternehmen - meist der Hersteller - alle Abnehmer dazu verpflichtet, das Produkt an Endverbraucher nur zu einem bestimmten Preis zu verkaufen (Preisbindung der ersten Hand) bzw. ihrerseits die Produkte an Weiterverkäufer nur unter der Bedingung der Preisbindung der zweiten Hand[767] weiter zu verkaufen. Der Preisbinder selbst darf im Gegenzug seine Waren nur über ebenso gebundene Unternehmen vertreiben (Notwendigkeit der „gedanklichen" und „praktischen Lückenlosigkeit").[768] Während Preisbindungen heute[769] gemäß § 14 GWB vorbehaltlich der europarechtlich fragwürdigen Regelung des § 15 GWB für Verlagserzeugnisse verboten sind, sind selektive *Vertriebsbindungssysteme* nach § 16 GWB in größerem Umfang zulässig. Im Rahmen von Vertriebsbindungssystemen verpflichtet der Hersteller insofern abweichend, aber in den übrigen Bedingungen gleich[770] seine Abnehmer nicht zum Verkauf zu einem festgelegten Preis, sondern zur Vornahme bestimmter „produktbegleitender Maßnahmen" wie Werbung, Anstellung qualifizierten Personals und sachgerechte Durchführung von Kundendienstarbeiten. Soweit ein Preis- oder Vertriebsbindungssystem wirksam ist, bietet § 1 UWG unstrittig und nach wie vor Schutz gegen *Schleichbezug* (also Täuschung) und *Verleitung* zum Vertragsbruch durch Außenseiter. Beides sind unternehmensbezogene Unlauterkeitsgründe. Der Grundsatz der par condicio concurrentium spielt allerdings mittelbar auch bei der Verleitung zum Vertragsbruch eine Rolle,[771] weil der Gedanke der par condicio concurrentium - wie gleich noch darzustellen - zum Fortfall der zugrundeliegenden vertraglichen Pflichten führen kann.

---

767 Preisbindung der zweiten Hand bedeutet, daß die Käufer sich verpflichten, das Produkt an Wiederverkäufer nur zu verkaufen, wenn diese entweder ebenfalls an dem Preisbindungssystem teilnehmen oder sich wenigstens dem Erstkäufer gegenüber verpflichten, die Ware nur zu dem festgelegten Preis abzugeben.

768 *Baumbach/Hefermehl*, § 1 Rz. 720 f; *Piper*, in: Köhler/Piper, § 1 Rz. 782 f; *Lutz*, in: Gloy, HBWbR, § 30 Rz. 10 f.

769 Entwickelt wurde die Unterfallgruppe allerdings vor allem anhand der früher zulässigen Preisbindung für Markenware.

770 Insbesondere ist auch gedankliche Lückenlosigkeit weiterhin Voraussetzung der Wirksamkeit, BGH WRP 2001, 539, 541 - Kontrollnummernbeseitigung II.

771 Für die Verleitung zum Vertragsbruch ist die Wirksamkeit des Vertrages notwendig (*Baumbach/Hefermehl*, § 1 UWG Rz. 763; *Piper*, in: Köhler/Piper, § 1 Rz. 787; gänzlich gegen „Verleiten zum Vertragsbruch" *Steindorff*, in: summum ius, summa iniuria, 58, 70; *Habermeier*, ZHR 161 (1997), 774, 779 ff). Sittenwidrigkeit wegen Schleichbezugs erfordert nach h.M. dagegen keine Lückenlosigkeit (*Habermeier*, ZHR 161 (1997), 774, 777 Fn. 8; *Baumbach/Hefermehl*, § 1 Rz. 801; *Sack*, WRP 2000, 447, 449, Fn. 34; a.A. *Emmerich*, in: Immenga/Mestmäcker, GWB, § 16 Rz. 143).

Dagegen ist das *Ausnutzen* fremden Vertragsbruchs ein „marktbezogener" Sittenwidrigkeitsgrund,[772] der also *nur* auf dem Grundsatz der par condicio concurrentium beruht. Der zur Sittenwidrigkeit führende Gedankengang lautet, daß der Außenseiter, der sich die Ware von gebundenen oder vom bindenden Unternehmen beschafft, selbst nicht den Bindungen zu unterliegt. Damit verschafft er sich einen Vorsprung vor gebundenen Wettbewerbern durch günstigere Preisgestaltung und vor anderen Außenseitern durch Komplettierung des Angebots. Beide können - so die frühere Rechtsprechung - dann ebenso wie der sich in einem mittelbaren Wettbewerbsverhältnis stehende Preisbinder Ansprüche aus § 1 UWG wegen Verletzung der par condicio concurrentium geltend machen.

b) Den Unlauterkeitsgrund des Ausnutzens fremden Vertragsbruchs hat der BGH für Vertriebsbindungssysteme aufgegeben und für Preisbindungssysteme die Sittenwidrigkeit ausdrücklich offengelassen.[773] Diese Rechtsprechungsänderung ist zu begrüßen. Sie stützt sich auf zwei Argumente, die beide das hier gefundene Modell des wettbewerbsrechtlichen Gleichbehandlungsanspruchs bestätigen. Da eine Rechtfertigung der Ungleichbehandlung kraft öffentlichen Rechts hier außer Betracht gelassen werden kann, verlangt der haftungsbegründende Tatbestand nur ein Gleichbehandlungspflichtverhältnis und die hinreichend schwere Beeinträchtigung durch Interventionswirkung.

(1) Ansprüche gegen Außenseiter scheitern richtigerweise schon an dem fehlendem Gleichbehandlungspflichtverhältnis. Die Pflicht, gleich zu behandeln und sich gleich behandeln zu lassen, entspringt einem Vertrag und ist deshalb hier nur relativ. Deswegen hat der BGH auch ganz zu Recht die Ausnutzung fremden Vertragsbruchs nicht mehr für die Sittenwidrigkeit genügen lassen: ansonsten würde „der vertraglichen Bindung zwischen dem Hersteller und seinem Abnehmern (..) zu Unrecht eine quasi-dingliche Wirkung zugebilligt".[774] Ansprüche gegen Außenseiter bestehen also schon deshalb nicht, weil es sich bei der vertraglichen Verpflichtung zur Vornahme produktbegleitender Maßnahmen gar nicht um eine condicio concurrentium handelt, zu deren Einhaltung alle Beteiligten *gleichermaßen* verpflichtet sind. Stattdessen hat der BGH richtigerweise den internen Schutz des Vertriebsbindungssystems durch

---

[772] Der BGH, NJW 2000, 2504, 2506 - Außenseiteranspruch II - spricht allerdings neuerdings selbst davon, daß darüber hinaus in der Vergangenheit auch die Bestandsgefährdung des Vertriebsbindungssysems als „- unausgesprochen gebliebener - Gesichtspunkt eine Rolle gespielt" habe. In diese Richtung auch *Schricker*, GRUR 1976, 528, 541 ff; *Fezer*, GRUR 1990, 565; *ders.*, GRUR 1999, 99, 101 ff.

[773] BGH NJW 2000, 2504, 2506 - Außenseiteranspruch II.

[774] BGH NJW 2000, 2504, 2507.

Kontrolle erleichtert[775] und Ansprüche grundsätzlich auf solche gegen den Vertragsbrüchigen beschränkt. Das Argument der Relativität vertraglicher Schuldverhältnisse greift allerdings auch gegenüber Preisbindungssystemen. Daher sollte auch hier ebenso wie bei Vertriebsbindungssystemen das bloße Ausnutzen fremden Vertragsbruchs jedenfalls nicht mehr wegen Verletzung der par condicio concurrentium[776] als sittenwidrig behandelt werden.

(2) Unproblematisch ist das Bestehen eines Gleichbehandlungspflichtverhältnisses aber auch nicht zwischen den Beteiligten der Ausschließlichkeitsbindung. Weil es sich um eine *vertragliche* Gleichbehandlungspflicht handelt, kann die Ungleichbehandlung bereits die Gleichbehandlungspflicht selbst zum Wegfall bringen. Das gilt zwar nicht aus kartellrechtlichen Gründen, weil die Lückenhaftigkeit noch nicht notwendigerweise diskriminierende Handhabung bedeutet.[777] Gibt das bindende Unternehmen aber entweder selbst Waren an ungebundene Unternehmen ab - sei es in Verletzung vertraglicher Pflichten, sei es aufgrund schon fehlender gedanklicher (d.h. konzeptioneller) Lückenlosigkeit - oder toleriert es den Außenseiterhandel oder geht aus anderen Gründen nicht effektiv gegen ihn vor, so wird die Einhaltung der Preisbindung für die gebundenen Unternehmer wegen der Interventionswirkung der Ungleichbehandlung *unzumutbar*. Die Mitbewerber der vertragstreuen Unternehmen treiben ohne entsprechende rechtliche oder tatsächliche Bindung Wettbewerb und befinden sich dadurch im Vorteil. Die gebundenen Unternehmen können dann dem Preisbinder den Einwand der unzulässigen Rechtsausübung entgegenhalten.[778] Auch die gebundenen Unternehmen handeln dann weder vertrags- noch wettbewerbswidrig; das Preisbindungssystem ist zusammengebrochen.[779] Gedankliche und praktische

---

[775] Umstritten ist allerdings, ob es dann, wenn Kontrollnummern entfernt wurden (seit BGHZ 142, 192 - Entfernung der Herstellungsnummer - grundsätzlich unlauter) einen Auskunftsanspruch auf Mitteilung der Bezugsquelle gibt: Dafür *Sack*, WRP 2000, 447, 455; a.A. *Habermeier*, ZHR 161 (1997), 774, 793 f). Gedankliche Lückenlosigkeit verlangt der BGH auch hierfür, BGH WRP 2001, 539 - Kontrollnummernbeseitigung II.

[776] *Schricker*, GRUR 1976, 528, 541 ff sieht auch hier in der Bestandsgefährdung eines selektiven Betriebssystems einen eigenständigen Unrechtsgehalt, geht also von Sittenwidrigkeit wegen unternehmensbezogener Rechtswidrigkeit aus und spricht sich daher für Bestandsschutz auch lückenhafter Vertriebssysteme ohne Hinzukommen weiterer Unlauterkeitsgesichtspunkte aus. Ähnlich *Fezer*, GRUR 1990, 565 ff; *ders.*, GRUR 1999, 99, 101 ff, der hier Rechtsschutz über den Gesichtspunkt „Schutz der Unternehmensleistung nach §§ 1004, 823 Abs. 1 BGB" befürwortet.

[777] EuGH, NJW 1994, 643 - Cartier-Uhren; BGH NJW 1999, 3043 = WRP 1999, 1026 - Entfernung der Herstellungsnummer; BGH NJW 2000, 2504, 2505 - Außenseiteranspruch II.

[778] BGHZ 36, 370, 375 f; *Baumbach/Hefermehl*, § 1 Rz. 718.

[779] BGH GRUR 1958, 240, 245 - Markenschokolade; *Baumbach/Hefermehl*, § 1 UWG Rz. 726.

Lückenlosigkeit sind daher Voraussetzung für die Wirksamkeit eines Preisbindungssystemen.

(3) Das zweite Erfordernis der Gleichbehandlungspflicht ist die hinreichend schwere Beeinträchtigung durch Interventionswirkung, mit anderen Worten, daß die Hinnahme des fremden Vorsprungs tatsächlich unzumutbar ist. Genau dieses Erfordernis findet sich ebenfalls in der neueren Rechtsprechung zu Vertriebsbindungssystemen. Hier läßt der BGH nicht mehr jede noch so geringfügige Beeinträchtigung duch Interventionswirkung genügen, hält die Einhaltung der Vertriebsbindungsvereinbarung nicht schon deshalb für unzumutbar, weil ein gewisser Außenseiterwettbewerb besteht. Die Interessenbeeinträchtigung ist - anders als bei Preisbindungssystemen - nicht notwendigerweise[780] hinreichend schwer.[781] Mit anderen Worten ist der Vorteil, der im Wettbewerb durch Verkauf unter Preis erzielt werden kann, bedeutsamer als der Vorteil durch die Möglichkeit des Verkaufs ohne Werbungs-, Qualitätssicherungs- und Beratungspflichten etc. Für diese Schutzbereichsbegrenzung führte der BGH zudem das Argument vornehmlich europarechtlicher Herkunft an, daß Differenzierungen ohnehin unvermeidbar seien, da lückenlose Rechtsdurchsetzung „im Zuge der Schaffung größerer Wirtschaftsräume kaum noch oder nur unter Verzicht auf wesentliche Absatzmärkte“ erreicht werden könne.[782]

c) Das Interesse an Gleichheit der Wettbewerbsbedingungen (nicht jedoch das Vertragserfüllungsinteresse) ist relational. Ihm wird ebenso durch gleichmäßige Anwendung wie durch gleichmäßige Nichtanwendung der Preisbindung genüge getan. Unklar ist daher, wie sich die beiden Möglichkeiten des gebundenen Unternehmens, entweder vom Preisbinder Vertragserfüllung in Form des

[780] Der BGH verwendet die Formulierung „nicht ohne weiteres“. *Sack*, WRP 2000, 447, 451 wirft dem BGH vor, er falle von einem Extrem ins andere. Notwendig, aber auch ausreichend sei, daß die Lücke in räumlicher, zeitlicher und qualitativer Hinsicht so deutlich spürbar ist, daß die Beachtung der Bindung unzumutbar wird (ähnlich schon *Bunte*, GRUR 1987, 90, 101 f). Ob der BGH überhaupt anderes sagen wollte, mag dahingestellt bleiben; angesichts der notorischen Beweisschwierigkeiten (vgl. S. 99 ff) besteht, wenn die Beweislast beim gebundenen Unternehmer liegt, praktisch kaum ein Unterschied zwischen beiden Ansichten.

[781] BGH NJW 2000, 2504, 2506 - Außenseiteranspruch II. Das verträgt sich durchaus damit, daß auch nach der Rechtsprechungsänderung der Erfüllungsanspruch auf Überwachung der Vertriebsbindung gegenüber dem bindenden Unternehmen fortbesteht. Dieser Erfüllungsanspruch hängt nicht direkt von der fehlenden Unzumutbarkeit der Hinnahme von Außenseiterwettbewerb ab.

[782] BGH NJW 2000, 2504, 2506. Zur europarechtlichen Bewertung der Lückenlosigkeit *Sauter*, in: FS Lieberknecht, 1997, 533, 544 ff; *Klados*, WPR 1999, 586, 589 f; *Sack*, WRP 2000, 447, 448 Fn. 20.

Schutzes des Preisbindungssystems zu verlangen[783] oder aber sich auf unzulässige Rechtsausübung (mit der Folge des Zusammenbruchs des Vertriebsbindungssystems) zu berufen, zueinander verhalten. Vom Interesse an Gleichheit der Wettbewerbsbedingungen her sind beide Lösungen gleichwertig; durch die vertragliche Vereinbarung ist allerdings gleichmäßige Normdurchsetzung als Randbedingung festgeschrieben. Man sollte daher dem Anspruch auf gleichmäßige Normdurchsetzung Vorrang einräumen und einen Fortfall der Bindung – also den Zusammenbruch des Systems – nur nach Maßgabe der §§ 320 ff. BGB annehmen.[784] Bei realistischer Betrachtung kann man aber davon ausgehen, daß die gebundenen Unternehmen ohnehin häufig bis zur Existenzbedrohung stillhalten, um die Beziehungen zum bindenden Unternehmen nicht zu gefährden.

d) Mit dem Modell eines wettbewerbsrechtlichen Gleichbehandlungsanspruchs kann man also auch die Behandlung von Ausschließlichkeitsbindung beschreiben. Da auch bei Preisbindungen die Relativität von Schuldverhältnissen dagegen spricht, einen Unterlassungsanspruch gegen Außenseiter wegen bloßer *Ausnutzung* fremden Vertragsbruchs anzuerkennen, sollte dieser Sittenwidrigkeitsgrund allgemein aufgegeben werden. Dennoch bestünde ein wesentlicher Unterschied zwischen Vertriebs- und Preisbindungssystemen. Da die Unzumutbarkeit des Wettbewerbs unter ungleichen Bedingungen bei Preisbindungssystemen erheblich schneller erreicht ist, bricht das Preisbindungssystem auch schneller zusammen. Der Zusammenbruch hat zwar vor allem vertragsrechtliche Konsequenzen. Ganz bedeutungslos ist der Zusammenbruch für wettbewerbsrechtliche Ansprüche gegen Außenseiter aber auch nicht. Die Verletzung der par condicio concurrentium ist insofern zwar nicht Grund der Sittenwidrigkeit, trotzdem ist für den Anspruch auf Unterlassung der Entfernung von Kontrollnummern[785] und für die Sittenwidrigkeit des Verleitens[786] zum Vertragsbruch die Wirksamkeit des Vertrages Voraussetzung der Sittenwidrigkeit. Der Gedanke der par condicio concurrentium kann aber die Unzumutbarkeit der Einhaltung des

[783] Auf die Möglichkeit des gebundenen Händlers, Vertragserfüllung zu verlangen, wird auch von BGH NJW 2000, 2504, 2507 - Außenseiteranspruch II - im Zusammenhang mit Vertriebsbindungssystemen ausdrücklich hingewiesen.

[784] *Baumbach/Hefermehl*, § 1 Rz. 749 hält das Problem, womit das Ergebnis des Fortfalls der Bindung begründet wird, für eine „mehr theoretische Frage".

[785] BGH WRP 2001, 539 - Kontrollnummernbeseitigung II.

[786] „Verleiten" wird z.T. schon im bloßen Angebot der Abnahme von Waren gesehen (*Lubberger*, WRP 2000, 139, 142; *Sack*, WRP 2000, 447, 452), zum Teil nur bei einer besonderen Verlockung (OLG Stuttgart WuW/E OLG 1873; *Semler*, GRUR 1983, 625, 626 f), von einer dritten Ansicht schließlich noch nicht bei einer Bestellung, wohl aber bei einer Nachbestellung (*Baumbach/Hefermehl*, § 1 Rz. 762; RG GRUR 1939, 562, 566 - Zeiß-Brillengläser; BGH GRUR 1968, 95, 97 - Büchereinachlaß).

Vertrages begründen und so Vertragspflichten und auf diesen Pflichten aufbauende Sittenwidrigkeit zum Fortfall bringen. Bei Preisbindungssystemen ist das die Regelfolge von Außenseiterwettbewerb, bei Vertriebsbindungssystemen die Ausnahme.

### 4. Problemfälle beim Vorsprung durch Verletzung öffentlich-rechtlicher Normen

Wenn auch bei öffentlich-rechtlichen Normen die Verwaltung grundsätzlich als gleichbehandlungspflichtiges Subjekt vorhanden ist, ergeben sich doch auch hier weitere Probleme. Auf das Problem der Reichweite der Fallgruppe des „Vorsprungs durch Rechtsbruch" im Internationalen Privatrecht kann hier allerdings überhaupt nicht eingegangen werden.[787] Wenigstens angesprochen werden soll aber die Schwierigkeit der vertikalen Gewaltenteilung innerhalb des deutschen Staates,[788] von *Dürig* zutreffend neben der Zeit als eine „offene Flanke der Gleichheit" bezeichnet.[789]

Die h.M. schließt einen Anspruch auf gleiche Behandlung durch unterschiedliche Hoheitsträger grundsätzlich aus.[790] Das Ergebnis trifft für die Diskriminierungswirkung zweifellos zu, denn Beeinträchtigungen des Rechts auf Diskriminierungsfreiheit sind ausgeschlossen: Die unterschiedliche Beantwortung des gleichen Problems durch verschiedene Hoheitsträger hat ihren Grund nicht in persönlicher Geringschätzung, sondern unmittelbar in der parallelen Koexistenz verschiedener Macht- und Entscheidungszentren. Für die wettbewerbsverzerrende Wirkung macht es dagegen keinen Unterschied, ob die Differenzierung durch den gleichen oder durch verschiedene Hoheitsträger stattfindet.[791] Ein wirklicher Ausgleich zwischen dem Gleichbehandlungs-

---

[787] Für die Wettbewerbswidrigkeit BGH GRUR 1977, 672 - Weltweit-Club; ablehnend BGH GRUR 1980, 858 - Asbest-Import; *Schricker*, GRUR Int 1982, 720; *Paefgen*, WRP 1991, 447; *Sack*, in: FS Wiese, 493, 508 ff. *Oesterhaus*, Internationales Rechtsgefälle, S. 33. Für eine Lösung im internationalen Verwaltungsrecht *Katzenberger*, IPRax 1981, 7, 8; Vgl. allgemein zu dem Problem *Oesterhaus*, Internationales Rechtsgefälle. Vgl. weiterhin zu internationalen Verhaltenskodizes *Meessen*, NJW 1981, 1131; *Teplitzky*, in: GroßKommUWG, § 1 Rz. G 26.

[788] Dazu *Oesterhaus*, Internationales Rechtsgefälle, S. 121 ff.

[789] In: Maunz/Dürig, Art. 3 Abs. I Rz. 233.

[790] BVerwGE 70, 127, 132; *Heun*, in: Dreier, Art. 3 Rz. 41; *Dürig*, in: Manz/Dürig, Art. 3 Abs. I Rz. 440 f; *Gubelt*, in: v. Münch/Kunig, Art. 3 Rz. 39 a.E.; *Dittmann*, in: FS Dürig, 221, 222. Zur Anwendung auf Differenzierungen durch verschiedene Behörden *Kölbel*, Gleichheit „im Unrecht", S. 28 ff.

[791] *Dittmann*, in: FS Dürig, 221, 238 f.

interesse und der bundesstaatlichen Gewaltenteilung ist hier ebensowenig zu erzielen wie die Abgrenzung der „Maßnahmen gleicher Wirkung" in Art. 28/30 EG.[792] Läßt man jede mittelbar nachteilige Wirkung genügen, bleibt kein Raum mehr für kontrollfreie hoheitliche Entfaltung der Mitgliedstaaten bzw. bei § 1 UWG der Bundesstaaten und umgekehrt.

a) Jedenfalls die Kompetenz zur Setzung unterschiedlichen Rechts im Bereich des Landesgesetzgebungszuständigkeit kann nicht durch § 1 UWG beschränkt sein. Zur Beeinflussung der Gesetzgebungskompetenz ist Art. 72 Abs. 2 GG eine abschließende Regelung. Wenn erhebliche Interventionseffekte zu befürchten sind, ist gem. Art. 72 Abs. 2 GG einzige Rechtsfolge, daß der Bund im Bereich konkurrierender Gesetzgebung zuständig wird: „wenn und soweit die Herstellung gleichwertiger Lebensverhältnisse im Bundesgebiet oder die Wahrung der Rechts- oder Wirtschaftseinheit im gesamtstaatlichen Interesse eine bundesgesetzliche Regelung erforderlich macht", wobei „Wahrung der Wirtschaftseinheit" nichts anderes bedeutet als die Wahrung rechtlich einheitlicher Bedingungen für die wirtschaftliche Betätigung auf landesgrenzenüberschreitenden Märkten.[793] Dieses Ermessen darf nicht durch einen wettbewerbsrechtlichen Angleichungszwang unterlaufen werden. Darin liegt eben der Preis, den die Bürger einschließlich der Wirtschaftswettbewerbstreibenden für die Bundestaatlichkeit bezahlen müssen. Bei schwersten Beeinträchtigungen wird man jedoch überlegen müssen, ob nicht Art. 12 GG die Ausübung von Ermessen in einem bestimmten Sinne oder wenigstens eine Koordination zwischen den Bundesländern verlangt.

Die politische Entwicklung geht hier sogar dahin, Interventionseffekte verstärkt hinzunehmen. Auch auf verfassungsrechtlicher Ebene hatte die allumfassende Reichweite des Interventionsgedankens dazu geführt, daß Art. 72 Abs. 2 GG in der Fassung bis 1994 die Bundeskompetenz de facto überhaupt nicht beschnitt. Mit der Neufassung sollten die Anforderungen gegenüber der bis 1994 geltenden alten Fassung, für die das BVerfG die Entscheidungen des Bundesgesetzgebers (stets mit verneinendem Ergebnis)[794] nur auf Ermessensfehlgebrauch überprüft hatte, justitiabler gemacht werden.[795] Konkrete Aussagen sucht man auch in diesem Zusammenhang vergeblich, insbesondere

---

[792] Dazu S. 200 ff.

[793] *Stettner*, in: Dreier, Art. 72 Rz. 21; *Degenhart*, StaatsR I Rz. 143; *Kröger/Moos*, BayVBl 1997, 705, 709; *Rybak/Hofmann*, NVwZ 1995, 230, 232.

[794] Etwa BVerfG 13, 230, 234. S. weiter *Degenhart*, StaatsR I Rz. 141; *Maunz*, in: Munz/Dürig, Art. 72 Rz. 23; *Hesse*, VerfassungsR, Rz. 240; *Kunig*, in: v. Münch/Kunig, Art. 72 Rz. 22.

[795] *Rybak/Hofmann*, NVwZ 1995, 230, 231; *Degenhart*, StaatsR I, Rz. 141; *Kunig*, in: v. Münch/Kunig, Art. 72 Rz. 24.

dazu, wie die verlangten „substantiellen Darlegungen“[796] denn aussehen könnten.

b) Weitere Folge des Bundesstaatsprinzips ist, daß auch bei landesgrenzenübergreifendem Wettbewerb Landesrecht des einen Bundeslandes nicht auf Wettbewerb angewendet werden darf, der von dem Gebiet eines anderen Bundeslandes ausgeht.[797] M.E. folgt aus der bundesrechtlichen Natur des § 1 UWG sogar, daß selbst bei Konkurrenz innerhalb des gleichen Bundeslandes der ungleichmäßige Vollzug von Landesrecht nicht wettbewerbsrechtliche Gleichbehandlungsansprüche aktivieren kann. Das wäre nur dann anders, wenn Landesrecht dieses Gleichbehandlungsinteresse für schutzwürdig erklärt. Umgekehrt berechtigt die grundsätzliche Landeskompetenz zum Vollzug von Bundesrecht als eigene Angelegenheit nach Art. 83 f GG nicht zur Verletzung bundesrechtlicher subjektiver Rechte, weshalb der unterschiedliche Vollzug von Bundesrecht durch verschiedene Bundesländer grundsätzlich ausreichen können muß, eine relevante Beeinträchtigung des in § 1 UWG geschützten Interesses zu begründen,[798] d.h. die Rechtsbetroffenheit. Allerdings kann ein solcher Eingriff möglicherweise gerechtfertigt sein.[799] Wie die bundesstaatliche Kompetenzordnung in einzelnen in das später zu entwickelnde Rechtfertigungssystem eingeordnet werden kann, muß hier offengelassen werden. Das gilt allemal für die formell-rechtlichen Fragen.[800] Materiellrechtlich stellt freilich die Vollzugshoheit der Länder - außerhalb des Bereiches der Bundesauftragsverwaltung - wohl auch eine Eingriffsgrundlage zu politischer Gestaltung dar, d.h. insbesondere zu anderer Vollzugspolitik als das Nachbarland,[801] soweit der Bund nicht gem. Art. 84 GG vorgeht. Für die Wettbewerber bedeutet dies allerdings ebenso wie die Existenz

---

[796] *Degenhart*, StaatsR I, Rz. 142 f; ähnlich *Rybak/Hofmann*, NVwZ 1995, 230, 231.

[797] Das hat praktische Auswirkungen zum Beispiel auf die Durchsetzung der ärztlichen Berufsordnungen. Ob sich durch die Existenz von Mustergesetzen (z.B. MBO-Ärzte; MEPolG) daran etwas ändert, ist wiederum eine andere Frage (vgl. zur MBO-Ä BGH WRP 2001, 1511, 52 - Augenarztanschreiben). Vgl. zu landesrechtlichen Normen auch BGH GRUR 1960, 240, 243 - Süßbier II; landesübergreifende Wirkung wird einem öffentlich-rechtlichen Vertrag über Satellitenausstrahlung eines Fernsehprogrammes allerdings von OLG Hamburg, NJWE-WettbR 1998, 52 beigemessen. Die Problematik läßt sich auch unter dem Blickwinkel der Zulässigkeit dynamischer Verweisungen betrachten, zu dem Problem allgemein *Schenke*, NJW 1980, 743, insbes. 747ff.

[798] Zumindest zweifelnd *Stolterfoht*, in: FS Rittner, 695, 709.

[799] Dazu S. 223 ff.

[800] Zu Problemen der landesgrenzenübergreifenden Bindungswirkung von Verwaltungsakten *Seibert*, Bindungswirkung, 271 ff; *Ammelburger*, Bestandskraftlehre, 32 ff, beide m.w.N.

[801] Vgl. *Hermes*, in: Dreier, Art. 83 Rz. 18 u. 35; a.A. *Rüfner*, in: BK, Art. 3 Abs. 1 Rz. 178 f; *Trute*, in: v. Mangoldt/Klein/Starck, Art. 83 Rz. 75 f.

unterschiedlichen Landesrechts erhebliche Lasten durch das Bundesstaatsprinzip.

## C. Die Reichweite des Schutzes vor Interventionswirkungen

Wegen § 1 UWG ist der Schutz vor Interventionswirkung in dem im ersten Teil beschriebenen „Drei-Zonen-Modell“[802] nicht auf die Zone „schwerer und unerträglicher Beeinträchtigungen“ beschränkt. Auch setzt die Rechtsbetroffenheit nicht voraus, daß die übertretenen Normen isoliert wettbewerberschützend sind. § 1 UWG enthält die Befugnis, trotz im Falle des Vorsprungs durch Rechtsbruch derivativer Rechtswidrigkeit wegen der relationalen Interventionswirkung die subjektive Berechtigung nach originären Maßstäben zu bestimmen: Die genannte Verkehrspflicht darf und muß also auf Grundlage der Wertungen des § 1 UWG autonom entwickelt werden. Dabei hat sich oben jedoch gezeigt, daß es bereits an einem Raster fehlt, um überhaupt über Abgrenzungsfragen konkret zu diskutieren. Ursache hierfür ist, daß es an Erfahrungswerten zur Kausalität mangelt. An diesem Punkt sollen die Bemühungen zur Schutzbereichsbestimmung nun fortgesetzt werden. Unter (3) werden außerdem einige weitere Kausalitätsfragen angesprochen.

### 1. Exkurs: Abgrenzungskriterien im Europa- und Verfassungsrecht

Sucht man nun nach einer Konkretisierung der „wesentlichen Beeinträchtigung“, stellt sich nach wie vor das schon angesprochene quantitative Beweisproblem.[803] Einige Anhaltspunkte zur Abgrenzung lassen sich in vergleichbaren Konstellationen des Europa- und Verfassungsrechts finden. Sie ähneln den neueren Bemühungen des BGH, den „Vorsprung durch Rechtsbruch“ von Wildwuchs freizuschneiden.

a) Wenig Übertragbares findet man allerdings zu der Frage, wie man das Verbot der potentiellen mittelbaren Einfuhrbehinderung[804] durch ungleiche Rechtsvorschriften von einer Blankoüberprüfungskompetenz abgrenzen soll. Hier gibt es genau die gleichen Beweis- bzw. Konkretisierungsprobleme, und

---

[802] S. 43 ff.
[803] S. 99 ff.
[804] Vgl. EuGH Slg 1974, 837 - Dassonville.

zwar auch nach den Entscheidungen *Keck* und *Mithouard,*[805] wie die Wortwahl eines Großkommentars beweist:[806] So soll ein „de minimis"-Gebot abzulehnen sein, es „kein Spürbarkeitserfordernis" geben, andererseits müsse aber die „Behinderungseignung hinreichend substantierbar sein, so daß Vorschriften mit rein hypothetischen Auswirkungen auf den innergemeinschaftlichen Handel oder Regelungen, deren behauptete mittelbare Behinderungseignung völlig ungewiß bleibt, den Verbotstatbestand noch nicht erfüllen." Wie das beweisrechtlich umzusetzen ist, bleibt jedoch offen. Den Nachweis, daß es tatsächlich zu einer handelsbehindernden Wirkung kommt, verlangt man jedenfalls nicht, denn „er könnte wegen der zahlreichen Faktoren [...] möglicherweise bei Nutzung des Fächers spitzfindiger konsiliarischer Argumentationstechniken nur selten zweifelsfrei geführt werden."[807] Gesicherte europarechtliche Abstufungskriterien, auf die für hier behandelte Problematik zurückgegriffen werden könnte, gibt es folglich nicht.

b) Hilfreicher als der Vergleich mit den „Maßnahmen gleicher Wirkung" ist der Blick auf die Behandlung *indirekter* Subventionen im europäischen Beihilferecht. Das gilt zwar noch nicht für das (umstrittene) Erfordernis, daß die Wettbewerbsverfälschung spürbar sein muß,[808] weil es hier ja genau um die Frage geht, *wann* eine Wettbewerbsverfälschung spürbar ist, wie also eine derartige Generalklausel konkretisiert werden könnte. Ebensowenig kann es ausschließlich darauf ankommen, ob die Beihilfe einem begünstigten Unternehmen zu Marktmacht und damit zur Möglichkeit verhilft, eigenmächtig weitere Wettbewerbsverzerrungen herbeiführen zu können.[809] Unterscheidungskräftiger ist das Erfordernis, daß eine Begünstigung nur dann eine Beihilfe i.S.v. Art. 87 EG darstellen soll, wenn sie zugleich eine unmittelbar bezifferbare finanzielle Einbuße für den Staat oder eine ihm zurechenbare Einrichtung bedeutet.[810] Dieses Erfordernis dient auch der Abgrenzung von anderen

---

[805] EuGH, Slg. 1993 I, 6097/ 6131.

[806] *Müller-Graff*, in: von der Groeben/Thiesing/Ehlermann, Art. 30 Rz. 59, allerdings in Fn 116 mit zahlreichen, hier nicht ausgewerteten Nachweisen zu Entscheidungen, in denen die Behinderungseignung als zu spekulativ angesehen wurde.

[807] *Müller-Graff*, in: von der Groeben/Thiesing/Ehlermann, Art. 30 Rz. 63; ebenso *Leible*, in: Grabitz/Hilf, Art. 28 Rz. 15.

[808] Vgl. *Streinz*, EuropaR, Rz. 849; *Klein/Haratsch*, EWS 1997, 410, 413.

[809] Immerhin scheint dies in der Prüfungspraxis der Kommission eine Rolle zu spielen, ABl. EG 1997 Nr. C 372 S. 5 (Fn. 1); kritisch *Koenig/Kühling*, EuZW 1999, 517, 518.

[810] EuGH, EuZW 2001, 242, 245 f - PreussenElektraAG/Schleswag AG; EuGH, Slg. 1993 I, 887, 934 - Sloman/Neptun (mit Finalitätserwägungen); EuGH, Slg. 1993 I, 6185, 6220 - Kirsammer/Hack; *Mederer*, in: von der Groeben/Thiesing/Ehlermann, Art. 92 Rz. 16 ff; *Soltész*, EuZW 1998, 747 (mit detaillierter Rechtsprechungsanalyse); a.A. *Koenig/Kühling*, EuZW 1999, 517, 520 f; *Slotboom*, ELR 20 (1995), 289.

Bestimmungen des EG,[811] soll jedoch zugleich gezielte Förderungen zu Lasten anderer Wettbewerber von den entfernteren mittelbaren Auswirkungen von Ungleichbehandlungen abgrenzen.[812] Vorteile, die einem Wettbewerber zu Lasten eines dritten Nichtkonkurrenten eingeräumt werden, genügen hier nicht; es werden also die *allgemeinen Lebensumstände*, die sich nur mittelbar über die Preiskalkulation im Markt niederschlagen können, ausgeklammert.

c) Weitere Hinweise darauf, daß der normative Zusammenhang bei der „Preiskalkulation" problematisch ist, findet man bei der Rechtsprechung des BVerfG zur Berufsfreiheit. Das Verständnis des BVerfG von der Berufsfreiheit ist stets viel weiter gewesen als das der Verwaltungsgerichte;[813] ein ganz generelles Abgrenzungskriterium hat aber auch das BVerfG zur Vermeidung von Konturenverlusten[814] mit dem Erfordernis einer „objektiv berufsregelnden Tendenz" gesucht.[815] Die Belastung soll infolge ihrer Gestaltung in einem engen Zusammenhang mit der Ausübung eines Berufes stehen müssen. Das heißt vor allem,[816] daß der Anwendungsbereich der Norm wenigstens schwerpunktmäßig gerade berufliche Tätigkeit umfassen[817] und die Norm die Berufsausübung nennenswert behindern muß.[818] Bestimmungen etwa des Umweltschutz- oder Bauplanungsrechts fallen deshalb aus dem Eingriffsbegriff heraus.[819] Auch hier scheint man vergleichbar dem Beihilfebegriff einen hinreichend spezifischen Zusammenhang dort abzulehnen, wo es lediglich um die mittelbar begünstigende Beeinflussung der Kalkulationsgrundlage von Konkurrenten geht. Die Abgrenzung ist allerdings im Detail recht verworren, z.B. mit der Unterscheidung zwischen Weinwirtschaftssteuer, Künstlersozialversicherungs-

---

[811] *Slotboom*, ELR 20 (1995), 289; *Mederer*, in: von der Groeben/Thiesing/Ehlermann, Art. 92 Rz. 18; *Soltész*, EuZW 1998, 747, 751.

[812] *Soltész*, EuZW 1998, 747, 750 f.

[813] Schutz vor Interventionswirkung wurde gewährt in BVerfGE 86, 28, 37; BVerfGE 82, 209, 223 f; nur wegen Finalität hat auch BVerwGE 71, 183, 193 f den Eingriffscharakter der gewollten Interventionswirkung von Arzneimitteltransparenzlisten bejaht.

[814] BVerfGE 97, 228, 257 f.

[815] BVerfGE 13, 181, 186; BVerfGE 47, 1, 21; BVerfGE 81, 108, 121; BVerfGE 97, 228, 254; *Gubelt*, in: v. Münch/Kunig, Art. 12 Rz. 42; *Schliesky*, Öffentliches Wettbewerbsrecht, S. 215 f; *Wieland*, in: Dreier, Art. 12 Rz. 79; *Jarass*, in: Jarass/Pieroth, Art. 12 Rz. 12 ff. Ablehnend *Manssen*, in: v. Mangoldt/Klein/Starck, Art. 12 Rz. 70 ff; *Breuer*, in: Isensee/Kirchhof, HBStR VI, § 148 Rz. 29 ff. Das BVerfG hat sich allerdings selbst nicht immer konsequent an diese Formel gehalten, *Breuer*, in: Isensee/Kirchhof, HBStR VI § 148 Rz. 32.

[816] Anders etwa die Argumentation bei der Bejahung einer objektiv berufsregelnden Tendenz der Schankerlaubnissteuer, die auch auf finale Elemente abzielt (BVerfGE 13, 181, 185 f; dazu *A. Roth*, Drittbetroffenheit, S. 144 Fn. 79).

[817] BVerfGE 97, 228, 254.

[818] BVerfGE 81, 108, 122.

[819] *Wahl/Schütz*, in: Schoch/Schmidt-Aßmann/Pietzner, § 42 Abs. 2 Rz. 320 a.E.

abgabe, Kuponsteuer und Schankerlaubnissteuer, die zum Teil eine derartige objektiv berufsregelnde Tendenz haben sollen, zum Teil aber auch nicht.[820]

## 2. Versuch einer Rasterung

Der nun folgende Abstufungsversuch zu § 1 UWG will nicht eine Lösung auch der europarechtlichen Probleme oder des Problems der verfassungsrechtlichen Bindung des Gesetzgebers durch Art. 12 GG anbieten, sondern sich alleine auf § 1 UWG beschränken. Auch muß hier jeder Rasterungsvorschlag damit rechnen, auf breitesten Widerspruch zu stoßen. Ein halbwegs griffiges Raster hat aber an sich schon große Vorteile, die gewisse „Grobheiten" rechtfertigen. Das richterliche Judiz alleine bietet in den hier besprochenen Fällen aufgrund der mangelnden fundierten Kenntnisse der in der jeweiligen Branche herrschenden Bedingungen auch keine besondere Gerechtigkeitsgewähr, führt jedoch zu erheblichen Rechtsunsicherheiten. Die sich nun anschließenden Ausführungen bemühen sich daher vor allem darum, ein möglichst konkretes Raster für die Abgrenzung hinreichend schwerer Interventionseffekte bereitzustellen. Diese Raster müssen ineinander verschränkt werden, d.h. nicht alternativ, sondern kumulativ verwendet werden.

### a) Rasterung nach dem geregelten Wettbewerbsparameter

(1) Es bietet sich an, zunächst einmal in Fortsetzung eines Ansatzes von *Breuer*[821] zwischen den verschiedenen geregelten *Wettbewerbsparametern* (Investitionsfreiheit, Werbefreiheit, Preisgestaltungsfreiheit etc. zu unterscheiden. Man kann hier m.E. folgende Unterscheidung treffen: (a) Berufszulassungsregelungen; (b) Normen, die Qualitätsanforderungen an das Produkt stellen; (c) Normen, die den Preis selbst regeln; (d) Normen, deren Verletzung sich auf die Preiskalkulations-möglichkeiten günstig auswirkt; (e) Normen, die die Möglichkeiten zum Vertragsabschluß selbst einschränken; (f) Normen, die die Kommunikation über das Produkt regeln; (g) vertriebswegeinschränkende Normen.

Diese erste Rasterung ist vor allem dazu geeignet, dem hoheitlichen Regelungsinteresse gerecht zu werden, d.h. also wettbewerbsferne von wettbewerbsnahen Gebieten zu unterscheiden. Das hat unmittelbar nichts mit

---

820 Vgl. *Manssen*, in: v. Mangoldt/Klein/Starck, Art. 12 Rz. 70 ff; *Breuer*, in: Isensee/Kirchhof, HBStR VI, § 148 Rz. 31 f.

821 In: Isensee/Kirchhof, HBStR VI, § 147 Rz. 60 ff.

der Figur der wertbezogenen Normen und der dieser entsprechenden Schutznormkonstruktion zu tun. Dort geht es um unmittelbaren Schutz wettbewerbsrechtlich geschützter Rechtsgüter, also gerade nicht um die Verbotsdurchsetzung um der Verhinderung eines Vorsprungs willen. Entgegen der bis zur „Abgasemissionen"-Entscheidung[822] herrschenden Meinung kann der Normzweck jedoch auch für normative Relevanz des „Vorsprungs" nicht völlig außer Betracht bleiben.[823]

Dieses im folgenden zu entwickelnde Raster kann nur eine Hilfestellung für die Entwicklung von Vermutungen geben, die wegen der Beweisschwierigkeiten allerdings recht selten widerlegt werden dürften. Daß der konkrete Beweis der Beeinträchtigung dennoch genügen können muß, ergibt sich in „schweren und unerträglichen" Fällen schon aus Art. 12 GG. Ganz so hoch sollte man wegen § 1 UWG die Meßlatte für einen konkreten Nachweis allerdings nicht legen. Hilfreich könnte die dezisionistische Festlegung eines Wertes der Betroffenheit (z.B. ab 15 % Umsatzerhöhung oder 3 % Umsatzeinbußen der Mitbewerber) durch die Rechtsprechung sein. Ein solcher Wert könnte außerdem bei der weiteren Diskussion der Vermutungen als Zielmarke hilfreiches Topos sein.

(2) Eine umfassende Stellungsnahme zu den einzelnen Fallgruppen ist nicht beabsichtigt. Sie sollen hier also nur kurz durchgesehen werden.

(a) *Berufszulassungsregeln* dürfen nicht den Zweck haben, vor Konkurrenz zu schützen, sind daher auch regelmäßig nicht von Konkurrenten durchsetzbar.[824] Der hierhinter stehende Gedanke des Schutzes des Wettbewerbs vor Protektionismus darf nicht durch den Vorsprunggedanken ausgehöhlt werden. Diese Gefahr besteht jedoch nicht, weil der Vorsprunggedanke nur selten die Durchsetzung dieser Normen trägt.[825] Am Markt selbst kann sich aus der Verletzung von Berufszulassungsregeln gegenüber bereits auf dem Markt tätigen Konkurrenten allenfalls ein - zumeist sogar einmaliger - Kostenvorteil

---

[822] BGH WRP 2000, 1116.

[823] So schon *Eichmann*, GRUR 1967, 564, 567 f; wohl auch *v. Schall-Riacour*, Außerwettbewerbsrechtliche Normen, S. 77 f; *Preu*, Drittschutz, S. 184 ff. Iim Ansatz ebenso (allerdings mit weiteren Problemen infolge der Überhöhung der Marktwirtschaft) *Schünemann*, in: GroßKommUWG Rz. D 66 ff; a.A. jedoch *ders.*, Wettbewerbsrecht, S. 119.

[824] Hier zutreffend die Argumentation der Verwaltungsgerichte: BVerwGE 10, 122, 124; BVerwGE 39, 329, 336 ff

[825] *Jacobs/Hasselblatt*, in: Gloy, HBWbR, § 47 Rz. 31; *Baumbach/Hefermehl*, § 1 Rz. 649; *Kohler*, GRUR 2991, 777.

ergeben. Dieser Vorteil wirkt sich in der Möglichkeit günstigerer Preiskalkulation[826] aus und ist dementsprechend zu behandeln.

(b) Normen, die *Qualitätsanforderungen* an das Produkt stellen, dienen häufig der Gewährleistung von Transparenz, der Sicherung von Verbrauchererwartungen und zum Teil sogar der Gewährleistung von Verbrauchersicherheit. Von daher kommen solche Normen ohnehin zumeist als Kandidaten für den Bereich wertbezogener Normen in Betracht. Der Vorsprunggedanke trägt dagegen nicht sonderlich weit. Der Vorteil durch Veräußerung eines mangelhaften Produkts beschränkt sich auch hier auf die Möglichkeit günstigerer Preiskalkulation und ist ebenfalls dementsprechend zu behandeln. Mittelbar haben Produktqualitätsregeln allerdings zumeist auch eine Bedeutung für die Kommunikation mit der Marktgegenseite. Diese erwartet eben, daß die Ware den gesetzlichen und geschätzten Anforderungen entspricht. Wenn eine solche Bedeutung konkret festgestellt werden kann, muß qualitätsregelnden Normen ebenfalls die Relevanz von konsumentenkommunikationsregelnden Normen zugestanden werden.

Eher könnte ein Vorteil dadurch erzielt werden, soweit die Normen einen Höchstqualitätswert festsetzen. Es ist jedoch nicht ersichtlich, daß es öffentlichrechtliche Normen gäbe, die unmittelbar die Qualität beschränken. Mittelbar können vertriebseinschränkende Normen aber solche Effekte haben, denn die durch den Handel gebotene Dienstleistung ist höherwertig, wenn die Verletzung des Verbotes die Komplettierung des Sortimentes ermöglicht.[827]

(c) Normen, die den Preis selbst regeln, sind auch heute nicht wirklich selten. Geregelt sind z.B. noch die Preise für Medikamente,[828] mittelbar für Tabakwaren und - verfassungsrechtlich zum Teil höchst bedenklich - für Dienstleistungen vor allem freier Berufe (BRAGO, HOAI, GoÄ). Der enge Wettbewerbsbezug ist unproblematisch gegeben. Der Verkauf über Preis ist allerdings nicht geeignet, einen Vorsprung zu verschaffen,[829] der Verkauf deutlich unter Preis ermöglicht ohne weiteres die Erzielung eines wesentlichen, unter Umständen sogar den Bestand des Wettbewerbs bedrohenden Vorsprungs. Daß jemand geringfüg

---

[826] Beispiele: BGH GRUR 1989, 432 - Kachelofenbauer I; BGH GRUR 1992, 123 - Kachelofenbauer II.

[827] Beispiel: Der Vorsprung gegenüber Außenseitern bei Verletzung von Vertriebsbindungssystemen; Vorsprung gegenüber anderen Drogerien durch Verkauf apothekenpflichtiger Medikamente.

[828] § 78 AMG; kritisch zur Einstufung als wertbezogene Norm *Teplitzky*, in: GroßKommUWG § 1 Rz. G 41.

[829] Hypothetisch ist auch hier an die Ermöglichung von Quersubventionierungen zu denken, die aber wiederum nur eine günstigere Preiskalkulation ermöglicht.

unterhalb des gesetzlich gebotenen Preises verkauft, dürfte praktisch kaum vorkommen.

d) Sicherlich das größte Problem sind die Normen, deren Verletzung die *Preiskalkulationsmöglichkeiten* verbessert, die also nur „betriebswirtschaftliche Auswirkungen“[830] zeigen.

*Abgas-Emissionen-Grundfall:*[831] E betreibt ebenso wie die K ein Werk zur Herstellung von Haupt- und Nebenerzeugnissen der holzverarbeitenden Industrie. K erzeugt den für die Holzbearbeitung notwendigen Dampf unter Einhaltung der Emissionswerte mit teuer eingekauftem Erdgas, muß daher zusätzlich auch die Holzabfälle kostenpflichtig als Abfall entsorgen; E betreibt seine Dampfkesselanlage mit Holzabfällen der eigenen Produktion. Dabei überschreitet E aber die Grenzwerte für Kohlenmonoxid-Emissionen. Die Kostenvorteile setzt er in günstigere Angebote um. Ist dies ein relevanter Vorsprung?

(aa) Ein einmaliger kurzfristiger Vorteil auf diesem Gebiet ist nicht geeignet, erhebliche Wettbewerbsverzerrungen zu verursachen, weshalb das Erfordernis des planmäßigen fortgesetzten Verstoßes als Voraussetzung der Sittenwidrigkeit wegen „Vorsprungs durch Rechtsbruch“ hier sicherlich am ehesten seine Berechtigung hat; die Beurteilung der Situation, daß dauerhaft die Möglichkeit besteht, günstiger anbieten zu können, also etwa wie im Beispiel der kontinuierliche Rechtsbruch bei der Produktion, erweist sich dagegen als ausgesprochen schwierig. Der Rechtsverstoß ist in diesen Fällen zwar selbst noch keine Handlung im geschäftlichen Verkehr zu Zwecken des Wettbewerbs; der Vorteil kann auch abgeschöpft werden. Auch das verletzt zwar den Gedanken der wettbewerblichen Verteilungsgerechtigkeit, kann aber alleine jedenfalls nicht die Wettbewerbswidrigkeit als Individualrechtsverletzung begründen. Wenn dagegen der finanzielle Vorteil im Wettbewerb eingesetzt wird, kann die Verletzung in der Wettbewerbshandlung fortwirken.[832]

(bb) Selbst wenn ein solches „Fortwirken“ der Fall ist, besteht damit aber noch nicht zwingend ein hinreichend spezifischer Zusammenhang zwischen Gesetzesverletzung und Interessenbeeinträchtigung. Ein spezifischer Zusammenhang fehlt bei einer bloß allgemeinen Stärkung des Betriebes.[833] Selbst bei einem günstigeren Angebot, das nachweislich erst durch den

[830] BGHZ 120, 320, 325 - Tariflohnunterschreitung.
[831] Die Abwandlung (S. 234) wurde in BGH WRP 2000, 116 - Abgasemissionen entschieden.
[832] BGH GRUR 1993, 761, 762 - Makler-Privatangebot; BGH WRP 2000, 1116 - Abgasemissionen; *Piper*, in: Köhler/Piper, Einf. Rz. 197.
[833] Für wettbewerbsrechtliche Sanktionen jedoch dann, wenn ein besonderer Sanktionsbedarf besteht, *Stolterfoht*, in: FS Trinkner, 695, 706 f.

Rechtsbruch ermöglicht wurde,[834] muß man diesen Zusammenhang bezweifeln. Es kann zwar einerseits gar nicht bestritten werden, daß das günstigere Angebot auf einem funktionierenden Markt einen ganz enormen Wettbewerbsvorsprung bedeuten kann. Andererseits ist jedoch auch eine gewisse normative Nähe des Regelungsgebietes notwendig.[835] Der Kreis derjenigen Normen, deren Verletzung eine günstigtere Preisgestaltung ermöglichen kann, ist hier mit Abstand am größten, der Zusammenhang zwischen Schutzzweck der Norm und Regelung gerade des Konkurrenzelementes am geringsten. Jede Begünstigung im Vor- oder Nachfeld der Wettbewerbshandlung kann hierdurch potentiell wettbewerbsrechtliche Relevanz erlangen. Es ist der Bereich, den schon *Kohler* aus eben diesem Grunde aus dem Anwendungsbereich des „Vorsprung durch Rechtsbruch" herausnehmen wollte. Zum einen gebe es einen „Einbruch in das individuale Leben";[836] zum anderen werde aber auch ermöglicht, das Geschäft „bis in den hintersten Winkel" auszuleuchten. Damit ist ein weiterer Gesichtspunkt gegen die Einbeziehung genannt, denn die Normen, deren Verletzung sich auf die Preiskalkulationsgrundlagen auswirken, betreffen zugleich zumeist einen Bereich, in dem die Wahrung von Geschäfts- und Betriebsgeheimnissen eine große Rolle spielt.[837]

Auch hier zeigt sich wieder, daß auf der Waagschale des Wettbewerbsrechts der Individualschutz vor übermäßigen Freiheitseinschränkungen lange vernachlässigt wurde. Der Gedanke, der zur Ablehnung des *Kohler'schen* Arguments geführt hat, wollte eben die formellen Schranken überwinden, die die Kompetenzen der Gerichte beschränken: „Bewußt decken wir heute also auch die Produktionsgrundlagen eines Unternehmens bei der wettbewerbsrechtlichen Beurteilung auf. Es ist der Sache nach ein breiter Einbruch des Gemeinschaftsgedankens im Wettbewerbsrecht, der sich hier vollzieht: die Freiheit des Einsatzes und der Leistung bleibt zwar gewahrt, aber die Grundlagen, auf denen das Angebot des Wettbewerbers sich aufbaut, werden an allgemeinen Maßstäben gemessen: sie müssen mit dem Gesetz, mit allgemein

---

[834] Zu Beweisfragen BGHZ 120, 320, 325 f - Tariflohnunterschreitungen; *Teplitzky*, in: GroßKommUWG, § 1 Rz. G 194; *Eichann*, GRUR 1967, 564, 568.
[835] S. bereits in Fn. 823.
[836] *Kohler*, Der unlautere Wettbewerb, S. 30 ff; *ders.*, Archiv für bürgerliches Recht XXIX (1906), 140, 150 ff.
[837] Der Gesichtspunkt des Geheimnisschutzes wurde im folgenden nicht näher in die Erörterung einbezogen; aus diesen Gründen mag für die Mitbewerber die eine oder die andere Möglichkeit der Durchsetzung des Gleichbehandlungsanspruchs vorzugswürdig sein. Bei einer Gegenüberstellung wäre zu beachten, daß, da im Verwaltungsverfahren das Verbot des Ausforschungsbeweises nicht gilt, es dort zur Kompensation gegenüber dem Zivilprozeß einen etwas besseren Geheimnisschutz gibt (vgl. §§ 99 f VwGO, 29 Abs. 2, 30 VwVfG).

bindenden Verträgen und mit gesunden Prinzipien der Wirtschaftsgestaltung im Einklang stehen."[838]

(cc) Diesen Schritt hat der BGH neuerdings ganz zu Recht in der „Abgasemissionen"-Entscheidung zurückgenommen.[839] Wie eben gesehen,[840] wird bei der Abgrenzung des europarechtlichen Beihilfebegriffes hier ein wettbewerblicher Zusammenhang am ehesten verneint, lehnt das BVerfG eine objektiv berufsregelnde Tendenz hier teilweise ab. Die Terminologie, wenigstens der sekundäre Schutzzweck der Norm müsse auf wettbewerblichem Felde liegen,[841] führt zwar nicht weiter, da schon die Feststellung bereits der primären Schutzzwecke häufig zu kaum lösbaren Problemen führt. Der Sache nach erkennt der BGH aber zutreffend, daß ansonsten der Interessenschutz § 1 UWG jegliche Kontur verlieren würde. Ebenso wie bei Vertriebsbindungssystemen, bei denen Außenseiter ebenfalls zumeist Vorteile auf dem Gebiet der Preiskalkulation haben,[842] ist auch hier ein gewisses Maß an Außenseiterwettbewerb zumutbar.[843]

Das sollte dahingehend verallgemeinert werden, daß die Ermöglichung einer günstigen Preiskalkulation alleine nicht genügen kann, um einen hinreichenden Vorsprung im Wettbewerb zu begründen. Hier bleibt dem Wettbewerber nur der konkrete Nachweis des erheblichen Marktanteilsverlusts. Um Härten einer solchen Regel abzumildern, kann man dem Konkurrenten erstens möglicherweise mit der Zulassung von Anscheinsbeweisen bzw. unter bestimmten Umständen auch bei der Verteilung der Darlegungs- und Substantiierungslast helfen.[844] Zweitens sollte man sich aber auch bei den Schutznormen großzügiger als die Verwaltungsgerichte zeigen, also den Kreis abstrakter Gefährdungsdelikte gerade in diesem Bereich vergrößern.

---

[838] *E. Ulmer*, GRUR 1937, 769, 771.

[839] Dazu *Zeppernick*, WRP 2000, 1069, 1073; *Teplitzky*, in: GroßKommUWG Rz. G 177 f

[840] S. 200 ff.

[841] BGH WRP 2000, 1116, 1120 f; zustimmend *Zeppernick*, WRP 2000, 1069, 1071. Anders in vergleichbarem Zusammenhang, der Durchsetzung der §§ 21, 22 BGB über den Vorsprunggedanken (BGH GRUR 1983, 120 - ADAC-Verkehrsrechtsschutz), etwa *K. Schmidt*, NJW 1983, 543; *ders.*, AcP 182 (1982), 1, 51 f: Der Vorsprunggedanke tauge nur für Verhaltens-, nicht jedoch für Organisationsnormen. Ob sich daraus ein allgemeiner Ansatz für die Behandlung der Preiskalkulationsgrundlage - Normen, die lediglich erst die Organisation des Subjektes zum Markt hin beeinflussen - schaffen ließe, muß hier offengelassen werden.

[842] Die Außenpräsentation als Fachhändler, die über die Teilnahme an vereinheitlichten Werbekampagnen erreicht wird, dürfte dagegen zumeist nicht nachteilig sein.

[843] Der BGH WRP 2000, 1116, 1121 - Abgasemissionen - argumentierte wieder mit dem europarechtlich hinzunehmenden Außenseiterwettbewerb.

[844] Vgl. dazu die Lösung des Abgasemissionen-Falls auf S. 263 ff.

(e) Normen, die die Möglichkeit zum *Vertragsschluß* selbst einschränken, werden regelmäßig nicht nur von den Anbietern, sondern auch von den Nachfragern als besonders lästig empfunden. Zu nennen sind hier neben dem Ladenschlußrecht produktionsbeschränkende Regelungen, die die Herstellung eines Produktes gänzlich unmöglich machen (Beispiel: Sonntagsarbeitsverbote führen dazu, daß viele Dienstleistungen an Sonntagen nicht möglich sind). Die nicht nur minimale Verletzung derartiger Normen ist häufig dazu geeignet, einen handfesten Vorsprung im Wettbewerb zu verschaffen. Damit ist auch der seit der Klett-Passage-Entscheidung ermüdend breit diskutierte Konkurrenzschutz bei Ladenschlußzeiten zu bejahen,[845] schon weil die Ausnahmebewilligung nach § 23 Abs. 1 LadenSchlG einen Eingriff in das wettbewerbsrechtliche Recht auf Gleichbehandlung bedeutet. Darauf, ob es sich um Schutznormen handelt, kommt es also gar nicht an.

(f) Zweifelhaft erscheint es, ob durch die Verletzung *konsumentenkommunikationsregelnder* Normen immer ein erheblicher Vorsprung erzielt werden kann. Gerade in diesem Bereich ist die Kritik, es werde überreguliert, am schärfsten gewesen. Allerdings kann man den Wettbewerbsbezug dieses Normbereiches nicht verneinen: Kennzeichnungsrecht, verwaltungsrechtliche Irreführungsverbote etc. überschneiden sich mit den Kernbereichen der heteronom geregelten wettbewerbsrechtlichen Regelungsmaterien,[846] weswegen auch ein nicht unerheblicher Teil dieser Normen als wertbezogen eingestuft wird. Nicht wegen fehlenden Wettbewerbsbezugs der Norm, sondern wegen zweifelhafter Intensität der Interessenbeeinträchtigung - d.h. bei den anderen Rasterungen - sollte man eine eher strenge Haltung einnehmen. Im übrigen sollte gerade hier der Beeinflussung der Richtung der Gleichheit durch Verwaltungshandeln, z.B. in Form der Duldung, stärkere Beachtung gewidmet werden.

(g) Zwischen vertragsabschlußregelnden, kommunikationsregelnden und produktqualitätssichernden Normen stehen Normen, die den *Vertriebsweg einschränken*, also z.B. der Apothekenzwang gem. § 47 AMG oder auch Regelungen des Vertriebs von Finanzprodukten. Bei den Handelsverboten des § 38 WaffenG ist es dagegen eher nicht vorstellbar, daß die zuständige Behörde nicht einschreitet, wenn sie von den Verstößen Kenntnis erlangt.

---

[845] S. dazu BVerwGE 65, 167; *Stober*, GewArch 1982, 1; *Wallerath*, NJW 2001, 781; *Wahl/Schütz*, § 42 Abs. 2 Rz. 320.

[846] *Kroitzsch*, GRUR 1982, 389, 394; *Eichmann*, GRUR 1967, 564, 566.

*Giftnotruf-Box-Grundfall:*[847] E und K stellen Arzneimittel zur Erstversorgung bei Spülmittelvergiftungen her. E verteilt sein Produkt via Apotheke im Rahmen einer hauseigenen Studie zu Möglichkeiten, eine schnelle Erstversorgung sicherzustellen, kostenlos an Kinderärzte. Diese geben das Produkt dem Konzept der Studie entsprechend zusammen mit einem Begleitschreiben an 25.000 Haushalte mit Kleinkindern weiter. Je Kinderarzt werden etwa 50-60 Packungen abgegeben. § 47 AMG läßt einen solchen Vertrieb über Kinderärzte nicht zu.

Auch diese Regelungen berühren genuin wettbewerbsrechtliche Regelungskreise, so daß der wettbewerbliche Bezug grundsätzlich bejaht werden kann. Ebenso wie bei den kommunikationsregelnden Normen muß hier jedoch bei den anderen Rasterungen ein besonderes Augenmerk auf die hinreichende Höhe des Vorsprungs gerichtet werden. Daß E im Beispiel nach außen einen legitimen Zweck zu verfolgen scheint,[848] schließt den Vorsprung nicht per se aus. Es kann sich allenfalls um einen Rechtfertigungsgrund für einen Eingriff handeln. Hier zeigt sich schon, daß die Beurteilungskapazität der Verwaltung durchaus notwendig sein kann, um sinnvoll zu differenzieren.

### b) Rasterung nach der Produktart

Hat man zunächst einmal Normbereiche ausgegrenzt, denen der spezifische wettbewerbliche Bezug - die „objektiv wettbewerbsregelnde Tendenz", der „sekundäre wettbewerbliche Schutzzweck" - fehlt, muß in einem zweiten Schritt die Art und Höhe des Vorsprungs genauer untersucht werden.

Hier haben die produktbezogenen Unterscheidungen einen hohen Wert, die der BGH im Ansatz in der „Orient-Teppichmuster"-Entscheidung[849] zu treffen begonnen hat. *Beater* hat darauf hingewiesen, daß für die Eignung zur Erzielung eines Vorteils im Wettbewerb die Güter entsprechend absatzökonomischer Kategorien in Erfahrungsgüter, Suchgüter und Vertrauensgüter unterteilt werden können.[850] *Erfahrungsgüter* sind häufig gekaufte billige Produkte, die der Verbraucher einfach ausprobiert, ohne sich lang zu informieren. Dagegen unternimmt der Kunde bei *Suchgütern* meist ausgiebigere Recherchen, z.B. bei Autos oder Häusern. *Vertrauensgüter* zeichnen sich schließlich dadurch aus, daß

---

[847] Die Abwandlung (S. 230) wurde in BGH NJW 2000, 864 - Giftnotruf-Box mit Vorinstanz KG WRP 1997, 460 entschieden.

[848] Erste seit wenigen Jahren werden medizinische Studien von Pharma-Firmen überhaupt im Forschungsetat und nicht mehr im Marketingetat verbucht. Allgemein zu dem branchenspezifischen Problem *Mahlberg*, MedR 1999, 299.

[849] BGH JZ 2000, 1011.

[850] *Beater*, JZ 2000, 973, 978.

der Kunde den Angaben des Verkäufers vertrauen muß, weil er die Qualität nicht sicher oder nur mit unvertretbarem Aufwand oder in nicht akzeptabler Form überprüfen kann. Hierhin gehören z.B. gesundheits-, sicherheits- und sonst existenzrelevante Güter wie Medikamente, Rechtsberatung, Gas- und Strominstallationen oder auch der Erwerb eines Eigenheims. In diesen Bereichen sind Verbote allerdings schon in hohem Maße via Normzweckgedanken wettbewerbsrechtlich durchsetzbar.

Schlechthin läßt sich aber nicht sagen, daß die Verletzung von Rechtsvorschriften in dem einen oder dem anderen Produktbereich generell eine stärkere Wettbewerbsbegünstigung zur Folge hat. So ist z.B. die falsche Verbraucherinformation bei Erfahrungsgütern jedenfalls dann, wenn der Verbraucher die Fehlinformation typischerweise bemerkt,[851] nicht geeignet, einen mehr als kurzfristigen Vorsprung im Wettbewerb zu erzielen, weil der Verbraucher das Gut nicht nochmals kaufen wird. Umgekehrt spielen aber etwa die Ladenschlußzeiten bei Vertrauensgütern sowie je nach Bedeutung des Gutes auch bei Suchgütern nur eine geringere Rolle. Um ein Haus zu besichtigen oder den Strafverteidiger aufzusuchen, nimmt man ohne Zögern Mühen in Kauf. Man wird generell sagen können: Je schwerwiegender der isolierte Eingriff für den konkreten Markt ist, desto größer der Vorsprung, der durch die Verletzung erzielt werden kann.

#### c) Rasterung nach dem konkreten Markt

Die besondere Wettbewerbssituation auf dem konkreten Markt und damit der betroffenen Unternehmen kann dagegen kaum je ermittelt werden. Natürlich müssen für einen relevanten Vorsprung die Wettbewerbsvorteile um so geringer sein, je schärfer der Wettbewerb ist. Die notwendigen Feststellungen würden aber einen Aufwand erfordern, der zumeist schlicht unverhältnismäßig wäre.[852] Das gilt hinsichtlich der verwaltungsrechtlichen Folgen noch mehr als im Wettbewerbsprozeß. Eine Kommunal- oder Kreisverwaltung kann kaum jemals vor Maßnahmen mit wirtschaftlichen Konsequenzen gerichtsfeste Marktforschung betreiben.

Schwierigkeiten bereitet auch die geographische Abgrenzung des konkreten Wettbewerbsverhältnisses, für die man auf kartellrechtliche Erkenntnisse zur

---

[851] Eher Relevanz bejahen wird man daher z.B. bei der Täuschung über die Füllmenge einer Schuhcremedose (a.A. *Beater*, JZ 2000, 973, 979).

[852] Anders aber auf europäischer Ebene - allerdings verbunden mit der Forderung nach der Neueinstellung von Personal - *Koenig/Kühling*, EuZW 1999, 517, 522.

Marktabgrenzung[853] wie etwa das Bedarfsmarktkonzept[854] zurückgreifen kann.[855] Ein bloßes Behinderungsverhältnis reicht für die Verletzung gerade durch den Vorsprung im Wettbewerb dagegen nicht aus.[856]

Diese Abgrenzung hängt natürlich mit den übrigen Kriterien zusammen. Insofern ist der Ansatz der h.M. zur Bestimmung des Kreises der „unmittelbar Verletzten" für die „marktbezogenen" Wettbewerbsverstöße - die gegenseitige Absatzbehinderung - zwar richtig, aber auch für die konkrete Anwendung wenig hilfreich. Über die eben genannten Kriterien hinaus mag etwa die besondere Höhe des Vorsprungs eine Erweiterung des *räumlichen* Abnehmerkreises und damit der Verletzten zur Folge haben, weil etwa die Verbraucher von weiter her anreisen, um Feiertags einkaufen zu können.[857] Davon unabhängig hängt andersherum auch der Kreis der *relevant*, also hinreichend intensiv Betroffenen von der Höhe des Vorsprungs ab. Stammen z.B. 20 % der Kunden eines Wettbewerbers aus der Stadt X, einziger relevanter Überschneidungspunkt der Absatzmärkte mit dem begünstigten Mitbewerber, so macht es eben einen Unterschied, ob 5 % oder 50 % dieser Kunden durch den Vorteil „weggelockt" werden.

Obwohl derartige Schwereerwägungen sicherlich berücksichtigt werden müssen, sollte man sich auch her von der Vorstellung umfassender Einzelfallgerechtigkeit verabschieden. Will man einer Behörde z.B. Anhörungspflichten auferlegen, so muß man auch einen handhabbaren Maßstab zur Abgrenzung des anzuhörenden Personenkreises bereitstellen. Ein allgemeiner Maßstab läßt sich der Natur der Sache nach allerdings höchstens im Wettbewerb um den privaten Endverbraucher finden. Genau in diesem Bereich dürften die zuständigen Behörden umgekehrt regelmäßig mit detaillierteren Feststellungen zur Marktsituation einschließlich der Marktabgrenzung besonders überfordert sein. Geht man davon aus, daß Planvorgaben und Planwirklichkeit nicht allzuweit voneinander abweichen, könnten hier möglicherweise auf Grundlage der Rasterung durch das Raumordnungs- und Landesplanungsrecht in Ober-, Mittel-, Unter- und Kleinzentren (§ 7 Abs. 2 Satz 1 Nr. 1 ROG) als Indiz für die tatsächlichen Marktverhältnisse in Kombination mit den eben dargestellten

---

853 Dazu *Rittner*, WettbR, § 6 Rz. 44 - 50.

854 Vgl. nur die Bekanntmachung der EG-Kommission zu der von ihr verwandten Definition ABl Nr. C 372 v. 9.12.1997, S. 5 f.

855 *Köhler*, in: GroßKommUWG Vor § 13 B Rz. 227.

856 S. 88 f.

857 Ein Effekt, der an den Grenzen von Bundesländern mit unterschiedlichen Feiertagsregelungen wohl bekannt ist.

Rastern praktikable Maßstäbe entwickelt werden.[858] Allerdings sind die Unterschiede bei der Realisierung des zentralörtlichen Systems in den einzelnen Ländern erheblich,[859] so daß nur landesspezifische Aussagen gemacht werden könnten. Man darf jedoch generalisieren, daß für Suchgüter in der Regel weitere Strecken zurückgelegt werden als für Erfahrungsgüter, daß für Vertrauensgüter bei persönlicher Leistungserbringung umgekehrt lokale Bindungen häufig eine große Rolle spielen und daher der Kreis der Betroffenen potentiell enger ist.

### d) Dogmatische Einwände gegen die „Rastermethode“

Selbst wenn eine Norm mit engem Zusammenhang zum Wettbewerbsrecht verletzt wird, die zur Erzielung eines Vorteils gerade bei dem Absatz der in Frage stehenden Produktart von erheblicher Bedeutung ist, und der Wettbewerber unzweifelhaft auf dem gleichen Markt tätig ist, ist immer noch nicht sichergestellt, daß wirklich gerade Kunden des Betroffenen zu dem Rechtsverletzer wechseln. Mit den vorliegenden Rastern wird nur die Auswirkung auf den Markt als eine Abstraktion analysiert. Der unmittelbar verletzte Mitbewerber ist nur typischerweise der in Mitleidenschaft gezogene; er ist damit zugleich geeignet, auch die Gruppe der Mitbewerber *als Gruppe zu repräsentieren.*

Dennoch greifen die Argumente gegen den Repräsentationsgedanken[860] nicht gegen die hier entwickelte Lösung. Im praktischen Ergebnisse ist zwar der Rechtsbetroffene durchaus gerade typischerweise geeignet, die Institution zu repräsentieren. Die Ergebnisse sind hier jedoch nur deswegen gleich, weil es bei Unterlassungsansprüchen grundsätzlich um die Abwehr einer typischen Gefahrenlage geht; und wegen der Beweisschwierigkeiten können hier auch nicht sinnvollerweise weitere Abgrenzungsmerkmale neben der dem „markttypischen“ Gefahr entwickelt werden. Nur deshalb spielt der Gedanke der Typizität für beide Ansätze eine Rolle.[861] Der Unterschied zum Repräsentationsgedanken liegt zunächst nur auf der finalen Ebene; denn der Wettbewerber ist nicht klagebefugt, weil er das Gruppeninteresse repräsentiert (das gilt allenfalls für § 13 Abs. 2 Nr. 1 UWG), sondern weil er seine anerkannt eigenen Interessen verteidigt. Im Unterschied zur Repräsentationslehre muß der

---

[858] Allgemein zur Abgrenzung der räumlichen Grenzen des Marktes *Rittner*, WettbR, § 6 Rz. 52; *Richter*, in: Wiedemann, HBKartR, § 20 Rz. 26 ff; *Ruppert*, in: Langen/Bunte, § 22 GWB Rz. 25 ff.

[859] *Steiner*, in: Steiner, Bes. VerwR, VI, Rz. 19 Fn. 20.

[860] S. 49 f.

[861] In den Ähnlichkeiten der Gedankenführung dürfte ein weiterer Grund für die Vermengung von Individual- und Kollektivschutz im UWG liegen.

unmittelbar Verletzte deswegen auch untypische Gefährdungen abwehren können, wenn er sie tatsächlich nachweisen kann.

### 3. Sonstige Kausalitätsfragen

Kausalität zwischen Ungleichbehandlung und Interessenbeeinträchtigung erfordert außerdem, daß die *eigene Behinderung* gerade durch die Wettbewerbsschranke von Relevanz ist. An diesem Erfordernis wird besonders gut sichtbar, daß es hier nicht um eine staatliche Leistung „Schutz vor dem Mitbewerber", sondern um Eingriffsabwehr geht. Verletzt z.B. ein marktstarkes Unternehmen kartell-rechtliche Normen, so widerfährt dem schwachen Mitbewerber dadurch kein Interventionsnachteil. Auch er muß sich zwar an die kartellrechtlichen Vorschriften für marktstarke Unternehmen halten, sie behindern ihn aber nicht, weil er sie schon rein faktisch nicht verletzen kann.[862] Einen Anspruch auf Einhaltung der Normen kann es in einer solchen Konstellation nur geben, wenn es sich um Schutznormen handelt, der Gesetzgeber die Verwaltung also gerade zur Leistung von Schutz verpflichtet hat. Anderes Beispiel: Wer ohnehin wochentags um sieben schließt, kann nicht die Ladenöffnung des Konkurrenten bis neun rügen. Dazu muß er schon darlegen, daß er nur deshalb um sieben schließt, weil er um acht sowieso schließen müßte (was z.B. im Einzelfall möglich sein kann, wenn es eine „Nachtschwärmernachfrage" gibt).

Umgekehrt kann der *Entzug einer Privilegierung* keinen Eingriff in das Recht auf Schrankengleichheit bedeuten. Zieht ein Wettbewerber durch Übertretung einer Norm lediglich gleich, ist der Mitbewerber selbst also gar nicht durch die verletzte Norm in seiner Wettbewerbstätigkeit gebunden, kann ein Anspruch ebenfalls nur dann bestehen, wenn die übertretene Norm gerade eine - in Ausnahmefällen verfassungsrechtlich zulässige[863] - Norm zum Schutz vor Wettbewerb ist.[864]

---

[862] *Köhler*, in: GroßKommUWG § 1 Rz. D 17; in diese Richtung auch *Wrage*, UWG-Sanktionen, S. 78.

[863] BVerfGE 7, 277, 408.

[864] *Beater*, JZ 1997, 916, 920 f; *ders.*, Verbraucherschutz, S. 36 f; offengelassen in BGH GRUR 1960, 240, 243 - Süßbier; a.A. - keine Bedeutung, ob die Mitbewerber gebunden sind – BGH GRUR 1996, 786, 788 - Blumenverkauf an Tankstellen. Die Klagebefugnis wurde in diesem letztgenannten Fall ausschließlich auf § 13 Abs. 2 Nr. 1 UWG stützt. Das Ergebnis trifft zu, wenn Dritte an die Norm gebunden sind, weil - im Gegensatz zu Ansprüchen unmittelbar aus § 1 UWG - deren objektive Interessen mit Ansprüchen aus §§ 1, 13 Abs. 2

## D. Einzelfragen des direkten wettbewerbsrechtlichen Unterlassungsanspruches

Voraussetzung eines wettbewerbsrechtlichen Unterlassungsanspruches ist, daß der im Grundsatz offene Gleichbehandlungsanspruch auf den Auch-Vollzug verengt ist. Die Gründe, aus denen eine solche Verengung eintreten kann, wurden bereits genannt.[865] Im folgenden Abschnitt sollen nun die Fälle durchgegegangen werden, in denen direkte Rechtsdurchsetzung des Gleichbehandlungsanspruchs als Unterlassungsanspruch per § 1 UWG geboten ist, in denen umgekehrt nicht eingreifendes Verwaltungshandeln den Anspruch ausschließt.

### 1. Unzumutbarkeit des Auch-Verstoßes

Der Auch-Verstoß kann aus zwei Gründen unzumutbar sein, und zwar aus sittlich-ethischen Gründen sowie – wie bereits oben im Detail dargelegt[866] – wegen der Sanktionsgefahr.

#### a) Sittlich-ethische Gründe

Die sittlich-ethische Interpretation des Sittenwidrigkeitsbegriffs in § 1 UWG erscheint dann recht fragwürdig, wenn man – wie etwa auch in § 826 BGB[867] – einen Rechtswidrigkeitszusammenhang zum geschützten Interesse verlangt. Sie hat jedoch jedenfalls hier - also in Kombination mit der Darlegung damit verbundener Vorsprungerzielung[868] - einen berechtigten Platz, auch soweit sie über die allgemeine Wertbezogenheit juristischer Interpretation hinausgehende ethische Inhalte in § 1 UWG ansiedelt. Es ist zwar nicht Selbstzweck des Wettbewerbsrechts, die ethische Unangreifbarkeit der Handlungen der Gewerbetreibenden sicherzustellen; wohl darf es aber diejenigen, die sich an ethische Mindestmaßstäbe halten wollen, gegen solche Nachteile schützen, die daraus resultieren, daß sich andere nicht an solche Maßstäbe halten. Der politische Liberalismus jedenfalls im Sinne der früheren, für die konkrete

---

Nr. 1 UWG geschützt werden, ist hier aber nicht Thema. Wie „Blumenverkauf an Tankstellen" auch *Merkel*, Vorsprunggedanke, S. 54 f.

[865] S. 168 ff

[866] S. 168 ff.

[867] Vgl. die Nachweise in Fn. 371.

[868] Anders - für die guten Sitten im ethischen Sinne als eigenständiges Schutzobjekt - die in Fn. 12 Genannten.

Gestalt der heutigen Rechtsordnung maßgeblichen politischen Bewegung des 19. Jahrhunderts bedeutete insbesondere *nicht*, daß der Mensch von ethischen Bindungen befreit sein sollte.[869] Ihm lag und liegt lediglich die Vorstellung zugrunde, daß der Mensch eigenverantwortlich in der Lage ist, einen solchen Lebenswandel zu führen. Diese Vorstellung ist die ethische Grundlage und Voraussetzung auch des Gedankens der Marktwirtschaft. Die Rechtsordnung schützt im Wettbewerbsrecht zulässigerweise die wirtschaftlichen Interessen dieser *verantwortlichen* Persönlichkeit daran, nicht wegen der Einhaltung sittlicher Mindestmaßstäbe im Wettbewerb Nachteile zu erleiden. Das ändert natürlich nichts an dem Problem, daß hier der Maßstab dessen, was ethisch ist, im Gegensatz zur liberalen Idee doch extern bestimmt werden muß.[870]

Man kann daher davon sprechen, daß § 1 UWG eine doppelte Generalklausel enthält: Einerseits die Generalklausel der guten Sitten als ethische Schranke im Wettbewerb; andererseits die Regelung der Relevanz hinreichend schwerer Beeinträchtigung durch Interventionswirkung, die ebenfalls erst durch die Rechtsprechung zu konkretisieren ist.[871] Das einschlägige Schutzobjekt des § 1 UWG bleibt in diesem Fall jedoch die wirtschaftliche Betätigungsfreiheit der Mitbewerber. Die Feststellung der noch so eindeutigen ethischen Verwerflichkeit alleine kann das wettbewerbsrechtliche Sittenwidrigkeitsurteil wegen des fehlenden Rechtswidrigkeitszusammenhangs nie tragen. Hinzukommen muß immer der hinreichend schwere Nachteil im Wettbewerb. Die Notwendigkeit der Verletzung beider Rechtsnormen, also auch der par condicio concurrentium, war in der Regelung der Klagebefugnis nach § 13 Abs. 2 Nr. 1 UWG in ihrem ursprünglichen Sinn[872] mitgedacht. Der Rechtssatz muß aber nach der Verlagerung des Individualschutzes aus § 13 Abs. 2 UWG heraus bei der Verletzung individualschutzunspezifischer Wettbewerbsschranken als notwendige Voraussetzung der Wettbewerbsrechtsrelevanz hinzugefügt werden. Das ist um so wichtiger, als die Grenzen des Wettbewerbsrechts durch die Ausweitung der Schutzzwecke ohnehin fließend geworden sind.

---

[869] Zum ethischen Personalismus *Larenz/Wolf*, AT, § 2; *Coing*, in: FS Dölle, Bd. I, S. 25, 26; s. auch zum liberalen Kern der Grundrechte *Schmidt-Aßmann*, in: Maunz/Dürig, Art. 19 Abs. 4 Rz. 8.

[870] Skeptisch wegen fehlender Bestimmtheit derartiger Grundrechtsbeschränkungen *Manssen*, in: v. Mangoldt/Klein/Starck, Art. 12 Abs. 1 Rz. 156.

[871] Im Zusammenhang mit der direkten Rechtsdurchsetzung wird § 1 UWG sogar zur dreifach angewendeten Generalklausel, wenn man sittlich fundierte Normen oder andere Sittengebote über den Vorsprunggedanken durchsetzt.

[872] S. 86 f.

Der Gedanke der ethischen Unzumutbarkeit des Auch-Verstoßes trägt es nun nicht, den wettbewerbsrechtlichen Gleichbehandlungsanspruch immer in Richtung eines Gesetzesvollzugsanspruchs einzuengen. Nicht jeder Verstoß gegen eine Norm des objektiven Rechts ist sittenwidrig[873] oder sittlich unzumutbar. Ansonsten würde man dem Gesetz einen Bedeutungsgehalt beimessen, der ihm nicht zugestanden werden darf. Es wäre widersinnig, wenn die Rechtsordnung Spielräume beim Vollzug von Normen anerkennt, andererseits aber jeder Rechtsverletzung den Makel des Unmoralischen anhängen würde.[874] Die ethisch-bewertende Kompente jeder Rechtsnorm[875] bedeutet weder, daß im Fall der Verletzung einer Rechtsnorm unbedingt jede beliebige Person rechtliche Schritte einleiten können muß, noch, daß die Vornahme der Handlung tatsächlich unmoralisch ist. Auch die dialektische Überhöhung, daß schon der Verstoß gegen eine Rechtsnorm eben deshalb, weil gegen eine Rechtsnorm verstoßen würde, unsittlich sei, denn jede Übertretung einer Rechtsnorm trage den Keim der Auflösung des Staates in sich, rechtfertigt keine andere Bewertung.[876] Vielleicht tut der Rechtsverstoß das „dem Grunde nach". Der common sense lehrt jedoch, daß diese Gefahr in der Realität bedeutungslos ist, solange nicht weitere Umstände hinzutreten: Die Werbung für Computerbildschirme mit Zollmaß scheint den Bestand des Staates bisher ebensowenig gefährdet zu haben wie die Bezeichnung von Wohnraumfläche mit dem Kürzel „qm". Daher kann man wohl die Unzumutbarkeit des „Auch-Verstoßes" nur bei den Normen bejahen, die „sittlich fundiert" sind. Daß diese Normen auch ohne den Vorsprunggedanken wettbewerbsrechtlich sanktionierbar sind, ist h.M., dennoch höchst fraglich, aber hier nicht Thema.[877]

Welche Normen einen so gewichtigen ethisch-moralischen Gehalt in sich tragen, daß der Auch-Verstoß unzumutbar ist, kann hier nicht abschließend geklärt werden; es bietet sich an, zunächst die sog. wertbezogenen Normen hierunter zu subsumieren. Im Einzelnen sei auf die Kommentierungen zu § 1 UWG verwiesen.

---

[873] So jedoch *Sack*, WRP 1985, 1, 10 m.w.N.

[874] I. Erg. auch *Teplitzky*, in: GroßKommUWG, § 1 Rz. G 270.

[875] Vgl. schon S. 72.

[876] Zur These von *A. Kaufmann*, Recht und Sittlichkeit, S. 30 *Schricker*, Gesetzesverletzung, 241 f; *Schünemann*, in: GroßKommUWG Rz. D 61.

[877] Dazu bereits Fn. 12.

### b) Sanktionsgefahren

Die Fälle solcher Sanktionsgefahren, die die Zumutbarkeit ausschließen, wurden bereits besprochen:[878] Das sind einerseits die Fälle, in denen etwa nicht unerhebliche Investitionen nötig sind, um die Möglichkeit des Rechtsbruchs auszunutzen, denn die Investitionen sind dann im Falle einer Rückkehr in die Legalität vergeblich gewesen; ebenso sind andere Fälle fehlender Flexibilität zu behandeln. Andererseits ist ein Auch-Verstoß im wesentlichen stets dann unzumutbar, wenn Dritte über eine eigenständige Sanktionsbefugnis verfügen.

## 2. Vorwegnahme der voraussichtlichen Verwaltungsentscheidung

Umfassendere Ausführungen sind hier noch zu dem dritten Fall der Verengung des Gleichbehandlungsanspruchs notwendig, der Vorwegnahme der voraussichtlichen Verwaltungsentscheidung aus verfahrensökonomischen Gründen. Wegen dieses Gedankens kann häufig, wenn auch nicht immer von einem auf Auch-Vollzug inhaltlich bestimmten Anspruch ausgegangen werden; er führt dazu, daß die Verengung des Anspruchs auf den Auch-Vollzug praktisch die Regel ist.

### a) Grundsatz

Die Verwaltungsbehörde hat zwar regelmäßig die Möglichkeit, einen Zustand der vorübergehenden Zumutbarkeit des Auch-Verstoßes herzustellen. Es gibt jedoch eine *Vermutung für die Gesetzestreue* der Verwaltung, die im Zusammenhang mit dem verfahrensökonomischen Argument dazu führt, daß die voraussichtliche Verwaltungsentscheidung – Auch-Vollzug vorweggenommen werden kann.

Voraussetzung dafür, daß dieses Argument überhaupt greift, ist allerdings zunächst, daß die Verwaltung überhaupt zur Sanktionierung verpflichtet ist. Die verfahrensökonomische Begründung trägt deshalb dann nicht, wenn es sich eine Vorschrift mit *„Kann"-Vollzugsermessen* handelt. Da solches Vollzugsermessen nicht nur dazu dient, die notwendigerweise begrenzten Vollzugsressourcen sinnvoll zu verteilen,[879] sondern auch Verhältnismäßigkeit im Einzelfall

[878] S. 167 ff

[879] Alleine darauf wollen das Opportunitätsprinzip jedoch beschränken *Lübbe-Wolff*, NuR 1989, 295, 301; *Hermes/Wieland*, Staatliche Duldung, S. 37. A.A. *Bohnert*, in: Karlsruher Kommentar zum OWiG, § 47 Rz. 110 ff. Zum Opportunitätsprinzip allgemein *Voßkuhle*, DV 29 (1996), 1511 ff.

herstellen soll, muß die Verwaltungsbehörde in diesem Fall immer Überlegungen in Richtung auf gleichmäßiges Nichteinschreiten anstellen. Ein Anspruch auf Auch-Vollzug, der Voraussetzung des wettbewerbsrechtlichen Vorgehens ist, ist dann ohne zusätzliche Selbstbindungen der Verwaltung also gänzlich *ausgeschlossen. Zumeist* soll Vollzugsermessen der Rechtsprechung zufolge allerdings *„intendiertes Ermessen“* sein,[880] d.h. es handelt sich um ungeschriebene „Soll-Vorschriften“.[881] In solchen Fällen muß die Verwaltung nicht ohne besonderen Anlaß in die Überprüfung eintreten, ob die Durchsetzung des Verbotes im Einzelfall sinnvoll ist. Auch im Wirtschaftsverwaltungsrecht, wo fast immer Vollzugsermessen besteht,[882] dürfte es sich meist um intendiertes Ermessen handeln. In Fällen intendierten Ermessens trägt daher im Normalfall wiederum das verfahrensökonomische Argument.

### b) Umstände, die die Vermutung widerlegen

An besonderen Umstände, die wiederum gegen die bei zumindest intendiertem Vollzugsermessen regelmäßig greifende Vermutung sprechen, die Verwaltungsbehörde wolle Gleichheit durch Auch-Vollzug herstellen, sind wiederum verschiedene zu nennen.

(1) Nicht dazu gehört der Natur der Sache nach die Untätigkeit der Verwaltung wegen Unkenntnis.[883]

(2) Etwa bei neuen Vorschriften kann es geboten sein, die Herausbildung der tatsächlichen Vollzugspraxis zunächst abzuwarten, bevor man mit dem „verfahrensökonomischen Argument“ wettbewerbsrechtliche direkte Rechtsdurchsetzung in Richtung gleichmäßigen Auch-Vollzugs vornimmt.

(3) Bei einer entsprechenden ständigen Duldungsverwaltungspraxis mag umgekehrt ein Wille der Verwaltung vermutet werden können, auch in Zukunft

---

[880] BVerwGE 72, 1, 6; BVerwGE 105, 55, 57; *Kopp/Schenke*, § 114 Rz. 21 b; *Ossenbühl*, in: Erichsen, Allg. VerwR, § 10 Rz. 13; ablehnend bzw. zur Zurückhaltung mahnend: *Maurer*, Allg. VerwR § 7 Rz. 12; *Stelkens*, in: Stelkens/Bonk/Sachs, § 39 Rz. 35; *Gerhardt*, in: Schoch/Schmidt-Aßmann/Pietzner, § 114 Rz. 20; *Sachs*, in: Stelkens/Bonk/Sachs, § 40 Rz. 30. Zu § 47 OWiG: Für die Ahndung als Regel *Bohnert*, in: Karlsruher Kommentar zum OWiG, Einleitung Rz. 108 ff; a.A. *Rebmann*, in: Rebmann/Roth/Hermann, § 47 OWiG Rz. 7.

[881] Ausführlich *Borowski*, DVBl 2000, 149; *Kopp/Schenke*, § 114 Rz. 21 b; etwas anders *Ossenbühl*, in: Erichsen, Allg. VerwR, § 10 Rz. 13.

[882] *Stober*, HBWiVerwR, § 55 II 3 a.

[883] *Brandner/Michael*, NJW 1992, 278, 280; *Ziegler*, Umweltschutzvorschriften, S. 112; *Kölbel*, Gleichheit „im Unrecht“, S. 86 f macht allerdings eine bedenkenswerte Ausnahme für Fälle eines „ungleichmäßigen Ermittlungsdefizits“.

nicht einzuschreiten. Soweit die Gefahr derzeitiger oder künftiger Sanktionen nicht zur Unzumutbarkeit des Auch-Verstoßes führt, liegt dann ein Fall vor, in dem ohne einen Eingriff in das wettbewerbsrechtlich geschützte Rechtsgut kein wettbewerbsrechtlicher Anspruch besteht. Auch eine entsprechende Verwaltungsvorschrift indiziert eine derartige Verwaltungspraxis;[884] damit indizieren Verwaltungsvorschriften mittelbar auch diese Vermutung. Verwaltungsvorschriften können also dann, wenn der „Auch-Verstoß" nicht aus anderen Gründen unzumutbar ist, dazu führen, daß die wettbewerbsrechtliche Geltendmachung von Ansprüchen wegen „Vorsprungs durch Rechtsbruch" ausgeschlossen ist.[885]

Dagegen, daß Verwaltungsvorschriften relevant sind, spricht nicht die Entscheidung „Werbung in Schulen".[886] Dort hatte der Beklagte, ein Verleger entgegen einem Ministerialerlaß zur Ausführung der Bayerischen Schulordnung, aber mit langjähriger Duldung aller befaßten Behörden für mit pädagogischer Zielrichtung verfaßte Schülerzeitschriften in Schulen Werbung gemacht. Der BGH wollte hier zum einen offenkundig die Entscheidung, den Erlaß angesichts des pädagogischen Wertes dieser Schülerzeitschriften zu ignorieren, schlechthin nicht aus wettbewerblicher Sicht kontrollieren; nach hier enwickelter Ansicht kommt vollständige Kontrollfreiheit allerdings ausschließlich bei solchen Handlungen in Betracht, die schon den Schutzbereich nicht betreffen.[887] Zum anderen mußte bei dem der Entscheidung zugrundeliegenden Sachverhalt der verletzte Ministerialerlaß eben deshalb außer Betracht bleiben, weil die Verwaltungspraxis ihn stets ignoriert hatte.[888] Die Vermutung, die Verwaltung wolle sich entsprechend des Erlasses verhalten und das gesetzliche Werbeverbot der bayerischen Schulordnung durchsetzen, war damit in casu wiederlegt. Das Vollzugsermessen wurde tatsächlich eben anders ausgefüllt.

---

[884] So die Wirkung, die Verwaltungsvorschriften von der h.M. im Außenverhältnis zugesprochen wird: *Erichsen/Klüsche*, JURA 2000, 540, 545; *Kopp/Ramsauer*, § 40 Rz. 26 f; *Kopp/Schenke*, § 114 Rz. 3 a; *Rennert*, in: Eyermann, § 114 Rz. 28; ausführlich auch zur h.M. *Ossenbühl*, in: Erichsen, Allg. VerwR, § 6 Rz. 48 ff. Diese Wirkung ist auf Grundlage der Haltung der h.M. zur „Gleichheit im Unrecht" allerdings auf Ermessensrichtlinien beschränkt.
[885] Ohne diese Einschränkungen *Stolterfoht*, in: FS Rittner, 695, 708.
[886] BGH GRUR 1984, 665.
[887] Auch das wäre hier – als Abweichung von dem obigen Raster – vertretbar; denn die Regelungen über Werbung in Schulen dienen nur zu allerletzt der Marktregelung (wiewohl es sich um „konsumentenkommunikationsregelnde Normen" handelt), so daß der Wettbewerbsbezug der Regelung fehlt.
[888] BGH GRUR 1984, 665, 667 - Werbung in Schulen: „Andere Umstände, die insoweit die Anwendbarkeit des Wettbewerbsrechts begründen könnten, hat die Kl. nicht geltendgemacht. Vielmehr hat die Bekl. unwiderlegt vorgetragen, daß sie seit ca. 30 Jahren unbeanstandet in dieser Form wirbt und daß ihre Mitbewerber, Verlage vergleichbarer Jugendzeitschriften, in gleicher Weise werben dürfen".

Umgekehrt kann im Fall des Verstoßes gegen Verwaltungsvorschriften, aber nicht gegen ein außenwirksames Gesetz *alleine* der Verstoß gegen die Verwaltungsvorschrift den Vorsprung durch Rechtsbruch mangels Verbotsqualität selbstverständlich nicht begründen.[889]

## 3. Die sogenannten „Massenverstöße"

Damit kann jetzt Stellung zu dem umstrittenen Problem bezogen werden, ob der Anspruch aus § 1 UWG bei Massenverstößen ausgeschlossen ist, wenn alle oder die meisten (anderen) Wettbewerber gegen das Verbot verstoßen.[890] Die Herstellung objektiver Rechtmäßigkeit im Einzelfall über das subjektiv-rechtlich indizierte Maß hinaus ist nicht Aufgabe der Rechtsprechung, weshalb auch in solchen Fällen der „Gleichheit im Unrecht" im Normalfall kein Anspruch auf Auch-Vollzug besteht:[891] Regelmäßig ist keiner der Wettbewerber gerade daran subjektiv berechtigt, daß die Verwaltung sich legal verhält. Es ist nicht Aufgabe des Gedankens der par condicio concurrentium, zur objektiven Rechtmäßigkeit des Verwaltungshandeln beizutragen.[892] Die *Verwaltungsbehörde* muß also *bewie auch verantworten, wie Gleichheit hergestellt wird*, insbesondere auch in Hinblick auf Nachahmungsgefahr[893] und drohende Verwilderung der Wettbewerbssitten. Die Zahl der Wettbewerber, die sich an das Gesetz halten, ist nur von Bedeutung, weil sie Aufschluß über das zu erwartende Verhalten der Verwaltung geben kann. Bei einer großen Zahl von Verstößen greift insbesondere die aus verfahrensökonomischen Gründen zugrunde zu legende Vermutung nicht mehr, die Verwaltung werde gleichmäßig einschreiten wollen.

Das läßt den Gleichbehandlungsanspruch als solchen jedoch unversehrt. Lediglich, wenn der Auch-Verstoß entweder ethisch unzumutbar ist oder es sich

---

[889] *Teplitzky*, in: GroßKommUWG § 1 Rz. G 26; *Baumbach/Hefermehl*, § 1 Rz. 648; *Emmerich*, WettbR, S. 312; *Piper*, in: Köhler/Piper, § 1 Rz. 618.

[890] Für Ausschluß wettbewerbsrechlicher Ansprüche jedenfalls bei *ausnahmsloser* Gesetzesübertretung der anderen Wettbewerber die h.M., BGH GRUR 1995, 427 - Zollangaben; BGH GRUR 1989, 830, 832 - Impressumspflicht (obiter dictum); OLG Celle, GRUR 1984, 289; OLG Frankfurt a.M., GRUR 1987, 647; *Eichmann*, GRUR 1967, 564, 568; *Baumbach/Hefermehl*, § 1 UWG Rz. 654; *Jacobs/Hasselblatt*, in: Gloy, HBWbR, § 47 Rz. 33; *Merkel*, Vorsprunggedanke, S. 36; *Emmerich*, WettbR, S. 310; *Beater*, Verbraucherschutz; *Teplitzky*, in: GroßKommUWG Rz. G 195; *Lindacher*, BB 1981, 144; *Schricker*, Gesetzesverletzung, S. 271 f; a.A. BGH GRUR 1960, 193, 195 f - Frachtenrückvergütung (dort allerdings unter Notwehr thematisiert); *Sack*, in: FS Wiese, 493, 495; *Piper*, in: Köhler/Piper, § 1 Rz. 663; wohl auch *Schünemann*, Wettbewerbsrecht, S. 119, jeweils mit institutionellen Begründungen.

[891] S. 167.

[892] A.A. wohl *Brandner/Michael*, NJW 1992, 278, 281.

[893] Allgemein zu diesem Unlauterkeitskriterium *Baumbach/Hefermehl*, Einl UWG Rz. 123.

um durch Dritte isoliert durchsetzbar Normen handelt oder etwa Investitionen notwendig sind, die bei zukünftiger Rückkehr in die Legalität verloren gehen könnten, besteht die Möglichkeit der wettbewerbsrechtlichen direkten Rechtsdurchsetzung in Form des Auch-Vollzugs. Ansonsten muß Gleichbehandlung geltend gemacht werden oder ist eben gegebenenfalls die Möglichkeit des Auch-Verstoßes zumutbar. Die Verwaltung darf aus Perspektive des wettbewerbsrechtlichen Gleichbehandlungsinteresses grundsätzlich den Wettbewerbern auch anbieten, gleichmäßig gegen das objektive Recht verstoßen zu dürfen. Im übrigen gibt es gewiß - etwa im wirtschaftsverwaltungsrechtsnahen Umweltrecht - angesichts notorischer Vollzugsdefizite Gründe für die bereichsbegrenzte weitere Ausweitung von Klagebefugnissen im öffentlichen Interesse.[894] Der Richter kann sich dazu jedoch nicht am Parlament vorbei durch schleichende Umdeutung dieses subjektiven Gleichbehandlungsrechts selbst ermächtigen.

In der *ersten Abwandlung* des Segel- und Surfausrüstungen-Falls[895] bedeutet das: Da keine Angestellten und damit keine „Viertgeschützten" vorhanden sind, die Sonntagsöffnung in fremdenverkehrsnahen Branchen nicht sittlich unzumutbar ist, der Markt abgegrenzt und von keinem der Konkurrenten Gesetzestreue verlangt wird und schließlich auch keine besonderen Investitionen - die bei Rückkehr in die Legalität verloren gehen könnten - zur Ausnutzung der Möglichkeit des Auch-Verstoßes notwendig sind, muß K eben entweder auch Sonntags öffnen oder aber den Marktanteilsverlust hinnehmen.[896] In den *Grundfällen* (Klett-Passage[897] und Segel- und Surfausrüstungen[898]) besteht zwar jeweils auch die Möglichkeit, daß die Verwaltungsbehörde einen Zustand der Zumutbarkeit des Auch-Verstoßes herstellt. Es gibt jedoch keinen besonderen Anhaltspunkt dafür, daß die Verwaltungsbehörde dies auch wirklich tun wird. Da es sich auch bei dem Vollzugsermessen hier um intendiertes Ermessen handelt, erlaubt die Vermutung der Gesetzestreue der Verwaltung in diesen Grundfällen die verfahrensökonomische Annahme, daß die Verwaltungsbehörde den Weg des Auch-Vollzugs wählen wird, so daß direkte Rechtsdurchsetzung per § 1 UWG möglich ist. In der *zweiten Abwandlung* des Segel-und Surfausrüstungen-Falls greift das Argument „Keine Gleichheit im Unrecht" nicht. K kann nicht Fortsetzung der Duldungspraxis verlangen, wohl aber

---

[894] Eindringliche Schilderung des Mißbrauchs des Opportunitätsprinzips im Umweltrecht bei *Lübbe-Wolff*, NuR 1989, 295.

[895] S. 65.

[896] An dieser Abwandlung zeigt sich weiterhin, daß ein enger Zusammenhang zwischen dem Erfordernis der relevanten eigenen Behinderung durch das Verbot (S. 214 f) und der inhaltlichen Offenheit des Anspruchs besteht.

[897] S. 10 f.

[898] S. 64.

Gleichbehandlung. Da nach den konkreten Umständen des Falles unklar ist, wie die Verwaltung sich verhalten wird, wenn sie zur Gleichbehandlung verpflichtet ist, kann K Feststellung des Gleichbehandlungsrechts und – soweit ein bereits derzeitiges konkretes Interesse daran dargelegt wird – Entscheidung verlangen.

## E. Der gerechtfertigte Eingriff

Während bisher erörtert wurde, daß hier Gleichbehandlungsrechte bestehen und wie sich solche Gleichbehandlungsrechte äußern können, geht es nun um Voraussetzungen und Grenzen einer „stabilen" *Ungleich*behandlungslage.

### 1. Rechtfertigungsbedarf und Rechtfertigungsnormen: Erster Versuch

Das Recht auf gleiche Wettbewerbsbedingungen gilt ohne Zweifel nicht vorbehaltlos. So wäre die Genehmigung verlängerter Ladenöffnungszeiten für ein auf Ölzeug spezialisiertes Geschäft nach einem Deichbruch von § 23 Abs. 1 LadenSchlG möglicherweise selbst dann gerechtfertigt, wenn die Ladenöffnung dem Konkurrenten nicht erlaubt wird, obwohl er als Randsortiment Anglerbekleidung vertreibt. Der Eingriff in das Recht auf gleiche Wettbewerbsbedingungen kann gerechtfertigt und die Ungleichbehandlung daher für die Wettbewerber hinzunehmen sein.

a) Die Vorgabewirkung der Genehmigung auch für den wettbewerbsrechtlichen Anspruch läßt sich damit begründen, daß der Vorsprung durch Rechtsbruch ein Fall der derivativen Rechtswidrigkeit ist, soweit es um die Betrachtung der isolierten Verhaltensnorm geht.[899] Ohne die isolierte Norm verliert das relationale Gleichbehandlungsgebot seinen Bezugspunkt, und eben das Erlöschen der isolierten Verhaltensnorm regelt der genehmigende Verwaltungsakt.[900] Abzulehnen ist dagegen die Ansicht der Rechtsprechung, die die Regelungswirkung des Verwaltungsaktes aufgrund einer Gesamtabwägung

---

[899] Zu Zweifeln hieran s. S. 109 f.

[900] Zu einigen (wenigen) Streitfällen in Umwelt- und Kartellrecht, in denen unklar ist, ob ein entsprechender Verwaltungsakt nur die verwaltungsrechtliche Sanktionsnorm oder auch die ebenfalls im Zivilrecht sanktionierte Verhaltensnorm beeinflußt, *Marburger*, Regeln der Technik, S. 483 ff; *Zeuner*, in: Soergel, § 823 Rz. 286; MünchKomm$^3$/*Mertens*, § 823 Rz. 174 ff; *Schmiedel*, Deliktsobligationen, S. 47 ff; *K. Schmidt*, KartellverfahrensR, S. 145 ff; *ders.*, in: FS Zeuner, 259; *Manssen*, Privatrechtsgestaltung, S. 278 f.

bestimmt.[901] Das läuft darauf hinaus, den genehmigenden Verwaltungsakt nicht als Eingriff in den Schutzbereich, sondern als ein den Schutzbereich selbst zurückdrängenden Umstand, als immanente Schranke zu bewerten.[902] Soweit Ansprüche des unmittelbar Verletzten entfallen, müssen Individualinteressen öffentlichen Interessen weichen, weshalb diese Maßnahmen Rechtfertigungsbedarf auslösen.

b) Damit der Eingriff durch differenzierendes Verwaltungshandeln gerechtfertigt wird, muß zunächst die einschlägige Norm überhaupt als Rechtfertigungsnorm in Betracht kommen. Die Frage des „Ob überhaupt" wirft hier keine besonderen Probleme auf. Anders als im Privat- und Strafrecht, wo Rechtfertigungsnormen „Sondernormen" sind, die bei Einschlägigkeit ihrer Voraussetzungen gerade den Ausschluß der Rechtswidrigkeit als Rechtsfolge anordnen, sind öffentlich-rechtliche Befugnisnormen regelmäßig auch Rechtfertigungsnormen.

(1) Viel schwieriger zu beantworten ist dagegen die Frage, *wem* gegenüber die Rechtswidrigkeit ausgeschlossen ist; sie läßt sich auch im Privatrecht gelegentlich nur durch Auslegung klären. Man kann insofern spiegelbildlich zu einem Rechtswidrigkeitszusammenhang vom Erfordernis eines Rechtfertigungszusammenhangs sprechen. Obwohl etwa der Wortlaut des § 227 Abs. 1 BGB der Handlung Rechtmäßigkeit attestiert, ist der Schuß nur dem Angreifer gegenüber gerechtfertigt, nicht aber gegenüber dem Passanten, der hinter dem Angreifer steht und nach Durchschuß ebenfalls von der Kugel getroffen wird.[903] Die Individualinteressen des Passanten werden in keinem Tatbestandsmerkmal der Rechtfertigungsnorm zu einem Ausgleich mit den Interessen des Handlungsinteressenten - im Beispielsfall: des Schießenden - gebracht, weshalb die Handlung dem Passanten gegenüber nicht durch § 227 Abs. 1 BGB erlaubt wird. Hier zeigt sich ebenso wie bei verbotsbezogen formulierter Rechtswidrigkeit,[904] daß der Schutzzweckzusammenhang immer dann notwendiges Erfordernis ist, wenn die Norm die Handlung und nicht den Erfolg beschreibt.[905]

Damit hat man ein ganz allgemeines Merkmal für Rechtfertigungsnormen gewonnen: Eine Erlaubnisnorm berechtigt nur dann auch zum Eingriff in ein

---

[901] Vgl. S. 104.

[902] Zu dieser Folge der Institutionenlehre S. 32 f.

[903] *Staudinger/Werner*, § 227 Rz. 26; zum Strafrecht *Hirsch*, in: Leipziger Kommentar, vor § 32 StGB Rz. 66.

[904] Bei verbotsbezogener Rechtswidrigkeit lassen sich Rechtfertigung und negative Tatbestandsmerkmale ohnehin nicht unterscheiden, *Deutsch*, Allg. HaftungsR, Rz. 257 m.w.N.

[905] Vgl. Fn. 355.

bestimmtes Interesse, wenn sie eben dieses Interesse in die Interessenabwägung einbezieht. In einem Konflikt, den die Norm gar nicht regelt, rechtfertigt sie auch nicht.

(2) Für denjenigen, der Unterlassung einer Handlung geltend macht, ist die Bejahung des Individualinteressenbezugs einer die Handlung regelnden Norm also nicht zwingend vorteilhaft; denn wenn es sich ohnehin bei der Handlung um einen Eingriff in ein Abwehrrecht handelt, so ist die Handlung ohnehin bereits verboten, so daß erst der Individualinteressenbezug die Norm zu einer Rechtfertigungsnorm macht. Umgekehrt müssen aber auch nicht notwendigerweise *alle* Anforderungen, die im Zusammenhang mit der Rechtfertigungsnorm an die Handlung gestellt werden, Rechtfertigungsvoraussetzungen sein. So mag etwa der Hauseigentümer dem Abrißunternehmer die Einwilligung zum Abriß gegeben haben und zugleich - etwa aus Abrechnungsgründen - eine genaue Dokumentation verlangen. Werden die Dokumentationspflichten verletzt, so macht das in diesem Fall die Verletzung des Eigentums nicht unbedingt rechtswidrig; im Medizinrecht können dagegen Dokumentationspflichtverletzung für die Rechtmäßigkeit des Eingriffs eine Bedeutung haben. Auch insofern kommt es also auf den „Rechtfertigungszusammenhang" an, müssen die verletzten Tatbestandsmerkmale der Rechtfertigungsnorm also gerade das konkrete verletzte Interesse des Rechtsgutinhabers in den Ausgleich einbeziehen. In diesen Fällen ist es für den Unterlassungsinteressenten also vorteihaft, einer Norm einen Individualinteressenbezug zuzusprechen.

Beides zusammengenommen ergibt ein durchaus bemerkenswertes Bild. Sobald auch nur *eine* Tatbestandsvoraussetzung der Rechtfertigungsnorm das Recht, in das eingegriffen wird, in den Interessenausgleich einbezieht, ändert sich das Argumentationsinteresse: Da die Rechtfertigbarkeit nicht mehr daran scheitert, daß die Norm dem Rechtsinhaber gegenüber gar nicht rechtfertigend wirken kann, ist es für ihn – den Rechtsinhaber – nun günstig, wenn möglichst vielen der Rechtfertigungsvoraussetzungen ein derartiger Schutzzweckzusammenhang zugesprochen wird. Hierin liegt ein wesentlicher *qualitativer Sprung*, der durch die Einschlägigkeit des Schutzbereiches eines Eingriffsabwehrrechts eintritt.

(3) Nun ist es nicht eindeutig, ob auch im öffentlichen Recht allgemein ein solcher Rechtswidrigkeitszusammenhang notwendig ist oder ob nicht die Bedeutung des Wortes „dadurch" in § 113 Abs. 1 S. 1 VwGO auf Sonderfälle beschränkt ist. Das BVerfG hat schon früh entschieden, daß ein „klassischer Eingriff" nur dann gerechtfertigt ist, wenn er in *jeder* Hinsicht objektiv rechtmäßig ist.[906] Mit anderen Worten hat es mit dem Eingriff die subjektive

[906] BVerfGE 6, 32; s. *Dreier*, in: Dreier, Art. 2 I Rz. 28.

Berechtigung am Vorrang des Gesetzes verbunden:[907] Es muß nicht nur überhaupt eine gesetzliche Grundlage vorliegen; liegt ein Eingriff vor, so sind alle gesetzlichen Voraussetzungen dieser Verwaltungstätigkeit Rechtfertigungsvoraussetzungen. Diese These, mit dem Eingriff sei die Subjektivierung des Gesetzesvorranges umfassend verbunden, wurde dennoch nie ganz konsequent in die Praxis umgesetzt. Jedenfalls die Verletzung von Haushaltsvorschriften führt anerkanntermaßen nicht zur Rechtswidrigkeit des Eingriffs.[908] Etwa der Verwarnungsgeldbescheid wegen Falschparkens kann nicht deshalb angegriffen werden, weil für die Einstellung der Verkehrspolizistin keine Haushaltsmittel vorhanden waren.[909] Es gäbe auch gar keinen Grund dafür, ausnahmslos jeder öffentlich-rechtlichen Norm, die zufälligerweise bei Gelegenheit eines Eingriffs verletzt wird, individualschützenden Charakter beizumessen.[910] Bei eingreifender Verwaltung bezwecken die Anforderungen, die verwaltungsrechtlichen Normen an Verwaltungshandeln stellen, nur eben meist einen solchen Ausgleich zwischen Individualinteresse des Adressaten und dem öffentlichen Interesse.[911]

Umgekehrt sollen Verfahrensvorschriften gegenüber faktischen Eingriffen zumeist nicht schützen, weil kein typischer Bezug zum Schutz der materiell-rechtlichen Position mehr vorliege.[912] Gerade hier soll aber auch die „norminterne Wirkung“ der Grundrechte prinzipienhaft dafür sprechen, daß den entsprechenden Rechtfertigungsanforderungen ein solcher Schutznormcharakter beizumessen ist,[913] ein Gedankengang, der aber nicht mehr trägt, wenn ansonsten

---

[907] *Dürig*, in: Maunz/Dürig, Art. 2 I Rz. 26.

[908] *Schmidt-Aßmann*, in: Maunz/Dürig, Art. 19 Abs. 4 Rz. 154; *Gerhardt*, in: Schoch/Schmidt-Aßmann/Pietzner, § 113 Rz. 13 mit weiteren Beispielen, s. auch *Krebs*, DVBl 1984, 109 ff.

[909] Das Beispiel der Verletzung von Haushaltsnormen ist zugleich Beispiel für die Tragfähigkeit des hier verwendeten Konzepts des Individualinteresses als Interessenträgerschaft: Die Haushaltshoheit des Parlaments dient gewiß auch dem Schutz der Bürger vor Übergriffen in Freiheit und Eigentum. Das bedeutet trotz Identität der Realinteressen noch nicht, daß die einzelnen Bürger auch *Träger* der Unterlassungsinteressen sind.

[910] *Krebs*, in: FS Menger, 191, 204; *Wahl*, in: Schoch/Schmidt-Aßmann/Pietzner, Vorb § 42 Abs. 2 Rz. 116; *Wahl/Schütz*, in: Schoch/Schmidt-Aßmann/Pietzner, § 42 Abs. 2 Rz. 48; *Bettermann*, in: FS Schima, 71, 80.

[911] *Wahl/Schütz*, in: Schoch/Schmidt-Aßmann/Pietzner, § 42 Abs. 2 Rz. 48; *Schmidt-Aßmann*, Art. 19 Abs. 4 Rz. 159.

[912] BVerwGE 41, 58, 64 ff; BVerwGE 50, 282, 285; *Schmidt-Aßmann*, in: Maunz/Dürig, Art. 19 Abs. 4 Rz. 157; *Krebs*, Kontrolle in staatlichen Entscheidungsprozessen, S. 82 f; *Bettermann*, in: FS Schima, 71, 88; zur eingeschränkten verfahrensrechtlichen Positionen Drittbetroffener *Degenhart*, DVBl 1981, 201; *Wahl*, in: Schoch/Schmidt-Aßmann/Pietzner, § 42 Abs. 2 Rz. 80.

[913] *Kopp/Schenke*, § 42 Rz. 118.

die Norm überhaupt nicht als Rechtfertigungsnorm in Betracht käme. Brüchig wird das „Ob“ der Rechtfertigung ebenfalls im faktischen Zwei-Personen-Verhältnis bei phyikalischen Immissionen. Wenigstens für die typischen Nebeneffekte hoheitlicher Tätigkeit wird einer Eingriffsermächtigung aber rechtfertigende Wirkung zugesprochen.[914]

c) Versucht man nun, diesen Gedankengang auf den Klett-Passage-Fall anzuwenden, lautet das Ergebnis: Da die ungleiche Behandlung bei der Anwendung des § 3 LadenSchlG in das wettbewerbsrechtliche Recht des K auf gleiche Wettbewerbsbedingungen eingreift, ist die Erteilung der Ausnahmebewilligung K gegenüber rechtfertigungsbedürftig. § 23 Abs. 1 LadenSchlG kommt nur als Rechtfertigungsnorm in Betracht, wenn er auch die Individualinteressen des K in den Interessenausgleich einbezieht. Das ist aber nicht der Fall; § 23 Abs. 1 LadenSchlG bezieht sich nach hier nicht anzuzweifelnder h.M. nicht auf die Individualinteressen der Mitbewerber. Darauf, ob § 23 Abs. 1 LadenSchlG eingehalten wurde, kommt es also gar nicht an, weil § 23 Abs. 1 LadenSchlG gegenüber K nie rechtfertigend wirken kann. Damit ist die Genehmigung nach § 23 Abs. 1 LadenSchlG außerhalb von Monopolmärkten schlechthin unzulässig, eine Anfechtungsklage immer begründet. Das Judiz rät an dieser Stelle dringend an, die Argumentation zu überprüfen.

## 2. Zweiter Versuch

a) (1) Kein erfolgversprechender Ansatzpunkt ist es, die Bindungswirkung der Genehmigung und damit die Tatsache eines Eingriffs anzugreifen. Eine Problemlösung mit dem Ergebnis, daß trotz Genehmigung immer der wettbewerbsrechtliche Unterlassungsanspruch bestünde, wäre praktisch nicht überzeugender als die Lösung dieses ersten Versuches.

Ebensowenig wäre es berechtigt, grundsätzlich gegen die Vorstellung eines Schutzbereiches anzugehen, innerhalb derer ohne Rechtfertigungsnormen Abwehransprüche bestehen, auch wenn das für das verwaltungszentriert formulierte Verwaltungsrecht ein Störfaktor ist.[915] Mit der bereits oben skizzierten Lehre, es dürfe nicht „vom Grundrecht“, sondern es müsse „vom einfachen Recht her“ argumentiert werden,[916] läßt sich jedenfalls nicht gegen die

---

[914] *Bleckmann*, StaatsR II, § 12 Rz. 42.

[915] S. 37.

[916] S. oben S. 43 f. Den im grundrechtlichen Bereich durch die Vorstellung eines gegen Eingriffe schützenden Gegenstandsbereichs auftretenden Problemen versucht *Wahl* (in: Schoch/Schmidt-Aßmann/Pietzner, Vorb. § 42 Abs. 2 Rz. 83; *ders.*, DVBl 1996, 641, 648)

Argumentation dieser Arbeit angehen. Die Argumente, die gegen eine Überbetonung des Verfassungsrechts im Verhältnis zum einfachen Recht vor allem in Drittschutzkonstellationen angebracht werden, greifen hier aus zwei Gründen nicht.

Erstens ist es schon höchst fraglich, wieweit die Argumente gegen die Betrachtung „vom Grundrecht her" wirklich zutreffen. Inhaltlich geht es den Befürwortern der Ansicht, das einfache Recht und nicht die Grundrechte müsse als Ausgangspunkt gewählt werden, um die Betonung des durchaus zutreffenden Aspekts, daß die Grundrechte nur einen Rahmen darstellen, der durch das einfache Recht ausgefüllt und konkretisiert werden muß. Diesem Argument kann man aber unabhängig von der Anwendungsreihenfolge gerecht werden. Genau darauf, auf die Reihenfolge, beschränkt sich aber doch wohl der Anwendungsvorrang, den das einfache Recht gegenüber den Grundrechten genießen soll.[917] Warum ein solcher Anwendungsvorrang inhaltlich gegen das methodisch Denken „vom Grundrecht her" sprechen soll, also dagegen, zunächst den Rahmen abzustecken, an den sich der Staat im Ergebnis ja doch halten muß, ist jedoch unklar: Bedenken gegen dieses Vorgehen können nur dann bestehen, wenn man über die Hintertür des Anwendungsvorrangs den bedingungslosen Geltungsvorrang der Grundrechte (Art. 1 Abs. 3 GG)[918] aufweichen will.[919]

Zweitens wird die Rechtswidrigkeit „vom Schutzinteresse" und nicht „von der Verwaltungshandlung her" hier ohnehin gerade auf der Ebene des einfachen Rechts gefunden; es ist also das einfache Recht, das keine Rücksicht auf die Belange des Verwaltungsrechts bzw. des Verhältnis von Verwaltung und Verwaltungsgerichtsbarkeit nimmt. Der Nachweis, daß das § 1 UWG tatsächlich

---

sogar dadurch zu begegnen, daß er generell den Grundrechten unmittelbare Wirkung auf der Ebene des einfachen Rechts abspricht und im übrigen die Schaffung subjektiver Rechte in erster Linie als eine Aufgabe des Richterrechts ansieht.

917 Für einen Anwendungsvorrang *Maurer*, Allg. VerwR, § 4 Rz. 42; *Erichsen*, in: Erichsen, Allg. VerwR, § 11 Rz. 35 f.; *Schlichter*, NVwZ 1983, 641, 642; *Schmidt-Preuß*, Kollidierende Privatinteressen, S. 37.

918 *v. Münch*, in: v. Münch/Kunig, Vorb. Art. 1 -19 Rz. 65 unter Hinweis auf *H. Krüger*, Grundgesetz und Kartellgesetzgebung, S. 12.

919 Dieser Verdacht liegt immer nahe, wenn im Zusammenhang mit der Inhaltsbestimmung der Grundrechte der Anwendungsvorrang des einfachen Rechts erwähnt wird, der aber, wenn er wirklich nur als reine Anwendungsregel gemeint ist, gar keinen Bezug zum Inhalt hat; so - statt vieler - etwa bei *Wallerath*, NJW 2001, 781, 785; ähnlich im Zusammenhang mit der Privatrechtsbindung *Röthel*, JuS 2001, 424, 426 f. S. auch *Kopp/Schenke*, § 42 Rz. 122: Der Anwendungsvorrang des einfachen Gesetzes finde in der normexternen Grundrechtswirkung seine Grenzen. Diese Wirkung kann doch wohl nur einen Geltungsvorrang begrenzen.

ein derartiges Abwehrinteresse schützt, wurde nicht zuletzt wegen des hier gefundenen Ergebnisses so detailliert geführt.

(2) Mit herkömmlichen Mitteln ist das Problem nicht lösbar. Einerseits verlangt § 1 UWG, daß das Prinzip der par condicio concurrentium eingehalten wird; andererseits stellt das Verwaltungsrecht aber Differenzierungsmöglichkeiten her, ohne die Individualinteressen der Konkurrenten einzubeziehen. Weder kommt es in Betracht, § 1 UWG generell den Vorrang einzuräumen. Das würde dem gesetzgeberischen Willen nicht gerecht werden, daß es jedenfalls im Regelfall bei Vorliegen der tatbestandlichen Voraussetzungen auch möglich sein soll, eine Norm anzuwenden, d.h. eine Genehmigung zu erteilen. Darüber hinaus könnte es sogar dann, wenn die Verwaltung zu Verhalten verpflichtet ist, das ihr gleichzeitig wegen § 1 UWG verboten ist, zu einem Verstoß gegen das Prinzip der Widerspruchsfreiheit der Rechtsordnung in Form des zwingenden Gebotes der Normwiderspruchsfreiheit[920] kommen. Andererseits ist es aber auch, wie bereits gezeigt,[921] vom Gesetzgeber de lege lata eindeutig gewollt, daß Wettbewerber prima facie einen Anspruch auf Einhaltung der gleichen Wettbewerbsbedingungen haben. Damit widerspricht *der Gesetzgeber* sich selbst.[922]

(3) Für das Thema dieser Arbeit bietet es sich daher an, den Kreis der subjektivierten Rechtmäßigkeitsanforderungen eher pragmatisch zu bestimmen. Das gilt um so mehr, als gerade in § 1 UWG mit der Generalklausel der Rechtsgedanke zum Ausdruck gekommen ist, daß die mittelbaren wirtschaftlichen Wirkungszusammenhänge zu komplex sind, um sie angemessen in heteronomen Tatbeständen erfassen zu können. Dieser Gedanke der Generalklausel erheischt umgekehrt für die Rechtfertigung von möglichen Beeinträchtigung der geschützten Interessen Beachtung: Ebensowenig kann der Gesetzgeber alle denkbaren mittelbaren Auswirkungen von regelndem Verwaltungshandeln vorab in seine Interessenabwägung einzubeziehen.[923]

---

[920] Hierzu *Engisch*, Einführung in das juristische Denken, 160, 162; *Kirchhof*, Unterschiedliche Rechtswidrigkeiten in einer einheitlichen Rechtsordnung, S. 8.
[921] S. 83 f.
[922] Ein ähnliches Problem stellt sich in § 917 BGB, wenn infolge einer Baugenehmigung, die gegen nicht nachbarschützende objektive Rechtsnormen verstößt, die Voraussetzungen eines Notwegrechts gegeben sind, dazu vor allem BVerwGE 50, 282.
[923] Zur Vorhersehbarkeit als Voraussetzung der Qualifikation als Eingriff *A. Roth*, Drittbetroffenheit, S. 175 ff. *W. Roth*, Eingriffe, S. 512 ff will die Geltung des Vorbehaltes des Gesetzes bei Grundrechtskollisionen einschränken. Hier geht es allerdings um Kollisionen subjektiver Rechte des einfachen Rechts.

(4) Zur Verdeutlichung kann hier die *Abwandlung des Giftnotruf-Box-Falles*[924] (weitestgehend nach dem der BGH-Entscheidung[925] zugrundeliegenden Sachverhalt) dienen, bei der zunächst einmal davon abgesehen werden soll, daß die Arzneimittelbehörde möglicherweise nicht durch Verwaltungsakt gehandelt hat.

Die Studie - über die Verbesserung der Erstversorgung bei Spülmittelvergiftungen von Kindern u.a. durch Nutzung des Kinderarztes als Vertriebsweg von entsprechenden Arzneimitteln - wird auf Anregung der Ärzteschaft von der Landesberatungsstelle für Vergiftungserscheinungen und Embryonaltoxikologie durchgeführt. Die Landesberatungsstelle hat ihr Vorgehen mit der zuständigen Gesundheitsbehörde abgestimmt. Sie stellt mit weiteren Bestandteilen eine „Giftnotruf-Box" zusammen, die sie mit Unterstützung der AOK, der Kassenärztlichen Vereinigung und des Berufsverbandes der Kinderärzte kostenlos an Kinderärzte mit der Bitte um Mitarbeit bei der Ausgabe des Notfallsets und bei der Informationssammlung verteilt hat. In dem beigefügten Anschreiben an die Haushalte wird auch E als Urheber der Studie bezeichnet. E hat die Packungen der Landesberatungsstelle über eine Apotheke zukommen lassen.

K hält dies generell mangels Rechtsgrundlage für rechtswidrig. Hilfsweise macht er geltend, daß ein Ausschreibungsverfahren hätte durchgeführt werden müssen. Wenigstens hätte die Landesberatungsstelle aber in dem Anschreiben darauf hinweisen müssen, daß sie E ohne Prüfung sachlicher Gesichtspunkte - insbesondere ohne Vergleiche mit dem namentlich zu nennenden Produkt der K - angeboten habe, die Studie unterstützen zu dürfen; mitgeteilt werden müsse auch, daß der K ein solches Angebot nicht unterbreitet worden sei.

b) Das Problem des Rechtswidrigkeitszusammenhangs ist zu vielschichtig, um hier für alle denkbaren Situationen Aussagen treffen zu können. Abschätzen lassen sich in etwa folgende *relevante Rechtmäßigkeitsvoraussetzungen* von Verwaltungsakten:

(1) *Materiellrechtlich* ist es nach allgemeinen rechtsstaatlichen Grundsätzen notwendig, daß der Eingriff zur Verfolgung eines *legitimen gesetzliches Zieles* erfolgt. Darüber hinaus beschränkt der Vorrang des Gesetzes die Ziele, die bei der Umsetzung verfolgt werden dürfen, auf die *Ziele des Gesetzes.*[926] Recht

---

[924] Grundfall auf S. 210.

[925] BGH NJW 2000, 864.

[926] *Robbers*, DÖV 1987, 272, 279; *Brohm*, DVBl 1994, 133, 139; von *Burmeister*, VVDStRL 52 (1993), 190, 238 ff wird das für Absprachen als allgemeines Rechtmäßigkeitserfordernis aus dem Kompensationsgedanken hergeleitet.

häufig dürfte sich zweitens das Problem stellen, ob Wirtschaftsförderung als Ziel zulässig ist. Wird Wirtschaftsförderung bezweckt, so wird man darin einen finalen Eingriff in die Rechte der Konkurrenten mit entsprechend höheren formellen Rechtmäßigkeitsanforderungen[927] sehen müssen.[928] Bei Finalität ist zumindest die gesetzliche Einräumung von Vollzugsermessen als gesetzliche Eingriffsgrundlage erforderlich. Im Giftnotruf-Box-Fall ist das verfolgte Ziel, die Qualität der Arzneimittelversorgung zu verbessern, vom AMG ganz eindeutig gedeckt. Immer berechtigt ist drittens eine *Evidenzkontrolle* i.S.d. Abwehr des Rechtsmißbrauchs, die zum Beispiel die Verwaltungsentscheidung in der Klett-Passage-Entscheidung nicht überstanden hätte. Im übrigen muß es aber dabei bleiben, daß die durch Gesetz festgelegten materiellen Rechtmäßigkeitsanforderungen regelmäßig gerade nicht dem Schutz der Wettbewerber vor Interventionswirkung dienen.

Die Maßnahme darf drittens nicht aus anderen Gründen *unverhältnismäßig* sein. In diesem Rahmen ist daran zu denken, daß - wie etwa in der Giftnotrufbox-Entscheidung - unter Umständen mildere (bzw. abmildernde) Mittel möglich sein können. Tatsächlich ist im Giftnotruf-Box-Fall kein Grund ersichtlich, warum nicht wenigstens die Möglichkeit genutzt wurde, in dem Anschreiben Interventionseffekte abzumildern.[929] Hier zeigt sich auch, daß die verwaltungsrechtliche Behandlung der wettbewerbsrechtlichen überlegen sein *kann*, wenn es von der zuständigen Behörde mit Verstand angewendet wird. Das Wettbewerbsrecht kann eine auflagenähnliche Wirkung zwar dadurch erzielen, daß es die Rechtmäßigkeit an detailliert beschriebene Voraussetzungen knüpft. Die Beurteilung erfolgt jedoch nach Vornahme der Handlung, so daß eine präventiver Verhaltenssteuerung in dem zu entscheidenden Fall nicht mehr möglich ist. Zur Herstellung von Einzelfallgerechtigkeit begnügt man sich dann damit, daß im konkreten Fall die Interessen in einen suboptimalen Ausgleich gebracht wurden. Im Wettbewerbsrecht besteht außerdem immer die Gefahr faktischer Präjudizienbindung durch unangebrachte Verallgemeinerungen, die schnell tatsächlich rigidere Bindungen als bei einer durchaus abänderbaren Verwaltungspraxis herbeiführt. Verwaltungshandeln kann dagegen präventiv und relativ flexibel die Interessen aus mehreren Richtungen verarbeiten und ihren bestmöglichen Ausgleich durch Auflagen sichern.

(2) Die *formellen* Rechtmäßigkeitsanforderungen lassen sich ebenfalls nicht ohne Probleme feststellen, wobei das Erfordernis der Rechtsförmlichkeit des Handelns zunächst wiederum außer Acht gelassen werden soll. Gelegentlich findet sich in der Literatur die Aussage, daß dann, wenn es sich lediglich um

---

[927] *Isensee*, in: Isensee/Kirchhof, HBStR V, § 111 Rz. 68 m.w.N.
[928] Im Ergebnis ähnlich mit anderer Begründung *Stolterfoht*, in: FS Rittner, 695, 714 f.
[929] Vgl. die Lösung des Beispielsfalles S. 266 ff.

einen faktischen, nicht finalen Eingriff handele, die formellen Rechtssicherungsmechanismen generell nicht aktiviert würden.[930] Im vorliegenden Fall der hoheitlichen faktischen Beeinträchtigung durch Ungleichbehandlung ist die Hoheitlichkeit jedoch wesensmäßige Voraussetzung, weshalb es erstens gar keinen Grund gibt, auf das Erfordernis der *Zuständigkeit der differenzierenden Stelle* zu verzichten.[931] Rechtsstaatlich unabdingbar ist es zweitens, einer rechtsmindernden Maßnahme *erst nach Mitteilung* an den Betroffenen *diesem gegenüber Wirkung* zuzusprechen. Ein Fall, in dem wie bei der Tatbestandswirkung gegenüber Dritten die Wirkungs-erstreckung[932] auch ohne Beteiligung gerechtfertigt ist,[933] liegt nicht vor. Wegen der relativen Bestandskraft bleibt das - wie schon mehrfach angesprochen - im praktischen Ergebnis dennoch häufig ohne Relevanz. Den praktischen Bedürfnissen der Verwaltung kann im übrigen durch Anwendung des § 41 Abs. 3, 4 VwVfG (öffentliche Bekanntmachung) genüge getan werden. Drittens und schließlich ist es für die Rechtmäßigkeit einer eingreifenden Differenzierung notwendig, daß *rechtliches Gehör* gewährt wird. Das heißt, daß die Anhörung der Konkurrenten vor einer geplanten Differenzierung notwendig ist.[934] Die Anwendung des § 28 Abs. 2 Nr. 4 VwVfG (ebenfalls gegebenenfalls analog) ermöglichst es allerdings, die Anhörung in des Widerspruchsverfahren zu verschieben. Im übrigen verhindert § 45 Abs. 2 VwVfG, daß eine fehlende Anhörung alleine dauerhafte Konsequenzen haben muß. Einer besonderen Ermächtigungsgrundlage bedarf es dagegen nach dem oben Gesagten regelmäßig nicht; der Gedanke der Unmöglichkeit heteronomer Regelung gilt auch hier.

---

930 *Isensee*, in: Isensee/Kirchhof, HBStR V, § 11 Rz. 68; *Gallwas*, Faktische Eingriffe, S. 94 ff; vgl. auch *Ossenbühl*, StaatshaftungsR, S. 313; a.A. für drittbelastende Verwaltungsakte *Raeschke-Kessler/Eilers*, NVwZ 1988, 37.

931 OLG Nürnberg NJWE-WettbR 1998, 35, 36; allgemein BVerwGE 45, 309, 321; *Becker*, DÖV 1985, 1003, 1010 zu normvertretenden Absprachen.

932 Als Tatbestandswirkung ist das zumeist der Fall im weiteren Zusammenhang mit einem Rechtsübergang, etwa in § 2 AnfG oder in § 775 Abs. 1 Nr. 4 BGB; ganz anders als der Vorsprung durch Rechtsbruch ist auch die Tatbestandswirkung des Strafurteils für die Restitutionsklage nach § 581 Abs. 1 ZPO. Eine (von der Tatbestandswirkung zu unterscheidende, aber im Ergebnis dieser ähnliche) Rechtskrafterstreckung auf Dritte gibt es schließlich im Personenrecht, bei Rechtsnachfolge (§§ 325 ff ZPO), bei Prozeßstandschaft und gelegentlich bei akzessorischer Haftung, s. *Leipold*, in: Stein/Jonas, § 325 Rz. 47 ff; *Rosenberg/Schwab/Gottwald*, Zivilprozeßrecht, § 156 (S. 934 ff).

933 Zum Erfordernis eines rechtfertigenden Grundes *Gaul*, in: FS Zeuner, 317, 346 ff.

934 Für eine Anhörungspflicht in einem anderen Fall informellen Verwaltungshandelns, der staatlichen Warnung, *Brohm*, DVBl 1994, 133, 136 unter der Voraussetzung, daß der Betroffenenkreis individualisierbar sei.

### 3. Andere Maßnahmen mit Differenzierungswirkung

Bisher wurde nur die Differenzierung durch Verwaltungsakt angesprochen. Praktisch viel häufiger ist jedoch die Differenzierung auf Vollzugsebene, die nicht nur ungewollt durch bloße Unkenntnis[935] eintreten kann. Sie kann eben auch bewußtes Gestaltungsmittel sein. Dauerhafte rechtliche Gestaltung kann, wenn überhaupt, sicherlich nur durch die Verwendung bestimmter Rechtsformen erreicht werden. Eine andere, bisher offengelassene Frage ist aber, ob temporäre Differenzierungen beim Vollzug jederzeit durch wettbewerbsrechtliche Ansprüche überspielt werden können.

Diese Frage stellt sich nur dann, wenn die Verwaltung auch mit Differenzierungswillen handelt. Eindeutig besteht ein solcher Wille jedenfalls bei Differenzierungen durch Verordnung und Satzung. Häufig läßt sich ein Regelungswille als der Wille zu sogar dauerhafter Differenzierung[936] aufgrund der Wahl typischer äußerer Rahmenhandlungen auch so klar feststellen, daß eindeutig ein Verwaltungsakt oder ein Vertrag vorliegt. Es gibt jedoch auch Fälle, denen eine solche Klarheit abgeht.[937] Angesichts der Vielschichtigkeit der Problematik ist auch hier wieder nur eine kursorische Behandlung möglich.

a) (1) Schwierigkeiten bereitet vor allem der Bereich des „informellen Verwaltungshandelns", also „Wegschauen", Duldungen, Absprachen und ähnliches.[938] Die Qualifikation des Verwaltungshandelns fällt in diesem Bereich häufig schwer.[939] Der Wille, durch Nichtvollzug gestaltend tätig zu werden, kann sich als stillschweigende Erlaubnis[940] oder auch als Duldungsverwaltungsakt[941] darstellen. Gestaltungswille läßt sich hier aber durchaus über die Bereiche hinaus feststellen, in denen es sich um eine Regelung handelt. So kann zum Beispiel eine Behörde eine neue Werbungspraxis bemerken, die zwar unter den Wortlaut eines gesetzlichen Verbotes fällt, aber möglicherweise nicht vom eelos erfaßt wird, oder deren Konsequenzen sich nicht sofort abschätzen lassen; oder

---

[935] Dann besteht jedenfalls ein Gleichbehandlungsanspruch, S. 219.

[936] Zum Begriff der Regelung BVerwGE 77, 268, 271 ff; *Erichsen*, in: Erichsen, Allg. VerwR, § 12 Rz. 26; *Kopp/Ramsauer*, § 35 Rz. 47.

[937] Ihren Grund haben die Abgrenzungsschwierigkeiten darin, daß Rechtsanwendung immer Rechtssetzungselemente hat, s. Fn. 522.

[938] *Bauer*, VerwArch 78 (1987), 241, 241 f; s. die Beispiele fehlender Regelungsqualität bei *Kopp/Ramsauer*, § 35 Rz. 50.

[939] Vgl. etwa *Fluck*, NuR 1990, 197, 199; *Gusy*, GewArch 1980, 324, 327. Gerade im öffentlichen Wirtschaftsrecht mit seiner enormen Zahl unbestimmter Rechtsbegriffe gibt es häufig Unklarheiten (*Bauer*, VerwArch 78 (1987), 241, 250 f).

[940] *Randelzhofer/Wilke*, Duldung, S. 40 ff.

[941] *Wolff/Bachof*, VerwR I, § 50 III C 2; *Hermes/Wieland*, Duldung, S. 29 ff. Zur Abgrenzung zu Zusage und Zusicherung *Stelkens*, in: Stelkens/Bonk/Sachs, § 38 Rz. 24.

die Verwaltung kennt gesetzeswidrige Zustände und benutzt die bloße Drohung mit Sanktionen zu einer Umsetzung der gesetzlichen Ziele, was zwar möglicherweise rechtswidrig ist,[942] aber effektiver als eine konfrontative Strategie sein kann.[943]

(2) *Abwandlung* zum *Abgas-Emissionen*-Fall:[944] Das zuständige Umweltamt erläßt zunächst eine Ordnungsverfügung gegen E, mit der der Einsatz fester Brennstoffe in der Anlage untersagt wird, und verhängt eine Woche später ein Bußgeld. Daraufhin kommt es zu einer Besprechung unter Beteiligung von Wirtschafts- und Umweltministerium, Regierungspräsidium und Umweltamt, in der E die Zusage macht, die Anlage innerhalb eines Jahres nachzurüsten; die Sanktionen werden dafür zurückgestellt. K kann nachweisen, daß ihm aufgrund der so dem E möglichen Preisunterbietung ein erheblicher Teil seiner Aufträge verloren geht.

(3) Obwohl die Behörde nicht immer regeln will, will sie doch zwischen eindeutigen Fällen und „geduldeten Fällen" differenzieren, d.h., gegenüber den gesetzlichen neue Differenzierungsmaßstäbe einführen. Überwiegend wird solchem Verhalten nur eine sehr eingeschränkte rechtliche Bindungswirkung zugesprochen.[945] Die faktische Bindung durch ein „gentlemen's agreement", die durchaus rechtsstaatlich bedenklich ist,[946] läßt sich dadurch allerdings nicht verhindern.

Um eine rechtliche andauernde Bindung soll es hier aber ohnehin gar nicht gehen. Zumindest dann, wenn die Behörde signalisiert, zur Zeit nicht eingreifen zu wollen, kann man einem Hinweis, einer veröffentlichten Verwaltungsvorschrift etc. nicht jede Wirkung absprechen.[947] Die Verhängung von Sanktionen durch die Verwaltung ohne vorherige Ankündigung ist in einem derartigen Fall nach dem oben Gesagten[948] wegen Selbstwidersprüchlichkeit unzulässig. Dauerhaft ist die Bindung damit noch nicht; ein *Aufhebungsverbot*

---

[942] *Erichsen*, in: Erichsen, Allg. VerwR, § 32 Rz. 5; *Robbers*, DÖV 1987, 272, 278 f. Grundsätzliche Bedenken deshalb bei *Bauer*, VerwArch 78 (1987), 241, 254; *Hoffmann-Riem*, VVDStRL 40 (1982), 187, 204 f.

[943] *Bauer*, VerwArch 78 (1987), 241, 248 f u. 252 f; *Erichsen*, in: Erichsen, Allg. VerwR, § 32 Rz. 3; als Beispiel im Wettbewerbsrecht etwa OLG Nürnberg, NJWE-WettbR 1998, 35.

[944] Grundfall auf S. 206.

[945] *Bauer*, VerwArch 78 (1987), 241, 253; *Hoffmann-Riem*, VVDStRL 40 (1982), 187, 199 ff; *Eberle*, DV 17 (1984), 439, 464; Fn. ☺.

[946] *Brohm*, DVBl 1994, 133, 138.

[947] Vgl. S. 169. Im Europäischen Kartellrecht wird Negativattesten und „comfort letters" eine begrenzte Bindungswirkung zugesprochen, EuGH NJW 1980, 2632; EuGH EuZW 1998, 754; *Rittner*, WettbR, § 7 Rz. 97.

[948] S. 169.

gibt es nur unter engen Voraussetzungen.[949] Davon unabhängig ist aber zu klären, ob die Mitbewerber für den Augenblick durch derartige Verwaltungsentscheidungen gebunden werden, ob es also möglicherweise ein (temporäres) *wettbewerbsrechtliches Abweichungsverbot*[950] gibt. Soweit eine solche Wirkung reicht, ist sie in Hinblick auf das wettbewerbsrechtlich geschützte Individualinteresse dann auch ebenso rechtfertigungsbedürftig wie ein genehmigender Verwaltungsakt.[951]

b) Obwohl es einer der wesentlichen Bedeutungsgehalte der Bejahung eines Eingriffs ist, daß damit Handlungsformvorbehalte aktiviert werden,[952] wird man auch hier wegen der Unmöglichkeit heteronomer Regelung bei Eingriffen in das wettbewerbsrechtliche Recht auf Gleichbehandlung eine Ausnahme machen müssen. Die Durchformung der verschiedenen Handlungsformen des öffentlichen Rechts mag allgemein gerade eben dazu erfolgt sein, um individualrechtsbetreffende Regelungen in ein rechtsstaatlich beherrschbares Korsett zwängen zu können.[953] Gerade die Regelung wettbewerblicher Wirkungszusammenhänge läßt sich jedoch umgekehrt anerkanntermaßen gerade nicht in ein derartiges Korsett einpassen.

Hinzu kommt, daß die Wirkung der gestaltenden Handlung schon im Grundsätzlichen nicht mit dem „normalen“ Drittschutz und den korrespondierenden Konstruktionen des § 823 Abs. 2 BGB bzw. der wertbezogenen Norm in § 1 UWG vergleichbar ist. Dort ist es der Verwaltung schon durch die Schutznorm des einfachen Rechts *aufgegeben*, gerade auch den Konflikt zwischen den Privaten durch ein formalisiertes Verfahren zu schlichten. Absprachen und Duldungen können bei öffentlich-rechtlichen Schutznormen leicht dazu führen, daß die Verwaltung aufgabenwidrig mittelbar über die Rechte des Dritten verfügt, weshalb die h.M. solche Maßnahmen im

---

949 BVerwG NVwZ-RR 1992, 54; *Fluck*, NuR 1990, 197, 198; *Eberle*, DV 17 (1984), 439; *Sachs*, in: Stelkens/Bonk/Sachs, § 40 Rz. 122; *Hoffmann-Riem*, VVDStRL 40 (1981), 187, 226 f

950 Ähnlich die diskutierte strafrechtliche Rechtsfolge informellen Verwaltungshandeln (dazu *Fluck*, NuR 1990, 197, 202 ff; *Heider*, NuR 1995, 335; *Rogall*, NJW 1995, 922; *Lackner/Kühl*, StGB, § 312 Rz. 12. Sehr ausführlich mit zahlreichen Nachweisen, aber m.E. ohne hinreichende Beachtung der Besonderheiten wettbewerbsrechtlicher Ansprüche die Behandlung des Problemes durch Vergleich mit den strafrechtlichen Auswirkungen bei *Ziegler*, Umweltschutzvorschriften, S. 111 ff.

951 Ohne Einschränkungen dagegen BGH GRUR 1998, 407, 411 - TIAPRIDAL; OLG Nürnberg, NJWE-WettbR 1998, 35.

952 Vgl. BVerwGE 75, 109, 114 f; *W. Roth*, Eingriffe, S. 600 m.w.N; *Badura*, JZ 1993, 37, 38; *Bleckmann/Eckhoff*, DVBl 1988, 373, 380 f; *P.-M. Huber*, Konkurrenzschutz, S. 486 f.

953 So *Burmeister*, VVDStRL 52 (1993), 190, 230 ff.

Zusammenhang mit drittschützenden Normen überhaupt skeptisch betrachtet[954] und eine Vorgabewirkung von Duldungen und Absprachen definitiv nicht stattfindet. Dagegen spielen beim „Vorsprung durch Rechtsbruch" die durch das verletzte isolierte Ver- oder Gebot geschützten Rechtsgüter keine Rolle. Es handelt sich um einen Gleichbehandlungsanspruch. Nicht Regelung gerade des Rechtsverhältnisses zwischen den Wettbewerbern, sondern die Tatsache *bewußter staatlicher Nichtsanktion als solche* führt hier schon dazu, den Rechtseingriff zu bejahen. Ein (tatsächlicher) Gestaltungswille ist zwar durchaus notwendig, aber dieser bezieht sich, eben weil gestaltend, per se immer auch auf die relationale Beziehung. Diese dem Handlungstypus der hoheitlichen Behandlung, der Gestaltung einer Rechtsordnung an sich eigentümliche Wirkung kann nicht in die aus dem Zivilprozeßrecht übernommenen Kategorien eingeordnet werden. Es handelt sich vielmehr um die bereits kurz erwähnte[955] Differenzierungswirkung, an deren Eintritt nur geringere Anforderungen als an eine Gestaltungswirkung gestellt werden können; sie steht der Tatbestandswirkung nahe, erscheint aber doch als ein aliud: Mit der Begründung einer Vorgabewirkung durch Tatbestands- oder Gestaltungswirkung würde man auf der nicht gleichheitsangemessenen Ebene der isolierten Rechtsbetrachtung bleiben. Eine solche Differenzierungswirkung kann man m.E. informellem Verwaltungshandeln eher beimessen als eine dauerhafte Tatbestands- oder Gestaltungswirkung.

Der Nutzen, der sich daraus ergäbe, daß die Verwaltung für eine Differenzierung eine bestimmten Handlungsform verwendet, wäre für die Konkurrenten dagegen gering, insbesondere, wenn man keine besondere „Verwaltungsakt-Befugnis" verlangt.[956] Berechenbarkeit und Bestimmbarkeit[957] würden über das, was sich bereits aus dem Bekanntgabeerfordernis ergibt, nicht hinausgehen. Ganz im Gegenteil könnten Verwaltungsakte sogar wegen der möglicherweise daraus resultierenden formellen wie materiellen Bestandskraft für die Mitbewerber nachteiliger sein als informelle Verwaltungshandlungsformen. Informelles Verwaltungshandeln, daß gegen subjektivierte Rechtmäßigkeitsanforderungen verstößt, ist nur insofern von Bedeutung, als es die Vermutung widerlegen kann, daß die Verwaltung auf ihr bekannte Verbotsübertretungen gleichmäßig mit Sanktionen reagieren wird und deshalb möglicherweise ein inhaltlich offener

---

[954] BVerwGE 45, 309, 321; *Robbers*, DÖV 1987, 272, 278; *Erichsen*, in: Erichsen, Allg. VerwR, § 32 Rz. 6; *Bauer*, VerwArch 78 (1987), 241, 254 f; *Hoffmann-Riem*, VVDStRL 40 (1982), 187, 211 ff; *Lübbe-Wolff*, NuR 1989, 295, 297; *Dreier*, in: Staatswissenschaft und Staatspraxis 4 (1993), 647, 660 f.

[955] S. 109 f.

[956] Zu diesem Streit *Maurer*, Allg. VerwR, § 10 Rz. 5; *Kopp/Ramsauer*, § 35 Rz. 9 f; *Erichsen*, in : Erichsen, Allg. VerwR, § 15 Rz. 4.

[957] Auch daraus begründet sich der Vorbehalt des Gesetzes, vgl. BVerfGE 8, 274, 325; *W. Roth*, Eingriffe, S. 500.

Gleichbehandlungsanspruch vor den Verwaltungsgerichten geltend gemacht werden muß.[958] Rechtswidrige Verwaltungsakte sind jedoch zunächst einmal wirksam,[959] schließen für die Dauer ihrer Wirksamkeit den Gleichbehandlungsanspruch aus und können bei Untätigkeit auch den Konkurrenten gegenüber bestandskräftig werden. Ebensowenig ergäben sich angesichts des heute umfassenden verwaltungsgerichtlichen Schutzes subjektiver Rechte erweiterte Rechtsschutzmöglichkeiten aus der Verwendung eines Verwaltungsaktes. Auch die Dokumentation der die Entscheidung tatsächlich tragenden Motive der Verwaltung muß bei förmlichem Verwaltungshandeln nicht notwendigerweise besser sein als bei informellem Verwaltungshandeln.[960]

Werden die oben für Verwaltungsakte genannten Standards - vor allem Zuständigkeit, Anhörung, Mitteilung, Verhältnismäßigkeit - eingehalten, kann man also unabhängig davon, ob einer Maßnahme gerade dauerhafter Selbstbindungswillen beizumessen ist, Bindungswirkung für den wettbewerbsrechtlichen Gleichbehandlungsanspruch zugestehen, d.h. ein Abweichungverbot - im Gegensatz zu einem Aufhebungsverbot - bejahen.[961] Die Verwaltung müßte sich ansonsten innerhalb des Schutzbereiches immer dann, wenn sie sich nicht als Vollzugsautomat für eingreifende Normen begreifen will, rechtsförmlichen Verhaltens bedienen. Das erschiene angesichts der fortwährend zunehmenden Notwendigkeit einer gestalterisch und nicht nur exekutierend tätigen Verwaltung[962] als eine wenig sinnvolle Lösung. Selbst das bloße „bewußte Zuschauen“ kann unter Umständen genügen, denn Anhörung und Mitteilung können nachgeholt werden. Maßgeblich ist lediglich der Wille, bei der Umsetzung zu differenzieren, gewollte dauerhafte rechtliche Verbindlichkeit ist darüber hinaus nicht notwendig.

c) Ein Unterschied zwischen informellem Verwaltungshandeln und der Verwendung des Verwaltungsakts schlägt allerdings auch auf die wettbewerbsrechtliche direkte Durchsetzung des Unterlassungsanspruchs durch. Differenzierungen durch informelles Verwaltungshandeln, die diesen Rechtmäßigkeitsanforderungen nicht genügen, sind anders als Verwaltungsakte

---

[958] Sie kann außerdem den subjektiven Tatbestand der Sittenwidrigkeit bis zum wettbewerbsrechtlichen Urteil entfallen lassen, BGH GRUR 1988, 382 - Schelmenmarkt; OLG Hamburg, NJWE-WettbR 1998, 52, 54; weitergehend OLG Nürnberg, NJWE-WettbR 1998, 35, 36.

[959] Vgl. *Maurer*, Allg. VerwR, § 9 Rz. 39 f; *Badura*, in: Erichsen, Allg. VerwR, § 38 Rz. 45 ff.; *Kopp/Ramsauer*, § 43 Rz. 14 ff.

[960] Die fehlende Kontrollierbarkeit spricht generell gegen die Zulässigkeit informeller Kontakte (vgl. *Bauer*, VerwArch 78 (1987), 241, 255; *Hoffmann-Riem*, VVDStRL 40 (1982), 187, 212 ff).

[961] Allgemein für weitere Stufungen der Rechtsverbindlichkeit von Verwaltungshandlungen *Dreier*, in: Staatswissenschaft und Staatspraxis 3 (1993), 647, 680 f; *Schmidt-Aßmann*, DVBl 1989, 533, 541.

[962] *Dreier*, in: Staatswissenschaft und Staatspraxis 4 (1993), 647, 658 f.

*ipso iure unwirksam*, da es keine Norm gibt, die informelles Verwaltungshandeln oder auch Verwaltungsvorschriften trotz Rechtswidrigkeit mit Bestandskraft ausstattet. Bedeutung hat auch rechtswidriges informelles Verwaltungshandeln nur insofern, als die Vermutung, daß die Verwaltung die Verbote gleichmäßig durch Vollzug durchsetzen wollen wird, widerlegt sein kann; soweit der Gleichbehandlungsanspruch aber bereits aus anderen Gründen vollständig bestimmt ist, kann hier u.U. trotz entgegenstehendem Willen der Verwaltungsbehörde ein wettbewerbsrechtlicher Unterlassungsanspruch bestehen.

Die Qualifikation einer Maßnahme als Duldungs- oder sonstiger Verwaltungsakt hat dagegen die Folge, daß Bestandskraft möglich ist. Deswegen muß bereits aus Gründen der Handlungsform der Anspruch auf dem Verwaltungsrechtsweg geltend gemacht werden. Die nicht spezifisch mit dem vorliegend untersuchten Problem zusammenhängenden Abgrenzungsschwierigkeiten zwischen Duldungsverwaltungsakt, schlichter aktiver Duldung und schlichter passiver Duldung[963] werden hier jedoch offengelassen.

d) Weitere Probleme wirft die informelle *Absprache* auf. Mangels Rechtsbindungswillen handelt es sich hierbei nicht um einen Vertrag. Nimmt man ebenfalls ein Abweichungsverbot an, so liegt jedoch konsensuales Verhalten mit der Folge der Rechtsbeeinträchtigung Dritter vor, weshalb man dann § 58 Abs. 1 VwVfG analog[964] mit der Folge der Nichtigkeit anwenden muß. Die Vertragsvorschriften passen aber nicht, wenn der Rechtsverletzter lediglich die „Gegenleistung" der Rückkehr zu rechtmäßigem Verhalten erbringt; auch bei „aktiven Duldungen" ist das ja häufig der Fall.[965] Werden dagegen weitere Gegenleistungen informell in Aussicht gestellt, muß wohl eher von Nichtigkeit nach § 58 VwVfG analog ausgegangen werden.[966] Die Bedeutung des nichtigen Vertrages erschöpft sich dann darin, daß er die Richtung des Gleichbehandlungsanspruchs beeinflussen kann.

e) Unzutreffend ist es dagegen, immer dann, wenn eine Rechtsfrage umstritten ist, wettbewerbsrechtliche Ansprüche wegen Vorsprungs durch Rechtsbruch

---

[963] So die Unterscheidung aus strafrechtlicher Perspektive bei *Ziegler*, Umweltschutzvorschriften, S. 117 ff; *Rogall*, NJW 1995, 922, 923 m.w.N. Aus verwaltungsrechtlicher Perspektive gegen den Begriff der passiven Duldung *Fluck*, NuR 1990, 197, 199.

[964] Unzutreffend m.E. OLG Hamburg, NJWE-WettbR 1998, 52; das OLG wendet sogar bei einem „normalen" öffentlich-rechtlichen Vertrag § 58 VwVfG nicht an.

[965] *Dreier*, in: Staatswissenschaft und Staatspraxis 4 (1993), 647, Fn. 39.

[966] Str., für die Anwendung von § 58 VwVfG *Bohne*, VerwArch 75 (1984), 343, 350 ff; dagegen *Kopp/Ramsauer*, § 54 Rz. 25; *Dreier*, Staatswissenschaft und Staatspraxis 4 (1993), 647, 662 f; wohl auch *Maurer*, Allg. VerwR, § 15 Rz. 20.

auszuschließen.[967] Die rechtlichen Schwierigkeiten der Verbotsnorm hängen nicht mit dem Maß des erzielbaren Vorsprungs und damit mit der Schwere der Individualinteressenbeeinträchtigung zusammen. Sie alleine können kein Grund sein, den Wettbewerber schlechthin und gänzlich schutzlos zu stellen. Unklarheiten der Rechtslage im einen, Klarheit im anderen Fall können nach hier entwickelter Ansicht nur einen zulässigen Differenzierungsgrund bilden, ersetzen jedoch nicht das Erfordernis einer differenzierenden Entscheidung. Mit anderer Wirkung kann im Einzelfall dann, wenn die Rechtsfragen ernsthaft umstritten sind, die Vermutung eines Durchsetzungswillen durch die Verwaltung erschüttert sein;[968] dann ist zwar die wettbewerbsrechtliche direkte Rechtsdurchsetzung, nicht aber der Gleichbehandlungsanspruch ausgeschlossen, der in diesem Fall durch verwaltungsgerichtliche Gleichbehandlungsklage durchzusetzen ist.[969]

## F. Zusammenfassung: Der Interventionsabwehranspruch des unmittelbar Verletzten

### 1. Grundthesen

a) Es besteht ein wesentlicher Unterschied zwischen den Ansprüchen des unmittelbar Verletzten und den Ansprüchen der in § 13 Abs. 2 UWG Genannten; nur im ersteren Fall handelt es sich um subjektive Rechte.

b) § 1 UWG wird in der Konstellation des Vorsprung durch Rechtsbruch doppelt angewendet. Einerseits konstituiert § 1 UWG ein selbständiges, gegen die Verwaltung gerichtetes und - soweit notwendig - verwaltungsprozeßrechtlich durchsetzbares *Gleich*behandlungsrech des unmittelbar Verletztent; wenn aber von der Verwaltung gleiche Verbots*durchsetzung* auch gegenüber dem Mitbewerber verlangt werden kann, ist § 1 UWG andererseits Vehikel zur technisch vereinfachten Durchsetzung des Gleichbehandlungsanspruchs.

b) Die vorliegende Untersuchung hat sich in diesem Sinne um den Nachweis bemüht, daß § 1 UWG selbständig und unabhängig von der öffentlich-

---

[967] So aber *Teplitzky*, in: GroßKommUWG, § 1 Rz. G 285; *Stolterfoht*, in: FS Trinkner, 695, 709.

[968] Ähnlich dem Fall, daß es sich um eine neu erlassene Norm handelt, s. dazu oben 220.

[969] Dazu S. 134 ff und S. 165 ff.

rechtlichen Schutznormqualität das Interesse am Unterbleiben hoheitlicher wettbewerbsverzerrender Ungleichbehandlungen schützt. Thema war in diesem Zusammenhang auch die Struktur von Gleichbehandlungsrechten und ihr Verhältnis zur Figur des mittelbaren, faktischen Eingriffs in geschützte Rechtspositionen.

c) Abgekürzte, „direkte" Rechtsdurchsetzung per § 1 UWG statt „über das Dreieck" ist nur möglich, wenn feststeht, daß Gleichheit gerade durch Verbotsdurchsetzung herzustellen ist. Nur dann wird der offene Gleichbehandlungsanspruch zum wettbewerbsrechtlichen Gesetzesvollzugsanspruch, der hinter dem Vorsprung durch Rechtsbruch steht. Unter Auseinandersetzung mit der Lehre, daß es keine „Gleichheit im Unrecht" gebe, wurden Voraussetzungen und Grenzen anderer Möglichkeiten der Herstellung von Gleichheit sowie die Bedeutung dieser Möglichkeiten für den wettbewerbsrechtlichen Unterlassungsanspruch erörtert.

## 2. Zusammenfassung des Argumentationsgangs

Im einzelnen lauten die Ergebnisse:

1. Sittenwidrigkeit wegen Verletzung der par condicio concurrentium setzt zunächst voraus, daß überhaupt ein wettbewerbsrechtliches Recht auf Gleichbehandlung betroffen ist.

a) Ein Gleichbehandlungsrecht setzt ein gleichbehandlungspflichtiges Subjekt voraus. Bei originären wettbewerbsrechtlichen Verboten hat der Gesetzgeber - insofern gleichwertig - durch § 13 Abs. 2 UWG gleichen Vollzug angeordnet. An dieser Stelle ist für die Erklärung der Neuausrichtung des Rechts der Preis- und Vertriebsbindungssysteme anzusetzen; dort ergibt sich eine Gleichbehandlungspflicht nur aus einer vertraglichen Verpflichtung. Werden öffentlich-rechtliche Normen verletzt, so ist die Verwaltung gleichbehandlungspflichtig. Wegen „Gliederungen der Fläche" können hier Probleme bestehen, insbesondere wegen des Bundesstaatsprinzips.

b) Regelmäßig muß die Ungleichbehandlung ein Individualinteresse des Klägers beeinträchtigen. Die Beschränkung auf subjektive Rechte sichert nicht zuletzt die Gerichtsförmigkeit der Verwaltungskontrolle und damit die Gerichtsförmigkeit des Schutzes subjektiver Rechte (Prinzip der begrenzten Sanktionsbefugnis).

(1) Die Ansprüche des unmittelbar Verletzten aus § 1 UWG schützen ein Individualinteresse und sind in diesem Sinne jedenfalls subjektive Berechtigungen (d.h. Berechtigungen an der Durchsetzung eines Verbotes, weil das Verbot individualschützend ist). Mit großer Vorsicht läßt sich auch die Vorstellung des Eingriffs in ein geschütztes Individualrechtsgut (also in ein Eingriffsabwehrrecht) verwenden. Selbst wenn es sich nur um eine subjektive Berechtigung handelt, muß der Entzug der privaten subjektiven Berechtigung durch Rechtsakt bei wertender Betrachtung als Eingriff behandelt werden.

(2) Die hier maßgebliche Wirkung der Ungleichbehandlung ist die Interventionswirkung in Abgrenzung zu Diskriminierungs- und Lenkungswirkung. Diskriminierungswirkung ist die mittelbare Persönlichkeitsbeeinträchtigung durch Schlechterbehandlung; Lenkungswirkung bezeichnet den Anreiz durch positive oder negative Sanktionen; Interventionswirkung ist schließlich die Auswirkung der Verschiebung von relativen Wettbewerbspositionen. Soweit solche Wirkungen abgewehrt werden, geht es um die Abwehr der Ungleichbehandlung als solcher, um die Gestaltung der Relation. Es gibt heute keinen Grund mehr, an dem modalen Verständnis von Differenzierungsverboten festzuhalten, das den Zweck von Gleichbehandlungsgeboten im Schutz des isoliert betroffenen Interesses sieht.

(3) § 1 UWG schützt nur dann gegen Ungleichbehandlungen beim Vollzug verwaltungsrechtlicher Normen, wenn die Beeinträchtigung durch Interventionswirkung hinreichend schwer ist. Die Bestimmung der maßgeblichen Relevanzschwelle hat nach autonomen Maßstäben stattzufinden. § 13 Abs. 2 Nr. 1 UWG als früherer heteronomer Maßstab der Individualrechtsbetroffenheit ist auf den unmittelbar Verletzten jetzt nicht mehr anzuwenden. Bei der Festlegung der Relevanzschwelle müssen trotz der Zulässigkeit des originär wettbewerbsrechtlichen Interessenschutzes die Gesichtspunkte berücksichtigt werden, die die Vewaltungsgerichtsbarkeit zu Zurückhaltung bewogen haben. Insbesondere ist dem Grundsatz der begrenzten Sanktionsbefugnis auch im Zivilrecht Beachtung zu widmen.

(4) Ansprüche auf Gleichbehandlung wegen Interventionswirkung sind nicht deshalb ausgeschlossen, weil es sich um eine Konstellation der „Gleichheit im Unrecht" handelt. Die „Gleichheit im Unrecht" ist ein Problem der Intensität, die für die Rechtsbetroffenheit notwendig ist. Deshalb kommt ein Anspruch auf Gleichbehandlung wegen Diskriminierungswirkung bei vereinzelten Gesetzesverstößen richtigerweise nicht in Betracht. Kollisionen mit der Steuerungsbefugnis des Gesetzgebers ergeben sich in den wenigen verbleibenden Fällen der Diskriminierungswirkung zunächst einmal deshalb selten, weil der Verwaltung durch „Gleichheit im Unrecht" die Rückkehr in die Legalität für zukünftig zu entscheidende Fälle in der Regel nicht versperrt wird.

Wenn das doch der Fall ist, muß dem Gleichbehandlungsberechtigten zur Verhinderungen dauerhafter Beeinträchtigungen der gesetzgeberischen Steuerungsbefugnis bereits jetzt ein Anspruch auf gleichmäßige Durchsetzung des objektiven Rechts zugestanden werden. Der Grundsatz der begrenzten Sanktionsbefugnis tritt dann im Ergebnis gegenüber dem Anspruch auf Gleichbehandlung und der gesetzgeberischen Steuerungsbefugnis zurück.

c) Wegen § 1 UWG ist es zwar ausgeschlossen, mit der Verwaltungsrechtsprechung einen Anspruch auf Gleichbehandlung wegen Interventionswirkung im Wirtschaftswettbewerb nur bei schweren und unerträglichen Eingriffen zu gewähren. Andererseits spricht das Prinzip der begrenzten Sanktionsbefugnis dagegen, mit der Wettbewerbsrechtsprechung jeden noch so minimalen Nachteil genügen zu lassen. Das Problem liegt hier darin, eine - insbesondere auch für die Verwaltung - praktikable Rasterung der Interventionswirkung zu finden.

d) Die hier vorgeschlagene Rasterung vollzieht sich in drei Stufen. Zunächst sind die Regelungen nach dem geregelten Wettbewerbsparameter aufzuteilen und normativ auf ihre spezifische Wettbewerbsnähe zu untersuchen. Je größer die Wettbewerbsnähe, desto geringer sind die Anforderungen an die Darlegung eines konkreten Nachteils. Sodann muß die Art des Produkts bestimmt werden; hier lassen sich Unterscheidungen nach der Bedeutung des Wettbewerbsparameters treffen. Schließlich muß das konkrete Wettbewerbsverhältnis abgegrenzt werden. Für die Bestimmung des räumlich relevanten Marktes können möglicherweise aus dem Raumordnungsrecht Abgrenzungskriterien gewonnen werden.

3. Eingriffe in das wettbewerbsrechtliche Recht auf Gleichbehandlung durch Ungleichbehandlung können gerechtfertigt sein.

a) Hat eine Behörde durch Verwaltungsakt gehandelt, so ist der Verwaltungsakt bis zur Grenze der Nichtigkeit auch auf dem Zivilrechtsweg als wirksam zu behandeln. Der wettbewerbsrechtliche Unterlassungsanspruch wird vom Regelungsbereich von Verwaltungsakten erfaßt, weil hoheitliche Handlungsformen der Tatbestandswirkung nahestehende Differenzierungswirkung entfalten. Die subjektiven Grenzen der Bestandskraft haben nur für die Widerspruchsfrist eine praktische Bedeutung,[970] weil das Verwaltungsrecht eine relative Bestandskraft kennt, ein Anspruch des Begünstigten auf Bekanntgabe an

---

[970] Was die Verwirkung als zeitliche Grenze bei Fällen außerhalb der subjektiven Grenzen der Bestandskraft angeht, wäre bei Eingriffen in das in § 1 UWG geschützte Interesse daran zu denken, die Verwirkungsfrist unter Heranziehung des Rechtsgedankens des § 21 UWG wesentlich kürzer anzusetzen.

betroffene Dritte besteht und schließlich der betreffende Wettbewerber bereits vor Bekanntgabe gegen den Verwaltungsakt vorgehen kann. Eine Kontrolle der Rechtmäßigkeit wirksamer Verwaltungsakte auf dem Zivilrechtsweg ist ausgeschlossen; dort ist der Eingriff als gerechtfertigt zu behandeln. Der Gleichbehandlungsanspruch kann hier aus verfahrensrechtlichen Gründen nur auf dem Verwaltungsrechtsweg durchgesetzt werden.

b) Auch „informelles Verwaltungshandeln" kann eine solche Differenzierungswirkung entfalten. Da es keine Bestandskraft gibt, ist hier jedoch der wettbewerbsrechtliche Anspruch nicht schon aus verfahrensrechtlichen Gründen ausgeschlossen. Die Überprüfung der Rechtmäßigkeit als Voraussetzung der Wirksamkeit findet hier zumeist auf dem Zivilrechtsweg statt.

c) Bei der Bestimmung der Rechtmäßigkeitsanforderungen an die Differenzierung kommt man mit der „normalen" Bestimmung des Rechtswidrigkeitszusammenhangs über die Schutznormtheorie wegen der Widersprüchlichkeit der gesetzgeberischen Entscheidungen zu keinem sinnvollen Ergebnis. Der Rechtswidrigkeitszusammenhang ist daher über eine „freie Güterabwägung" zu bestimmen.

Die materiellen Rechtmäßigkeitsanforderungen beschränken sich auf eine Evidenz- und eine Verhältnismäßigkeitskontrolle. Zulässig sind außerdem nur solche Differenzierungsziele, die überhaupt in dem Gesetz einen Ausdruck gefunden haben. Formelle Rechtmäßigkeitsanforderungen sind die Zuständigkeit der Behörde, die Mitteilung der Differenzierung und schließlich grundsätzlich auch die Anhörung. Nicht erforderlich ist die Wahl einer bestimmten Rechtsform; die Abgrenzung zwischen regelnden und sonstigen Differenzierungen kann in Hinblick auf die Frage der Rechtfertigung unterbleiben. Sie ist nur wegen der Bestandskraft bzw. der Klageart maßgeblich.

4. Ein Recht auf Gleichbehandlung hat grundsätzlich nur einen inhaltlich offenen - einen relationalen - Anspruch auf Herstellung von Gleichheit zum Inhalt. Das ergibt sich daraus, daß § 1 UWG hier ein Interesse am Unterlassen einer Ungleichbehandlung schützt.

a) Es gibt jedoch Ausnahmen, wenn dem Konkurrenten nur eine Verhaltensmöglichkeit zumutbar ist. Dann besteht ein Anspruch auf Durchsetzung des Verbotes; die Voraussetzungen direkter Rechtsdurchsetzung sind gegeben.

(1) Das ist zunächst der Fall beim Verstoß gegen sittlich-ethische Normen. Insofern ist die Durchsetzung ethischer Standards nicht Selbstzweck, sondern

nur Reflex des Schutzes der wirtschaftlichen Interessen verantwortlich handelnder Wirtschaftssubjekte.

(2) Außerdem kann der Auch-Verstoß unzumutbar sein, wenn dennoch mit Sanktionen zu rechnen ist. Das kann zum einen die Sanktion durch Dritte sein, wenn es sich um drittschützende Normen handelt, sodann die Sanktion durch aktuelle oder künftige Wettbewerber. Hinsichtlich künftiger Ansprüche ist stets zu unterstellen, daß die Verwaltung dann die Verbotsnorm durchsetzen wird. Denn einer dauerhaften Selbstbindung der Verwaltung an eine rechtswidrige Praxis steht Art. 20 Abs. 3 GG entgegen, so daß dann, wenn deshalb die Verwaltung ihre Sanktionsmöglichkeiten nicht begrenzen kann, der Gleichbehandlungsanspruch sich auf eine Gesetzesvollzugsanspruch verengt. Die Pflicht des Wettbewerbers zu künftigem rechtmäßigem Verhalten kann insbesondere dann schon zur derzeitigen Unzumutbarkeit des Auch-Verstoßes führen, wenn die Wettbewerbshandlung erhebliche Investitionen voraussetzt.

b) Der Anspruch auf Gleichbehandlung kann aber auch aus verfahrensökonomischen Gründen zu behandeln sein, *als ob* er vollständig definit wäre. Das kommt vor allem dann in Betracht, wenn kein „Kann-Ermessen" vorliegt; dann kann vermutet werden, daß die zuständige Vollzugsbehörde sich objektiv rechtmäßig verhalten wird. Auskünfte über das voraussichtliche Verhalten der Behörde geben auch Verwaltungsvorschriften. Das gilt der Natur der Sache nach nicht, wenn die Behörde sich nachweisbar nicht den Verwaltungsvorschriften entsprechend verhält.

5. Für die Frage, ob Gleichbehandlung durch wettbewerbsrechtliche Ansprüche oder auf dem Verwaltungsrechtsweg durchzusetzen ist, gilt:

a) Der „Vorsprung durch Rechtsbruch" ist wie § 823 Abs. 2 BGB ein Instrument direkter Rechtsdurchsetzung, der die Komplikation der indirekten Rechtsdurchsetzung verhindert: An Stelle eines Anspruchs gegen die Verwaltung darauf, daß diese gegen einen Dritten eine Sanktion verhängt, tritt des Recht, unmittelbar gegen den Dritten vorgehen. Voraussetzung eines solchen Anspruchs ist aber, daß der Anspruch gegen die Verwaltung auch tatsächlich den Inhalt hat, daß die Verbotsnorm gegen den Dritten durchgesetzt werden muß. Ein wettbewerbsrechtlicher Anspruch aus § 1 UWG wegen Sittenwidrigkeit infolge „Vorsprungs durch Rechtsbruch" gegen den Konkurrenten besteht deshalb nur dann, wenn der Gleichbehandlungsanspruch wie ein vollständig bestimmter Anspruch zu behandeln ist und Gleichheit nicht aus verfahrensrechtlichen Gründen - vor allem bei der Behandlungsform Verwaltungsakt - auf dem Verwaltungsrechtsweg herzustellen ist.

b) Ist der Anspruch auf dem Verwaltungsrechtsweg durchzusetzen (bzw. zunächst Widerspruch einzulegen), so kommen bei Verwaltungsakten als

Anspruchsinhalte wiederum beide Möglichkeiten in Betracht, Gesetzesvollzug (bei Einschlägigkeit des Verwaltungsrechtsweges aus verfahrensrechtlichen Gründen) und Gleichbescheidung (immer auf dem Verwaltungsrechtsweg).

# VI. „Vorsprung durch Rechtsbruch“ und § 13 Abs. 2 UWG

Abschließend wird hier dem Problem der Berechtigung der in § 13 Abs. 2 UWG Genannten zur Durchsetzung öffentlich-rechtlicher Verbote wegen Interventionseffekten nachgegangen. Der Ausgangspunkt wurde im zweiten Teil erarbeitet: Diese Ansprüche sind keine subjektive Berechtigungen; sie schützen nicht Individualinteressen der Klagebefugten.

## A. Die Rechtfertigung der Sanktionsbefugnisse durch die mittels § 13 Abs. 2 UWG aufgreifbaren Interessen

Im öffentlichen Recht wird für die Zulässigkeit bzw. für die rechtspolitische Zweckmäßigkeit einer öffentlich-rechtlichen Verbandsklage zum Teil argumentiert, im Wettbewerbsrecht sei eine solche ja auch „bekannt und bewährt“.[971] Hiergegen wendet die h.M. ein, daß es im Wettbewerbsrecht ein der öffentlich-rechtlichen Verbandsklage vergleichbares Gewaltenteilungsproblem nicht gebe. Dort betreffe die Verbandsklagebefugnis nicht den Aufgabenbereich eines Hoheitsträgers.[972] Das gilt ersichtlich nicht für die Fallgruppe „Rechtsbruch“. Hier ergeben sich die gleichen Probleme wie bei öffentlich-rechtlichen Verbandsklagen. Es bedarf daher einer Abwägung der mit § 13 Abs. 2 UWG aufgreifbaren Interessen gegen diejenigen Interessen, die hier im Prinzip der begrenzten Sanktionsbefugnis zusammengefaßt wurden.

### 1. Die Beeinträchtigung des Prinzips der begrenzten Sanktionsbefugnis

a) Die Auslegung des einfachen Rechts ergibt für § 13 Abs. 2 UWG zwar unzweifelhaft, daß damit vom Gesetzgeber ein Auftrag zum Schutz von Interessen erteilt wurde, die nicht als Individualinteressen verfaßt sind.[973] Solche Einschränkungen des Prinzips der begrenzten Sanktionsbefugnis sind zwar nicht per se unzulässig. *Rechtfertigungsbedürftig* ist es aber schon, daß im

---

[971] *Rehbinder/Burgbacher/Knieper*, Bürgerklage im Unweltrecht, S. 99 ff.

[972] *Kloepfer*, Umweltrecht, § 8 Rz. 31; *Masing*, Mobilisierung des Bürgers, S. 128; *Breuer*, NJW 1978, 1558, 1563.

[973] S. oben S. 49 ff. Zum Verhältnis der Begriffe Realinteresse, Individualinteresse, öffentliches Interesse und Gruppeninteresse S. 29.

Wettbewerbsrecht nicht die politisch kontrollierte Exekutive, sondern die ihrerseits nur verfassungsgerichtlich überwachte Judikative bestimmen soll, wann ein öffentliches Interesse an der Durchsetzung von Verboten besteht.[974] Problematisch daran ist bereits bei der Konkretisierung und Sanktionierung der innerwettbewerbsrechtlichen Verbote, daß diejenige Institution, die das öffentliche Interesse konkretisiert, mit der Institution zusammenfällt, die überwacht, ob auch aus Sicht der nachteilig betroffenen Person diese Handlung durch das öffentliche Interesse gerechtfertigt ist. Das Interesse der Verbotsadressaten an neutralem Rechtsschutz gegenüber derjenigen staatlichen Instanz, deren Aufgabe der Schutz des öffentlichen Interesses ist, muß damit entgegen der Grundentscheidung der Verfassung gegenüber dem Interesse an - vorgeblich geleistetem - effektiverem, weil nicht durch weitere subjektive Rechtsschutzverfahren verzögerten Schutz öffentlicher Interessen zurückstehen. Soweit in diesem Zusammenhang nicht nur wettbewerbsrechtliche, sondern originär öffentlich-rechtliche Normen durchgesetzt werden, verdichten sich diese Bedenken wegen der Gewaltenteilung als negativer Ordnung in der schon dargestellten Weise;[975] hinzu kommt die Beeinträchtigung der Gewaltenteilung als positiver Ordnung, die Beeinträchtigung von hoheitlichen Verhandlungsräumen.

b) Konkreter läßt sich das Argument der Beeinträchtigung des Prinzips der begrenzten Sanktionsbefugnis anhand § 13 Abs. 2 Nr. 4 UWG bzw. einem Erst-Recht-Schluß hieraus festmachen. Aus der Perspektive des Schutzes von Freiheitsrechten nicht einsichtig, warum das allgemeine Prinzip der *begrenzten Behördenkompetenz*[976] für IHK und HK - § 13 Abs. 2 Nr. 4 UWG - aufgehoben sein soll, warum also diese Kammern beliebige Rechtsnormen wegen ihrer mittelbaren wirtschaftlichen Auswirkungen ohne Anordnung einer besonderen Zuständigkeit durchsetzen können sollen. Es handelt sich um die finale Durchsetzung von Handlungsverboten mit rechtlichem Zwang im öffentlichen Interesse durch eine öffentlich-rechtliche Körperschaft ohne die verwaltungsprozessrechtlichen Schutzmechanismen zugunsten des Adressaten.[977] Zwar gibt es inzwischen eine ausdrückliche Regelung in § 13 Abs. 2 Nr. 4 UWG,[978] diese kann aber doch nicht so verstanden werden, daß die öffentlich-rechtliche Körperschaft sich ihren öffentlich-rechtlichen Bindungen durch die „Flucht ins

[974] S. oben S. 16 f.
[975] S. oben S. 17 ff.
[976] *Schlink*, Die Amtshilfe, S. 12; *Seibert*, Bindungswirkung, S. 264; *Peters*, Die Gewaltentrennung in moderner Sicht, S. 24 ff.
[977] S. auch *Quack*, in: FS Trinkner, 265, 268 u. 276.
[978] Unter dem Gesichtspunkt einer fehlenden besonderen Regelung frühere Kritik von *Pietzcker*, NJW 1982, 1840, 1840 ff.

Privatrecht" entziehen kann.[979] Denn die Bindung an öffentliches Recht, die nach ganz h.M. trotz privatrechtlicher Handlungsform bereits für die Leistungsverwaltung bestehen bleibt,[980] muß erst recht für - vorsichtig ausgedrückt - jedenfalls in der Nähe der Eingriffsverwaltung stehendes wettbewerbsrechtliches Vorgehen zur Durchsetzung öffentlicher Interessen gelten.[981] Den öffentlich-rechtlichen Anforderungen muß hier durch entsprechende restriktive Auslegung des § 13 Abs. 2 Nr. 4 UWG genüge getan werden. Für die übrigen in § 13 Abs. 2 UWG Genannten gilt sogar das argumentum a fortiori: Die Kammern unterliegen immerhin noch der Rechtsaufsicht; in § 13 Abs. 2 Nrn. 1-3 UWG handelt es sich um den Schutz öffentlicher Interessen ganz ohne Rückbindung an die Exekutive und damit mittelbar an das Parlament.

## 2. Die aufgreifbaren Interessen

§ 13 Abs. 2 UWG regelt in erster Linie die Sanktionierung originär wettbewerbsrechtlicher Verbote. Das ist im Verhältnis zum Prinzip der begrenzten Sanktionsbefugnis vergleichsweise unproblematisch, ebenso wie zumeist die eingangs dieser Arbeit behandelte[982] Durchsetzung wertbezogener Normen, bei denen immerhin Schutzzweckidentität besteht. Darüber hinaus bestehen jedoch erhebliche Bedenken daran, über § 13 Abs.2 UWG öffentlich-rechtliche Normen durchzusetzen. § 13 Abs. 2 UWG hat zwar den Zweck, auch bei aus Individualperspektive geringfügigen Interessenbeeinträchtigungen Kläger zur Verfügung zu stellen.[983] Ob dieser allgemeine Grund dort durchgreift, wo – wie bei öffentlich-rechtlichen Normen – besondere Gesichtspunkte gegen die Klagebefugnis sprechen, bedarf aber der besonderen Abwägung der jeweiligen beteiligten Interessen.

Inhaltlich präzise Aussagen dazu, *welche* Interessen nun eigentlich im Wettbewerbsrecht geschützt sind und damit zur Rechtfertigung des § 13 Abs. 2 UWG herangezogen werden können, sucht man aber meist vergeblich. Nach heute herrschender Meinung sind im Wettbewerbsrecht nicht, wie früher

---

[979] Anders die Schlußfolgerung von *Quack*, in: FS Trinkner, 265, 268: Man könne das Rechtsschutzbedürfnis zur wettbewerbsrechtlichen Durchsetzung der den Kammern öffentlich-rechtlich zum Vollzug anheimgegebenen Normen nicht verneinen, weil der öffentlich-rechtliche Vollzug häufig nicht in gleicher Weise und genauso gut möglich sei.

[980] Dazu *Ehlers*, in: Erichsen, Allg. VerwR, § 2 Rz. 77 ff.

[981] *Stolterfoht*, in: FS Rittner, 695, 706; grundsätzliche Kritik an der wettbewerbsrechtlichen Klagebefugnis von Kammern bei *Pietzcker*, NJW 1982, 1840, 1843 f.

[982] S. 3 ff.

[983] S. 49.

angenommen,[984] nur die Mitbewerber geschützt, sondern auch die Verbraucher, die sonstigen Marktteilnehmer, die Allgemeinheit und der Leistungswettbewerb als Institution.[985]

a) Soweit Verbote wegen der *Gruppeninteressen der Marktbeteiligten* wettbewerbsrechtlich durchgesetzt werden, insbesondere wegen der *Interessen der Verbraucher und der Mitbewerber*, läßt sich die Verbreiterung des Kreises der Durchsetzungsbefugten unschwer rechtfertigen:[986] Vergleichbar den Erfordernissen des Handelsverkehrs im Handelsrecht besteht im Wettbewerbsrecht ein erhöhtes Bedürfnis nach schnellem und effektivem Schutz der unmittelbar marktbelegenen Interessen. Außerdem handelt es sich typischerweise um Streudelikte, bei denen jeder einzelne Schaden nicht erheblich sein mag, wohl aber deren Gesamtheit.[987] Mit der Verbraucherverbandsklage wird gleichzeitig den eigenständigen Verbraucherinteressen Rechnung getragen, denen ebenfalls in ihrer Gesamtheit besondere rechtliche Bedeutung beigemessen wird. Durch die Auswahl der klagebefugten Subjekte soll schließlich wirtschaftliche Sachkompetenz sichergestellt werden.[988] Insgesamt handelt sich wie bei den Verbandsklagen des Umweltrechts um umgrenzbare Felder, in denen aus einsichtigen Gründen vom Grundprinzip der Gewaltenteilung in seiner deutschen Ausprägung abgewichen wird, um über die Sanktionierung durch Behörden hinaus einen effektiven Vollzug zu gewährleisten.

b) Im Gegensatz dazu ist es nicht nur wegen zweifelhafter Substantiierung *ausgesprochen problematisch*, daß *„die Allgemeinheit"*, mithin alle öffentlichen Interessen geschützt sein, das Wettbewerbsrecht folglich sogar eine allgemeinwettbewerbspolizeirechtliche Stoßrichtung haben soll.[989]

---

[984] Dazu S. 86 f.

[985] Statt vieler *Piper*, in: Köhler/Piper, Einf Rz. 23; *Baumbach/Hefermehl*, Einl Rz. 76 ff. Geschlossene Darstellungen der Schutzzweckdiskussion etwa bei *Scherer*, Privatrechtliche Grenzen der Verbraucherwerbung, S. 73 ff; *Beater*, Nachahmen, S. 60 ff; *Ohly*, Richterrecht, S. 205 f. Im übrigen kennt das Wettbewerbsrecht eine überaus große Zahl an Begründungsunschärfen, was schon von *Baumbach*, JW 1930, 1643, 1644 ebenso zutreffend wie ergebnislos gerügt wurde.

[986] S. auch S. 49 ff.

[987] *Lindacher*, ZZP 103 (1990), 397, 400; MünchKomm/*Gerlach*, Vor § 13 AGBG Rz. 2 f; *Teplitzky*, Wettbewerbsrechtliche Ansprüche, 13. Kap. Rz. 15.

[988] Vgl. etwa *Baumbach/Hefermehl*, § 13 Rz. 20.

[989] Vgl. *Kraft*, in: FS Bartholomeyczik, 223, 231 ff; sogar den Schutz der öffentlichen Ordnung auf private Initiative betreibt die Rechtsprechung (z.B. BGH GRUR 1995, 592 - Busengrapscher) im Wettbewerbsrecht, dazu eingehend *Mußgnug*, in: FS Quaritsch, 349.

(1) Je vager Schutzgut und Rechtmäßigkeitsmaßstäbe sind, desto bedeutsamer wird die Nähe desjenigen zum Parlament, der die Konkretisierung vornimmt. Die Judikative bezieht ihre Legitimation aber primär daraus, daß sie den Gesetzen, die sie anwendet, vorgegebene Entscheidungsmaßstäbe entnehmen kann. Ihre Befugnis zur Schaffung neuer Maßstäbe kann sie nur sehr viel mittelbarer vom Volke ableiten als etwa die Exekutive.[990] Die Konkretisierung von Ermessensräumen gehört vielmehr zu den typischen Aufgabe der hierzu besser legitimierten Verwaltung. Das „Allgemeininteresse" ist nun kein Begriff, der zur Konkretisierung herangezogen werden kann, sondern noch in jeder Hinsicht selbst konkretisierungsbedürftig. Mit anderen Worten ist dieser Gesichtspunkt so unspezifisch, daß nicht mehr deutlich ist, wo eigentlich die Grenze zur materiellen Verwaltungstätigkeit in äußerlicher Gerichtsform liegen soll. Für gerichtliche Tätigkeit legitimiert § 1 UWG als eine Generalklausel, die auch noch „alles" schützt, nur sehr vordergründig und viel weniger als etwa die polizeirechtlichen Generalklauseln, an deren Umsetzung immerhin zwei Gewalten beteiligt sind.

(2) Ebensowenig greift hier noch der Gesichtspunkt der erhöhten Sachkompetenz von Verbraucher- und Wirtschaftsverbänden, von Handwerks- bzw. Industrie- und Handelskammern oder auch der Wettbewerber. Die Klagebefugnis nach § 13 Abs. 2 UWG, die für die Einbeziehung öffentlicher Interessen maßgebliche positiv-rechtliche Grundlage war, trägt jedenfalls nur den Schutz der Interessen der Marktbeteiligten.

(3) Tatsächlich widerspricht die herrschende Meinung ihrer Aussage, die Allgemeinheit sei Schutzsubjekt, damit selbst, daß die wettbewerbsrechtliche Sittenwidrigkeit dann doch noch einen „wettbewerblichen Bezug" haben müsse.[991] Dieses Erfordernis eines wettbewerblichen Zusammenhangs sollte aber nicht nur dann, wenn es gerade dienlich ist, auch ohne Interventionen des BVerfG[992] und auch dann, wenn es „etwas kostet", ernst genommen werden. Selbst das, was dem Wettbewerbsrichter als grobes Unrecht erscheinen mag, muß von ihm hingenommen werden, wenn es keinen wettbewerblichen Bezug

---

[990] *Sendler*, in: FS Stern, 297, 308.

[991] BGH GRUR 1995, 592, 593 f - Busengrapscher; *Baumbach/Hefermehl*, Einl UWG Rz. 136; *Mees*, in: FS Vieregge, 617, 627; *Stolterfoht*, in: FS Rittner, 695, 704; *Kraft*, Interessenabwägung, S. 264 f; *Henning-Bodewig*, GRUR 1997, 180, 187 ff. Zirkelschlüssig *Nacken*, WRP 1994, 791, 794 f; *Ulrich*, ZIP 1995, 156, 157; *Strubenhoff*, Die Klageberechtigung im UWG nach der Novelle 1994, S. 110: Jeder Wettbewerbsrechtsverstoß sei geeignet, den Wettbewerb zu beeinträchtigen, weshalb der Wettbewerbsbezug immer gegeben sei.

[992] Zuletzt BVerfG NJW 2001, 591 - Benetton-Werbung; diese Entscheidung läßt sich wohl wenigstens *auch* als Zeichen von allgemeinem Unmut gegenüber häufigen Kompetenzüberschreitungen des I. Zivilsenats des BGH erklären (vgl. Fn. 110).

hat. Daher ist „die Allgemeinheit“ als Schutzsubjekt neben den Marktbeteiligten, deren Realinteressen als Besonderheit im Modus eines öffentlichen Interesses[993] geschützt werden, abzulehnen.

c) Ganz ähnliche Ergebnisse werden allerdings zum Teil auch mittelbar durch die Einbeziehung des Schutzobjekts der „Institution Wettbewerb“ erzielt.[994] Der Begriff entstammt insofern ursprünglich der kartellrechtlichen Schutzgutdiskussion und dient dort schwerpunktmäßig dazu, den Gegensatz zu „individualrechtlich“ zu bezeichnen,[995] wofür in dieser Arbeit der Begriff der Institution nicht benötigt wird. Die hier vertretene Grundposition zur Figur der Instititution wurde oben bereits festgelegt. Es spricht wenig dagegen, die Figur der Institution als Sammelbegriff und Kondensationspunkt für verschiedene beteiligte Interessen zu verwenden; die Vorstellung, der Schutz einer Institution sei Selbst- bzw. Endzweck einer Norm, führt jedoch letztlich zu Beschädigungen solcher rechtsstaatlicher Strukturen. Soweit dem Begriff der „Institution Wettbewerb“ inhaltliche Komponenten nicht nur für deren *Abwägung*, sondern für *Bestimmung* des geschützten Interessenkreises über den Schutz unmittelbar marktbelegener Interessen hinaus beigemessen werden, ist diese Lehre deshalb abzulehnen.

Dem Begriff der Institution ist es nämlich inhärent, die Differenz zwischen verschiedenen gegenläufigen Interessen in dem einen Begriff der Institution aufzuheben. Es bezieht einerseits *alle* Interessen ein, die für und gegen einen bestimmten Soll-Zustand sprechen, schützt dann aber *nur* das Gesamtergebnis der Interessenabwägung. Solchen Argumentationsfiguren, die gerade an die Gegenläufigkeit verschiedener Interessen anknüpfen, und damit auch den Wertungen, die im *Prozeß* des Ausgleichs widerstreitender Interesse verwirklicht werden, wird damit der Boden entzogen. Das wirkt sich nicht nur in dem institutionellen Verständnis absoluter Herrschaftsrechte aus, das den Unterschied zwischen Eingriff und Rechtfertigung einschließlich des auf dieser Unterscheidung beruhenden Schutzes aufhebt;[996] auch die Beschränkung gerichtlicher Befugnisse zum Schutze öffentlicher Interessen setzt die Unterscheidbarkeit verschiedener Interessen voraus. Mit dem formellen Rechtsstaatsgedanken ist die konsequente Durchführung der Vorstellung einer Institutionenordnung daher unvereinbar. Die Abgrenzung und Ausgleichung verschiedener politischer Konzepte bzw. Institutionen ist vorrangig die Kompetenz der politisch gesteuerter Gewalten, die ihrerseits aber nicht aus diesen Institutionen erklärbaren Kompetenzschranken unterliegen. Wegen dieser Gefahren darf die Lehre von der Rechtsordnung als Institutionenordnung im öffentlichen Recht auch weitestgehend als überwunden angesehen werden.[997]

---

[993] Zum Verhältnis der verschiedenen Interessenbegriffe Fn. 91.

[994] Z.B. *Baumbach/Hefermehl*, Einl. UWG Rz. 51; *Schnieders*, Allgemeininteressen, 236 ff; anders noch *dies.*, JJZRWiss 1993, 103, 121

[995] Eingehend zu begrifflichen Mißverständnissen *K. Schmidt*, in: FS Hoppmann, 373, 379 f.

[996] Vgl. S. 32 f.

[997] Dazu Fn. 109.

Gelegentlich soll der Begriff der „Institution Wettbewerb" auch Einbruchstelle für wirtschaftswissenschaftliche statt normativer Betrachtung sein.[998] Eine Auseinandersetzung mit diesem Ansatz kann hier nicht erfolgen.

Allemal kann die „Institution Wettbewerb" in dem hier anstehenden Abwägungsprozeß nicht in dem Sinne relevant sein, daß über sie die Allgemeinheit einbezogen wird. Für die ansonsten eintretende wesentliche Verschiebung im Gewaltengefüge, für die daraus resultierende objektive Verwaltungskontrolle durch die Zivilgerichte in weiten Bereichen der Rechtsordnung würde man zumindest eine ganz eindeutige gesetzgeberische Willensäußerung verlangen müssen. Dazu genügt §§ 1, 13 Abs. 2 UWG jedenfalls nicht; das Ergebnis der Durchsetzbarkeit verwaltungsrechtlicher Normen ist hier nur durch Interpretationsbemühungen als ein Anwendungsfall eines Gesetzes mit wesentlich anderem, nämlich originär zivilrechtlichem Schwerpunkt zu erzielen. Soweit man unter Berufung auf die Institution Wettbewerb zum Ergebnis gelangen könnte, daß mit der als inadäquat betrachteten Verletzung beliebiger nicht marktbelegener Interessen infolge von Marktgeschehen zugleich die Institution Wettbewerb verletzt werde, so ist nicht das Ergebnis richtig, sondern die These des Schutzes der Institution Wettbewerb mit *diesem* Inhalt durch das argumentum ad absurdum falsifiziert. Den Schutz der „Institution Wettbewerb" als zulässige Aufgabe gerichtlicher Kontrolle darf man insofern allgemein mit einem Fragezeichen versehen, wenn und soweit der Begriff nicht mit Konturen versehen wird, solange also nicht eindeutig feststeht, was *nicht* dazu gehört. Sinnvoll ist die Vorstellung des Schutzes der Institution Wettbewerb alleine in dem oben genannten Sinne als Abgrenzungs- und Konkretisierungshilfe bei der Abwägung der bereits anderweitig bestimmten geschützten Interessen. Mithin ist es abzulehnen, daß im Lauterkeitsrecht die Allgemeinheit in einem weiteren Sinne als in ihrem mittelbaren Interesse am Wohlergehen der unmittelbar beteiligten Gruppen gerade als Marktbeteiligte Schutzobjekt sein soll.

### 3. Der „Schutzbereich" der Aufgreifbefugnis wegen Interventionseffekten

Vor diesem Hintergrund muß nun nach konkreten Kriterien gesucht werden, um die Sittenwidrigkeit wegen Vorsprung durch Rechtsbruch in Fällen der Klagebefugnis aus § 13 Abs. 2 UWG zu konkretisieren.

a) Wenn es sich hier auch weder um subjektive Berechtigungen noch um ein „Recht auf Gleichbehandlung" handelt, so werden doch maßgeblichen

[998] So z.B. durchgängig bei *Schünemann*, in: GroßKommUWG, Einl. A-E.

Interessen in gleicher Art und Weise beeinträchtigt; es geht auch hier um Interventionswirkung. Insofern kann das dogmatische Modell – Beeinträchtigung eines Interesses durch Ungleichbehandlung, direkte Rechtsdurchsetzung des Gleichbehandlungsanspruchs – ebenfalls zur Konkretisierung der Sittenwidrigkeit in § 1 UWG verwendet werden, soweit es um Ansprüche im Zusammenwirken mit § 13 Abs. 2 UWG geht. In erster Linie ist nur die Trägerschaft dieses Interesses andersartig. Man kann daher auch hier von einem „Schutzbereich" des Interessenschutzes sprechen, soweit nur deutlich bleibt, daß es sich nicht um ein Individualrecht handelt. Insofern gilt es hier ebenso wie bei Ansprüchen des unmittelbar Verletzten, den Schutzbereich des aufgreifbaren wettbewerbsrechtlichen Gleichbehandlungsinteresses zu definieren.

Ein alle diejenigen Normen umfassender Schutzbereich, deren ungleiche Durchsetzung irgendwie wettbewerbliche Auswirkungen haben kann, läßt sich allenfalls aus der Institutionenlehre begründen; das ist aus den gerade gegebenen Gründen abzulehnen. Daher müssen konkrete Abgrenzungsleitlinien gefunden werden, für deren Festlegung sich indes wiederum das Problem ergibt, daß es eine Diskussion auf konkreter Ebene bisher kaum gibt.[999] Immerhin läßt sich aber „relativ zum unmittelbar Verletzten" argumentieren.

b) Der wettbewerbsrechtliche Ausgangspunkt bei der Bestimmung des „Schutzbereiches", also des Bereiches, in dem wettbewerbsrechtliche Sanktionierung überhaupt möglich ist, ist ein anderer als bei den Ansprüchen des unmittelbar Verletzten.

(1) § 13 Abs. 2 UWG dient dem Schutz der verschiedenen Gruppeninteressen der Marktbeteiligten an der Unversehrtheit der Institution Wettbewerb. Auch die Institution Wettbewerb wird durch den Vorsprung durch Rechtsbruch beeinträchtigt.[1000] Damit die Sittenwidrigkeit institutionell begründet werden kann, müssen die Funktionen des Wettbewerbs in kollektivrechtlich relevanter Weise beeinträchtigt sein, wobei Ordnungs-, Antriebs-, Verteilungs- und Entdeckungsfunktion unterschieden werden können.[1001]

(2) Es gibt drei verschiedene Gesichtspunkte, die zur institutionellen Begründung der Sittenwidrigkeit in Betracht kommen. Das sind erstens der erhöhte *Gewinn* des gegen die Rechtsnorm Verstoßenden (1); zweitens der *Marktanteilsverlust* der Konkurrenten, der auch hier bedeutsamste Gesichtspunkt (3); ab einer bestimmten Schwelle schließlich die

---

[999] S. oben S. 99 ff.

[1000] *Sack*, in: FS Wiese, 493, 495; *Mees*, in: FS Vieregge, 617, 619; *Piper* in: Köhler/Piper, § 1 Rz. 553 a.E; *Nordemann*, WettbR Rz. 481; *Merkel*, Vorsprunggedanke, S. 27.

[1001] *Koppensteiner*, WettbR, § 1 Rz. 17 ff; *Emmerich*, Kartellrecht, 7. Auflage, S. 3 ff.

Beeinträchtigung des *Wettbewerbsbestandes* (2). Keine Rolle spielt in dem hier behandelten Zusammenhang dagegen die Nachahmungsgefahr.[1002] Die „Verwilderung der Wettbewerbssitten“ ist alleine von der Verwaltungsbehörde zu verantworten.

(a) Durch die *Erzielbarkeit höherer Gewinne* beeinträchtigt der Rechtsbruch sowohl die wettbewerbliche Verteilungsgerechtigkeit als auch wegen der falschen Anreize die Ordnungsfunktion des Wettbewerbs, indem er zu Fehlinvestitionen führen kann. Dieser Effekt kann allerdings ebenso bereits durch den nicht weiter eingesetzten Vorteil im Vorfeld der Wettbewerbshandlung eintreten.[1003] Seine wettbewerbsrechtliche Relevanz sollte man nur sehr zurückhaltend bejahen. Die konkrete und zugleich für die Gesamtheit der Mitbewerber oder gar gesamtwirtschaftlich erhebliche Fehlallokation kann man nur bei massiven Vorteilen bejahen, wenn man nicht auf Vermutungen ausweichen will.

Ob im übrigen ein eingesetztes Wettbewerbsmittel im objektiven Sinne als eine Leistung anzuerkennen und welchem Mittel andererseits wegen seiner nachteiligen Auswirkungen im Wettbewerb diese Weihe zu versagen ist, kann immer nur unter der Heranziehung außerwettbewerblicher Wertungen beantwortet werden. Diese Wertungen werden in der übrigen Rechtsordnung getroffen. Das bedeutet jedoch nicht, daß das Wettbewerbsrecht mittelbar den Schutz dieser anderen Werte betreiben darf; gerade hier gilt es ja, mit dem Erfordernis des Wettbewerbsbezugs[1004] ernst zu machen.[1005] Bildet man unter Zugrundelegung dieses Gedankens einen Maßstab, so kann eine über den Einzelfall hinaus erhebliche wesentliche Beeinträchtigung des Wettbewerbs erst bei massivsten Rechtsverstößen mit ganz erheblichen Vorteilen angenommen werden.

(b) Die Gefahr der *Beeinträchtigung des Wettbewerbsbestandes* tritt im Ergebnis nur dann ein, wenn auch eine „schwere und unerträglichen Beeinträchtigung“ vorliegt. An irgendeinenem Punkt wird Vorsprung so gewaltig, daß es für die Konkurrenten nicht mehr lohnt, in den Konkurrenzkampf einzutreten. Nur dann würden Antriebs- und Entdeckungsfunktion des Wettbewerbs beeinträchtigt. Eine derartig schwere Beeinträchtigung wird nur selten mit hinreichender Wahrscheinlichkeit zu befürchten sein.[1006]

---

[1002] S. bereits S. 221. Zum allgemeinen Problem der Sittenwidrigkeit wegen Nachahmungsgefahr *Baumbach/Hefermehl*, Einl UWG Rz. 123.
[1003] Vgl. dazu S. 206 f.
[1004] S. 250 f.
[1005] Ähnlich – wenn auch aus ganz anderer Stoßrichtung – die in Fn. 5 Genannten.
[1006] Vgl. S. 12.

Sie wäre ebenfalls der einzige Grund, aus dem auch eine für die Verbraucherverbandsklage genügende Beeinträchtigung der wesentlichen Verbraucherinteressen durch die Sittenwidrigkeit wegen „Vorsprung durch Rechtsbruch" gegeben sein könnte. Die Eignung zur Beeinträchtigung wesentlicher Verbraucherinteressen alleine dadurch, daß ein Mitbewerber über einen Vorteil im Wettbewerb verfügt, erscheint regelmäßig ausgeschlossen: Der Vorteil besteht zumeist ja gerade darin, der Marktgegenseit ein besseres Angebot zu können. Wo umgekehrt den Verbrauchern bzw. allgemein der Marktgegenseite weniger geboten wird, ist der mehr als kurzfristig erhebliche Vorteil zumeist fraglich, ist außerdem in der Regel schon die Durchsetzung als wertbezogene Norm möglich.

(c) Am weitesten greift die Beeinträchtigung vor allem der Verteilungsfunktion des Wettbewerbs durch die *Beeinträchtigung der Marktchancen der Mitbewerber*. Wegen dieses Effekts ist der Unterschied zwischen dem „Schutzbereich" des in § 13 Abs. 2 UWG geschützten Interesses und des in § 1 UWG geschützten Individualrechtes geringer, als man wegen des unterschiedlichen Ausgangspunktes zunächst vermutet. Auch beim „unmittelbar Verletzten" kann die konkrete Beeinträchtigung in der Regel gerade nicht nachgewiesen werden; auf gewisse Parallelen der beschriebenen Rasterung zum Repräsentationsgedanken wurde bereits hingewiesen.[1007] Auch dort wurden generalisierende Überlegungen zu den Auswirkungen des Vorteils gemacht: Man betrachtet zunächst die Auswirkungen auf den Wettbewerb als solchen und zieht daraus Schlüsse auf die Rückwirkungen, die die Veränderung des Wettbewerbs widerum auf die Mitbewerber hat. Nicht der konkrete Kundenstamm des Wettbewerbers A wird Person für Person befragt, ob er wegen der Attraktivität des Vorteils zum Wettbewerber B wechselt, sondern die Marktgegenseite wird als ein einheitliches Objekt betrachtet. Die Betrachtung „über Bande" anonymisiert den Wirkungszusammenhang, indem sie den Mitbewerber bereits als Teilnehmer eines institutionalisierten Geschehens versteht.

Für eine im Ergebnis ähnlich wie beim unmittelbar Verletzten vorzunehmende Abgrenzung des Schutzbereiches spricht weiterhin, daß die Gegenargumente gegen die Zulassung der Klage nach § 13 Abs. 2 UWG innerhalb des Schutzbereiches des in § 1 UWG geschützten Individualinteresses nur ein geringeres Gewicht haben. Dort, wo der unmittelbar Verletzte subjektiv berechtigt ist, taugt die Vollzugsebene als Möglichkeit zur Gestaltung ohnehin nur eingeschränkt: Da ohnehin zumeist eine Mehrzahl von Wettbewerbern subjektiv berechtigt sind, ist auch die Bedeutung der Möglichkeit, eventuell mit

---

[1007] S. 213 f.

dem benachteiligten verletzten Wettbewerber zu verhandeln, kaum von Bedeutung. Von daher ist innerhalb des Schutzbereichs des Rechts des unmittelbar Verletzten die Beeinträchtigung der Gewaltenteilung als positiver Ordnung, der Möglichkeit, in „Kompetenzzentren" das Recht an den Einzelfall anzupassen, ein Gegenargument von vergleichsweise geringem Gewicht.

Zu Bedenken ist umgekehrt allerdings, daß der Gesetzgeber 1994 mit der Beschränkung auf wesentliche Beeinträchtigungen des Wettbewerbs die Fälle möglicher Klagen nach § 13 Abs. 2 UWG unter den Umfang der Klagebefugnis des Verletzten reduzieren wollte, wobei das Bedürfnis dazu gerade und auch mit der Fallgruppe „Rechtsbruch" begründet wurde. Deshalb wird man in Zweifelsfällen den „Schutzbereich" eher etwas zurückhaltender bestimmen als beim unmittelbar Verletzten. Auch der Grundsatz der begrenzten Sanktionsbefugnis stellt eine Wertung dar, die für stärkere Zurückhaltung als beiM individualschutz spricht.

c) Insgesamt wird man wohl den Vorsprung durch Rechtsbruch für § 13 Abs. 2 Nrn. 1, 2 UWG nur im Detail anders konkretisieren als bei dem unmittelbar Verletzten. So kann eine besondere örtliche Nähe zweier Wettbewerber kleineren Vorteilen über die Individualrechtsrelevanzschwelle verhelfen; umgekehrt wird jedoch die besondere Breitenwirkung, jedoch jeweils knapp unterhalb der Individualrechtsrelevanz, nicht zur wettbewerbsrechtlichen Verbotsdurchsetzung über § 13 Abs. 2 Nr. 1 UWG jenseits des Schutzbereiches des § 1 UWG genügen, weil dem die besondere Beeinträchtigung des Prinzips der begrenzten Sanktionsbefugnis entgegensteht. Auch bei dem Versuch, den konkreten Beweis der Relevanz des Vorteils zu führen,[1008] wird man den zu befragenden Kundenkreis eventuell anders definieren müssen, wenn man den konkreten Beweis für § 13 Abs. 2 UWG überhaupt zuläßt.

Die Wettbewerberklagebefugnis nach § 13 Abs. 2 Nr. 1 UWG hätte demnach nur eine minimale praktische Bedeutung beim „Vorsprung durch Rechtsbruch";[1009] das ist aber nur die Folge davon, daß § 13 Abs. 2 Nr. 1 UWG das Produkt verschiedener dogmatischer Brüche ist. Daß die Verbraucherverbandsklagebefugnis kaum je trägt, wurde bereits dargelegt. Ähnlich restriktiv sollte man bei Kammern (§ 13 Abs. 2 Nr. 4 UWG) sein, denen man eine derartige Generalkompetenz wegen Vorsprungs durch Rechtsbruch ganz absprechen muß; ihre Zuständigkeit bei Verletzung öffentlich-

---

[1008] S. 204.

[1009] Eine eigenständige Bedeutung kann ihr unter Umständen dann zukommen, wenn der Schutz der Mitbewerberinteressen hier weiter reicht als der Individualschutz des Klägers, z.B., wenn gegenüber dem Kläger die Handlung gerechtfertigt ist, nicht aber gegenüber den anderen Marktbeteiligten.

rechtlicher Normen sollte aus den bereits genannten Gründen durch den Vorsprung durch Rechtsbruch nicht über den Bereich erweitert werden, in dem sie ohnehin kraft öffentlichen Rechts zuständig sind.

## B. Die Vorgabewirkung hoheitlichen Handelns

Soweit die in § 13 Abs. 2 UWG Genannten bei Verletzung öffentlich-rechtlicher Normen aus § 1 UWG, Sittenwidrigkeit wegen „Vorsprung durch Rechtsbruch" klagebefugt sind, stellt sich schließlich die Frage nach der Beeinflussung dieser Ansprüche durch Verwaltungshandeln.

1. Aus der nicht-personalen Schutzrichtung folgt, daß die Voraussetzungen und Grenzen der Vorgabewirkung von Verwaltungshandeln viel eher in Anlehnung an die Grundsätze der Bindungswirkung von Verwaltungsakten gegenüber anderen Behörden bestimmt werden müssen als an die der Bindungswirkung gegenüber betroffenen Bürgern. Denn es handelt sich – auch verfahrensrechtlich – bei der Verwaltungsentscheidung eben nicht um den Entzug eigener Rechte, sondern um die zumeist speziellere Entscheidung über das öffentliche Wohl. Der Gesetzgeber hat lediglich seine Freiheit zur Auswahl genutzt, welche Mittel er zu Durchsetzung einschlägiger Rechtssätze für vorzugswürdig erachtet.[1010] Eine im Vergleich zu einer Behördenbefugnis erhöhte Schutzwürdigkeit folgt daraus nicht.

Bei der Bindung von Hoheitsträgern an die Entscheidung anderer Hoheitsträger[1011] geht es nicht um die Verfügung über Individualrechte, sondern um Kompetenzabgrenzungen.[1012] Im Wettbewerbsrecht lautet die Frage bei § 13 Abs. 2 UWG ebenso, ob die Befugnis zur Entscheidung darüber, ob die Sanktionierung einer Norm im öffentlichen Interesse liegt, durch die Verwaltungsentscheidung verdrängt wird. In der Regel kommt es auf die Spezialität der Entscheidung an. Diese ist bei einer „isoliert" orientierten

---

[1010] Vgl. zur Wahlfreiheit des Gesetzgebers *Braun*, BB 1979, 689, 690 f.; *Lindacher*, ZZP 103 (1990), 397, 403; im AGB-Recht diskutierte auch der Gesetzgeber beide Modelle (MünchKomm[4]/*Miklitz*, Vorb. § 13 AGBG Rz. 9 f). Vgl. jetzt auch Art. 3 der Richtlinie 98/27/EG, ABlEG Nr. L 166 v. 11. 6. 1998, S. 51, der den Mitgliedsstaaten zur Durchsetzung von Verbraucherschutzvorschriften die Option zwischen der Verfolgung durch öffentliche Stellen und durch private Verbraucherschutzorganisationen läßt.

[1011] Dazu allgemein *Knöpfle*, BayVBl 1982, 225, 228 f; *Ipsen*, DV 17 (1984), 169, 176 ff; *Ammelburger*, Bestandskraftlehre, S. 30 ff; *Seibert*, Bindungswirkung, S. 259 ff.

[1012] *Ammelburger*, Bestandskraftlehre, S. 30; *Seibert*, Bindungswirkung, S. 253. Zu Unschärfen des Kompetenzbegriffs *Rittner*, WirtschR, § 3 Fn. 32.

Entscheidung gegenüber dem relational betroffenen Allgemeininteresse zumeist gegeben.

Vergleichen kann man das mit dem umgekehrten Fall der behördlichen Prüfung originärer zivilrechtlicher Maßstäbe, die es im AGB-Recht gibt: Da es sich um Fragen handelte, die originär in einem zivilrechtlichen Gesetz geregelt sind, schloß z.B. die Genehmigung von Versicherungsbedingungen die Verbandsklage nicht aus.[1013] Hier geht es aber umgekehrt darum, daß öffentlich-rechtliche Gesetze vollzogen werden, d.h. auch die Vollzugsentscheidung soll vorrangig bei den Verwaltungsbehörden liegen. Deswegen spricht überhaupt wenig dagegen, im Rahmen des § 13 Abs. 2 UWG von einem Abweichungsverbot auszugehen, also eine konkurrierende wettbewerbsrechtliche Vollzugskompetenz nur solange anzunehmen, wie keine Vollzusgentscheidung durch die Verwaltungsbehörde getroffen wurde.[1014] Auch dafür, daß eine Mitteilung Voraussetzung einer Vorgabewirkung sein könnte, ist nichts ersichtlich.

Zur Übertragung dieses Gedankens auf den zivilistischen Anspruch läßt sich schließlich der aus der Diskussion um die Drittwirkung der Rechtskraft bekannten[1015] Gesichtspunkt heranziehen, daß Rechtskrafterstreckung dann möglich ist, wenn die Beteiligten des Erstprozesses besser zur Prozeßführung legitimiert sind. Bei subjektiven Rechten ergibt sich die Fruchtlosigkeit dieses Gedankens daraus, daß (wie in § 325 ZPO auch de lege lata geregelt) zur Prozeßführung über die eigenen Angelegenheiten niemand besser legitimiert ist.[1016] Gegenüber § 13 Abs. 2 UWG sind Behörde und Betroffener dagegen durchaus legitimi contradictores. Das ergibt sich ganz banal daraus, daß in dem verletzten Gesetz selbst zunächst die Behörde als sanktionsbefugte Stelle genannt ist.

2. Trotz Bindungswirkung sind die in § 13 Abs. 2 UWG Genannten im Verwaltungsprozeß nicht klagebefugt. § 13 Abs. 2 UWG gibt weder ein subjektives Recht noch eine sonstige Befugnis i.S.v. § 42 Abs. 2 VwGO.[1017] Ganz allgemein gibt es hier keine Grundlage für subjektiven Rechtsschutz.[1018]

---

1013 S. BGH NJW 1983, 1322; *Wolf*, in: Wolf/Horn/Lindacher, § 9 AGBG Rz. 42 ff; *Brandner*, in: Ulmer/Brandner/Hensen, § 9 AGBG Rz. 49. Das ergibt sich allerdings zudem auch aus § 8 Abs. 2 UklaG (früher § 16 AGBG).

1014 *Knöpfle*, BayVBl 1982, 225, 228 f spricht von der „Maßgeblichkeit" als eine weitere Wirkung der Verbindlichkeit von Verwaltungsakten; das läßt sich auch auf andere Handlungsformen übertragen.

1015 Grundlegend *Schwab*, ZZP 77 (1964), 124, 139 f; zustimmend *Martens*, ZZP 79 (1966), 404, 432; *Koussoulis*, Beiträge zur modernen Rechtskraftlehre, S. 117 ff.

1016 BGH NJW 1996, 395, 396; Bettermann, in: FS Baur, 273, 280; Leipold, in: Stein/Jonas, § 325 Rz. 82; *Rosenberg/Schwab/Gottwald*, Zivilprozeßrecht, § 156 III (S. 940); *Schilken*, ZPR, Rz. 1043.

1017 S. oben S. 51.

1018 Generell skeptisch gegenüber Verbandsklagebefugnissen gegen drittbegünstigende Verwaltungsakte *Schenke*, in: BK, Art. 19 Abs. 4 Rz. 155.

Lediglich Hilfsansprüche zur Durchsetzung ihrer eigentlichen Aufgaben muß man den dort genannten einräumen. So kann man bei falscher Auskunft einen Schadenersatzanspruch wegen unnützer Prozeßführung in Betracht ziehen, da insofern die in § 13 Abs. 2 UWG genannten Privatrechtssubjekte als „Verwaltungshelfer“ (im untechnischen Sinne) schutzwürdig sind; ganz allgemein könnten insofern Auskunftsansprüche über die Verwaltungspraxis in Betracht gezogen werden.[1019] Schon damit gibt man den in § 13 Abs. 2 UWG Genannten bereits ein im Einzelfall recht machtvolles Instrument zur politischen Verwaltungskontrolle in die Hand.

Für informelles Verwaltungshandeln stellt sich noch die zusätzliche Problematik, ob man auch rechtswidrigem informellem Verwaltungshandeln eine entsprechende Differenzierungswirkung zusprechen soll.[1020] Nimmt man eine Differenzierungswirkung – mit der Folge, daß nur dann die wettbewerbsrechtliche Ansprüche ausgeschlossen sind – nur bei Rechtmäßigkeit der Differenzierung an, so bedeutet das eben, den (Zivil-)Gerichten durchaus eine entsprechende Überprüfungskompetenz auf Verbands- und sonstige Initiative einzuräumen. Dennoch ist m.E. die Differenzierungswirkung auch hier auf rechtmäßiges Handeln zu begrenzen. Rechtswidrige staatliche Handlungen entfalten eben vorbehaltlich besonderer Wirksamkeitsregeln im Außenverhältnis keine gestaltenden Rechtswirkungen. Verfahrensrechtlich regelt § 13 Abs. 2 UWG Genannten aber ein Außenverhältnis, handelt es sich den dort Genannten ganz eindeutig nicht um Hoheitsträger,[1021] auch wenn sie mit ihren Klagen materiell betrachtet öffentliche Interessen aufgreifen.

---

1019 Denkbar wäre allerdings auch u.U. eine Feststellungsklage. Auf das Problem einer rechtswegübergreifenden Verbandsdrittfeststellungsklage kann hier jedoch nicht eingegangen werden.

1020 S. zum Individualrechtsschutz oben S. 233 ff.

1021 Auch § 13 Abs. 2 Nr. 4 UWG dürfte die dort Genannten in diesem Sinne nicht in ihrer Rolle als Hoheitsträger ansprechen.

# VII. Lösungsskizzen der Beispielsfälle

Da die wesentlichen Voraussetzungen des wettbewerbsrechtlichen Gleichbehandlungsanspruchs bereits zusammengefaßt wurden,[1022] bleibt hier nur noch die Lösung der Beispielsfälle.

## 1. Klett-Passage[1023]

### a) Grundfall

(1) K macht geltend, durch die Interventionswirkung der Ungleichbehandlung, durch die Verschiebung der relativen Position im Wettbewerb in seinen rechtlich geschützten Interessen verletzt zu sein. Rechtlich geschützt ist dieses Individualinteresse des K als unmittelbar Verletztem durch § 1 UWG, soweit die Gefahr nach wettbewerbsrechtlichen Maßstäben hinreichend schwer ist. Das ist der Fall: Die Ladenschlußzeiten schränken die Möglichkeit des Vertragsabschlusses selbst ein. Hier besteht eine Vermutung dafür, daß die Interventionswirkung eine erhebliche Gefahr für das wettbewerbsrechtlich geschützte Individualinteresse der Konkurrenten darstellt. Die Art des Produkts spricht allenfalls bei Vertrauensgütern dagegen, den Vorsprung durch längere Ladenöffnung als erheblich anzusehen; industriell gefertigte Bekleidung ist jedoch ein Gut an der Grenze vom Erfahrungs- zum Suchgut. K ist auch auf dem räumlich relevanten Markt Konkurrent. Für den Beweis des Gegenteils, daß also die Vorteile im Wettbewerb nur geringfügig wären, ist nichts ersichtlich. Der Schutzbereich des § 1 UWG ist damit betroffen.

(2) Dieser Anspruch auf Gleichbehandlung ist zwar grundsätzlich inhaltlich offen (relational). Es liegen aber Gründe vor, aus denen der Anspruch als inhaltlich vollständig definit behandelt werden kann. Der Auch-Verstoß (d.h. die Übertretung der Ladenschlußzeiten auch durch K) ist weder derzeit zumutbar noch kann die Verwaltungsbehörde V zukünftig durch Genehmigungen einen Zustand herstellen, in dem der Auch-Verstoß zumutbar sein würde. Denn mit Sanktionen Dritter ist zu rechnen; zu nennen sind sowohl die eigenen Angestellten als auch die Ansprüche weiterer Konkurrenten, die Angestellte haben, denn § 3 Abs. 1 LadenSchlG ist Schutzgesetz zugunsten der

---

[1022] S. 239 ff.
[1023] S. 10.

Arbeitnehmer. Selbst, wenn keine Drittgeschützten vorhanden wären, käme die Behandlung des Anspruchs als vollständig definit aus prozeßökonomischen Gründen in Betracht. Denn im Grundfall ist die Vermutung der Rechtmäßigkeit des Verwaltungshandelns nicht erschüttert. Die wettbewerbsrechtliche direkte Rechtsdurchsetzung kommt damit grundsätzlich in Betracht.

(3) Die Verwaltungsbehörde hat auch nicht etwa bereits durch Verwaltungsakt gehandelt. Damit ist der Verwaltungsrechtsweg weder aus materiellrechtlichen noch aus verfahrensrechtlichen Gründen zur Durchsetzung des Gleichbehandlungsanspruchs vorrangig. K kann als unmittelbar Verletzter von E gem. § 1 UWG Unterlassung des Verstoßes gegen die Ladenöffnungszeiten verlangen.

b) Abwandlung

(1) Betroffen ist das rechtlich geschützte Interventionsfreiheitsinteresse des K hier ebenso wie im Grundfall. An der Gewichtigkeit der Dilemmasituation, in der K sich befindet, ändert sich durch die Genehmigung nichts.

(2) Die Differenzierung durch die Ausnahmebewilligung gem. § 23 Abs. 1 LadenSchlG ist wirksam, weil sie nicht nichtig ist. Der Weg, Gleichbehandlung über die Zivilgerichte zu erreichen, ist daher bereits aus Gründen der gewählten Entscheidungsform - Verwaltungsakt - ausgeschlossen. K muß mithin versuchen, auf dem Verwaltungsrechtsweg Gleichbehandlung zu erreichen.

(3) (a) Nach ergebnislosem Widerspruchsverfahren würde eine Klage vor dem zuständigen Verwaltungsgericht nicht an der fehlenden Klagebefugnis gem. § 42 Abs. 2 VwGO scheitern dürfen, weil ein Eingriff in den Schutzbereich des wettbewerbsrechtlichen subjektiven Rechts auf Gleichbehandlung - § 1 UWG - vorliegt. Soweit dem K die Genehmigung noch nicht bekanntgegeben wurde, kann er dennoch bereits jetzt gegen den Verwaltungsakt vorgehen, da zum einen E die Bekanntgabe an ihn erzwingen würde, ihm zum anderen ohne Bekanntgabe auch alsbald Verwirkung vorgehalten würde.

(b) K kann Aufhebung der Ausnahmebewilligung verlangen, nicht nur bloße Gleichbescheidung, d.h. die gebotene Klageart ist hier eine Anfechtungsklage. Aus materiellrechtlichen Gründen äußert sich der Gleichbehandlunganspruch auch in der Abwandlung in einem vollständig bestimmten Gleichbehandlungsanspruch. Die Vermutung der Gesetzestreue der Verwaltung ist hier zwar widerlegt. V kann jedoch ebenso wie im Grundfall keinen Zustand der Zumutbarkeit des Auch-Verstoßes herstellen, denn K muß selbst bei der Genehmigung des Auch-Verstoßes mit einer Anfechtungsklage seiner Arbeitnehmer oder von Konkurrenten rechnen.

(c) Die Anfechtungsklage wäre auch begründet, weil K durch die rechtswidrige Ungleichbehandlung in seinem Recht aus § 1 UWG verletzt wird. Insbesondere besteht ein hinreichender Rechtswidrigkeitszusammenhang zwischen der Verletzung objektiven Rechts und dem betroffenen Individualinteresse. Das von der Behörde verfolgte Ziel lag gänzlich außerhalb des Gesetzeszwecks. Darin, der Verödung einer Ladenpassage in den Abendstunden entgegenwirken zu wollen, liegt außerdem evidentermaßen kein von § 23 Abs. 1 LadenSchlG erfaßter Grund für eine befristete Ausnahme, die im öffentlichen Interesse dringend notwendig sein muß. In dem tatsächlich entschiedenen Fall handelte es sich im übrigen augenscheinlich um lediglich vorgeschobene Gründe für eine gezielte Maßnahme der Wirtschaftsförderung auf Kosten der Mitbewerber. Für solche Maßnahmen ist der Vorbehalt des Gesetzes ohne jede Einschränkung anwendbar.

## 2. Segel- und Surfausrüstungen[1024]

Im *Grundfall* besteht kein Unterschied zum Klett-Passage-Fall; auch hier besteht ein wettbewerbsrechtlicher Unterlassungsanspruch, weil erstens durch effektiv ungleiche Normdurchsetzung das wettbewerbsrechtlich geschützte Individualinteresse des K an Interventionsfreiheit verletzt wird und zweitens der Anspruch inhaltlich vollständig bestimmt ist. In der *Abwandlung 1* verweist die Verwaltung auf die Möglichkeit des Auch-Verstoßes. Wie schon geschildert wurde,[1025] ist kein Grund ersichtlich, aus dem der Verstoß unzumutbar wäre. Daher muß K sich auf das Angebot des Auch-Verstoßes einlassen. Allenfalls eine Feststellungsklage, daß die Verwaltungsbehörde bis auf weiteres keine Sanktionen gegen K verhängen darf, kann Aussicht auf Erfolg haben, wenn ein Feststellungsinteresse besteht.

In *Abwandlung 2* spricht viel dafür, schon wegen Diskriminierungswirkung einen Gleichbescheidungsanspruch anzunehmen. Jedenfalls besteht ein solcher Anspruch (wie im Grundfall und in Abwandlung 1) wegen der Interventionswirkung der Ungleichbehandlung. Für die Rechtfertigung der Ungleichbehandlung ist nichts ersichtlich.

Dieser Anspruch ist allerdings inhaltlich offen: Wegen der bisherigen gleichmäßigen Duldung kann nicht vermutet werden, daß die Verwaltungsbehörde gegen die Verstöße gleichmäßig wird einschreiten wollen, wenn sie nicht differenzieren darf. Da weder K noch E Arbeitnehmer hat, ist bei

[1024] S. 64 f.
[1025] S. 222.

gleichmäßiger Duldung von keiner Seite mit einer Sanktion zu rechnen. Deshalb muß der Anspruch als inhaltlich offener Gleichbescheidungsanspruch (bzw. als Gleichbehandlungsanspruch; das hängt davon ab, wie man die „Duldung" konkret qualifiziert) vor dem zuständigen Verwaltungsgericht geltend gemacht werden.

### 3. Abgas-Emissionen[1026]

#### a) Grundfall

K hat nur dann einen wettbewerbsrechtlichen Unterlassungsanspruch aus § 1 UWG, Sittenwidrigkeit wegen Vorsprung durch Rechtsbruch, wenn er durch den ungleichen Vollzug in seinem Recht auf Unversehrtheit der rechtlichen Chancengleichheit im Wettbewerb verletzt wird. Dazu muß die durch die Ungleichbehandlung zu erwartende Interessenbeeinträchtigung des K hinreichend schwer sein. Konkretes Wissen über diese Ursache-Wirkung-Zusammenhänge ist nur sehr begrenzt vorhanden. Um die von der Verwaltung zu vertretenden Interessen zu berücksichtigen, muß auch hier mit den dargelegten Vermutungen gearbeitet werden. Konkret handelt es sich um einen Rechtsverstoß im Vorfeld der eigentlichen Wettbewerbshandlung, der sich lediglich in einer günstigen Beeinflussung der Kalkulationsgrundlagen auswirkt. Wiewohl die Preisgestaltung sicherlich ein zentrales Kriterium des Erfolges am Markt ist, greift keine Vermutung für die hinreichende Schwere der Beeinträchtigung. Hier fehlt die aus funktionell-rechtlichen Gründen erforderliche Nähe zum Wettbewerbsrecht. K muß also den konkreten Beweis führen, daß er in erheblichem Maße Wettbewerbsnachteile erleidet, die kausal auf die Ungleichbehandlung zurückzuführen sind.

Im zugrundeliegenden realen Fall hatten die Klägerinnen vorgetragen, die Beklagte spare erhebliche Umrüstungskosten. Ihr Verhalten verschaffe der Beklagten außerdem einen Vorteil bei der Entsorgung von Holzabfällen. Aufgrund der dadurch ermöglichten Kalkulation hätte die Beklagte den Klägerinnen bereits Lieferaufträge abgenommen. Der Ansicht des BGH, hier sei der Schutzbereich des § 1 UWG niemals tangiert, ist in dieser Rigorosität nicht zu folgen. Das einfache Recht kann ebensowenig wie funktionell-rechtliche Gründe die Relevanz faktischer Beeinträchtigungen gänzlich ausschließen; das verbietet schon der grundrechtlich heteronom vorgegebene Kern der Berufsfreiheit. Da jedoch der Zusammenhang zwischen Normverletzung und

[1026] S. 206 (Grundfall) u. S. 234 (Abwandlung).

Beeinträchtigung recht lose ist, ist der konkrete Nachweise einer Beeinträchtigung von erheblicher Intensität notwendig. Für den Beispielsfall heißt das: K muß darlegen, substantiieren und beweisen erstens, in welcher Höhe die Kostenvorteile eintreten und zweitens, daß gerade die dadurch ermöglichte günstigere Preisgestaltung eine erhebliche Anzahl von Abnehmern dazu bewogen hat bzw. dazu bewegen würde, das Produkt der Beklagten dem Produkt der Klägerin vorzuziehen.

Beide Punkte stellen den K vor beinahe unlösbare Probleme. Für den ersten Punkt scheinen zwar, da die betriebliche Sphäre des E dem K nicht zugänglich ist, Beweiserleichterungen denkbar. Weil ein zufriedenstellender Schutz von Geschäftsgeheimnissen im Zivilprozeßrecht aber schwierig ist und hier keine Vermutung für die Betroffenheit des K spricht, sollte K selbst zunächst zugemutet werden, unter Offenlegung seiner eigenen Geschäftsgeheimnisse darzulegen, welche Einsparungen in seinem Betrieb möglich wären.[1027] Ist ihm unter Zugrundelegung dieser Zahlen zudem der zweite Beweis gelungen, daß es sich um maßgebliche Vorteile handelt, mag man dem E auferlegen, abweichende Kalkulationen in seinem Betrieb offenzulegen. Dazu wird es jedoch kaum je kommen. Der zweite Beweis - Relevanz des Vorteils für die Geschäftspartner - ist wegen des Zeugnisverweigerungsrechts der Marktgegenseite zu Geschäftsgeheimnissen (§ 384 Nr. 3 ZPO) in der Regel nicht zu erbringen. Ist das Risiko dagegen real, daß K diesen Beweis doch erbringt, sollte E sich vorher genau überlegen, was er - notwendigerweise substantiiert unter Angabe bestimmter Werte - bestreitet.

Gesetzt den eher hypothetischen Fall, daß K diesen dornigen (und im Mißerfolgsfall teuren) Weg mit Erfolg einschlägt, fragt sich noch, ob der Gleichbehandlungsanspruch vollständig definit ist, was ebenfalls für den wettbewerbsrechtlichen Unterlassungsanspruch Voraussetzung wäre. Konkret spricht im Grundfall nichts gegen die Vermutung, daß die zuständige Behörde gegen den Verstoß gegen die 13. BImschV einschreiten will. Daher darf aus verfahrensökonomischen Gründen die Art und Weise der Herstellung von Gleichheit vorweggenommen werden. Der wettbewerbsrechtlichen Durchsetzung steht somit nichts im Weg.

### b) Abwandlung

(1) In der Abwandlung („Duldung" durch die zuständige Behörde) ist K an dem Vorgang rechtlich ebenso wie im Grundfall nur dann beteiligt, wenn ihm der konkrete Nachweis der Rechtsbetroffenheit gelingt. Gelingt ihm der

---

[1027] Ähnlich OLG Köln, BB 1993, 1387, 1388.

Nachweis nicht, so bestehen schon deshalb keinerlei Ansprüche. Im folgenden soll aber vorausgesetzt werden, daß der Nachweise der hinreichenden Schwere der Interventionswirkung geführt werden kann.

(2) Fraglich ist, ob die Differenzierung zwischen E und K Wirkungen entfaltet. Im allgemeinen ist das nur der Fall bei rechtmäßigen Verwaltungshandlungen, während ein Verwaltungsakt auch bei Rechtswidrigkeit wirksam ist. Die hier von der Verwaltungsbehörde gewählte Handlungsform scheint ein Stillhalteabkommen zu sein. Für solche Abkommen muß unterschieden werden: Wenn keine Gegenleistung darüber hinaus, daß E sich später sich wieder rechtmäßig verhalten wird, versprochen wird, kann die Duldung aufgrund einer Absprache nicht anders zu behandeln sein als eine allgemeine Duldung. Eine Gegenleistung - etwa der Erhalt von Arbeitsplätzen - wurde nicht versprochen. Damit handelt es sich nicht um einen öffentlich-rechtlichen Vertrag zu Lasten Dritter. § 58 Abs. 1 VwVfG analog schließt es also nicht aus, daß das Stillhalteabkommen Differenzierungsgrund sein könnte. Angesichts der Höhe des bereits verhängten Bußgeldes (immerhin 17 Mio. DM), auf dessen Beitreibung die zuständige Behörde verzichtete, muß man die Verwaltungsäußerung im Rahmen dieser Absprache allerdings durchaus als Duldungsverwaltungsakt einordnen. Deshalb hätte K - wenn überhaupt - nur auf dem Verwaltungsrechtsweg die Herstellung von Gleichheit erreichen können.

Ob dieser Verwaltungsakt in für die Rechtsstellung des K relevanter Weise rechtswidrig war, läßt sich aufgrund des mitgeteilten Sachverhaltes nicht ohne weiteres beurteilen. Wegen fehlender Anhörung des K ist die Differenzierung allerdings nicht rechtswidrig. Es bestand keine Vermutung dafür, daß hier die Rechte eines Konkurrenten betroffen sein könnten. Ob andernfalls die Voraussetzungen des § 28 Abs. 2 Nr. 4 VwVfG vorgelegen hätten, ist dagegen eher fraglich. Die Anhörung muß (und kann ohnehin, § 45 Abs. 1 Nr. 3 VwVfG) allerdings jetzt nachgeholt werden.

Erforderlich ist weiterhin, daß das Abkommen aus Gründen der Rechtsklarheit zeitlich eine feste Grenze bis zur Wiederherstellung der objektiven Rechtmäßigkeit enthält. Das ist in der hier geschilderten Variante der Fall Der Vorbehalt des Gesetzes ist dagegen nicht verletzt: Der befristete Verzicht auf den Vollzug des Umweltrechts zur Abmilderung der nachteiligen wirtschaftlichen Folgen ist nicht schlechthin zweckwidrig, denn er verfolgt ein Ziel, das auch einer der Abwägungspole des gesetzgeberischen Ermessens ist. Ob im übrigen die Beeinträchtigung der Markterfolgschancen des K so schwerwiegend ist, daß ein unverhältnismäßiger Eingriff vorliegt, ist eine Frage des Einzelfalls. Dazu müßte insbesondere auch ermittelt werden, welche Gründe eigentlich überhaupt dafür sprachen, das Bußgeld und die Betriebsuntersagung nicht durchzusetzen.

(2) Kann K die relevante Betroffenheit nachweisen und liegt ein relevanter und nicht im Verlaufe des Verfahrens beseitigter Rechtswidrigkeitsgrund vor, so stellt sich als nächstes die Frage, ob der Gleichbehandlungsanspruch inhaltlich definit ist. Die Vermutung dafür, daß die Verwaltung gleichmäßig Legalität herstellen wollen wird, ist erschüttert. Ob ein Auch-Verstoß gegen Umweltvorschriften sittlich-ethisch zumutbar ist, ist eine Frage der Schwere der Umweltbeeinträchtigungen und damit des Einzelfalls. Man wird aber eher von Zumutbarkeit ausgehen müssen, wenn immerhin eine Billigung seitens des zuständigen Ministeriums vorliegt. Eine spätere Rückkehr in die Legalität erscheint - auch in Hinblick auf Rechte derzeitiger und künftiger Konkurrenten - jedenfalls möglich, da keine dauerhafte Bindung der Verwaltung eintritt. Ob besondere längerfristige Investitionen gerade für die Ausnutzung der Möglichkeit des Rechtsverstoßes notwendig sind, ist eine Frage der Anlagentechnik, die hier nicht beantwortet werden kann. Unterstellt man, daß auch dieser Grund nicht gegen die Zumutbarkeit des Auch-Verstoßes spricht, so besteht ein inhaltlich offener Gleichbescheidungsanspruch. Dieser muß nach abschlägigem Antrag und Widerspruchsbescheid vor den Verwaltungsgerichten verfolgt werden. Will K dagegen gleichmäßige Sanktionierung bzw. negative Bescheidung erreichen, muß er sich des - parlamentarischen oder außerparlamentarischen - politischen Weges bedienen.

## 4. Giftnotruf-Box[1028]

### a) Grundfall

K hat nur dann einen wettbewerbsrechtlichen Unterlassungsanspruch, wenn er durch die Ungleichbehandlung beim Vollzug hinreichend schwer in dem wettbewerbsrechtlich geschützten Individualinteresse an Schrankengleichheit beeinträchtigt ist und der Anspruch auf Gleichbehandlung zu einem inhaltlich vollständig definiten Anspruch auf Auch-Vollzug verengt ist.

In der massenhaften Verteilung von Mustern an Ärzten liegt ein Verstoß gegen § 47 Abs. 4 AMG. Es handelt sich hier um eine Vertriebsregelung. Ihre Verletzung ist vor allem dazu geeignet, den Bekanntheitsgrad des Produktes zu erhöhen. Solche Vorteile werden vom Wettbewerbsrecht in vielfältiger Weise erfaßt und als relevant bewertet, so daß die Wettbewerbsnähe der Regelung zu bejahen ist. Hinzu kommen die stark eingeschränkten Werbemöglichkeiten für phamazeutische Produkte; je restriktiver aber das Verbot, desto größer ist auch

[1028] S. 210 (Grundfall) u. S. 230 (Abwandlung).

der Vorteil, der durch die Übertretung erzielt werden kann. Daher besteht eine Vermutung der hinreichenden Schwere des zu erzielenden Vorteils.

Fraglich ist, ob der Anspruch auf Gleichbehandlung inhaltlich vollständig definit ist. Das AMG kennt nur Ausnahmeregeln für Studien über die Wirksamkeit des Arzneimittels, nicht aber für Studien über die effektive Arzneimittelversorgung. Ein Bedarf auch hierfür ist zwar in geringem Maße, aber dennoch unabweisbar vorhanden. Eben deshalb, weil die Bedürfnisse der Praxis vielfältiger sind als für den Gesetzgeber vorhersehbar, muß das Wettbewerbsrecht die Beachtlichkeit von Vollzugsmaßnahmen ebenso wie das Verwaltungsrecht anerkennen. Eine tatsächliche positive Bewertung durch die zuständige Behörde ist aber jedenfalls bei einem Verstoß gegen § 47 Abs. 4 AMG unabdingbar, der gerade zu Erprobungszwecken nur die Abgabe von zwei Musterpackungen pro Jahr und Arzt erlaubt. Sinn und Zweck des § 47 Abs. 4 AMG ist es, einen „Muster-Wettbewerb" - letztlich auf Kosten der Krankenversicherten - zu vermeiden; das gilt nicht weniger, wenn Arzneimittel im Rahmen einer Studie ungeprüfter Qualität und Notwendigkeit verteilt werden. Daher besteht kein Anlaß zu erheblichen Zweifeln daran, daß die Verwaltung einschreiten wollen wird. Der Anspruch ist deshalb schon aus verfahrensökonomischen Gründen als vollständig definit zu behandeln.

Ob man zum gleichen Ergebnis wegen zu befürchtender Sanktionen Dritter gelangt, hängt davon ab, ob man § 47 Abs. 4 AMG als eine „wertbezogene" Norm ansieht. Sittlich-ethische Unzumutbarkeit des Auch-Verstoßes wird man schließlich bei dieser arneimittelrechtlichen Norm eher verneinen.

b) Abwandlung

(1) Der Schutzbereich des § 1 UWG ist auch hier betroffen. Gegenüber dem Grundfall kommt sogar noch die vertrauensbildende Wirkung der behördlichen Verwendung hinzu, die gerade bei einem solchen Vertrauensgut wie Arzneimittel nicht unterschätzt werden darf.

(2) Fraglich ist aber, ob eine Differenzierung vorliegt, die Differenzierungswirkung entfaltet.

Hier haben zwei staatliche Stellen gehandelt, die Landesberatungsstelle und das zuständige staatliche Gesundheitsamt. Maßgeblichen Erklärungswert kann nur den Handlungen des Gesundheitsamtes zugesprochen werden, da die Landesberatungsstelle anscheinend zutreffend davon ausgegangen ist, unzuständig zu sein. Im Rahmen der vorherigen Abstimmung dürfte die zuständige Gesundheits-behörde jedoch konkludent einen Duldungs-Verwaltungsakt erlassen haben. Bereits aus diesem Grunde ist nur ein Vorgehen auf dem

Verwaltungsrechtsweg erfolgversprechend, denn die Differenzierung ist gegenüber K bis hin zur Grenze der Nichtigkeit wirksam. Zwar gibt es bisher keine Bekanntgabe, aber K wird von der Rechtsordnung nicht zunächst auf direkte Rechtsdurchsetzung gegen E verweisen, die mit Sicherheit zu einer wenigstens von E erzwungenen Bekanntgabe auch gegenüber ihm und damit zumindest auf die Aussetzung des Zivilverfahrens gem. § 148 ZPO herauslaufen wird; er kann und muß direkt gegen die Duldung vorgehen.

Ob die Differenzierung durch das Gesundheitsamt gegenüber dem K rechtmäßig ist, ist dagegen recht fraglich. Zunächst einmal hätte K angehört werden müssen, da hier absehbar war, daß Konkurrenten in ihrem wettbewerbsrechtlichen Individualrechten betroffen werden. Das ist allerdings nachholbar (§ 45 Abs. 1 Nr. 3 VwVfG). Eine darüber hinausgehendes Ausschreibungsverfahren hätte K zwar nicht verlangen können, weil dies dem Sinn und Zweck informellen Verwaltungs-handelns - Schaffung flexibler Reaktionsmöglichkeiten - zuwiderlaufen würde. Es ist aber kein Grund ersichtlich, der Landesberatungsstelle und der E nicht aus Gründen der Verhältnismäßigkeit (Erforderlichkeit) aufzuerlegen, den von K verlangten Text in das Anschreiben aufzunehmen. Insbesondere ist kein Einwand, daß - was denkbar ist - E unter diesen Voraussetzungen nicht zum Sponsoring bereit wäre. Wäre das der Fall, so würde das nur bewiesen, daß die Medikamente nicht umsonst abgegeben wurden; illegales Zahlungsmittel der Gesundheitsbehörde waren dann nämlich Marktanteile des gesetzlich wehrlos gestellten K. Daher ist die nachteilige Beeinflussung der Wettbewerbslage gegenüber K rechtswidrig gewesen.

Wegen der Überlagerungen durch ein Binnenwettbewerbsverhältnis (die Studie kann sinnvollerweise nur mit einem Anbieter durchgeführt werden) kommt ein „normaler“ Gleichbescheidungsanspruch zwar nicht in Betracht. K kann aber verlangen, daß unter den drei Maßnahmen, ihn an Stelle des E die Studie sponsern zu lassen, die Studie ganz zu unterlassen oder Auflagen zu machen, ordnungsgemäß ausgewählt wird. Deshalb ist im übrigen auch ein wettbewerbsrechtlicher Anspruch unabhängig von der Qualifikation der Abstimmung zwischen Gesundheitsbehörde und Landesberatungsstelle als Duldungsverfügung der Verwaltungsrechtsweg ausgeschlossen.

Eine verwaltungsrechtliche Klage des K gegen das Gesundheitsamt auf Unterlassung der unverhältnismäßigen Beeinträchtigung des in § 1 UWG geschützten Interventionsfreiheitsinteresses, wäre sie denn rechtzeitig gekommen, hätte daher Erfolg haben müssen.[1029]

---

[1029] Da die Klageart die Wahlfreiheit der Verwaltung zum Ausdruck bringen muß, kommt hier wohl nur eine Bescheidungsklage in Betracht. Allgemein zur Klage eines Dritten, der einen

(3) Nach Durchführung der Studie wäre je nach Umständen des Einzelfalls eine Fortsetzungsfeststellungsklage möglich, insbesondere, wenn Wiederholungsgefahr dargelegt werden kann. Das Feststellungsinteresse zur Vorbereitung eines Amtshaftungsprozesses kann zwar grundsätzlich genügen. Soweit K aber nicht darlegen kann, wie er seinen Schaden beziffern will, genügt dieses Feststellungsinteresse aber nicht, weil von offensichtlicher Aussichtslosigkeit auszugehen ist.[1030] Konkrete Feststellungen zur kausalen Beeinträchtigung durch ungleiche Wettbewerbsbedingungen sind eben kaum je möglich.

---

Anspruch auf Beifügung einer Nebenbestimmung bzw. auf ermessensfehlerfreie Entscheidung der Behörde darüber geltend macht, *Kopp/Ramsauer*, § 36 VwVfG Rz. 66.

[1030] S. BVerwG DÖV 1980, 917; *Kopp/Schenke*, § 113 Rz. 136 f; *J. Schmidt*, in: Eyermann, § 113 Rz. 89. Vorausgesetzt wird hier allerdings, daß das Feststellungsinteresse auch dann wegen Aussichtslosigkeit verneint werden kann, wenn gerade der haftungsausfüllende Tatbestand des § 839 BGB offensichtlich nicht erfüllt ist.

# Literaturverzeichnis

Hinweis zur *Zitierweisen von Kommentaren*: Bei Kommentaren zu *GG, BGB, ZPO, UWG, VwGO* und *VwVfG* wird der Titel des kommentierten Gesetzes nur dann ausnahmsweise angegeben, wenn sich der Bezug nicht eindeutig aus Sachzusammenhang und zitierter Paragraphen- oder Artikelnummer ergibt.

*Achterberg, Norbert*, Allgemeines Verwaltungsrecht, 2. Auflage, Heidelberg 1986.
zit.: *Achterberg*, Allg. VerwR

*Aicher, Josef*, Das Eigentum als subjektives Recht, Berlin 1975.

*Albers, Marion*, Faktische Grundrechtsbeeinträchtigungen als Schutzbereichsproblem, DVBl 1996, 233.

*Alexy, Robert*, Theorie der Grundrechte, 3. Auflage, Frankfurt a.M. 1996.

*Amann, Joachim/ Graf Lambsdorff, Hans-Georg* (Hrsg.), RWW. Kommentar zum Wettbewerbs- und Werberecht, Stuttgart/München/Hannover/Berlin/ Weimar/Dresden, Loseblatt Stand 1995.
zit.: *Bearbeiter*, in: RWW

*Ammelburger, Thomas*, Strukturprobleme der Bestandskraftlehre, Rothenburg /Tbr 1997.
zit.: *Ammelburger*, Bestandskraftlehre

*Arndt, Hans-Wolfgang*, Ungleichheit im Unrecht?, in: Festschrift für Hubert Armbruster, Berlin 1976, 233.

*v. Arnim, Hans Herbert*, Gemeinwohl und Gruppeninteressen, Frankfurt a.M. 1974.

*Bachof, Otto*, Reflexwirkungen und subjektive Rechte im öffentlichen Recht, in: Gedächnisschrift Walter Jellinek, München 1955, 287.

*Ders.*, Über öffentliches Recht, in: Festschrift 25 Jahre Bundesverfassungsgericht, München 1978, 1.

*Badura, Peter*, Urteilsanmerkung, JZ 1993, 37.

*Baetge, Dietmar*, Das Recht der Verbandsklage auf neuen Wegen, ZZP 112 (1999), 329.

*v. Bar, Christian*, Vorbeugender Rechtsschutz vor Verkehrspflichtverletzungen, in: Festschrift 25 Jahre Karlsruher Forum, Karlsruhe 1983, 80.

*Bauer, Hartmut*, Geschichtliche Grundlagen der Lehre vom subjektiven öffentlichen Recht, Berlin 1986.
zit.: *Bauer*, Geschichtliche Grundlagen

*Ders.*, Altes und Neues zur Schutznormtheorie, AöR 113 (1988), 582.

*Ders.*, Informelles Verwaltungshandeln im öffentlichen Wirtschaftsrecht, AöR 78 (1987), 241.

*Bauer, Kurt*, Wesentliche Beeinträchtigung des Wettbewerbs, in: Festschrift für Ralf Vieregge, Berlin/New York 1995, 21.

*Baumbach, Adolf*, Verschulden und Sittenwidrigkeit im Wettbewerbsrecht, JW 1930, 1643.

*Ders.*, Wen schützt das Wettbewerbsrecht?, MuW 1931, 5.

*Baumbach, Adolf/ Hefermehl, Wolfgang*, Wettbewerbsrecht. Gesetz gegen den unlauteren Wettbewerb, Zugabeverordnung, Rabattgesetz und Nebengesetze, 22. Auflage, München 2001.
zit.: *Baumbach/Hefermehl*

*Dies.*, Wettbewerbs- und Warenzeichenrecht, 6. Auflage, München/Berlin 1951.
zit.: *Baumbach/Hefermehl*, Wettbewerbs- und Warenzeichenrecht, 6. Auflage

*Baur, Jürgen F.*, Das Verhältnis von verwaltungs- und zivilrechtlichem Rechtsschutz gegenüber Immissionen aus der Sicht eines Zivilisten, in: Gedächtnisschrift für Wolfgang Martens, Berlin 1987, S. 546.

*Beater, Axel*, Schutzzweckgedanken im Recht gegen den unlauteren Wettbewerb, JZ 1997, 916.

*Ders.*, Zur Deregulierung des Wettbewerbsrechts, ZHR 159 (1995), 217.

*Ders.*, Die stillen Wandlungen des Wettbewerbsrechts. Zugleich ein Beitrag zur Orient-Teppichmuster-Entscheidung des BGH, JZ 2000, 973.

*Ders.*, Nachahmen im Wettbewerb: Eine rechtsvergleichende Untersuchung zu § 1 UWG, Tübingen 1995.
zit: *Beater*, Nachahmen

*Ders.*, Verbraucherschutz und Schutzzweckdenken im Wettbewerbsrecht, Tübingen 2000.
zit.: *Beater*, Verbraucherschutz

*Bechtold, Rainer*, Kartellgesetz: Gesetz gegen Wettbewerbsbeschränkungen, 2. Auflage, München 1999.
zit.: *Bechtold*

*Becker, Jürgen*, Informales Verwaltungshandeln zur Steuerung wirtschaftlicher Prozesse im Zeichen der Deregulierung, DÖV 1985, 1003.

*Beier, Friedrich-Karl/ Schricker, Gerhard*, Stellungnahme des Max-Planck-Instituts für ausländisches und internationales Patent-, Urheber- und Wettbewerbsrecht zur Novelierung des Gesetzes gegen unlauteren Wettbewerb, GRUR 1993, 880.

*Benda, Ernst/ Klein, Eckart*, Lehrbuch des Verfassungsprozeßrechts, 2. Auflage, Heidelberg 2001.
zit.: *Benda/Klein*, VerfassungsPrR

*Bender, Traugott*, Rechtspolitik in der heutigen Zeit - Grundlagen und Tendenzen, DRiZ 1978, 33.

*Ders.*, Die Verbandsklage, DVBl 1977, 169.

*Berg, Wilfried*, Keine Gleichheit im Unrecht?, JuS 1980, 418.

*Ders.*, Subventionsverfahren und Subventionsvergabe zwischen Effizienz und Formalismus, GewArch 1999, 1.

Bericht der Arbeitsgruppe „Überprüfung des Wettbewerbsrechts“, WRP 1997, 167.

*Bethge, Herbert*, Der Grundrechtseingriff, VVDStRL 57 (1998), 7.

*Bettermann, Karl August*, Über die Legitimation zur Anfechtung von Verwaltungsakten, in: Gedenkschrift für Max Imboden, Basel/ Stuttgart 1977, 37.

*Ders.*, Urteilsanmerkung, DVBl 1977, 180.

*Ders.*, Zur Verbandsklage, ZZP 85 (1972), 13.

*Ders.*, Die Legitimation zur verwaltungsgerichtlichen Anfechtung, in: Festschrift für Hans Schima, Wien 1969, 71.

*Ders.*, Über die Bindung der Verwaltung an zivilgerichtliche Urteile, in: Festschrift für Fritz Baur, Tübingen 1981, 273.

*Bleckmann, Albert*, Staatsrecht I – Staatsorganisationsrecht, Köln/Berlin/Bonn/ München 1993.

zit.: *Bleckmann*, StaatsR I

*Ders.*, Staatsrecht II – Die Grundrechte, 4. Auflage, Köln/Berlin/Bonn/München 1997.

zit.: *Bleckmann*, StaatsR II

*Ders.*, Zur Strukur des allgemeinen Gleichheitssatzes, Köln/Berlin/Bonn/ München 1995.

zit.: *Bleckmann*, Struktur.

*Ders.*, Subventionsrecht, Stuttgart/Berlin/Köln/Mainz 1978.

*Bleckmann, Albert/ Eckhoff, Rolf*, Nochmals: „Der `mittelbare´ Grundrechtseingriff“ - Stellungnahme zur Erwiderung von Schwabe, DVBl 1988, 1057.

*Blomeyer, Arwed*, Zivilprozeßrecht, 2. Auflage, Berlin 1985.

*Blüggel, Jens*, Unvereinbarerklärung statt Normkassation durch das Bundesverfassungsgericht, Berlin 1998.

*Böckenförde, Ernst-Wolfgang*, Grundrechtstheorie und Grundrechtsinterpretation, NJW 1974, 1529.

*Ders.*, Zur Lage der Grundrechtsdogmatik nach 40 Jahren Grundgesetz, München 1990.

*Ders.*, Die verfassungstheoretische Unterscheidung von Staat und Gesellschaft als Bedingung der individuellen Freiheit, Opladen 1973.

Bonner Kommentar zum Grundgesetz (Hrsg.: *Rudolf Dolzer/ Klaus Vogel*), Heidelberg, Loseblatt: Stand 1999.

zit.: *Bearbeiter*, in: BK

*Bohne, Eberhard*, Informales Verwaltungs- und Regierungshandeln als Instrument des Umweltschutzes, VerwArch 75 (1984), 343.

*Borchmann, Michael*, Naturschutz, Landschaftspflege und Verbandsklage, NuR 1981, 121.

*Borck, Hans-Günther*, Zum Anspruch auf Unterlassung unlauteren Wettbewerbes, WRP 1966, 1.

*Ders.*, Gesetz zur Änderung des Gesetzes gegen den unlauteren Wettbewerb, WRP 1994, 719.

*Ders.*, Die Tätertypen des unlauteren Wettbewerbs, WRP 1982, 252.

*Ders.*, UWG-Deregulierung als Reformersatz, WRP 1994, 349.

*Ders.*, Vom Willen des Gesetzgebers, in: Festschrift für Henning Piper, München 1996, 61.

*Bornkamm, Joachim*, Das Wettbewerbsverhältnis und die Sachbefugnis des Mitbewerbers, GRUR 1996, 527.

*Borowski, Martin*, Intendiertes Ermessen, DVBl 2000, 149.

*Bösmeier, Josef*, Staatlich verursachte Wettbewerbsverzerrungen durch die Subventionierung privater Unternehmen, Dissertation Berlin 1989.

*Bötticher, Eduard*, Der Anspruch auf Gleichbehandlung im Arbeitsrecht, RdA 1953, 161.

*Brandner, Thilo/ Michael, Gerhard*, Wettbewerbsrechtliche Verfolgung von Umweltrechtsverstößen, NJW 1992, 278.

*Braun, Johann*, Die Stellung des AGB-Gesetzes im System des Privatrechts, BB 1979, 689.

*Breuer, Rüdiger*, Baurechtlicher Nachbarschutz, DVBl 1983, 431.

*Ders.*, Grundrechte als Anspruchsnormen, in: Festschrift 25 Jahre Bundesverwaltungsgericht, München 1978, 89.

*Ders.*, Wirksamerer Umweltschutz durch Reform des Verwaltungsverfahrens- und Verwaltungsprozeßrechts?, NW 1978, 1558.

*Brohm, Winfried*, Zum Funktionswandel der Verwaltungsgerichtsbarkeit, NJW 1984, 8.

*Ders*, Die Konkurrentenklage, in: Festschrift für Christian-Friedrich Menger, Köln/Berlin/Bonn/München 1985, S. 235.

*Ders.*, Rechtsstaatliche Vorgaben für informelles Verwaltungshandeln, DVBl 1994, 133.

*Ders.*, Wirtschaftstätigkeit der öffentlichen Hand und Wettbewerb, NJW 1994, 281.

*Brüggemeier, Gert*, Deliktsrecht, Baden-Baden 1986.
zit.: *Brüggemeier*, DeliktsR

*Brüning, Christop*, Gleichheitsrechtliche Verhältnismäßigkeit, JZ 2001, 669.

*Bryde, Brun-Otto/ Kleindiek, Ralf*, Der allgemeine Gleichheitssatz, JURA 1999, 36.

*Bull, Hans Peter*, Allgemeines Verwaltungsrecht, 6. Auflage, Heidelberg 2000.
zit.: *Bull*, Allg. VerwR

*Bunte, Hermann Josef (Hrsg.)*, Kommentar zum deutschen und europäischen Kartellrecht, 8. Auflage, Neuwied/Kriftel/Berlin 1998.
zit.: *Bearbeiter*, in: Langen/Bunte

*Bunte, Hermann-Josef*, Zur Bedeutung der Lückenlosigkeit der Vertriebsbindung, GRUR 1987, 90.

*Burmeister, Joachim*, Verträge und Absprachen zwischen Privaten, VVDStRL 52 (1993), 190.

*v. Caemmerer, Ernst*, Wandlungen des Deliktsrechts, in: Festschrift zum hundertjährigen Bestehen des deutschen Juristentages, Karlsruhe 1960.

*Callmann, Rudolf*, Der unlautere Wettbewerb. Kommentar, Mannheim/Berlin/Leipzig 1932.

*Canaris, Claus Wilhelm*, Schutzgesetze – Verkehrspflichten – Schutzpflichten, in: Zweite Festschrift für Karl Larenz, München 1983, 27.

*Ders.*, Der Schutz obligatorischer Forderungen nach § 823 I BGB, in: Festschrift für Erich Steffen, Berlin/New York 1995, 85.

*Classen, Claus-Dieter*, Der einzelne als Instrument zur Durchsetzung des Gemeinschaftsrechts?, VerwArch 88 (1997), 645.

*Coing, Helmut*, Bemerkungen zum überkommenen Zivilrechtssystem, in: Festschrift für Hans Dölle, Band I, Tübingen 1963, 25.

*Ders.*, Zur Geschichte des Begriffs „subjektives Recht“, in: Helmut Coing, Frederick H. Lawson, Kurt Grönfors, Das subjektive Recht und der Rechtsschutz der Persönlichkeit, Frankfurt a.M./Berlin 1959.

*Dax, Günter*, Das Gleichbehandlungsgebot als Grundlage positiver subjektiv-öffentlicher Rechte, Bonn 1969.

zit.: *Dax*, Gleichbehandlungsgebot

*Degenhart, Christoph*, Staatsrecht I. Staatszielbestimmungen, Staatsorgane, Staatsfunktionen, 16. Auflage, Heidelberg 2000.

*Ders.*, Zum Aufhebungsanspruch des Drittbetroffenen beim verfahrensfehlerhaften Verwaltungsakt, DVBl 1981, 201.

*Deutsch, Erwin*, Allgemeines Haftungsrecht, 2. Auflage, Köln/Bonn/Berlin/München 1996.

zit.: *Deutsch*, Allg. HaftungsR

*Ders.*, Entwicklung und Entwicklungsfunktion der Deliktstatbestände, JZ 1963, 385.

*Dicke, Detlev Christian*, Der allgemeine Gleichheitssatz und die Selbstbindung der Verwaltung, VerwArch 60 (1968), 293.

*Dickersbach, Alfred*, Die Entwicklung des Subventionsrechts seit 1984, NVwZ 1993, 846.

*Dieselhorst, Jochen*, Der „unmittelbar Verletzte“ im Wettbewerbsrecht nach der UWG-Novelle, WRP 1995, 1.

*Di Fabio, Udo*, Information als hoheitliches Gestaltungsmittel, JuS 1997, 1.

*Dirschl, Günter*, Individualrechtsverletzungen als Wettbewerbsverstöße und erweitertes Klagerecht aus § 13 Abs. 1, 1 a UWG, München 1985.

zit.: *Dirschl*, Individualrechtsverletzungen

*Discher, Thomas*, Mittelbarer Eingriff, Gesetzesvorbehalt, Verwaltungskompetenz: Die Jugendsekten-Entscheidungen – BVerwGE 82, 76; BVerwG, NJW 1991, 1770; 1992, 2496; BVerfG, NJW 1989, 3269, JuS 1993, 463.

*Dittmann, Armin*, Gleichheitssatz und Gesetzesvollzug im Bundesstaat, in: Festschrift für Günter Dürig, München 1990, 221.

*Doepner, Ulf*, Unlauterer Wettbewerb durch Verletzung von der Verbraucherinformation dienenden Gesetzesvorschriten, WRP 1980, 473.

*Dolde, Klaus-Peter*, Zur Beteiligung der Natuschutzverbände im Planfeststellungsverfahren - § 29 I Nr. 4 BNatSchG ein „absolutes Verfahrensrecht"?, NVwZ 1991, 960.

*Dolderer, Michael*, Objektive Grundrechtsgehalte, Berlin 2000.

*Ders.*, Das Verhältnis des öffentlichen zum privaten Nachbarrecht, DVBl 1998, 19.

*Dreier, Horst* (Hrsg.), Grundgesetz Kommentar, Tübingen, Band 1: 1996, Band 2: 1998.

zit.: *Bearbeiter*, in: Dreier

*Ders.*, Subjektiv-rechtliche und objektiv-rechtliche Grundrechtsgehalte, JURA 1994, 505.

*Ders.*, Informales Verwaltungshandeln, Staatswissenschaften und Staatspraxis 4 (1993), 647.

*Eberle, Carl-Eugen*, Arrangements im Verwaltungsverfahren, DV 17 (1984), 439.

*Eckhoff, Rolf*, Der Grundrechtseingriff, Köln/Berlin/Bonn/München 1992.

*Eichenhofer, Eberhard*, Sozialrecht, 2. Auflage, Tübingen 1997.

*Eichmann, Helmut*, Der Vorsprung durch eigenen Rechtsbruch, GRUR 1967, 564.

*Emmerich, Volker*, Kartellrecht, 7. Auflage München 1994.

zit.: *Emmerich*, Kartellrecht, 7. Auflage

*Ders.* Neues zur Zulässigkeit der wirtschaftlichen Betätigung der öffentlichen Hand, AG 1985, 293.

*Ders.*, Das Recht des unlauteren Wettbewerbs, 5. Auflage, München 1998.

zit.: *Emmerich*, WettbR

- 4. Auflage, München 1995: zit.: *Emmerich*, WettbR[4]

*Engel, Christoph*, Zivilrecht als Fortsetzung des Wirtschaftsrechts mit anderen Mitteln, JZ 1995, 213.

*Engelken, Klaas*, Inzidente Normverwerfung durch die Exekutive, VBlBW 2000, 101.

*Engisch, Karl*, Einführung in das juristische Denken, 8. Auflage Stuttgart/ Berlin/Köln 1989.

*Engler, Cornelia*, Zur Liberalisierung des Wettbewerbsrechts, in: Festschrift für Henning Piper, München 1996, 183.

*Engler, Karen*, Der öffentlich-rechtliche Immissionsabwehranspruch, Berlin 1995.

zit.: *Engler*, Immissionsabwehr

*Enneccerus, Ludwig/ Nipperdey, Hans Carl*, Allgemeiner Teil des Bürgerlichen Rechts, 15.Auflage, Tübingen, Band I: 1959, Band II: 1960.

zit.: *Enneccerus/Nipperdey*, AT Bd.

*Erichsen, Hans-Uwe* (Hrsg.), Allgemeines Verwaltungsrecht, 11. Auflage, Berlin/New York 1998.

zit.: *Bearbeiter*, in: Erichsen, Allg. VerwR

*Ders.*, Höchstrichterliche Rechtsprechung zum Verwaltungsrecht. Art. 3 Abs. 1 GG als Grundlage von Ansprüchen des Bürgers gegen die Verwaltung, VerwArch 71 (1980), 289.

*Ders.*, Gemeinde und Private im wirtschaftlichen Wettbewerb, Heidelberg 1987.

*Erichsen, Hans-Uwe/ Hörster, Ansgar*, Die Bekanntgabe von Verwaltungsakten, JURA 1997, 659.

*Erichsen, Hans-Uwe/Klüsche, Charlotte*, Verwaltungsvorschriften, JURA 2000, 540.

*Erichsen, Hans-Uwe/Knoke, Ulrich*, Bestandskraft von Verwaltungsakten, NVwZ 1983, 185.

*Esser, Josef/ Weyers, Hans-Leo*, Schuldrecht, Band II: Besonderer Teil, 7. Auflage, Heidelberg 1991.

*Eyermann*, Verwaltungsgerichtsordnung, bearbeitet von *Harald Geiger, Michael Happ, Klaus Rennert, Jörg Schmidt und Peter Schm idt*, 11. Auflage, München 2000.

zit.: *Bearbeiter*, in: Eyermann

*Eyermann, Erich/ Fröhler, Ludwig/ Kormann, Joachim*, Verwaltungsgerichtsordnung, 9. Auflage 1988.

zit.: *Eyermann/Fröhler*

*Faber, Heiko*, Die Verbandsklage im Verwaltungsprozeß, Baden-Baden 1972.

*Fach, Wolfgang*, Begriff und Logik des „öffentlichen Interesses", ARSP 60 (1974), 231.

*Felix, Dagmar*, Einheit der Rechtsordnung. Zur verfassungsrechtlichen Relevanz einer juristischen Argumentationsfigur, Tübingen 1998.

*Fezer, Karl-Heinz*, Teilhabe und Verantwortung. Die personale Funktionsweise des subjektiven Privatrechts, München 1986.

*Ders.*, Vertriebsbindungssysteme als Unternehmensleistung, GRUR 1990, 551.

*Ders.*, Wettbewerbsrechtlicher und markenrechtlicher Bestandsschutz funktionsfähiger Distributionssysteme selektiven Vertriebs vor Außenseiterwettbewerb, GRUR 1999, 99.

*Fikentscher, Wolfgang*, Wettbewerb und gewerblicher Rechtsschutz. Die Stellung des Rechts der Wettbewerbsbeschränkungen in der Rechtsordnung, München/Berlin 1958.

*Ders.*, Wirtschaftsrecht, Band II Deutsches Wirtschaftsrecht, München 1983.

zit.: *Fikentscher*, Wirtschaftsrecht Bd. II

*Finkelnburg, Klaus*, Das Gebot der Effektivität des Rechtsschutzes in der Rechtsprechung des Bundesverwaltungsgerichts, in: Festschrift 25 Jahre Bundesverwaltungsgericht, München 1978, 169.

*Fluck, Jürgen*, Die Duldung des unerlauten Betreibens genehmigungsbedürftiger Anlagen, NuR 1990, 197.

*Frankfurter Kommentar zum GWB*, Herausgegeben von Helmut Glassen, Helmuth von Hahn, Hands-Christian Kersten, Harald Rieger, 3. Auflage, Köln, Stand 1/2000.

zit.: *Bearbeiter*, in: Frankfurter Kommentar

*Frers, Dirk*, Die Konkurrentenklage im Gewerberrecht, DÖV 1988, 670.

*Friedrich, Roland O.*, Umweltschutz durch Wettbewerbsrecht, WRP 1996, 1.

*Ders.*, Umweltschutz und Wettbewerbsrecht, WRP 1988, 641.

*Friehe, Hans-Josef*, Die Konkurrentenklage gegen einen öffentlich-rechtlichen Subventionsvertrag, DÖV 1980, 673.

*Friesenhahn, Ernst*, Der Wandel des Grundrechtsverständnisses, in: Verhandlungen des 50. Deutschen Juristentages, II G 1.

*Gaa, Meinhard*, Anwendung privaten Wettbewerbsrechts bei schlicht hoheitlichem Handeln?, WRP 1997, 837.

*v. Gamm*, Otto-Friedrich Frhr., Wettbewerbsrecht mit Zugabe- und Rabattrecht sowie mit Nebengesetzen und kartellrechtlichen Vorschriften, 1. Halbband, Köln/Berlin/Bonn/München 1987.
zit.: *v. Gamm*, WettbR

*Ders.*, Die Verbandsklagebefugnis nach § 35 Abs. 3 GWB, WRP 1987, 290.

*Gaul, Hans Friedhelm*, Die „Bindung" an die Tatbestandswirkung des Urteils, in: Festschrift für Albrecht Zeuner, Tübingen 1994, 317.

*Gersdorf, Hubertus*, Der praktische Fall – Öffentliches Recht: Das subventionierte avantgardistische Theater, JuS 1994, 955.

*v. Gierke, Otto*, Recht und Sittlichkeit, Sonderausgabe Darmstadt 1963.

*Glassen, Helmut/ Kersten, Hans-Christian/Rieger, Harald*, Frankfürter Kommentar zum GWB, 3. Auflage, Köln, Stand 01/2000.

*Gloy, Wolfgang* (Hrsg.), Handbuch des Wettbewerbsrechts, 2. Auflage, München 1997.
zit.: *Bearbeiter*, in: Gloy, HBWbR

*Ders./ Loschelder, Michael*, Eingabe zur UWG Novelle III B 5 7034/4-31, GRUR 1994, 435.

*v. Gneist, Rudolf*, Ueber die rechtliche Natur, die Zuständigkeit und die Verhandlungsform der Verwaltungsjurisdiction, in: Verhandlungen des zwölften deutschen Juristentages, Dritter Band, Berlin 1875, 221.

*Götz, Volkmar*, Der allgemeine Gleichheitssatz und die Rechtsanwendung im Verwaltungsrecht, NJW 1979, 1478.

*Ders.*, Über die „Gleichheit im Unrecht", in: Festschrift 25 Jahre Bundesverwaltungsgericht, München 1978, 245.*Ders.*, Das Grundrecht auf Rechtsanwendungsgleichheit und der verwaltungsgerichtliche Rechtsschutz, DVBl 1968, 93.

Gutachter-Ausschuß für Wettbewerbsfragen, Gutachten 1 – 4/96, WRP 1997, 298.

*Grabitz, Eduard/Hilf, Meinhard (Hrsg.)*, Das Recht der Europäischen Union, München, Loseblatt, Stand: Juli 2000.
zit.: *Bearbeiter*, in: Grabitz/Hilf

*Greger, Reinhard*, Neue Regeln für die Verbandsklage im Verbraucherschutz- und Wettbewerbsrecht, NJW 2000, 2457.

*Gril, Peter*, Normprüfungs- und Normverwerfung der Verwaltung, JuS 2000, 1080.

*v.d. Groeben, Hans/Thiesing, Jochen/Ehlermann, Claus-Dieter (Hrsg.)*, Kommentar zum EU-/EG-Vertrag, 5. Auflage, Baden-Baden 1997 ff.

*Gröning, Jochem*, Vom Saulus zum Paulus? - Der Wettbewerbsrichter im geänderten UWG -, WRP 1994, 435.

*Gurlith, Elke*, Die Klagebefugnis des Adressaten im Verwaltungsprozeß, DV 1995, 449.

*Gusy, Christoph*, Das Rätsel Subventionsrichtlinie – Rechtsfragen außenwirksamer Verwaltungsvorschriften, GewArch 1980, 324.

*ders.*, Der Gleichheitsschutz des Grundgesetztes, JuS 1982, 30.

*Ders.*, Parlamentarischer Gesetzgeber und Bundesverfassungsgericht, Berlin 1985.

*Häberle, Peter*, Die Wesensgehaltgarantie des Art. 19 Abs. 2 Grundgesetz, 3. Auflage, Heidelberg 1982.
zit.: *Häberle*, Wesensgehaltgarantie

*Habermeyer, Stefan*, Gesetzliche Vertragsbruchsanktionen bei selektiver Absatzmittlung, ZHR 161 (1997), 774.

*Habscheid, Walter J.*, Das Prozeßführungsrecht der Verbände zur Förderung gewerblicher Interessen (§ 13 UWG), GRUR 1952, 221.

*Hadding, Walther*, Die Klagebefugnis der Mitbewerber und der Verbände nach § 13 Abs. 1 UWG im System des Zivilprozeßrechts, JZ 1970, 305.

*Hager, Günter*, Zum Begriff der Rechtswidrigkeit im Zivilrecht, in: Festschrift für Ernst Wolf, Köln/Bonn/Berlin/München 1985, 133.

*Hager, Johannes*, Grundrechte im Privatrecht, JZ 1994, 373.

*v. Harder, Hermann L. Frhr.*, Der Einfluss der par condicio concurrentium auf die Bewertung im Wettbewerbsrecht, Diss. Hamburg 1968.
zit.: *v. Harder*, Par condicio concurrentium

*Harms, Wolfgang*, Unlauterer Wettbewerb durch wirtschaftliche Aktivitäten öffentlicher Hände, BB 1986 Beilage 17.

*Haverkate, Görg*, Rechtsfragen des Leistungsstaates, Tübingen 1983.

*Hefermehl, Wolfgang*, Der Anwendungsbereich des Wettbewerbsrechts, in: Festschrift für Hans Carl Nipperdey zum 60. Geburtstag, München/ Berlin 1955, 283.

*Ders.*, Das Prokrustesbett „Wettbewerbsverhältnis“, in: Festschrift für Max Kummer, Bern 1980, 345.

Heidelberger Kommentar zum Wettbewerbsrecht, von *Friedrich L. Ekey, Diethelm Klippel, Jost Kotthoff, Astrid Meckel, Gunda Plaß*, Heidelberg 2000.
zit.: *Bearbeiter*, in: Heidelberger Kommentar

*Heider, Karsten*, Die Bedeutung der behördlichen Duldung im Umweltrecht, NuR 1995, 335.

*Henckel, Wolfram*, Vorbeugender Rechtsschutz im Zivilrecht, AcP 174 (1974), 97.

*Henke, Wilhelm*, Das subjektive öffentliche Recht, Tübingen 1968.

*Ders.*, Zur Lehre vom subjektiven öffentlichen Recht, in: Festschrift für Werner Weber, Berlin 1974, 295.

*Henning-Bodewig*, Neue Aufgaben für die Generalklausel des UWG?, GRUR 1997, 180.

*Hermes, Georg/ Wieland, Joachim*, Die staatliche Duldung rechtswidrigen Verhaltens. Dogmatische Folgen behördlicher Untätigkeit im Umwelt- und Steuerrecht, Heidelberg 1988.
zit.: *Hermes/Wieland*, Staatliche Duldung

*Hermes, Reinhard*, Das Grundrecht auf Schutz von Leben und Gesundheit, Heidelberg
1987.

*Hesse, Konrad*, Der allgemeine Gleichheitssatz in der neueren Rechtsprechung des Bundesverfassungsgerichts zur Rechtsetzungsgleichheit, in: Festschrift für Peter Lerche, München 1993, 121.

*Ders.*, Bemerkungen zur heutigen Problematik und Tragweite der Unterscheidung von Staat und Gesellschaft, DÖV 1975, 437.

*Ders.*, Der Gleichheitsgrundsatz im Staatsrecht, AöR 77 (1951/52), 167.

*Ders.*, Grundzüge des Verfassungsrechts der Bundesrepublik Deutschland, 20. Auflage, Heidelberg 1995.
zit.: *Hesse*, VerfassungsR

*Heymann, Klaus*, Verstöße gegen objektives Recht als Verletzung des § 1 UWG, Frankfurt a.M. 1971.

*Hoffmann-Riem, Wolfgang*, Selbstbindung der Verwaltung, VVDStRL 40 (1981), 187.

*Horn, Thomas J.*, Das Anhörungsrecht des mit Drittwirkung Betroffenen nach § 28 VwVfG, DÖV 1987, 20.

*Hösch, Ulrich*, Probleme der wirtschaftsverwaltungsrechtlichen Konkurrentenklage, DV 30 (1997), 211.

*Huber, Peter-Michael*, Konkurrenzschutz im Verwaltungsrecht. Schutzanspruch und Rechtsschutz bei Lenkungs- und Verteilungsentscheidungen der öffentlichen Verwaltung, Tübingen 1991.
zit.: *P.-M. Huber*, Konkurrenzschutz

*Huber, Ulrich*, Zivilrechtliche Fahrlässigkeit, in: Festschrift für Ernst Rudolf Huber, Göttingen 1973, 253.

*Hubmann, Heinrich*, Der unlautere Wettbewerb der öffentlichen Hand, WiVerw 1982, 41.

*Hueck, Alfred*, Urteilsanmerkung zu RG JW 1927, 425, JW 1927, 2366.

*Hufen, Friedhelm*, Gesetzesgestaltung und Gesetzesanwendung im Leistungsrecht, VVDStRL 47 (1989), 142.

*Huster, Stefan*, Rechte und Ziele. Zur Dogmatik des allgemeinen Gleichheitssatzes, Berlin 1993.

*Hüting, Ralf*, Die Wirkung der behördlichen Duldung im Umweltstrafrecht, Berlin 1996.
zit.: *Hüting*, Behördliche Duldung.

*Immenga, Ulrich/ Mestmäcker, Ernst-Joachim (Hrsg.)*, GWB. Kommentar, 3. Auflage, München 2001.
zit.: *Bearbeiter*, in: Immenga/Mestäcker

*Ipsen, Jörn*, Rechtsfolgen der Verfassungswidrigkeit von Norm und Einzelakt, Baden-Baden 1980.
zit.: Rechtsfolgen

*Ders.*, Staatsrecht II (Grundrechte), 2. Auflage, Neuwied/Kriftel, 1998.
zit.: *Ipsen*, StaatsR II

*Ders.*, Verbindlichkeit, Bestandskraft und Bindungswirkung von Verwaltungsakten, DV 17 (1984), 169.

*Isensee, Josef/ Kirchhof, Paul* (Hrsg.), Handbuch des Staatsrechts der Bundesrepublik Deutschland, Bände I-IX, Heidelberg 1987 ff.
zit.: *Bearbeiter*, in: Isensee/Kirchhof, HBStR Bd.

*Jacobs, Rainer/ Lindacher, Walter F./ Teplitzky, Otto*, UWG-Großkommentar, Berlin 1991 ff.
zit.: *Bearbeiter*, in: GroßKommUWG

*Jarass, Hans D.*, Bausteine einer umfassenden Grundrechtsdogmatik, AöR 120 (1995), 345.

*Ders.*, Die Beteiligung von Naturschutzverbänden an der Änderung von Planfeststellungsbeschlüssen und an Plangenehmigungen, NuR 1997, 426.

*Ders.*, Folgerungen aus der neueren Rechtsprechung des BVerfG für die Prüfung von Verstößen gegen Art. 3 I GG, NJW 1997, 2545.

*Ders.*, Die Gemeinde als Drittbetroffener, DVBl 1976, 732.

*Ders.*, Die Grundrechte als Wertentscheidungen bzw. objektivrechtliche Prinzipien in der Rechtsprechung des Bundesverfassungsgerichts, AöR 110 (1985), 363.

*Ders.*, Verwaltungsrecht als Vorgabe für das Zivil- und Strafrecht, VVDStRL 50 (1991), 239.

*Ders.*, Der Vorbehalt des Gesetzes bei Subventionen, NVwZ 1984, 473.

*Jarass, Hans D./ Pieroth, Bodo*, Grundgesetz für die Bundesrepublik Deutschland, 5. Auflage, München 2000.
zit.: *Jarass/Pieroth*

*Jellinek, Georg*, System der subjektiven öffentlichen Rechte, 2. Auflage, Tübingen 1905.
zit.: *Jellinek*, System

Karlsruher Kommentar zum Gesetz über Ordnungswidrigkeiten, Herausgegeben von *Karlheinz Boujong*, 2. Auflage, München 2000.
zit.: *Bearbeiter*, in: Karlsruher Kommentar zum OWiG

*Kasper, Franz*, Das subjektive Recht – Begriffsbildung und Bedeutungsmehrheit, Karlsruhe 1967.

*Katzenberger, Paul*, Inländischer Wettbewerb, ordre public und ausländisches Arbeitsschutzrecht, IPrax 1981, 7.

*Kaufmann, Arthur/ Hassemer, Winfried* (Hrsg.): Einführung in die Rechtsphilosophie und Rechtstheorie der Gegenwart, 6. Auflage, Heidelberg 1994.
zit.: *Verfasser*, in: Kaufmann/Hassemer, Rechtsphilosophie

*Kaufmann, Erich*, Die Gleichheit vor dem Gesetz im Sinne des Art. 109 der Reichsverfassung, VVDStRL 3 (1927), 2.

*Kelsen, Hans*, Allgemeine Staatslehre, Unveränderter Nachdruck der ersten Auflage von 1925, Bad Homburg/Berlin/Zürich 1966.

*Kirchberger, Hans*, Unlauterer, sittenwidriger und unerlaubter Wettbewerb, Berlin 1931.

*Kirchhof, Paul*, Gleichmaß und Übermaß, in: Festschrift für Peter Lerche, München 1993, 133.

*Ders.*, Unterschiedliche Rechtswidrigkeiten in einer einheitlichen Rechtsordnung, Karlsruhe 1978.

*Kischel, Uwe*, Systembindung des Gesetzgebers und Gleichheitssatz, AöR 124 (1999), 174.

*Kisseler, Marcel*, Die Verantwortung der Rechtsprechung für den lauteren Wettbewerb, WRP 1999, 274.

*Klados, Charalbos*, Wettbewerbsrechtlicher Schutz selektiver Vertriebsbindungssysteme, WPR 1999, 586.

*Klein, Eckart/ Haratsch, Andreas*, Mitgliedstaatliche Regionalförderung insbesondere zugunsten kleiner und mittlerer Unternehmen (KMU) aus Sicht des EG-Rechts, EWS 1997, 410.

*Kloepfer, Michael*, Umweltrecht, 2. Auflage, München 1998.

*Ders.*, Entschädigung für Straßenverkehrslärm: Rückberücksichtigung und Vorberücksichtung des Bundes-Immissionssschutzgesetzes – BGHZ 64, 220, JuS 1975, 436.

*Knack, Hans-Joachim (Begründer)*, Verwaltungsverfahrensgesetz, 7. Auflage, Köln/Berlin/Bonn/München 2000.

*Knuth, Andreas*, Konkurrentenklage gegen einen öffentlichrechtlichen Subventionsvertrag (OVG Münster, NVwZ 1984, 522), JuS 1986, 523.

*Koch, Thorsten*, Der Grundrechtsschutz des Drittbetroffenen, Tübingen 2000.
zit.: *Koch*, Grundrechtsschutz

*Koenig, Christian/ Kühling, Jürgen*, Reform des EG-Beihilfenrechts aus der Perspektive des mitgliedstaatlichen Systemwettbewerbs, EuZW 1999, 517.

*Köhler, Helmut/ Piper, Henning*, Gesetz gegen den unlauteren Wettbewerb mit Zugabeverordnung, Rabattgesetz und Preisangabenverordnung, 2. Auflage, München 2001.
zit.: *Köhler/Piper*

*Köhler, Helmut*, Urteilsanmerkung zu BGH LM § 1 UWG Nr. 794.

*Ders.*, Wettbewerbsverstoß durch rechtswidrigen Marktzutritt?, GRUR 2001, 777.

*Kohler, Josef*, Der unlautere Wettbewerb, Berlin und Leipzig 1914.

*Ders.*, Preisbestimmung und § 826 BGB, Archiv für bürgerliches Recht XXIX (1906), 140.

*Kölbel, Christoph*, Gleichheit „im Unrecht", Köln/Berlin/Bonn/München 1998.

*König, Sigurd*, Drittschutz. Der Rechtsschutz Drittbetroffener gegen Bau- und Analgengenehmigungen im öffentlichen Baurecht, Immissionsschutzrecht und Atomrecht, Berlin 1993.
zit.: *König*, Drittschutz

*Kötz, Hein*, Deliktsrecht, 8. Auflage, Neuwied und Kriftel 1998.
zit.: *Kötz*, DeliktsR

*Kopp, Ferdinand O.*, Der Schutz des Bürgers gegenüber wirtschaftlichen Maßnahmen der öffentlichen Hand, durch die der Wettbewerb verfälscht wird, GewArch 1988, 353.

*Ders.*, Individueller Rechtsschutz und öffentliches Interesse in der Verwaltungsgerichtsbarkeit, BayVBl 1980, 263.

*Ders.*, Zur landesrechtlichen Verbandsklage der Naturschutzverbände gegen Maßnahmen von Bundesbehörden, NuR 1994, 76.

*Kopp, Ferdinand O./ Ramsauer, Ulrich*, Verwaltungsverfahrensgesetz, 7. Auflage München 2000.
zit.: *Kopp/Ramsauer*

*Kopp, Ferdinand O./ Schenke, Wolf-Rüdiger*, Verwaltungsgerichtsordnung, 12. Auflage, München 2000.
zit.: *Kopp/Schenke*

*Koppensteiner, Hans Georg*, Österreichisches und europäisches Wettbewerbsrecht, 3. Auflage, Wien 1997.
zit.: *Koppensteiner*, WettbR

*Koussoulis, Stelios*, Beiträge zur modernen Rechtskraftlehre, Köln/Berlin/ Bonn/München 1986.

*Kraft, Alfons*, Interessenabwägung und gute Sitten im Wettbewerbsrecht, München/Berlin 1963.
zit.: *Kraft*, Interessenabwägung

*Ders.*, Die Berücksichtigung wirtschaftspolitischer und gesellschaftspolitischer Belange im Rahmen des § 1 UWG, in: Festschrift für Horst Bartholomeyczik, Berlin 1973, 223.

*Ders.*, Anmerkung zu BGH GRUR 1976, 658 – Studentenversucherung, GRUR 1976, 660.

*Kramm, Dietrich*, Rechtsschutz gegen wettbewerbsbeschränkende Eingriffe von Apothekerkammern, WRP 1992, 365.

*Krebs, Walter*, Kompensation von Verwaltungsverfahrensfehlern durch gerichtlichen Rechtsschutz?, DVBl 1984, 109.

*Ders.*, Kontrolle in staatlichen Entscheidungsprozessen, Heidelberg 1984.

*Ders.*, Zur Rechtsetzung der Exekutive durch Verwaltungsvorschriften, VerwArch 1979, 259.

*Ders.*, Subjektiver Rechtsschutz und objektive Rechtskontrolle, in: Festschrift für Christian-Friedrich Menger, Köln/Berlin/Bonn/München 1985, 191.

*Ders.*, Verwaltungskontrolle durch Verwaltungsgerichte?, DV 21 (1988), 155.

*Kremer, Matthias-Gabriel*, Die kartellverwaltungsrechtliche Beschwerde, Berlin 1988.

*Kroitzsch, Hermann*, Die Gesetzesflut öffentlich-rechtlicher Normen als wettbewerbsrechtliche Nebengesetze zu § 1 UWG, GRUR 1982, 389.

*Ders.*, Große UWG-Novelle und Rechtseinheit, GRUR 1995, 322.

*Krüger, Detlef/ Moos, Flemming*, Die Erforderlichkeitsklausel gemäß Art. 72 Abs. 2 GG n.F. im Spannungsfeld des Bundesstaats, BayVBl 1997, 705.

*Kummer, Max*, Anwendungsbereich und Schutzgut der privatrechtlichen Rechtssätze gegen unlauteren und gegen freiheitsbeschränkenden Wettbewerb, Bern 1960.
zit.: *Kummer*, Anwendungsbereich

*Kunig, Philip/Rublack, Susanne*, Aushandeln statt entscheiden?, JURA 1990, 1.

*Lackner, Karl/ Kühl, Fritjof*, Strafgesetzbuch, 23. Auflage, München 1999.

*Lakkis, Panajotta*, Der kollektive Rechtsschutz der Verbraucher in der Europäischen Union, Bielefeld 1997.

*Lange, Klaus*, Vertrauensschutz nach dem Verwaltungsverfahrensgesetz, JURA 1980, 456.

*Lappe, Thomas Michael*, Zur ökologischen Instrumentalisierbarkeit des Wettbewerbsrechts, WRP 1995, 170.

*Larenz, Karl*, Allgemeiner Teil des deutschen Bürgerlichen Rechts, 7. Auflage, München 1989.
zit.: *Larenz*, AT

*Ders.*, Lehrbuch des Schuldrechts, I. Band: Allgemeiner Teil, 14. Auflage, München 1987.

*Ders.*, Der Rechtssatz als Bestimmungssatz, in: Festschrift für Karl Engisch, Frankfurt a.M. 1969, 150.

*Ders.*, Rechtswidrigkeit und Handlungsbegriff im Zivilrecht, in: Festschrift für Hans Dölle, Band I, Tübingen 1963, 169.

*Ders.*, Zur Struktur „subjektiver Rechte“, in: Festschrift für Johannes Sontis, München 1977, 129.

*Larenz, Karl/ Canaris, Claus-Wilhelm*, Lehrbuch des Schuldrechts, II. Band Besonderer Teil, 2. Halbband, 13. Auflage, München 1994.
zit.: *Larenz/Canaris*, SchR II/2

*Larenz, Karl/ Wolf, Manfred*, Allgemeiner Teil des Bürgerlichen Rechts, 8. Auflage, München 1997.
zit.: *Larenz/Wolf*, AT

*Laubinger, Hans-Werner*, Der öffentlich-rechtliche Unterlassungsanspruch, VerwArch 80 (1989), 261.

Leipziger Kommentar zum StGB. Großkommentar. Herausgegeben von *Burkhard Jähnke, Heinrich Wilhelm Laufhütte, Walter Odersky*, 11. Auflage, Berlin/New York 1992 ff.
zit.: *Bearbeiter*, in: Leipziger Kommentar

*Leisner, Walter*, Privateigentum ohne privaten Markt?, BB 1975, 1.

*Lerche, Peter*, Die Verwaltungsgerichtsbarkeit im Geflecht der Rechtskontrollen, BayVBl 1980, 257.

*Lindacher, Walter F.*, Zur „Sonderprozeßrechtsnatur“ der lauterkeitsrechtlichen Verbands- und Konkurrentenklage sowie der Verbandsklage nach dem AGB-Gesetz, ZZP 103 (1990), 397.

*Ders.*, Grundfragen des Wettbewerbsrechts, BB 1975, 1311.

*Ders.*, Urteilsanmerkung, BB 1981, 144.

*von Linstow, Bernhard*, Klagebefugnis und Gerichtsstand nach der UWG-Novelle, GRUR 1994, 787.

*Lobe, Adolf*, Der unlautere Wettbewerb als Rechtsverletzung (zugleich: Die Bekämpfung des unlauteren Wettbewerbs, Band I), Leipzig 1907.
zit.: *Lobe*, Unlauterer Wettbewerb

*Lubberger, Andreas*, Die neue Rechtsprechung des Bundesgerichtshofs zum Vertriebsbindungsschutz – praktische Konsequenzen, WRP 2000, 139.

*Lübbe-Wolff, Gertrude*, Die Grundrechte als Eingriffsabwehrrechte. Struktur und Reichweite der Eingriffsdogmatik im Bereich staatlicher Leistungen, Baden-Baden 1988.
zit.: *Lübbe-Wolff*, Eingriffsabwehrrechte

*Dies.*, Das Kooperationsprinzip im Umweltrecht – Rechtsgrundsatz oder Deckmantel des Vollzugsdefizits?, NuR 1989, 295.

*Lüke, Gerhard*, Die Bindungswirkung im Zivilprozeß, JuS 2000, 1042.

*Mahlberg, Lothar*, Rechtliche Grenzen unentgeltlicher Zuwendungen an Ärzte, MedR 1999, 299.

*v. Mangoldt, Hermann/ Klein, Friedrich/ Starck, Christian* (Hrsg.), Das Bonner Grundgesetz, 4. Auflage, München 1999 ff.
zit.: *Bearbeiter*, in: v. Mangoldt/Klein/Starck

*Manssen, Gerrit*, Privatrechtsgestaltung durch Hoheitsakt. Verfassungsrechtliche und verwaltungsrechtliche Grundfragen, Tübingen 1994.
zit.: *Manssen*, Privatrechtsgestaltung

*Ders.*, Die Genehmigungsfreistellung für Wohngebäude in der Landesbauordnung Mecklenburg-Vorpommern, NVwZ 1996, 144.

*Martens, Joachim*, Rechtskraft und materielles Recht, ZZP 79 (1966), 404.

*Martens, Wolfgang*, Öffentlichrechtliche Probleme des negatorischen Rechtsschutzes gegen Immissionen, in: Hamburger Festschrift für Friedrich Schack, Hamburg 1966, 85.

*Marotzke, Wolfgang*, Rechtsnatur und Streitgegenstand der Unterlassungsklage aus § 13 UWG, ZZP 98 (1985), 160.

*Masing, Johannes*, Die Mobilisierung des Bürgers für die Durchsetzung des Rechts. Europäische Impulse für eine Revision der Lehre vom subjektiv-öffentlichen Recht, Berlin 1997.
zit.: *Masing*, Mobilisierung des Bürgers

*Maunz, Theodor/ Dürig, Günter u.a.*, Grundgesetz. Kommentar, München, Loseblatt: Stand 1999.
zit.: *Maunz/Dürig*

*Maunz, Theodor/ Schmidt-Bleibtreu, Bruno u.a.*, Bundesverfassungsgerichtsgesetz, Kommentar, München, Loseblatt: Stand 1999.
zit.: *Maunz/Schmidt-Bleibtreu*, BVerfGG

*Maurer, Hartmut*, Allgemeines Verwaltungsrecht, 13. Auflage, München 2000.
zit.: *Maurer*, Allg. VerwR

*Ders.*, Zur Verfassungswidrigerklärung von Gesetzen, in: Festschrift für Werner Weber, 1974, 345.

*Medicus, Dieter*, Allgemeiner Teil des BGB, 7. Auflage, Heidelberg 1997.
zit.: *Medicus*, AT

*Ders.*, Schuldrecht II. Besonderer Teil, 10. Auflage, München 2000.
zit.: *Medicus*, SchR II

*Ders*, Die Forderung als „sonstiges Recht" nach § 823 Abs. 1 BGB?, in: Festschrift für Erich Steffen, Berlin/Nw York 1995, 333.

*Mees, Hans-Kurt*, Zum Erfordernis der Spürbarkeit bei Wettbewerbsverletzungen durch Normverstöße, in: Festschrift für Ralf Vieregge, Berlin/New York 1995, 617.

*Ders.*, Wettbewerbsverletzungen durch vorangegangenen Normverstoß, in: Festschrift für Fritz Traub, Berlin/New York 1994, 275.

*Ders.*, Normwidrigkeit und § 1 UWG, WRP 1985, 373.

*Ders.*, Verbandsklagebefugnis in Fällen des ergänzenden wettbewerblichen Leistungsschutzes, WRP 1999, 62.

*Meessen, Karl Matthias*, Internationale Verhaltenskodizes und Sittenwidrigkeitsklauseln, NJW 1981, 1131.

*Merkel, Wulf H.*, Der Vorsprunggedanke im Wettbewerbsrecht und seine Anwendung, Frankfurt a.M. 1987.
zit.: *Merkel*, Vorsprunggedanke

*Mertens, Hans-Joachim*, Deliktsrecht und Sonderprivatrecht – Zur Rechtsfortbildung des deliktischen Schutzes von Vermögensinteressen, AcP 174 (1974), 227.

*Ders.*, Die Selbstbindung der Verwaltung auf Grund des Gleichheitssatzes, Hamburg 1963.
zit.: *Mertens*, Selbstbindung

*Merz, Andreas*, Die Vorfeldthese, Baden-Baden 1985.

*Mestmäcker, Ernst-Joachim*, Der verwaltete Wettbewerb, Tübingen 1984.

*Ders.*, Die Abgrenzung von öffentlich-rechtlichem und privatrechtlichem Handeln im Wettbewerb, NJW 1969, 1.

*Meyer-Cording, Ulrich*, Der Gleichheitssatz im Privatrecht und das Wettbewerbsrecht, in: Festschrift für Hans Carl Nipperdey zum 70. Geburtstag, München 1965, 537.

*Mincke, Wolfgang*, Forderungsrechte als „sonstige Rechte" i.S. des § 823 Abs. 1 BGB, JZ 1984, 862.

*Montesquieu, Charles de*, Vom Geist der Gesetze. Eingeleitet und herausgegeben von Ernst Forsthoff, 2. Auflage 1992 (photomechanischer Nachdruck der Erstauflage Tübingen 1951), Tübingen 1992.

*Mook, Klaus Georg*, Internationale Rechtsunterschiede und nationaler Wettbewerb, Berlin 1986.

*Möschel, Wernhard*, Presskonzentration und Wettbewerbsgesetz, Tübingen 1978.
zit.: *Möschel*, Pressekonzetration

*Müller, Georg*, Der Gleichheitssatz, VVDStRL 47 (1989), 37.

*v. Münch, Ingo/ Kunig, Philip* (Hrsg.), Grundgesetz-Kommentar, Band 1: 5. Auflage, München 2000, Band 3: 3. Auflage, München 1996.
zit.: *Bearbeiter*, in: v. Münch/Kunig

Münchener Kommentar zum Bürgerlichen Gesetzbuch (Hrsg.: *Kurt Rebmann/Jürgen Säcker*), 3. Auflage, München 1992-1999.

zit.: MünchKomm³/*Bearbeiter*

4. Auflage, 2000 ff:

zit.: MünchKomm⁴/*Bearbeiter*

Münchener Kommentar zur Zivilprozeßordnung (Hrsg.: *Gerhard Lüke/Peter Wax*), 2. Auflage, München 2000 f.

zit.: *Bearbeiter*, in. MÜnchKommZPO

*Murswiek, Dietrich*, Die staatliche Verantwortung für die Risiken der Technik, Berlin 1985.

*Mußgnug, Reinhard*, Die öffentliche Ordnung. Plädoyer für einen unzeitgemäßen Rechtsbegriff, in: Festschrit Helmut Quaritsch, Berlin 2000, 349.

*Ders.*, Die Beiladung zum Rechtsstreit um janusköpfige und privatrechtsrelevante Verwaltungsakte, NVwZ 1988, 33.

*v. Mutius, Albert*, Zulässigkeit der Verbandsklage?, AöR 64 (1973), 311.

*Nacken, Gert A.*, Anmerkungen zu den Änderungen des UWG, WRP 1994, 791.

*Nägele, Thomas*, Das konkrete Wettbewerbsverhältnis – Entwicklungen und Ausblick, WRP 1996, 997.

*Neumann, Volker*, Sozialstaatsprinzip und Grundrechtsdogmatik, DVBl 1997, 92.

*Niedobitek, Matthias*, Rechtsbindung der Verwaltung und Effizienz des Verwaltungsverfahrens, DÖV 2000, 761.

*Nipperdey, Hans Karl*, Rechtswidrigkeit, Sozialadäquanz, Fahrlässigkeit, Schuld im Zivilrecht, NJW 1957, 1777.

*Ders.*, Soziale Marktwirtschaft und Grundgesetz, 3. Auflage, Köln/Bonn/Berlin/München 1965.

Nomos-Kommentar zur Verwaltungsgerichtsordnung, Herausgegeben von *Helge Sodan* und *Jan Ziekow*, Baden-Baden 1996, Loseblatt: Stand Juli 2000.

zit.: NKVwGO/*Bearbeiter*

*Nordemann, Wilhelm/ Nordemann, Axel/ Nordemann, Jan Bernd*, Wettbewerbs- und Markenrecht, 8. Auflage, Baden-Baden 1995.

zit.: *Nordemann*, WettbewerbsR

*Obermayer, Klaus*, Die verwaltungsgerichtlichen Klagen, BayVBl 1960, 208.

*Oesterhaus, Henning*, Die Ausnutzung des internationalen Rechtsgefälles und § 1 UWG, Frankfurt am Main/Bern/NewYork/Paris 1991.

zit.: *Oesterhaus*, Internationales Rechtsgefälle

*Ohly, Ansgar*, Richterrecht und Generalklausel im Recht des unlauteren Wettbewerbs, Köln/ Berlin/Bonn/ München 1997.

zit.: *Ohly*, Richterrecht.

*Oldiges, Martin*, Neue Aspekte der Grundrechtsgeltung im Privatrecht, in: Festschrift für Karl Heinrich Friauf, Heidelberg 1996, 281.

*Ortloff, Karsten-Michael*, Verwaltungsrechtsschutz zwischen Privaten?, NVwZ 1998, 932.

*Ossenbühl, Fritz*, Selbstbindungen der Verwaltung, DVBl 1981, 857.

*Ders.*, Staatshaftungsrecht, 5. Auflage, München 1998.
zit.: *Ossenbühl*, StaatshaftungsR

*Ders.*, Verwaltungsrecht als Vorgabe für das Zivil- und Strafrecht, DVBl 1990, 963.

*Otte, Gerhard*, Schadenersatz nach § 823 I BGB wegen Verletzung der „Forderungszuständigkeit"?, JZ 1969, 253.

*Paefgen. Thomas Christian*, Unlauterer Wettbewerb durch Rechtsbruch in internationalprivatrechtlicher Sicht, WRP 1991, 447.

*Pagenkopf, Martin*, Einige Betrachtungen zu den Grenzen für privatrechtliche Betätigung der Gemeinden – Grenzen für die Grenzzieher?, GewArch 2000, 177.

*Palandt, Otto*, Bürgerliches Gesetzbuch, 60. Auflage, München 2001.
zit.: *Palandt/Bearbeiter*

*Papier, Hans-Jürgen*, Immissionen durch Betriebe der öffentlichen Hand, NJW 1974, 1797.

*Pauly, Walter*, Gleichheit im Unrecht als Rechtsproblem, JZ 1997, 647.

*Pause, Hans-Egon*, Die Berücksichtigung der Allgemeinheit bei der Beurteilung wettbewerblichen Handelns, Frankfurt a.M. 1984.
zit.: *Pause*, Berücksichtigung der Allgemeinheit

*Peine, Franz-Joseph*, Öffentliches und Privates Nachbarrecht, JuS 1987, 169.

*Pestalozza, Christian*, Verfassungsprozeßrecht, München 1991.
zit.: *Pestalozza*, VerfassungsPrR

*Peters, Frank*, Zur Gesetzestechnik des § 823 II BGB, JZ 1983, 913.

*Peters, Hans*, Die Gewaltentrennung in moderner Sicht, Köln/Opladen 1954.

*Pieroth, Bodo/ Schlink, Bernhard*, Grundrechte. Staatsrecht II, 17. Auflage, Heidelberg 2001.
zit.: *Pieroth/Schlink*, StaatsR II

*Pietzcker, Jost*, Drittwirkung – Schutzpflicht – Eingriff, in: Festschrift für Günter Dürig, München 1990, 345.

*Ders.*, Grundrechtsbetroffenheit in der verwaltungsrechtlichen Dogmatik, in: Festschrift für Otto Bachof, München 1984, 131.

*Ders.*, Standesaufsicht durch Wettbewerbsklagen?, NJW 1982, 1840.

*Ders.*, Zu den Voraussetzungen des Anspruchs auf Gleichbehandlung nach Art. 3 I GG, JZ 1989, 305.

*Piper, Henning*, Zum Wettbewerb der öffentlichen Hand, GRUR 1986, 574.

*Portmann, Wolfgang*, Wesen und System der subjektiven Privatrechte, Zürich 1996.

*Preu, Peter*, Subjektivrechtliche Grundlagen des öffentlichrechtlichen Drittschutzes, Berlin 1992.
zit.: *Preu*, Drittschutz

*Püttern, Günter*, Öffentliches und privates Recht, in: Festschrift für Hartmut Maurer, München 2001, 713.

*Quack, Friedrich*, Vom Beitrag des unlauteren Wettbewerbs zur Entwicklung des Wirtschaftsverwaltungsrechts, in: Festschrift für Reinhold Trinkner, Heidelberg 1995, 265.

*Raeschke-Kessler/Eilers*, Die grundrechtliche Dimension des Beteiligungsgebots in § 13 II VwVfG – Zur Verfahrensbeteiligung als Grundrechtssicherung, NVwZ 1988, 37.

*Raiser, Ludwig*, Rechtsschutz und Institutionenschutz im Privatrecht, in: Summum ius, summa iniuria, Tübingen 1963, 145.

*Ders.*, Der Stand der Lehre vom subjektiven Recht im Deutschen Zivilrecht, JZ 1961, 465.

*Raiser, Thomas*, Das lebende Recht, Baden-Baden 1999.

*Ramsauer, Ulrich*, Die Bestimmung des Schutzbereichs von Grundrechten nach dem Normzweck, VerwArch 72 (1981), 89.

*Ders.*, Die faktischen Beeinträchtigungen des Eigentums, Berlin 1980.
zit.: *Ramsauer*, Faktische Beeinträchtigungen

*Randelzhofer, Albrecht*, Gleichbehandlung im Unrecht?, JZ 1973, 536.

*Randelzhofer, Albrecht/ Wilke, Dieter*, Die Duldung als Form flexiblen Verwaltungshandelns, Berlin 1981.
zit.: *Randelzhofer/Wilke*, Duldung

*Rauschning, Dietrich*, Staatsaufgabe Umweltschutz, VVDStRL 38 (1980), 167.

*Ders.*, Urteilsanmerkung zu BVerfG DVBl 1980, 356, DVBl 1980, 831.

*Rechenbach, Peter*, Verfassungsanspruch auf „Gleichbehandlung im Unrecht"?, NVwZ 1987, 383.

*Rehbinder, Eckard*, Argumente für die Verbandsklage im Umweltrecht, ZRP 1976, 157.

*Rehbinder, Eckard/ Burgbacher, Hans-Gerwin/ Knieper, Rolf*, Bürgerklage im Umweltrecht, Berlin 1972.

*Reichold, Hermann*, Lauterkeitsrecht als Sonderdeliktsrecht, AcP 193 (1993), 204.

Reichsgerichtsrätekommentar. Das Bürgerliche Gesetzbuch mit besonderer Berücksichtigung der Rechtsprechung des Reichsgerichts und des Bundesgerichtshofes, herausgegeben von den Mitgliedern des Bundesgerichtshofes, 12. Auflage, Berlin/New York 1974 ff.
zit.: RGRK/*Bearbeiter*

*Remmert, Barbara*, Die behördliche Aufhebung von Verwaltungsakten mit Doppelwirkung – Zur Dogmatik des § 50 VwVfG -, VerwArch 91 (2000), 209.

*Rittner, Fritz*, Wettbewerbs- und Kartellrecht, 6. Auflage, Heidelberg 1999.
zit.: *Rittner*, WettbR

*ders.*, Wirtschaftsrecht, 2. Auflage, Heidelberg 1987.
zit.: *Rittner*, WirtschR

*Rittner, Fritz/ Stephan, Klaus-Dieter*, Die Konkurrentenklage im Subventionsrecht, GewArch 1985, 177.

*Robbers, Gerhard*, Gerechtigkeit als Rechtsprinzip, Baden-Baden 1980.

*Ders.*, Der Gleichheitssatz, DÖV 1988, 749.

*Ders.*, Schlichtes Verwaltungshandeln, DÖV 1987, 272.

*Roelleke, Gerd*, Das Recht von außen und von innen betrachtet – Niklas Luhmann zum Gedächtnis, JZ 1999, 213.

*Rogall, Klaus*, Die Duldung im Umweltstrafrecht, NJW 1994, 922.

*Röhl, Klaus F.*, Allgemeine Rechtslehre, 2. Auflage, Köln/Berlin/Bonn/München 2001.
zit.: *Röhl*, Allg. Rechtslehre

*Ders.*, Rechtssoziologie, Köln/Berlin/Bonn/München 1987.

*Rosenberg, Leo/ Schwab, Karl Heinz/ Gottwald, Peter*, Zivilprozeßrecht, 15. Auflage, München 1993.

*Rossen, Helge*, Vollzug und Verwaltung. Die Modernisierung des Verwaltungsvollzugs, Tübingen 1999.
zit.: *Rossen*, Vollzug

*Roth, Andreas*, Verwaltungshandeln mit Drittbetroffenheit und Gesetzesvorbehalt, Berlin 1991.
zit.: *A. Roth*, Drittbetroffenheit.

*Roth, Wolfgang*, Faktische Eingriffe in Freiheit und Eigentum, Berlin 1994.
zit.: *W. Roth*, Eingriffe

*Röthel, Anne*, Verfassungsprivatrecht aus Richterhand? – Verfassungsbindung und Gesetzesbindung der Zivilgerichtsbarkeit, JuS 2001, 424.

*Rudolph, Inge*, Mitwirkungsrecht der Naturschutzverbände nach § 29 I 1 Nr. 4 BNatSchG und Rechtsschutz, JuS 2000, 478.

*Rupp, Hans Heinrich*, Grundfragen der heutigen Verwaltungsrechtslehre, Tübingen 1965.
zit.: *Rupp*, Grundfragen

*Ders.*, Die verfassungsrechtliche Seite des Umweltschutzes, JZ 1971, 401.

*Rüthers, Bernd*, „Institutionelles Rechtsdenken" im Wandel der Verfassungsepochen, Bad Homburg/Berlin/Zürich 1970.

*Rybak, Hubertus/Hoffmann, Hans*, Verteilung der Gesetzgebungsrechte zwischen Bund und Ländern nach der Reform des Grundgesetzes, NVwZ 1995, 230.

*Sachs, Michael*,„ Zur dogmatischen Struktur der Gleichheitsrechte als Abwehrrechte, DÖV 1984, 411.

*Ders.*, Der Gleichheitssatz, NWVBl 1988, 295.

*Ders.*, Der Gleichheitssatz als eigenständiges subjektives Grundrecht, in: Festschrift für Karl Heinrich Friauf, Heidelberg 1996, 309

*Ders.*, Grenzen des Diskriminierungsverbotes. Eine Untersuchung zur Reichweite des Unterscheidungsverbotes nach Art. 3 Abs. 2 und 3 Grundgesetz, München 1987.
zit.: *Sachs*, Diskriminierungsverbot *Ders.*, Die Maßstäbe des allgemeinen Gleichheitssatzes – Willkürverbot und sogannte neue Formel, JuS 1997, 124.

*Ders.*, Die relevanten Grundrechtsbeeinträchtigungen, JuS 1997, 303.

*Sack, Rolf*, Die lückenfüllende Funktion der Sittenwidrigkeitsklauseln, WRP 1985, 1.

*Ders.*, Der Schutzzweck des UWG und die Klagebefugnis des „unmittelbar Verletzten", in: Festschrift für Otto-Friedrich Frhr. v. Gamm, Köln/Bonn/Berlin/München 1990, 161.

*Ders.*, Vertriebsbindungen und Außenseiter, WRP 2000, 447.

*Ders.*, Die wettbewerbsrechtliche Durchsetzung arbeitsrechtlicher Normen, in: Festschrift für Günther Wiese, Mannheim1994, 493.

*Ders.*, Die wettbewerbsrechtliche Haftung für das Anbieten mangelhafter Produkte, GRUR Int 1983, 565, 569.

*Ders.*, Die wettbewerbsrechtliche Klagebefugnis des „unmittelbar Verletzten" nach der Neufassung des § 13 Abs. 2 Nr. 1 UWG, BB 1995, 1.

*Ders.*, Zur Zulässigkeit von Vorspannangeboten, WRP 1975, 65.

*Sauter, Hebert*, Die kartellrechtliche Relevanz der Lückenlosigkeit von Vertriebsbindungen, in: Festschrift für Karl Lieberknecht, München 1997, 533

*v. Savigny, Friedrich Karl*, System des heutigen römischen Rechts, Neudruck der Ausgabe Berlin 1840, Aalen 1973/1974.

*Schack, Haimo*, Drittwirkung der Rechtskraft?, NJW 1988, 865.

*Schad, Franz*, Zur Notwendigkeit einer Rechtswidrigkeitslehre im öffentlichen Recht, in: Festschrift für Alfred Pikalo, Berlin 1979, 247.

*v. Schall-Riaucour, Georg Graf*, Wettbewerbsverstöße durch Verletzung außerwettbewerbsrechtlicher Normen, Diss. München 1968.
zit.: *v. Schall-Riaucour*, Außerwettbewerbsrechtliche Normen

*Schenke, Wolf-Rüdiger*, Rechtsprechungsübersicht zum Verwaltungsprozeß – Teil 1, JZ 1996, 998.

*Ders.*, Rechtsprobleme des Konkurrentenrechtsschutzes im Wirtschaftsverwaltungsrecht, NVwZ 1993, 718, 719.

*Ders.*, Rechtswegabgrenzung, in: Festgabe 50 Jahre Bundesgerichtshof, Festgabe aus der Wissenschaft, Band III: Zivilprozeß, Insolvenz, Öffentliches Recht, München 2000.

*Ders.*, Die verfassungsrechtliche Problematik dynamischer Verweisungen, NJW 1980, 742.

*Ders.*, Verwaltung und Verwaltungsgerichtsbarkeit. Gedanken zu einem der Grundthemen des Wirtschaftsverwaltungsrechts, WiVerw 1988, 145.*Scherer, Inge*, Privatrechtliche Grenzen der Verbraucherwerbung, Berlin 1996.

*Scherer, Joachim*, Öffentlich-rechtliche Konkurrentenklagen im Wirtschafts- und Beamtenrecht, JURA 1985, 11.

*Ders.*, Realakte mit „Doppelnatur". Anmerkungen zu den Beschlüssen des Gemeinamen Senates zum Rechtsweg bei wettbewerbsrechtsrelevantem Verwaltungshandeln, NJW 1989, 2724.

*Scherzberg, Arno*, Grundlagen und Typologie des subjektiv-öffentlichen Rechts, DVBl 1988, 129.

*Ders.*, Unterverfassungsrechtliche Rechtssätze als Grundlage subjektiv-öffentlicher Rechte, JURA 1988, 455.

*Schilken, Eberhard*, Zivilprozeßrecht, 3. Auflage, Köln/Berlin/Bonn/München 2000.
zit.: *Schilken*, ZPR

*Schlechtriem, Peter*, Schuldrecht Besonderer Teil, 4. Auflage, Tübingen 1995.
zit.: *Schlechtriem*, SchuldR BT

*Schlichter, Otto*, Baurechtlicher Nachbarschutz, NVwZ 1983, 641.

*Schliesky, Utz*, Notwendigkeit und Gestalt eines öffentlichen Wettbewerbsrechts, DVBl 1999, 78.

*Ders.*, Öffentliches Wettbewerbsrecht. Verhaltensbezogene Determinanten von wirtschaftsbezogenem Staatshandeln, Berlin 1997.

*Ders.*, Der Rechtsweg bei wettbewerbsrelevantem Staatshandeln, DÖV 1994, 114.

*Schlink, Bernhard*, Die Amtshilfe, Berlin 1982.

*Schmidt, Eike*, Die Verbandsklage nach dem AGB-Gesetz, NJW 1989, 1192.

*Schmidt, Jürgen*, Nochmals: Zur „formalen Struktur“ der „subjektiven Rechte“, Rechtstheorie 10 (1979), 71.

*Schmidt, Karsten*, Der bürgerlich-rechtliche Verein mit wirtschaftlicher Tätigkeit, AcP 192 (1992), 1.

*Ders.*, Deliktsschutz durch Verwaltungshandeln, in Festschrift für Albrecht Zeuner, 1994, 259.

*Ders.*, Integritätsschutz von Unternehmen nach § 823 BGB – Zum „Recht am eingerichteten und ausgeübten Gewerbebetrieb“, JuS 1993, 985.

*Ders.*, Die kartellrechtliche „Schutzobjektdiskussion“ als Problem interdisziplinärer Wissenschaft, in: Festschrift für Erich Hoppmann, 1994, 373.

*Ders.*, Kartellverfahrensrecht – Kartellverwaltungsrecht – Bürgerliches Recht, Köln/Berlin/Bonn/München 1977.
zit.: *K. Schmidt*, KartellverfahrensR

*Ders.*, Wirtschaftstätigkeit von „Idealvereinen“ durch Auslagerung auf Handelsgesellschaften, NJW 1983, 543.

*Schmidt, Reiner*, Öffentliches Wirtschaftsrecht, Allgemeiner Teil, Berlin/Heidelberg/New York 1990.
zit.: *R. Schmidt*, Öffentl. WirtschR AT

*Schmidt-Aßmann, Eberhardt*, Funktionen der Verwaltungsgerichtsbarkeit, in: Festschrift für Christian-Friedrich Menger, Köln/Berlin/Bonn/München, 1985, 107.

*Ders.*, Gefährdungen der Rechts- und Gesetzesbindung der Exekutive, in: Festschrift für Klaus Stern, München 1997, 745.

*Ders.*, Die Lehre von den Rechtsformen des Verwaltungshandelns, DVBl 1989, 533.

*Ders.*, Verwaltungsverantwortung und Verwaltungsgerichtsbarkeit, VVDStRL 34 (1976), 221.

*Schmidt-Preuß, Matthias*, Kollidierende Privatinteressen im Verwaltungsrecht. Das subjektive öffentliche Recht im multipolaren Verwaltungsrechtsverhältnis, Berlin 1992.
zit.: *Schmidt-Preuß*, Kollidierende Privatinteressen

*Schmiedel, Burkhard*, Deliktsobligationen nach deutschem Kartellrecht, Tübingen 1974.
zit.: *Schmiedel*, Deliktsobligationen

*Schmittat, Karl-Oskar*, Rechtsschutz gegen staatliche Wirtschaftskonkurrenz, ZHR 148 (1984), 428-464.

*Schmitt Glaeser, Walter*, Verwaltungsprozeßrecht, 14. Auflage, Stuttgart/ München/Hannover u.a.1997.

zit.: *Schmitt Glaeser*, VerwPrR

*Schneider, Hans-Peter*, 50 Jahre Grundgesetz, NJW 1999, 1497.

*Schnieders, Christine*, Allgemeininteressen im Wettbewerbsrecht. Eine Untersuchung zur Rechtstechnik und Legitimation gemeinwohlorientierten Interessenschutzes im UWG, Baden-Baden 1999.

zit.: *Schnieders*, Allgemeininteressen

*Dies.*, Die Verarbeitung von Allgemeininteressen im UWG am Beispiel der Fallgruppe Rechtsbruch, JJZRWiss 1993, 103.

*Schoch, Friedrich*, Der Gleichheitssatz, DVBl 1988, 863.

*Schoch, Friedrich/ Schmidt-Aßmann, Eberhardt/ Pietzner, Rainer* (Herausgeber), Verwaltungsgerichtsordnung. Kommentar, München, Loseblatt: Oktober 2000.

zit.: *Bearbeiter*, in: Schoch/Schmidt-Aßmann/Pietzner

*Scholz, Rupert*, Die öffentlich-rechtliche Konkurrentenklage in der Rechtsprechung der Verwaltungs- und Zivilgerichte, WiR 1972, 35.

*Ders.*, Verwaltungsverantwortung und Verwaltungsgerichtsbarkeit, VVDStRL 34 (1976), 145.

*Ders.*, Wettbewerbsrechtliche Klagen gegen Hoheitsträger: Zivil- oder Verwaltungsrechtsweg?, NJW 1978, 16.

*Ders.*, Wirtschaftsaufsicht und subjektiver Konkurrentenschutz, Berlin 1971.

*Schricker, Gerhard*, Bemerkungen zum Rechtsschutz selektiver Vertriebsbindungen, GRUR 1976, 528.

*Ders.*, Deregulierung im Recht des unlauteren Wettbewerbs?, GRUR Int. 1994, 586.

*Ders.*, Die Durchsetzbarkeit deutscher Werberegelungen bei grenzüberschreitender Rundfunkwerbung, GRUR Int 1982, 720.

*Ders.*, Gesetzesverletzung und Sittenverstoß. Rechtsvergleichende Untersuchung zur wettbewerbsrechtlichen Haftung bei Verletzung außerwettbewerbsrechtlicher Normen, München 1970.

zit.: *Schricker*, Gesetzesverletzung

*Ders.*, Unlauterer Wettbewerb durch Verletzung straf- und verwaltungsrechtlicher Vorschriften, JurA 1970, 69.

*Ders.* (Hrsg.), Urheberrecht, 2. Auflage, München 1999.

zit.: *Bearbeiter*, in: Schricker, UrhR

*Ders.*, Urteilsanmerkung, JZ 1999, 635.

*Schricker, Helmut*, Wirtschaftliche Tätigkeit der öffentliche Hand und unlauterer Wettbewerb, 2. Auflage, Köln/Berlin/Bonn/München 1987.

zit.: *H. Schricker*, Öffentliche Hand

*Schultze-Fielitz*, Urteilsanmerkung zu BGH JZ 2001, 299, JZ 2001, 302.

*Schünemann, Wolfgang B.*, Wettbewerbsrecht, München/Wien 1989.

*Ders.*, Die wirtschaftliche Tätigkeit der öffentlichen hand zwischen öffentlichem und privatem Wettbewerbsrecht, WRP 2001, 1001.

*Schur, Wolfgang*, Anspruch, absolutes Recht und Rechtsverhältnis im öffentlichen Recht entwickelt aus dem Zivilrecht, Berlin 1993.
zit.: *Schur*, Anspruch

*Schwab, Karl Heinz*, Rechtskrafterstreckung auf Dritte und Drittwirkung der Rechtskraft, ZZP 77 (1964), 124.

*Schwabe, Jürgen*, Grundrechtlich begründete Pflichten des Staates zum Schutz gegen staatliche Bau- und Anlagegenehmigungen?, NVwZ 1983, 523.

*Ders.*, Nochmals: „Der 'mittelbare' Grundrechtseingriff" - Erwiderung auf die Abhandlung von Bleckmann/Eckhoff, DVBl 1988, 373 ff.

*Ders.*, Probleme der Grundrechtsdogmatik, Darmstadt 1977.

*Schweitzer, Michael/Hummer, Waldemar*, Europarecht, Neuwied/Kriftel/Berlin, 5. Auflage 1996.

*Schwerdtfeger, Gunther*, Grundrechtlicher Drittschutz im Baurecht, NVwZ 1982, 5.

*Seibert, Max-Jürgen*, Die Bindungswirkung von Verwaltungsakten, Baden-Baden 1989.
zit.: *Seibert*, Bindungswirkung

*Seifert, Feodor*, § 1 UWG als Mittel im Kampf gegen Video-Raubkopien, ZUM 1985, 81.

*Semler, Franz-Jörg*, Die Mißachtung vertraglicher Bindungen Dritter als Wettbewerbsverstoß, GRUR 1983, 625.

*Sendler, Horst*, Rechtsstaat im Defizit?, in: Festschrift für Klaus Stern, 1997, 297.

*Simon, Alfred (Hrsg.)*, Bayerische Bauordnung, München, Loseblatt: Stand Mai 2000.

*Slotboom, Marco M.*, State Aid in Community Law: A Broad or Narrow Definition?, WLR 20 (1995), 289.

*Sodan, Helge/ Ziekow Jan* (Hrsg.), Nomos-Kommentar zur Verwaltungsgerichtsordnung, Baden-Baden, Loseblatt: Mai 2000
zit.: NKVwGO/*Bearbeiter*

*Soergel, Hans Theodor/ Siebert, Wolfgang u.a.* (Hrsg.), Bürgerliches Gesetzbuch mit Einführungsgesetz und Nebengesetzen, 12. Auflage, Stuttgart/Berlin/Köln 1987 ff.
zit.: *Soergel/Bearbeiter*

*Sosznitza, Olaf*, Subjektives Recht und Ausschließlichkeit, MarkenR 2000, 77.

*Speckmann, Gerhard*, Wettbewerbsrecht, 3. Auflage, Köln/Berlin/Bonn/München 2000.
zit.: *Speckmann*, WettbR

*Spickhoff, Andreas*, Gesetzesverstoß und Haftung, Köln/Berlin/Bonn/München 1998.
zit.: *Spickhoff*, Gesetzesverstoß

*Staudinger, Julius von*, Kommentar zum Bürgerlichen Gesetzbuch mit Einführungsgesetz und Nebengesetzen, 13. Bearbeitung, Berlin 1993 ff.
zit.: *Staudinger/Bearbeiter*;
12. Auflage: *Staudinger*$^{12}$*/Bearbeiter*

*Steiger, Meinhard*, Institutionalisierung der Freiheit? Zur Rechtsprechung des Bundesverfassungsgerichts im Bereich der Grundrechte, in: Zur Theorie der Institution, Herausgegeben vom Helmut Schelsky, Düsseldorf 1970, 91.

*Stein/Jonas*, Kommentar zur Zivilprozeßordnung, 21. Auflage, Tübingen 1993 ff.

zit.: *Bearbeiter*, in: Stein/Jonas

*Steinberg, Rudolf*, Grundfragen des öffentlichen Nachbarrechts, NJW 1984, 457.

*Steindorf, Ernst*, Die guten Sitten als Freiheitsbeschränkung, in: summum ius, summa iniuria, Tübingen 1963, 58.

*Steiner, Udo*, Besonderes Verwaltungsrecht, 6. Auflage, Heidelberg 1999.

zit.: *Bearbeiter*, in: Steiner, Bes. VerwR

*Steffen, Erich*, Verkehrspflichten im Spannungsfeld von Bestandsschutz und Handlungsfreiheit, VersR 1980, 409.

*Stelkens, Paul/ Bonk, Heinz Joachim/ Sachs, Michael u.a.*, Verwaltungsverfahrensgesetz, 5. Auflage, München 1998.

zit.: *Bearbeiter*, in: Stelkens/Bonk/Sachs

*Stern, Klaus*, Das Staatsrecht der Bundesrepublik Deutschland, Bände II, III und V, 1. Auflage München 1977 ff, Band I 2. Auflage München 1983.

zit.: *Stern*, StaatsR

*Ders.*, Das Gebot zur Ungleichbehandlung, in: Festschrift für Günter Dürig, München 1990.

*Ders.*, Zur Entstehung und Ableitung des Übermaßverbotes, in: Festschrift für Peter Lerche, 1993, 165.

*Stober, Rolf*, Allgemeines Wirtschaftsverwaltungsrecht, 12. Auflage, Stuttgart/ Berlin/Köln 2000.

zit.: *Stober*, Allg. WiVerwR

*Ders.*, Besonderes Wirtschaftsverwaltungsrecht, 12. Auflage, Stuttgart/ Berlin/Köln 2001.

zit.: *Stober*, Bes. WiVerwR

*Ders.*, Zur Auslegung des Ladenschlußgesetzes, GewArch 1982, 1.

*Ders.*, Einführung in das Ladenschlrecht, JA 1981, 653.

*Ders.* (Hrsg.), Handbuch des Wirtschaftsverwaltungsrechts, Stuttgart/Berlin/ Köln 1989.

zit.: *Stober*, HBWiVerwR

*Ders.*, Ladenschlußgesetz, 3. Auflage, Köln/Berlin/Bonn/München 1990.

*Stoll, Hans*, Richterliche Fortbildung und gesetzliche Überarbeitung des Deliktsrechts, Heidelberg 1984.

zit.: *Stoll*, Richterliche Fortbildung

*Ders.*, Unrechtstypen bei Verletzung absoluter Rechte, AcP 162 (1963), 203.

*Stolterfoht, Joachim N.*, Der Wettbewerbsrichter als Verwaltungsjurist. Erwägungen zum Vorsprung durch Rechtsbruch, in: Festschrift für Fritz Rittner, München 1991, 695.

*Streinz, Rudolf*, Europarecht, 4. Auflage, Heidelberg 1999.

*Strubenhoff, Dieter*, Die Klageberechtigung im UWG nach der Novelle 1994, Hamburg 1997.
zit.: *Strubenhoff*, Klageberechtigung

*Teplitzky, Otto*, Wettbewerbsrechtliche Ansprüche. Unterlassung – Beseitigung – Schadenersatz; Anspruchsdurchsetzung und Anspruchsabwehr. 6. Auflage, Köln/Berlin/Bonn/München 1992.
zit.: *Teplitzky*, Wettbewerbsrechtliche Ansprüche

*Terstegen, W.O.W.*, Unlauterer Wettbewerb durch Steuer-Hinterziehung, Hannover-Kirchrode 1958.

*Tettinger, Peter J.*, Verwaltungsgerichtliche Kontrollmaßstäbe im Subventionsrecht, GewArch 1981, 105.

*Tetzner, Heinrich*, Kommentar zum Gesetz gegen den unlauteren Wettbewerb, Köln 1950.

*Thiere, Karl*, Die Wahrung überindividueller Interessen im Zivilprozeß, Bielefeld 1980.
*zit.*: Thiere, Überindividuelle Interessen

*Thon, August*, Rechtsnorm und subjektives Recht. Untersuchungen zur Allgemeinen Rechtslehre, Neudruck der Ausgabe Weimar 1878, Aalen 1964.

*Tilmann, Winfried*, Das UWG und seine Generalklausel, GRUR 1991, 796.

*Ders.*, Die UWG-Novelle 1994, BB 1994, 1793.

*Traub, Fritz*, Wettbewerbsrechtliche Nachahmungstatbestände und Klagebefugnis der Wettbewerber, in: Festschrift für Karlheinz Quack, Berlin/New York 1991, 119.

*Uechtritz, Michael*, Nachbarrechtsschutz bei der Errichtung von Wohngebäuden im Freistellungs-, Anzeige- und vereinfachten Verfahren, NVwZ 1996, 640.

*Ule, Carl Hermann*, Verwaltungsprozeßrecht, 9. Auflage, München 1987.
zit.: *Ule*, VerwPrR

*Ulmer, Eugen*, Sinnzusammenhänge im modernen Wettbewerbsrecht. Ein Beitrag zum Aufbau des Wettbewerbsrechts, Berlin 1932.
zit.: *E. Ulmer*, Sinnzusammenhänge

*Ders.*, Urteilsanmerkung, JW 1929, 3094.

*Ders.*, Wandlungen und Aufgaben im Wettbewerbsrecht, GRUR 1937, 769.

*Ulmer, Peter/ Brandner, Hans Erich/ Hensen, Horst-Diether/ Schmidt, Harry*, AGB-Gesetz, 9. Auflage, 9. Auflage, Köln 2001.
zit.: *Bearbeiter*, in: Ulmer/Brandner/Hensen

*Ulmer, Eugen/ Reimer, Dietrich*, Das Recht des unlauteren Wettbewerbs in den Mitgliedstaaten der Europäischen Wirtschaftsgemeinschaft, Band III Deutschland, München/Köln 1968.
zit.: *Ulmer/Reimer*, UnlWb III

*Ulrich, Gustav Adolf*, Urteilsanmerkung, ZIP 1995, 156.

*Vollkommer, Max/ Vollkommer, Gregor*, Komplexe Prozeßführung zwischen Zivilprozeß, Verwaltungsverfahren und Verwaltungsprozeß, in: Zweite Erlanger Festschrift für Karl Heinz Schwab, Pressath 2000, 135.

*Wagner, Gerhard*, Öffentlich-rechtliche Genehmigung und zivilrechtliche Rechtswidrigkeit, Köln/Berlin/Bonn/München 1989.

zit.: *Wagner*, Genehmigung u. Rechtswidrigkeit

*Ders.*, Rudolph von Jherings Theorie des subjektiven Rechts und der berechtigenden Reflexwirkungen, AcP 193 (1993), 319.

*Ders.*, Wesentlichkeit gleich Erheblichkeit? Zur Harmonisierung von öffentlichem und privatem Nachbar- und Immissionsschutzrecht, NJW 1991, 3247.

*Wahl, Rainer*, Die doppelte Abhängigkeit des subjektiven öffentlichen Rechts, DVBl 1996, 641.

*Wallerath, Maximilian*, Ladenschluß und Konkurrentenschutz, NJW 2001, 781.

*Waskow, Siegfried*, Mitwirkung von Naturschutzverbänden in Verwaltungsverfahren, Berlin 1990.

*Weber-Dürler, Beatrice*, Der Grundrechtseingriff, VVDStRL 57 (1998), S. 57.

*Wesel, Uwe*, Zur Frage des materiellen Anspruchs bei Unterlassungsklagen, in: Festschrift für Ulrich von Lübtow, Berlin 1970, 787.

*Weyreuther, Felix*, Die Rechtswidrigkeit eines Verwaltungsaktes und die „dadurch" bewirkte Verletzung „in ... Rechten" (§ 113 Abs. 1 Satz 1 und Abs. 4 Satz 1 VwGO), in: Festschrift für Christian-Friedrich Menger, Köln/Berlin/Bonn/München 1985, 681.

*Ders*, Verwaltungskontrolle durch Verbände? Argumente gegen die verwaltungsgerichtliche Verbandsklage im Umweltrecht, Düsseldorf 1975.

zit.: *Weyreuther*, Verwaltungskontrolle

*Wiebe, Andreas*, Bindung an Unterlassungsverträge nach der Novellierung von § 13 Abs. 2 Nr. 1 und 2 UWG, WRP 1995, 75.

*Wiedemann, Gerhard (Hrsg.)*, Handburch des Kartellrechts, München 1999.

zit.: *Bearbeiter*, in: Wiedemann, HBKartR

*Wilhelm, Jan*, Unlauterer Wettbewerb und Wettbewerbsverhältnis, ZIP 1992, 1139.

*Windscheid, Bernhard*, Die Actio des römischen Zivilrechts vom Standpunkte des heutigen Rechts, Düsseldorf 1856, Neudruck (in einem Band mit: Theodor Mutter, Zur Lehre von der römischen Actio ...), Aalen 1969.

*Wolff, Hans J./ Bachof, Otto/ Stober, Rolf*, Verwaltungsrecht, Band 1, 11. Auflage, München 1999.

zit.: *Wolff/Bachoff/Stober*, VerwR I

*Wolf, Manfred*, Besprechung von *Peter Reinel*, Die Verbandsklage nach dem AGBG, ZZP 94 (1981), 107.

*Ders.*, Der Ersatzberechtigte bei Tatbeständen sittenwidriger Schädigung, NJW 1967, 709.

*Ders.*, Die Klagebefugnis der Verbände, Tübingen 1971.

*Wolf, Manfred/ Horn, Norbert/ Lindacher, Walter F.*, AGB-Gesetz, 4. Auflage, München 1999.

zit.: *Bearbeiter*, in: Wolf/Horn/Lindacher

*Wolny, Erich*, Gleichbehandlung „im Unrecht" – Materielle Rechtmäßigkeit statt formeller Gesetzmäßigkeit des Verwaltungshandelns -, UPR 1987, 121.

*Wrage, Heidi*: UWG-Sanktionen bei GWB-Verstößen?, Heidelberg 1984.
zit.: *Wrage*, UWG-Sanktionen

*Würtenberger, Thomas*, Verwaltungsprozeßrecht, München 1998.
zit.: *Würtenberger*, VerwPrR

*Würtenberger, Thomas/ Heckmann, Dirk/ Riggert, Rainer*, Polizeirecht in Baden-Württemberg, 3. Auflage, Heidelberg 1997.

*Wüstenbecker, Horst*, Die subjektiven Privatrechte, JA 1984, 227.

*Zeppernick, Jens Martin*, Die Beurteilung von Wettbewerbshandlungen ohne Vor- und Rückschau? – zugleich eine Anmerkung zum BGH-Urteil vom 11. Mai 2000 (Az.: I ZR 28/98) – Abgasemissionen, WRP 2000, 1069.

*Ziegler, Kai Peter*, Der Vorsprung durch Rechtsbruch von Umweltschutzvorschriften, Heidelberg 1998.
zit.: *Ziegler*, Umweltschutzvorschriften

*Zippelius, Reinhold*, Rechtsphilosophie, 3. Auflage, München 1994.
zit.: *Zippelius*, Rechtsphilosophie

*Ders.*, Allgemeine Staatslehre, 13. Auflage München 1999.

*Zöller, Richard, (Begründer)*, Zivilprozeßordnung, 22. Auflage, Köln 2001.
zit.: *Zöller/Bearbeiter*

*Zuleeg, Manfred*, Hat das subjektive öffentliche Recht noch eine Daseinsberechtigung?, DVBl 1976, 509.

*Ders.*, Die Anwendungsbereiche des öffentlichen Rechts und des Privatrechts, VerwArch 73 (1982), 384

FSC
www.fsc.org
MIX
Papier | Fördert gute Waldnutzung
FSC® C083411

Kolibri 360 GmbH
Ferdinand-Jühlke-Straße 7
99095 Erfurt, Deutschland
produktsicherheit@kolibri360.de

Druck:
CPI Druckdienstleistungen GmbH
im Auftrag der
Kolibri 360 GmbH
Ferdinand-Jühlke-Str. 7
99095 Erfurt